Harald Grill

Hinter drei Sonnenaufgängen

24. 12. 19

Liebe Mama,

das Buch habe ich durch Zufall wärend einen Gespräch mit dem Autor auf B2 entdeckt. Oft ist das Interessante so nah. Danke für Deine Zeit mit uns und Deine Unterstützung mit den Kindern, das ist leider nicht selbstverständlich.

Auf das wir noch viele gesunde + glückliche Jahre miteinander haben.

Dein Mihail, Laura
Milla & Louk

Harald Grill

Hinter drei Sonnenaufgängen

Balkan-Streifzüge
durch Rumänien und Bulgarien bis Odessa

edition lichtung

Hinweise zu Schreibung, Aussprache und Währungen im Anhang

Aufbruch im Bayerischen Wald

Ein Traum, der mich seit dem vergangenen Winter vor sich her treibt: Die Donau verschwindet in einem unzugänglichen Höhlensystem, bevor sie meine Heimatstadt Regensburg erreicht. Meine Mutter hat sich während ihrer letzten Lebensjahre allmählich im Karstland des Vergessens verloren. Anfang Juli ist sie gestorben.

Ein neuer Anfang. Die Nacht fällt ab wie das Kalenderblatt vom letzten Julitag. Gerade noch hatte ich den Eindruck, der Vollmond droben auf seinem Wolken-Kanapee will mich derblecken, da geht hinter den Böhmerwaldbergen die Sonne auf. Mein Gepäck liegt schon im Kofferraum Ein Vierteljahr lang werde ich im Balkan unterwegs sein – wenn ich gesund bleibe, und wenn das Geld reicht. Ich wünsche also meinem Auto und mir alles Gute. Es hat immerhin über 200.000 Kilometer auf dem Buckel. Weiß nicht, ob wir beide die nächsten siebentausend noch schaffen werden. Der Zahnriemen wäre längst fällig, auch die Servolenkung müsste repariert werden, viel zu teure Reparaturen für mein knappes Budget und für ein Auto, das keine 300 Euro mehr wert ist. Egal, ich such mit kindlicher Vorfreude das Weite, fahr einfach los, hinunter nach Regensburg in die Donauebene.

Die Sonnenglut, die Sonnenblumen und das Licht der Welt

Zweiter Sonnenaufgang. Heute werde ich von Preßburg[1] aus Ungarn durchqueren. Bis zum Abend will ich die rumänische Grenze erreichen. Auf der Autobahn geht's zügig voran. Ich reise durch ein Tunell aus Hitze. Vierzig Grad im Schatten zeigt das Thermometer. Und weil vieles in meinem Auto einfach nicht funktioniert, brauche ich die Klimaanlage erst gar nicht einzuschalten.

---

[1] Preßburg, slowakisch Bratislava, Hauptstadt der Slowakei, 420.000 Einw.

„Räuber, Diebe, Mörder – was willst du dort?“, haben sie mich daheim gefragt. Na und, ich glaube nicht alles, was man mir erzählt. Oft genug wird das, was man nicht kennt, bloß mit Klischees und Vorurteilen belegt. Ich bin neugierig, will mehr wissen, will die Menschen und den Alltag in den Balkanländern kennenlernen, will meine Wahrnehmung schärfen, sowohl fürs Detail als auch fürs Ganze.

Bei Budapest verlasse ich die Donau, die mich seit Regensburg begleitet hat. Bald beginne ich zu ahnen, was das ist: die Ungarische Tiefebene. Diese endlose Eintönigkeit, lediglich durchsetzt von Feldrainen. Gelb leuchtende Streifen dürrer Mais und Sonnenblumenfelder wechseln mit der tiefschwarzen Erde umgebrochener Felder. Ab und zu Flüsse, gesäumt von Auwäldern. Auf einer Wiese an der Theiß[2] ein paar Silberreiher auf Futtersuche, nicht mehr lange, dann werden auch sie weiterziehen.

Nur noch ein paar Kilometer von der rumänischen Grenze entfernt, suche ich mir ein Zimmer in Hajdúszoboszló, einem Kurbad nah der Stadt Debrecen, das einen provinziellen Charme zur Schau trägt, den kommunistische Funktionäre als Luxus empfunden haben mögen. Heutzutage machen hier neben den Einheimischen viele Westler preiswert Urlaub, darunter jede Menge Rentner. Abends findet ein Volksfest für Badegäste aus Ost und West statt. Kommunismus und Kapitalismus besiegeln ihr Bündnis während eines Konzerts der *Balkan-Fanatic-Band*. Bis halb zwei in der Früh bleiben in der Klangwolke alle bestens vereint.

Ein Zungenbrecher und ach so viele Knöpfe in den Telefonleitungen

Der dritte Sonnenaufgang, seit ich unterwegs bin. Nachdem ich meine Sachen gepackt habe, sitze ich eine Weile am offenen Fenster, genieße die Morgenkühle und schaue den Tauben und Spatzen zu: großes Pläsier, Selbstbedienung im Sonnenblumenfeld! Für mich ist es Zeit aufzubrechen. Habe die Ehre, Hajdúszoboszló, adieu, du Zungenbrecher, bist kein Dorf und keine Stadt, hast nichts, was hervorragt, keinen Halt für die Augen, nur den Kirchturm und die überdimensionierte Badeanlage …

---

[2] Theiß, ung. Tisza, rum. Tisa, mit 966 km noch vor dem Pruth der längste Nebenfluss der Donau. Sie entspringt in der Ukraine und mündet bei Novi Sad in die Donau.

In den Dörfern, die ich durchfahre, stecken die Häuser in einem Gewurschtel von Telefonleitungen und Stromdrähten, als hätte man sie anbinden müssen, damit sie nicht auf und davon fliegen. Auf einzelnen Leitungsmasten behäbige Storchennester, in manchen präsentieren sich schnabelklappernd die Bewohner. Als ich an einer Kreuzung anhalte, streckt einer über mir das Hinterteil heraus, will sein Nest sauber halten und tüpferlt meine Kühlerhaube großzügig mit kalkweißen Klecksen. Gleich drauf am Straßenrand eine Polizeistreife, die einen Schnellfahrer gestoppt hat. Die Mehrzahl der einheimischen Männer sind meinem Eindruck nach hemmungslose Raser, eine Steigerungsform echter Mannsbilder. Sie haben längst die Erfahrung gemacht, dass die Radarfallen an den Straßenrändern Attrappen sind oder einfach nur kaputt. Irgendwann, irgendwo halte ich an, krame mein Handy heraus, will daheim anrufen. Kein Netz. Keine Verbindung mehr.

Von der ungarischen Grenze durchs rumänische Banat zur Donau

Oradea – Billed – Lenauheim – Temeschwar – Nitzkydorf – Reschitza – Sfănta Elena – Orschawa – Turnu Severin – Cetate – Calafat – Măceşu de Jos – Bechet

Verlorengehen in einem Niemandsland – jetzt gilt die osteuropäische Zeit

Als der englische Schriftsteller Patrick Leigh Fermor 1934, während seiner Fußwanderung von Rotterdam zum damaligen Konstantinopel, dem ungarischen Grafenehepaar Lászlo erzählte, dass er nach Rumänien weiterreisen wolle, warnten sie ihn: *Nichts als Räuber und Spitzbuben. Denen ist nicht zu trauen. Sie werden dir alles wegnehmen ...*[3]

Das kommt mir bekannt vor. Dabei ist es so verdammt einfach, in Rumänien einzureisen. Keine Grenzkontrolle – weder auf ungarischer noch auf rumänischer Seite. Mir nichts, dir nichts befinde ich mich in diesem Land, vor dem sie mich wieder und wieder gewarnt haben.

Am Stadtrand von Großwardein[4] empfängt mich das trostlose Grau-Braun-Schwarz, das so typisch war für die Endzeit der kommunistischen Staaten. Bunte Akzente setzen nur die flatternden Papierfetzen, die Plastikflaschen und

[3] Patrick Leigh Fermor: *Zwischen Wäldern und Wasser.* S. 109

[4] Großwardein, rum. Oradea, ung. Nagyvárad, slowakisch Veľký Varadín, ca. 200.000 Einw.

Bierdosen zu beiden Seiten der Einfallstraße. Dabei hatte man mir erzählt, das Zentrum der Stadt sei recht ansprechend. Von wegen Stadt! Und wo ist das Zentrum? Ich nehme nichts wahr als eine Ansammlung von maroden Häusern und Fabrikgebäuden. Da gibt es auf der rechten Straßenseite plötzlich eine Explosion von Farben: ein neues Einkaufszentrum, Baumärkte und Autohäuser, die mit großflächigen Glasfronten, grellen Fassaden und aufdringlichen Werbetafeln auf sich aufmerksam machen, während auf der anderen Seite zwischen wucherndem Buschwerk und Unkraut der Verfall die Oberhand behält. Die Fenster der Gebäude dort sind allesamt eingeschlagen. Was für traurige Augen Häuser haben können.
Allmählich lasse ich die Stadt hinter mir. Entlang der Schnellstraße armselige Hütten, die unbewohnt zu sein scheinen. Trotzdem sitzen davor auf Stühlen und Bänken alte Frauen und Männer, als warteten sie sehnsüchtig auf die Rückkehr ihrer Kindheit. Und auf einmal scheine auch ich in meiner Kindheit angekommen zu sein. Ein Mann mit einem Pferdewagen, beladen mit leeren Körben, unterwegs, wer weiß wohin…

Im Osten erste Hügel und Berge. Ich wende mich nach Süden, orientiere mich an den Wegweisern nach Arad und Timişoara. Die Karte zeigt mir, dass die ungarische Tiefebene nach Rumänien hineinreicht und östlich der Grenzstadt Oradea vom Flusstal der Schnellen Kreisch[5] aufgefangen wird. Würde ich weiter nach Osten fahren, geriete ich in einen Trichter und müsste am Ende über eine enge Pass-Straße nach Transsilvanien[6] ins Siebenbürgische nach Klausenburg und dann nach Hermannstadt. Aber Siebenbürgen hebe ich mir für später auf. Auch wenn ich die Ebene nicht besonders mag, mein Ziel ist das Banat und die Donau, also fahre ich parallel zur ungarisch-rumänischen Grenze in die flache Banater Heide. Aber jetzt runter von der Schnellstraße, hinein in die Landschaft, näher zu den Leuten. So fahre ich weiter auf kleineren Straßen Richtung Billed[7]. Dort gibt es ein deutsches Gästehaus, wo ich heute übernachten will.
Armselige, aber saubere Orte mit gepflegten Gärten und Blumen vor den Häusern. Und auf einmal sehe ich der Umgebung sogar an, dass Sonntag ist. In jedem der Dörfer, die ich durchfahre, scheint gerade ein Gottesdienst zu Ende

5 Die Schnelle Kreisch, ung. Sebes-Körös, rum. Crişul Repede, Länge 210 km
6 Transsilvanien, Siebenbürgen: vgl. Anhang, Anm. 1
7 deutsch Billed, ung. Billéd, rum. mit nur einem „l“: Biled

zu sein. Männer, Frauen und Kinder in Sonntagskleidung bevölkern die Straßenränder.
Mein Navigationsgerät spinnt, es findet keine Wege mehr. Der Richtungspfeil geistert durch eine leere grüne Fläche. In Wirklichkeit fahr ich noch immer auf einer Straße. Unüberhörbar! Na ja, Straße ist übertrieben. So ein Gerumpel! Betonplatten wechseln mit Schotter. Bei uns ist jeder Feldweg besser beieinander. Ich richte mich nach der Sonne. Immer wieder diese Sonne! Sie führt mich nach Süden. Die Richtung stimmt. Endlich ein paar Häuser. Kein Mensch zu sehen, hinter einer Umzäunung weiden drei Pferde, im Nachbargarten mehrere Ziegen. Und plötzlich: Schluss, aus. Es geht nicht weiter. Ein Fluss! Aus is's und gar is's und schad is's, dass's wahr is! Hilft alles nix, jetzt brauch ich meine Landkarte! Den Fluss finde ich schnell: Marosch[8] heißt er. Aber an welcher Stelle bin ich gerade? Keine Ahnung.

Also zurück auf die holprige Route, auf der ich gekommen bin. Nach einiger Zeit eine Abzweigung, ein Feldweg, Von dort kommt mir ein braungebrannter junger Kerl entgegen, der einen schwer mit Holzprügeln beladenen Esel hinter sich her zieht. Er wischt sich den Schweiß aus dem Gesicht und fährt mit der feuchten Hand durch sein wirres schwarzes Haar. Auf seinem Unterarm ist ein Anker tätowiert. Der Seemann versteht mich nicht. Ich reiche ihm die Karte. „Billed!" Jetzt zeigt er mit dem Daumen hinter sich und deutet mit beiden Händen eine Brücke an. Der Weg macht mir Angst: zwei Radfurchen, in der Mitte getrennt von großen steinigen Buckeln. Pass auf, die könnten dir die Ölwanne aufreißen! Ich bewege mich im Schritttempo vorwärts. Nach einer halben Stunde erreiche ich eine breitere Straße, die Wellen wirft wie eine zusammengeschobene Tischdecke. Rechter Hand Telegrafenmasten, dann ein Dorf, das sogar in meiner Karte eingezeichnet ist. Und tatsächlich, hier gibt es

8 Der Mieresch, ung. Marosch, rum. Mureş, entspringt in den Ostkarpaten nahe der Stadt Neumarkt am Mieresch, rum. Targu Mureş, Länge ca. 800 km, fließt in Ost-West-Richtung durch Siebenbürgen, mündet in Ungarn bei Szeged in die Theiß, ung. Tisza, rum. Tisa.

eine Brücke. Auf einmal viel Verkehr. Die Straße wendet sich zunächst der ungarischen Grenze zu, dann endlich ein Wegweiser, der den Erlösung verheißenden Namen trägt: Biled.

Auf der Suche nach Roswita Csonti

Ich schwimme in einem Strom von LKWs durchs Dorf. Und schon bin ich wieder draußen. Also umkehren. Von der Hauptstraße zweigen im rechten Winkel geschotterte Seitenstraßen ab. Ich wähle die breiteste. Storchennester auf dem Kabelgewirr auf einigen der Strom- und Telefonmasten. Die nächste Abzweigung, der nächste rechte Winkel. Ich biege noch einmal ab, denn ein Stück weiter vorne habe ich einen Mann gesehen, der sein Auto wäscht. Gegenverkehr! Kühe! Eine ganze Herde kommt auf mich zu, versperrt mir den Weg. Da hilft nur eines: das Auto abstellen und zu Fuß weitergehen. Ich erkundige mich beim Autowäscher nach Roswita Csonti. Er versteht kein Deutsch, schaut mich mit großen Augen an. Ich zeige ihm den Zettel mit der Adresse.

„Ah, Roswita!"

Er deutet auf die Nachbarhäuser und zeigt mir drei Finger.

Ich verstehe und bedanke mich. Und dann läute ich doch eine Hausnummer zu früh. Es kommen zwei ältere Leute an die Gartentür, eine Frau und ein Mann. Sie sprechen deutsch.

„Ich suche Roswita Csonti!"

„Die Roswita? Ja, natürlich."

Kaum ist das Schlüsselwort ausgesprochen, freut sich die Frau, weil sie aktiv werden kann. Mehrmals wiederholt sie den Namen Roswita.
„Ja, ich werde die Roswita anrufen, dann wird sie gleich kommen, die Roswita!"
Und ihr Mann freut sich, einen Zuhörer zu haben. Er erzählt mir vom Elend der Deutschen im Dorf während des letzten Jahrhunderts. Der Schmerz hat sich in seinem Leben eingenistet. Das Schicksal spielte den Deutschen in Rumänien übel mit. Zu Beginn des Zweiten Weltkrieges stellte sich Rumänien auf die Seite Deutschlands. Die Rumäniendeutschen kämpften in der deutschen Wehrmacht. Kurz vor Kriegsende ging Rumänien ein Bündnis mit der Sowjetunion ein. In der Folge wurde die deutschsprachige Bevölkerung zur Zwangsarbeit in die Sowjetunion deportiert, Frauen von 18 bis 30 und Männer zwischen 16 und 45 Jahren, insgesamt 80.000 Menschen – zum Wiederaufbau, hat es damals geheißen. Ihre Kinder mussten zurückbleiben, entweder bei den Großeltern oder bei Fremden.
„Ja, und jetzt sind die Jungen alle weggegangen."
Er schluckt und schweigt. Seine Frau kommt zurück und nimmt ihn behutsam beiseite. Sie hat ihre eigenen Geschichten. Die liegen näher. Der Sohn war schwer an einem Nierenleiden erkrankt. Barbara Stamm, die damals bayerische Sozialministerin war, hat ihm eine Operation in München ermöglicht.
Nun findet auch ihr Mann die Sprache wieder.
„Bei Ceaușescu hätte ihm keiner geholfen. Die hätten ihn sterben lassen!"
Tragische Geschichten von Krieg und Verbannung, von Heimkehr und Trostlosigkeit, sind es, die einen verstehen lassen, warum so viele Rumäniendeutsche ausgewandert sind. In jüngster Zeit kamen natürlich die Verlockungen einer Welt hinzu, in der man mehr Geld verdienen und einen gewissen Wohlstand erlangen kann.
Da kommt die Roswita Csonti. Sie beschreibt mir den Weg zum Gästehaus: „Zuerst links. Dann über die Kreuzung, und dann sehen Sie rechts die Hausnummer 421! Dort wartet mein Mann auf Sie."
Das Anwesen fällt mir zwischen den eher tristen Nachbarhäusern sofort auf. Das Dach ist neu gedeckt, die Fassade leuchtendgelb gestrichen, der Innenhof eine grüne Oase. Roswitas Ehemann Adam Csonti klärt mich erst einmal auf, wie sein Name richtig ausgesprochen wird: „Tschonti! Das ist Ungarisch! Wir sprechen aber kein Ungarisch, wir sind als Billeder Banater Schwaben hier aufgewachsen."

„Wie viele Banater Schwaben leben denn hier?"
„Der Ort hatte zu seiner besten Zeit an die 5.000 deutsche Einwohner. Der erste Aderlass war so um 1900. Da sind etliche weg nach Amerika. Dann kam der Erste Weltkrieg, dann der Zweite, dann die Spätfolgen, die Deportation nach Russland, und 1970 begann die geregelte Auswanderung. Da haben viele die Ausreise beantragt. Die wurde ihnen genehmigt, weil die deutsche Regierung sie freigekauft hat. Und 1990 nach der Revolution waren nur noch 750 Deutsche da. Es ging leider noch weiter, danach sind in kurzer Zeit noch einmal 500 ausgewandert. Das war ein ganz großer Schock für uns. Zurzeit sind wir noch achtzig Deutsche in Billed. Wir müssen wohl eingestehen, dass wir hierzulande eine aussterbende Art sind."
Adam Csonti genießt selbst bei den Rumänen im Dorf großen Respekt. Sie haben ihn schon wiederholt in den Gemeinderat gewählt. Roswita und ihr Mann engagieren sich in der Vereinigung *Demokratisches Forum der Deutschen in Rumänien*, mit dem sich die Dagebliebenen eine gut durchorganisierte, landesweit auftretende Organisation geschaffen haben: Im Banat gibt es das *Banater Forum*, auf Kreisebene das *Temescher Forum* und Ortsfilialen wie die in Billed."
Aus den Reihen des *Forums* kommt auch Klaus Johannis[9] aus dem siebenbürgischen Hermannstadt. Er ist seit 2014 Staatspräsident von Rumänien. So könnte man von außen den Eindruck gewinnen, man habe es bei den Deutschen heute noch mit einer zahlenmäßig wesentlich stärkeren Minderheitengruppe zu tun. Sie zeigt Präsenz und versteht sich unter anderem als Anlaufpunkt für jene Auswanderer, die ihre Heimat wenigstens ab und zu wiedersehen wollen. Für sie betreut das Ehepaar Csonti mit großem Engagement ein Gästehaus, außerdem eine Küche und eine der Sozialstation für die alten und kranken Menschen der Gemeinde. In den Aufenthaltsräumen gibt es Fotos aus der Geschichte des Dorfes, auch Ölgemälde mit Motiven aus der Ukraine, Erinnerungen eines Billeder Einwohners aus der Deportationszeit: karge Landschaften, Baumgerippe, Notunterkünfte… In einem der Regale stehen diverse Pokale und gerahmte Fotos von Handballern.
„Gibt es im Dorf eine Handballmannschaft?", frage ich.

[9] Klaus Johannis, * 1959 in Hermannstadt, gehört der rumäniendeutschen Volksgruppe der Siebenbürger Sachsen an. Ab 2000 Bürgermeister von Hermannstadt, 2014 Vorsitzender der PNL (Nationalliberale Partei) und Wahl zum rumänischen Staatspräsidenten.

„Da hab ich jahrelang mitgespielt, leidenschaftlich!"
„Wie war das, wenn ein Länderspiel der rumänischen Nationalmannschaft gegen die deutsche stattgefunden hat? Zu wem haben Sie da gehalten?"
Adam Csonti überlegt nicht lange.
„Das war kein Problem. Bei den Rumänen haben ja auch lauter Deutsche gespielt."

Fasziniert von der Unverwechselbarkeit des Dialekts

Die Hitze lässt auch abends kaum nach. Wir sitzen im Garten und trinken ein kühles Bier. Adam Csonti erzählt mir die Geschichte, wie es zum Gästehaus gekommen ist: „Das hier war ein Bauernhaus. In dem hat eine Familie Schmid gewohnt. Die Söhne sind gleich nach dem Krieg nach Deutschland ausgewandert." Hin und wieder fällt er in den Dialekt. „Im Jahr 2000 war a Gesetz, dass ma die enteigneten Häuser zurückverlangen kann. Und die Heimatortsgemeinschaft hat dann den Antrag gstellt und hat das zurückverlangt."
Adam ist 1957 geboren. Er hält fest an seinem Heimatort und an den Erinnerungen. Seit einigen Jahren ist er dabei, in einem der Nebengebäude ein Museum zur Geschichte von Billed und dieses Hofes einzurichten. Er zeigt mir alte Fotos.
„So hat des Haus 1990 ausgsehn."
„Kaum zu glauben, der Hof war ja abbruchreif!"
„So kann ma sagen. Zuerst war der Kindergarten drin, dann ein Entbindungsheim und später irgendwelche Lagerräume. Zuletzt haben Zigeuner, also Roma, hier gehaust, die haben Hufeisen geschmiedet. Da waren keine Fenster, keine Türen mehr. Alles war kaputt. Als dann das *Forum* gegründet wurde, sind wir zur Gemeinde. Wir wollten ein Lokal, wo wir uns treffen können. Seitdem wird hier sonntags am Nachmittag Karten gespielt, a Bier getrunken, über die Politik debattiert, gelästert …"
Die Deutschen sind seinerzeit der Einladung von Kaiserin Maria Theresia gefolgt, ins Banat zu kommen, weil sie daheim keine Lebensgrundlage mehr gehabt haben. Hunger und Armut bewogen sie dazu, sich in Ulm in Schiffe, in die sogenannten Ulmer Schachteln, zu setzen und donauabwärts zu fahren. Sie bekamen Land und standen unter dem Schutz der Kaiserin – ganz anders als daheim, wo sie der Willkür ihrer Landesherren ausgeliefert waren. Sie entflo-

hen einer ähnlich trostlosen Situation wie vor ihnen schon die Siebenbürger Sachsen, die im Mittelalter ins heutige Nordrumänien gekommen waren, oder wie heutzutage weltweit Hunderttausende von Flüchtlingen.
Adam bemüht sich, Schriftdeutsch zu sprechen. Befürchtet er, dass ich ihn sonst nicht verstehe? Ich ermutige ihn seine Mundart zu gebrauchen.
Banatschwäbisch ist ein Sammelbegriff für verschiedene Dialekte, die die Einwanderer im 18. Jahrhundert aus ihrer Heimat mitgebracht haben. Die Menschen im Banat stammen vor allem aus dem deutsch-französischen Grenzraum, dem Elsass, dem Alemannisch-Badischen, der Pfalz, bis hinauf zum Sauerland. Im Laufe der Zeit näherten sich im Banat die verschiedenen Mundartsprecher der Schriftsprache an, damit sich die Angehörigen der verschiedenen Orte verständigen konnten. Gleichzeitig versuchten die Familien der jeweiligen Dörfer ihren Ursprungsdialekt und damit ihre Identität zu bewahren. Das ist alles kompliziert, auch das Wechselspiel mit dem ungarischen, serbischen und rumänischen Sprachraum. Zu kompliziert mitten in der Nacht.

Wir sitzen bis tief in die Nacht zusammen im Garten. Ich bin neugierig, will mehr über das Leben an der ungarisch-rumänischen Grenze erfahren. Allmählich traut sich der Dialekt unter der Zunge meiner Gastgeber hervor.
„Mia müsse uns ja onstrenga, wenn ma nach da Schrift rede", sagt die Roswita Csonti, und der Adam fügt hinzu: „In der Familie hämma immr Schwobisch gredt, de Eltere, de Großeltere, de Kinner. Un heit aach noch."
Als die Roswita Csonti bemerkt, dass ich den „schwobischen" Dialekt verstehe, erhöht sie den Schwierigkeitsgrad.
„Heit Obeds wered a amol de Grilla horcha, wenn d a schlofe geht, de Hämemäusle[10]."
„Die was?"
„Hämemäusle – so sagn mia zu de Grillen im Billedischa Dialekt."

---

[10] Daheim werde ich im Pfälzischen Wörterbuch fündig: *Heimermaus*, *Heimelmaus*, Mehrzahl: *Häämemais*, *Häämermaisel* = die Hausgrille. *heimern* = Heimweh haben, *häämere*.

„Und in da Frihe wird ma here die Hunne bella, die Gockosche kräha und die Hinkler."
Ich freue mich auf das Bellen der Hunde am Morgen und das Krähen der Gockel, ja, und die Hühner sollen sich dann ruhig auch bemerkbar machen.
Was macht mir den Dialekt so angenehm? Die Klangfarbe? Die Wärme? Die sinnliche Nachvollziehbarkeit der Wörter? Die Freude darüber, dass eine Region Konturen gewinnt durch ihren unverwechselbaren, eigenen Wortschatz?
Unruhiger Schlaf. Ich träume von Menschen in Viehwagons, Menschen, die deportiert werden. Dabei schleichen sich Bilder aus dem Leben meiner Mutter ein. Sie war bei Kriegsende siebzehn. Als die Russen Breslau besetzt hatten, zwangen sie alle arbeitsfähigen Frauen zum Arbeitseinsatz. Da kippt der Traum in den schlesischen Dialekt meiner Mutter und meiner Großmutter, ins einzig Unversehrte ihres früheren Lebens. Obwohl ich in Niederbayern geboren bin, war das meine erste Sprache – noch vor dem Schriftdeutschen und dem Bairischen. Und als wäre ich der Mutter zu nahe gekommen, springen mich mir nichts, dir nichts die Erinnerungen an ihren Todeskampf an. Das alles hoffte ich bei dieser Reise hinter mir zu lassen.

Der Erwin: Dableiben und autark werden

Geräusche meiner Kindheit. Bis tief in die Nacht zirpen die Grillen. Es ist noch dunkel, da kräht am frühen Morgen der eine oder der andere Gockel. Schnell mischen sich wie in einem Frage- und Antwortspiel die Hunde ein. Als die Sonne aufgeht, wird es vorübergehend ruhiger. Da gurren nur noch ein paar Tauben, und Scharen von Spatzen tschilpen vor sich hin …
Billed – ein deutsches Dorf in Rumänien. Seine Bewohner begreifen sich als rumänische Staatsbürger deutscher Sprache und deutscher Nation. Ich besuche Adam Csontis Bruder Erwin. Die beiden sind gelernte Schneider, wie schon ihr Vater. In einer Zeit der Billigkleidung aus Asien standen nach dem Ende der kommunistischen Ära Entscheidungen an. Während Adam in der Sozialstation mitarbeitet, sich dem Gästehaus und dem Museum widmet, hat sich Erwin Anfang der 1990er Jahre entschieden, Bauer zu werden. Sein Hof liegt nur ein paar Häuser vom Heimathaus entfernt an der Hauptstraße. Er ist ein Mordsprackl Mannsbild, athletisch, um die 1,80 groß. Um die dreißig sei er gewesen, als er sich für die Landwirtschaft entschieden habe. Sowohl die Situation der

Dagebliebenen als auch die der Ausgewanderten gibt ihm zu denken, vor allem aber die Stellung der kleinen Bauern. Seine Empfindungen versucht er in Mundartgedichten auszudrücken. Auswendig rezitiert er eines: *Bauer, Bauer, dei Lebe, des is sauer/ Von der Feldmaus bis zur Bank/ Alla saugat Blut aus deiner Hand/ Mache dich schwach und krank/ Bauer, Bauer, dei Lebe, des is sauer/ Nach deiner Arbeit/ die Frucht is süß/ Die ganze Welt davon genießt/ Du bist von jedem Volk die Wurzel/ Wo du verschwindst, de Stamm, de purzelt.*

Er weicht meinem Blick aus, schweigt einen Moment, fährt dann fort: „Politisch wird das kaputt gemacht, politisch. Die EU hat uns subventioniert, aber große Betriebe werden viel besser unterstützt. Die haben diese Projekte, wo sie um den halben Preis ihre Maschinen kaufen. Dadurch gehen die Kleinen kaputt. In Rumänien besitzt knapp 1 Prozent der landwirtschaftlichen Betriebe über 51 Prozent vom Boden. Ein Betrieb mit über 40.000 Hektar, das macht für mich keinen Sinn. Es geht doch darum, dass die Menschen glücklich sind. Nicht nur, dass auf einem Hektar 10.000 Kilo Getreide wachsen …"
Wir gehen in den Stall. Eine der Sauen liegt seitlich ausgestreckt auf dem Stroh. Zwölf Ferkel drängen sich an die Zitzen, alle rosarot, nur zwei schwarzfleckige Außenseiter sind dabei. Weiter zu den Kühen!
„Das ist die Mädi, das ist eine junge."
Man spürt, der Erwin mag seine Tiere. Sie sind für ihn keine Nummern oder Maschinen. Doch mit Gefühlsduselei hat er nichts am Hut. Er ist ein kluger Kopf. Der Politik gegenüber ist er auch nach der Revolution misstrauisch geblieben. Der Erwin Csonti will unabhängig bleiben. Das Futter produziert er selbst, für die Zucht seiner Kühe braucht er keinen Besamungswart, ebenso wenig lässt er sich das Schlachten der Schweine und die Vermarktung der Fleisch- und Milchprodukte aus der Hand nehmen. Man merkt ihm an, wie froh er ist, dass eine seiner Töchter Tierärztin studiert hat.
„Ja mei, viele Störche bleiben heutzutage die ganze Zeit da, aber die Kinder fliegen aus", werf ich ein.

„Nein, meine Tochter will hier bleiben. Mir hat das auch immer gefallen, Natur und Landwirtschaft. Es gab halt keine Möglichkeit bei den Kommunisten. Ich hab mir gesagt, LPG, das ist nichts, mach einen Beruf, in dem du dein eigener Herr bist. Nach der Wende war es anders: Da hatten wir noch etwas Land von der Großmutter, und der Vater hatte ein Pferd, mit dem hab ich begonnen zu arbeiten. '95 haben wir die erste Kuh gekauft. Davor hatten wir nur Bullenkälber."

Wir gehen weiter. Er zeigt hinauf zu einem Balken, an dem ist ein Querholz mit zwei Haken befestigt.

„Dort werden die Schweine aufgehängt, wenn ich sie geschlachtet habe."

Daneben steht ein Stadel, der mehrere Unterteilungen hat.

„Hier habe ich meine Linsen. Und das ist mein Erbsenlager. Wenn ich Boden habe, dann bau ich eben das an, was ich brauche, für uns und die Tiere. Was zu viel ist, kann ich verkaufen. Vorne an der Straße haben wir unseren Dorfladen. Die Schlachthäuser und die Milchverarbeitungsbetriebe wurden alle zugemacht, weil sie nicht EU-Standard hatten. Die wurden einfach von Danone und von Friesland aufgekauft. Das Land ist zweigeteilt."

Erwin deutet mit einem Arm nach vorn und mit dem anderen nach hinten.

„*Friesland* ist hier – *Danone* ist dort drüben."

Ich frage ihn, ob er glaubt, dass er sich trotzdem künftig als autarker Bauer halten kann.

„Autark? Ja, das sind wir. Und das bleiben wir. Wir vermarkten ja direkt. Die Kunden sind aus Billed. Die kommen und kaufen die Milch. Das funktioniert. Wir hatten früher eine Milchquote zum Direktvermarkten. Jetzt ist sie abgeschafft. Das hat mich damals nicht gekümmert und berührt mich heute genauso wenig. Wenn ich mehr verkaufen kann, bekomme ich mehr, wenn nicht, muss ich reduzieren. Also, der Kunde bestimmt mein wirtschaftliches Wachstum."

Es geht auf Mittag zu. Roswita Csonti bereitet sich in der Küche der Sozialstation darauf vor, das Essen auszufahren. Alte Leute, die noch gehen können, holen es sich selbst. So wie die Anni Weber in ihrer bunt bedruckten Kleiderschürze. Ich will ihr das Gartentürl aufhalten. Sie schüttelt den Kopf und geht durch das große Hoftor, die Autoeinfahrt.

„Naa, naa, danke, do isses billiger."

Die hat Humor. Sie wirkt hellwach. Sofort entwickelt sich ein Gespräch. 76 sei sie, auch dass ihr Vater aus Szeged stammt, ein Ungar, der hängengeblieben ist in Billed. Sie spricht Schwobisch. Aber mein Bairisch versteht sie ohne Weiteres.
„Auf de Dörfer is es so. Jedes Dorf spricht andersch, hat an andersch Dialekt. Jahrmark is a Dorf, und Lenauheim tut auch andersch sprechen. Manchmal isses nur die Betonung von einem Buchstaben. Wir sagn zum Beispiel Kanáda. Im Fernsehen, die Deitschländer sagen nicht so wie mir."
Ich gebe ihr recht. „Ja, wir sagen Kánada."
„Na siehgscht!"

Temeschwar – eine multikulturelle Großstadt

Meine Absicht war ja, gleich am Beginn der Reise, in Rumänien zum Friseur zu gehen, quasi als Feuertaufe im Umgang mit der anderen Sprache. Hab mir gedacht, da hol ich dann die letzten Möglichkeiten der Verständigung aus meinem Hirnkastl, rede deutsch, rede englisch, kauderwelsche italienisch, rede mit Händen und Füßen, baue mein „gestikulatorisches" Repertoire aus und lerne vielleicht die ersten Brocken der rumänischen Sprache. Nix da. Pfeifendeckel! Die Friseurin hat einen Tag vor meiner Ankunft Hals über Kopf den Ort verlassen. Dabei wäre es doch um meinen und nicht um ihren Kopf gegangen. Die Roswita zuckt mit den Achseln und meint entschuldigend: „Tja, einmal im Jahr macht sie halt Urlaub."
Ich beschließe, nach Temeschwar zu fahren, sind ja nur zwanzig Kilometer. Die Csontis nehmen mich mit. Sie müssen auch hin. Ihre Sozialstation ist organisatorisch mit dem deutschen Altenheim in der Kreisstadt verbunden. Abends will ich mit dem Zug nach Billed zurückkommen. Immer noch knapp vierzig Grad Hitze im Schatten.
In der Stadt kommt es mir noch wesentlich heißer vor. Im Zentrum treffe ich mich mit dem Wirtschaftsberater Cristian Muntean und bin erst einmal froh, dass ich der Gluthitze ausgekommen bin. In seinem Büro ist es angenehm kühl. Die Klimaanlage surrt. Wir schweigen eine Weile, trinken genüsslich Mineralwasser.
Cristian Muntean ist 1967 geboren, also zehn Jahre jünger als Adam Csonti. Er stammt aus dem östlichen Rumänien, lebt jedoch schon seit der Revolution

1989 in Temeschwar. Zurzeit ist er im Auftrag des Landes Rheinland-Pfalz für deutsche Firmenansiedlungen in der Region zuständig. Er habe sich entschieden, im Lande zu bleiben, sagt er, „denn Temeschwar[11] ist eine multikulturelle Stadt mit rund 320.000 Einwohnern. Es lässt sich gut leben hier, wir haben drei Staatstheater: ein rumänisches, ein ungarisches und ein deutsches …"
Er hält einen Moment inne, scheint nachzudenken, dann fährt er fort: „Eine Zeit lang sind viele Serben über die nahe Grenze nach Temeschwar zum Arbeiten gekommen. Seit Rumänien Mitglied der EU ist, ist es für die Serben schwieriger. Es gibt eine ganze Reihe von Rumänen, die zwar nicht auswandern, aber doch wegen der besseren Bezahlung für längere Zeit zum Arbeiten ins Ausland gehen. Gebraucht werden die bestimmt auch hier. Die meisten schicken regelmäßig Geld nach Hause. Das hat positive und negative Auswirkungen. Statistiken zeigen, dass pro Jahr bis zu 3,5 Milliarden Euro von Rumänen erwirtschaftet werden, die im Ausland arbeiten. Diese Gelder werden von den hiesigen Familien genutzt, um Konsumgüter zu kaufen oder Häuser zu bauen. Es gibt Gemeinden, wo beinahe die ganze Bevölkerung im Ausland arbeitet. Diese Ortschaften sind eine einzige Baustelle. Das ist weder eine einfache Situation für jene, die fortgehen zum Geldverdienen, noch für die Familienmitglieder, die hierbleiben. Da passieren viele Tragödien. Kinder, die von den Großeltern erzogen werden, während die Eltern in Deutschland, Spanien oder Italien arbeiten. Daneben gibt es viele alte Menschen, die allein zurückbleiben.

Auch wenn die Zahl der Rumäniendeutschen inzwischen verschwindend klein ist, prägen sie das Banat immer noch kulturell und vor allem wirtschaftlich. Es gibt noch deutsche Schulen, und die deutschsprachigen Medien, die *Banater Zeitung* sowie das deutschsprachige Programm von *Radio Timişoara*."

[11] Temeschwar, Temeswar, ung. Temesvár, rum. Timişoara, serb. Temišvar / Темишвар

Die wenigen im Lande verbliebenen deutschsprachigen Rumänen sind bestens vernetzt. Spontan greift Cristian Muntean zum Telefon und organisiert mit der Rundfunkstation einen Termin für mich. Er beschreibt mir den Weg, gibt mir aber den Rat: „Nehmen Sie besser ein Taxi! Die sind billig bei uns!"
„Weiß schon, will aber die Stadt kennenlernen, da muss ich zu Fuß gehen."
Er kratzt sich skeptisch am Kinn. Ich glaube, ihn wundert nichts mehr, seit ich ihm erzählt habe, dass ich mit dem Zug nach Billed zurückfahren will. Mit dem Zug in Rumänien! Darauf käme er nicht einmal im Traum, auch niemand anderer, den er kennt. Er sei schließlich kein Abenteurer.
Bin ich denn ein Abenteurer? Unterwegs kommt es mir auf einmal so vor. Drückende Schwüle. Es scheint sich ein Gewitter zusammenzubrauen. Auf einen Schlag Windböen. Sie wachsen sich auf einen Schlag zu einem Sturm aus, der den Staub der diversen Temeschwarer Baustellen mit trockenem Laub vermengt und spiralförmig haushoch nach oben reißt. Ich erreiche die Radioredaktion in der Pestalozzistraße gerade noch rechtzeitig, bevor der Regen losbricht. Während der Unterhaltung mit Astrid Weisz und Adi Ardelean ist mir, als knirsche Sand zwischen meinen Zähnen.

Besuch bei den deutschen Stimmen von Radio Timişoara

„Sie beide, Astrid Weisz und Adi Ardelean, sind also das deutschsprachige Radio Temeschwar."
„Nein, nein", sagt Astrid Weisz, „fest angestellt sind wir zu dritt, und dann gibt es noch drei freie Mitarbeiter, die regelmäßig Sendungen erstellen. Die deutschsprachige Redaktion existiert seit sechzig Jahren. Eine Unterbrechung gab es nur in der Zeit von Januar 1985 bis Dezember '89. Da nahm der politische Druck zu."
Das deutschsprachige Programm gibt es von Montag bis Freitag zwischen 13.00 und 14.00 Uhr. Die Mittagssendung wird an den Abenden wiederholt. Und die Themen? Astrid Weisz zählt Beispiele der vergangenen Woche auf: „Letzten Montag ein Bericht über Nitzkydorf: Da war eine Feier in der Schule zum 230sten Jahrestag der Gemeinde. Man fand benotete Aufsätze der Nobelpreisträgerin Herta Müller. In einem Interview hat sie gesagt, dass sie nicht möchte, dass die Schule nach ihr benannt wird. Am Dienstag hatten wir ein Gespräch mit einem Abgeordneten der deutschen Minderheiten in Rumänien im

Programm. Mittwochs gibt es immer Kultur, da brachten wir eine Reportage über die Restaurierung der Orgel in Logosch. Am Donnerstag steht die Wirtschaft im Mittelpunkt: Da berichteten wir über einen neuen Studiengang in Deutsch an der Wirtschafts-Uni für Bürokaufleute. Jeder erste Freitag im Monat ist Jugendtag. Es gibt auch Kindersendungen. Am Wochenende haben wir regelmäßig unser Unterhaltungsprogramm mit Sommerhits und das Telefon-Wunschkonzert *Rosen blühen* mit Hörergrüßen."

Gefragt nach dem Sendegebiet, zeigt mir Astrid Weisz eine Landkarte, auf der man sieht, dass das Gebiet des Banats nicht mit den Staatsgrenzen übereinstimmt und sowohl ins Serbische Banat als auch ins Ungarische hineinreicht.

„Das war ja früher alles Österreich-Ungarn. Die Grenzen hat dann jemand anders gezogen. Niemand hat die Bevölkerung gefragt, wer wohin möchte. Dementsprechend gab's unterschiedliche Entwicklungen in den Dörfern. Den Deutschen wurde es unter den Serben und Ungarn verboten, ihre Muttersprache zu sprechen. Die Minderheiten in Rumänien hatten das Glück, dass der Ceaușescu wohl gemeint hat, wir bringen denen unsere Doktrin besser in ihrer Muttersprache bei. Das hat dazu geführt, dass die deutsche Schriftstellerin Herta Müller mit ihren Eltern und Großeltern deutsch gesprochen hat, dass sie auf einer deutschen Schule gewesen ist und hier Germanistik studieren konnte. Wobei man keine hundert Kilometer weiter Angst hatte, gehört zu werden, wenn zu Hause man deutsch sprach – erst recht in der Öffentlichkeit."

Ich habe den Eindruck, Rumänien könnte heute ein Vorbild sein, was das Zusammenleben der verschiedenen Minderheiten und religiösen Gruppen angeht. Der gesetzliche Rahmen räumt ihnen Rechte ein, wie muttersprachliche Schulen und Sitze für Abgeordnete im Parlament.

„Die gesetzliche Grundlage für diese Minderheitenpolitik geht zurück auf den Vertrag von Trianon von 1920, als nach dem Zerfall des Habsburgerreiches die Ländergrenzen neu festgelegt worden sind. Der Rumänische Rundfunk sendet in Ungarisch, Tschechisch, Slowakisch, Serbisch, Bulgarisch, Ukrainisch, in der Romasprache Romanes und einmal im Monat sogar Italienisch. Und was uns bei der Programmgestaltung besonders wichtig ist", betont der Redakteur Adi Ardelean, „die Beiträge aller Redaktionen müssen aktuell und weltoffen bleiben. Es soll das Nahe mit dem Fernen und das Fremde mit dem Vertrauten verbinden."

Tarzan und die Freuden des öffentlichen Nahverkehrs

Nach dem Gespräch mit den Radioleuten mache ich mich auf die Suche nach dem Bahnhof. Es wird eine kleine Wanderung draus. Fast eine Stunde bin ich unterwegs. So lernt man Städte kennen. Müde bin ich trotzdem.
Die Fahrkarte für die gut zwanzig Kilometer kostet umgerechnet vierzig Cent. Eine Ausgabe, die sich allein wegen des Erlebniswerts mehr als auszahlt. Eine Frau, die neben mir am Fahrkartenschalter gestanden hat, begleitet mich bis zum Bahnsteig eines Nebengleises und bedeutet mir mit Handzeichen, hier solle ich einsteigen. Ich dachte, sie wird mit dem gleichen Zug fahren, doch sie wollte mir nur behilflich sein, macht wieder kehrt und geht zurück zu den Hauptgleisen.
Der Zug ist gut besetzt. Schnell zeigt sich, dass mich Cristian Muntean zu Recht gewarnt hat: eine Zugfahrt, wie man sie aus Wildwestfilmen kennt. Fenster und Türen des Zuges bleiben während der Fahrt offen. Macht ja nix, ist eh so heiß, habe ich mir zuerst gedacht. Doch die Fahrgeräusche liegen nahe der Schmerzgrenze. Der Zug fährt gefühlte hundertdreißig Stundenkilometer. In Wirklichkeit sind es höchstens dreißig.
Unvermittelt Schüsse! Es knallt rechts, links, hinten und vorne, als würden Banditen den Zug überfallen. Ach, woher denn, was gäbe es hier schon zu holen? Es sind nur die krummen, verschobenen Gleise. Und weil die Knallerei nicht reicht, wirft es uns Fahrgäste auf den Sitzbänken rauf und runter, hin und her, als ritten wir auf wilden Pferden durch die Prärie. Der neben mir sitzt, schaut mich mitleidig an, so als denke er: „Ach ja, der hat so wenig Geld wie wir alle." Dann steht er auf und geht eine rauchen. Draußen auf dem Trittbrett des fahrenden Zuges. Dort steht zwar schon einer, doch zwei Raucher haben da locker Platz.
Und die Blicke aus dem Fenster! Surrealistische Filmschnitte: Ein Schwein steht auf dem Bahnsteig, als warte es auf den Zug. An der nächsten Haltestelle ein

einsamer Bahnhofsvorsteher in seiner schneidigen dunkelblauen Uniform und mit roter Schirmmütze, der seine Signalkelle so zärtlich in den Armen hält, als wiege er ein Baby in den Schlaf, damit es sich in die Welt hinaus träumen kann. Und vor ihm, neben ihm, wie hindrapiert, auf dem Unkrautacker des Bahnsteigs, drei schlafende Hunde. Jeder zeigt mit dem Kopf in eine andere Richtung.

Weiß nicht, warum ich gerade jetzt an Johnny Weißmüller[12] denken muss: Der berühmte erste Film-Tarzan und fünffache Olympiasieger im Schwimmen von 1924 und 1928 stammt aus Freidorf, das längst von der Stadt Temeschwar eingemeindet worden ist. Niemand im Zug würde sich wundern, wenn sich Tarzan von einem Moment auf den anderen mit einem Tarzanschrei vom erstbesten Baum an einer Liane durch eine der offenen Waggontüren hereinschwingen würde. Übrigens, Johnny Weißmüller war ein derart hervorragender Jodler, dass er mit seinem Können mehrere Jodelwettbewerbe gewonnen hat. Der legendäre Tarzanruf soll im Tonstudio aus seinen Jodlern zusammengemischt worden sein.

Das Dorf Lenauheim und sein Dichter

Am nächsten Morgen geht's weiter. Was für eine befreiende Art, so langsam unterwegs zu sein! Nur so kann ich die Entfernung fühlen und den Pulsschlag Europas. Die Anreise mit dem Flugzeug hätte mich des Weges und seiner Ränder beraubt. Da kommst du irgendwo an und weißt nicht so recht, wo du bist.

Nach einem Abstecher zum Dorf Lenauheim, wo Roswita Csonti aufgewachsen ist, werde ich noch einen Tag in Temeschwar bleiben. Die Hitze bleibt mir auch heute erhalten. Kaum Schatten in der Ebene, ab und zu eine Reihe von schmalen Pappeln entlang der Straße. Immerhin kaum Schlaglöcher.

In Lenauheim steht direkt an der Hauptstraße das Elternhaus des Dichters Nikolaus Lenau – ein stattliches Gebäude, ordentlich renoviert. Die Grünfläche mit ihrer Beflaggung zollt dem Namensgeber Tribut: österreichisch rot-weiß-rot, rumänisch blau-gelb-rot und ein europäisch blaues Sternenbanner. Neben dem Eingang ein Schild: Casa Memorială Nikolaus Lenau. Ich will mir

[12] Johnny Weißmüller, deutsch Johann Peter Weißmüller, getauft: János Weißmüller, * 1904 Freidorf, ung. Szabadfalu, in der k. u. k. Doppelmonarchie Österreich-Ungarn, † 1984 in Acapulco, Mexiko

das Dichtermuseum anschauen. Geschlossen. So versuche ich durch eines der Fenster hineinzuspitzen. Nichts zu erkennen. Geh ich halt wieder. Da hält ein Auto. Deutsches Kennzeichen. Ein Mann steigt aus, stellt sich vor als Werner Griebel. Er will dafür sorgen, dass mir jemand aufsperrt. Er telefoniert. Die zuständige Frau mache leider gerade Einkäufe in der Stadt, sie komme erst am späten Nachmittag zurück.

Werner Griebel stammt aus Lenauheim. Er ist hier in die Schule gegangen und 1990 in die Bundesrepublik ausgewandert. Doch er kann sich nicht ganz trennen von seinem Heimatort, kommt oft her, wohnt dann mit seiner Frau in seinem Elternhaus und nutzt es als Feriendomizil.

„Mein Großvater hat es 1925 gebaut. Es hat immer noch grüne Fensterläden, so wie damals. Meine Eltern haben hier gelebt, mein Bruder und ich." Es sind stets Arbeitsferien, die Werner Griebel in Lenauheim verbringt. Er ist Vorsitzender des Vereins *HOG Lenauheim*. HOG steht für „Heimatortsgemeinschaft". Ob es um die Wasserversorgung geht, um die Pflege des Friedhofs, die Renovierung der Kirche oder darum, dass angeschwemmtes Erdreich von den Bürgersteigen abgetragen werden muss, damit das Regenwasser wieder abfließen kann – er kümmert sich, wo es nur geht, um die Erhaltung und Bewohnbarkeit des Dorfes, nicht zuletzt auch um Spenden. Werner Griebel arbeitet auch mit den Rumänen aus dem Schwarzmeerraum zusammen, die sich in jüngster Zeit hier angesiedelt haben. Niemand kann übersehen, wie sehr ihm das Dorf am Herzen liegt, das seinen Namen Nikolaus Lenau verdankt, einem der größten Dichter Österreichs. „Der ist hier am 13. August 1802 als Nikolaus Franz Niembsch Edler von Strehlenau geboren. Sein Vater war als Beamter in diese Gemeinde berufen worden. Nikolaus Lenaus kleine Schwester Magdalena starb als kleines Kind und wurde im hiesigen Friedhof beerdigt. Er selbst wird die Umgebung kaum wahrgenommen haben, denn er verbrachte nur die ersten fünf Monate seines Lebens hier, dann wurde der Va-

ter wieder versetzt. Der Ort trug noch bis 1920 den ungarischen Namen Csatád, nach einem Pächter, der Csatádi geheißen hatte…", erzählt Werner Griebel, und er wüsste noch viel über Vergangenheit und Gegenwart seines Heimatortes zu erzählen. Ich muss ihn bremsen. Mich überfordern die vielen Details. Nach einem kleinen Rundgang lande ich wieder in der Hauptstraße. Dort stehen zwei Pferdefuhrwerke. Die Bauern machen einen Dorfratsch – von Kutschbock zu Kutschbock. Mich zieht's noch einmal in die Stadt nach Temeschwar.

Balthasar Waitz, ein Dichter mit Schwalben am Hut

„Wir treffen uns vor dem Opernhaus. Sie erkennen mich am Strohhut", hat der Schriftsteller und Journalist Balthasar Waitz am Telefon gesagt. Tatsächlich, ich sehe ihn schon von Weitem, als er auf den Opernplatz kommt.
Wohin jetzt? In den Cafés ist die Musik so laut, dass eine Unterhaltung unmöglich ist. Balthasar Waitz hat eine Idee. Wir steuern gemeinsam das Deutsche Altenheim an. Dort schenkt er mir seinen Gedichtband *mit schwalben am hut*[13], und ich werfe verstohlen einen Blick auf seinen Hut. Schwalben sind Zugvögel. Die sind vielleicht unterwegs in die Winterquartiere. Ich frage Balthasar Waitz nach dem Nationalbewusstsein der Banater Schwaben.

„Fühlen sie sich als Rumänen, Banater oder als Deutsche?"
Er denkt kurz nach, dann versucht er den historischen Hintergrund zu skizzieren.
„Die Banater Schwaben haben nie in einer eigenen Armee gedient. Sie steckten im Ersten Weltkrieg in der Uniform der ungarischen Armee, im Zweiten in der deutschen, später in der rumänischen. Sie hatten nie ein eigenes Land und haben immer nur für andere gekämpft – und in den Kriegen anderer."

[13] Balthasar Waitz: *mit schwalben am hut.* S. 46

der weltkrieg

großvater flucht über den ersten
als er bei den ungarn gedient
schwarz ist sein gesicht sein hut
den nimmt er nachts vom kopf
nichts über den zweiten der
nicht seiner
das hinkebein ist aus dem polnischen
die bleikugel in der schulter
wandert und wandert verflucht
nach osten meint er

przemysl sagt er
nicht mehr
wartet auf den sonnenuntergang
die lieder der gelsen
vielleicht noch auf nachrichten
aus galizien

Balthasar Waitz wurde 1950 in Nitzkydorf im Banat geboren, ungefähr dreißig Kilometer südöstlich von Temeschwar. Viele Schriftsteller schreiben Geschichten und Gedichte, damit sie sich und die Welt besser verstehen. Irgendwann versuchen sie wie jeder andere Mensch Zusammenhänge herzustellen zwischen der großen Geschichte und der Geschichte der eigenen Familie. Wann hat er erkannt, dass ihm das Schreiben guttut, dass er es braucht, dass es ihm hilft? Anders formuliert: Er hätte ja auch Schneider oder Bauer oder Buchhalter werden können …

„Die Gemeindebibliothek in Nitzkydorf war gut bestückt. Hier näherte ich mich erstmals der Literatur, zaghaft noch, mit beliebiger Lektüre."

Als er acht Jahre alt war, zogen seine Eltern um nach Reschitza in den bergigen Süden des Banats.

„Den Anfang hat mein Vater gemacht, der pendelte aus Nitzkydorf hundert Kilometer nach Reschitza, um dort in den Stahlwerken zu arbeiten. Nach einiger

Zeit hat er das nicht mehr ausgehalten. Das war ja kein Leben. Er war von drei Uhr morgens bis abends sieben weg. Er war fast nie daheim. Er war für mich nur ein Sonntagsvater."

Als er das Lyzeum in Reschitza besuchte, begann Balthasar gezielter zu lesen. Da hat ihn die Bibliothekarin sogar einmal verwarnt, weil er zu viele Bücher ausleihen wollte.

„Meine erste intensive Lektüre, das war Reiseliteratur: Karl May. Und ich muss diesem alten Schlawiner Karl May heute noch danken, denn er hat mich dazu gebracht, das Fabulieren zu lieben, auch das übermütige Abschweifen. Dann hat es plötzlich ernst angefangen mit der Lektüre der Weltliteratur, und schon war ich mittendrin."

Ende der 1960er Jahre studierte Balthasar Germanistik und Rumänistik in Temeschwar. In der Stadt gab es einen deutschen Literaturkreis, den Adam-Müller-Guttenbrunn-Literaturkreis[14]. Dort hat er andere Autoren getroffen: Richard Wagner, Werner Kremm, Johann Lippert, Herta Müller …

„Da wählte ich die Lektüre schon gezielter. Meine ersten Prosastücke handelten nicht vom Dorf. Ich bin am Anfang immer von dort weggelaufen. Erst später habe ich entdeckt, dass ich mich um mein schönstes Thema nicht gekümmert habe. Das habe ich nachgeholt, als ich älter war."

Es ist heute nur noch schwer vorstellbar, dass im Banat vor fünfzig Jahren überall Deutsch gesprochen worden ist, auf der Straße, in den Geschäften, überall.

„Die deutschen Gemeinschaften waren früher viel größer. Es gab die deutschen Schulen und eine starke Konzentration der Deutschen in allen Institutionen: an der Uni, an den Gymnasien, den Theatern. Der deutsche Literaturbetrieb funktionierte gut. So ein Diskussionsrahmen war im kommunistischen Lager etwas sehr Rares. Diskutieren konnte man nirgends so richtig ehrlich. Eigentlich, wenn ich jetzt so zurückdenke, nur in unserem Literaturzirkel. Und weil in deutscher Sprache gesprochen und geschrieben worden ist, haben die rumänischen Zensoren nicht richtig verstanden, was wir da meinten. Ihre Augen und Ohren waren schon da, aber die haben trotzdem nicht alles mitgekriegt. In der ersten Phase waren wir alle Jungautoren. Es gab auch noch ein paar ältere Autoren, die schon vor dem Krieg geschrieben haben und dann umsattelten in den sozialistischen Realismus, der uns nicht interessierte. Die Jungen waren in

---

[14] Adam Müller-Guttenbrunn, vgl. Anhang: Anm. 2

enger Beziehung zur westdeutschen und zur österreichischen Literatur. Da gab es keine Neuerscheinung, die wir uns nicht irgendwie durch eines der Mitglieder verschaffen konnten. Der offizielle Sprecher war der Dichter und Journalist Nikolaus Berwanger[15], der inoffizielle war Richard Wagner. Aber es ging sehr demokratisch zu."

Die Literaturnobelpreisträgerin Herta Müller ist wie Balthasar Waitz in Nitzkydorf[16] aufgewachsen. Sie hat die Volksschule im Dorf beendet und ist wie andere Kinder aus dem Dorf weiter in der Stadt in die Schule gegangen, denn in Nitzkydorf gab es kein Lyzeum.

„Sie hat dann in Temeschwar das Nikolaus-Lenau-Lyzeum abgeschlossen, das auch Stefan Hell, der deutsche Nobelpreisträger der Chemie besucht hat. Zwei Nobelpreisträger aus einer Schule, keine Städter, einfach nur Banater Dorf-Schwaben!"

Balthasar Waitz ist sich sicher, dass die dörfliche Umgebung ihrer Kindheit in Herta Müllers späterem Leben eine wichtige Rolle gespielt hat.

„Sie wäre nicht zum Nobelpreis gekommen, wenn sie nicht aus Nitzkydorf gewesen wäre, denn sie hat ja ihre ersten Werke über diese Banater Dorfwelt geschrieben, obwohl sie davor davonlaufen wollte. *Niederungen*, das ist noch immer ihr bestes Buch, würde ich sagen. Das ist hier entstanden. Da war sie schon Lehrerin, eine ausgebildete Deutschlehrerin, die keine Stelle hatte. Und so hat sie als Übersetzerin gearbeitet. Das war zwischen 1975 und 1980. Sie ist natürlich nicht in ihrem Heimatdorf geblieben, sondern wohnte in Temeschwar – während der Ausbildung im Internat, und nach Abschluss des Studiums hat ihre Mutter für sie eine Wohnung in so einem Turmblock in der Stadt gekauft. Später hat die Herta Müller einen heute ebenfalls bekannten Schriftsteller, den Richard Wagner, geheiratet, mit dem hat sie dann dort gewohnt. Diese Beziehung war ja auch eine literarische und ein Glücksfall für die rumäniendeutsche Literatur. Wagner war sehr belesen und hat ihr irgendwie literarische Orientierung vermittelt. Er war im Grunde ihr erster Lektor. In dieser Zeit war es schwierig, eine derartige Literatur zu schreiben, alle Brücken hinter sich

[15] Nikolaus Berwanger, * 1935 in Freidorf, Königreich Rumänien, † 1989 in Ludwigsburg, Bundesrepublik Deutschland. 1969 bis 1984 Chefredakteur der Neuen Banater Zeitung in Temeschwar und der Literatur-Beilage Pipatsch in Banater Mundart. 1984 Auswanderung nach Deutschland

[16] Nitzkydorf, rum. Nițchidorf, ung. Niczkyfalva, ca. 1.500 Einw.

abzubrechen und etwas Neues, Originelles zu machen. Bei ihr hat der Wille, eine Art Antiheimatliteratur zu schreiben, zusammen mit ihrem großartigen Sprachgefühl zur Herausbildung eines eigenen Tons geführt, zu einer unverwechselbaren Stimme in der deutschen Literatur."
„Welche Rolle spielt dabei das Bilinguale? Wenn zwei Sprachen in einem Kopf stecken, könnten sie sich gegenseitig stören, oder kann es sein, dass sie sich befruchten?"
„Das hat sie selbst zugegeben, dass das Rumänische ein Echo war. Mehrmals hat sie gesagt, dass sie Lehnwörter oder einfach Übersetzungen aus dem Rumänischen übernommen hat. Wörter, schöne Wörter, die dann, gepaart mit ihrem Drang zu Wortschöpfungen und zum Wortspiel, in der deutschen Sprache einen besonderen Glanz bekommen haben. Etwa das Wort *Mundhimmel*, das kommt aus dem Rumänischen und bedeutet *Gaumen*. Anfangs haben die Kritiker gemeint, das sei alles zu lyrisch. Doch so wie sie ihr Thema angepackt hat, war es gar nicht mehr wichtig, ob das zu lyrisch ist oder zu metaphorisch."
„Und welchen Raum nimmt das Dorfleben in der Literatur von Balthasar Waitz ein? Die Kindheit auf dem Land muss doch auch ihn irgendwie geprägt haben."
„Bei mir hat das lang gedauert, bis ich gemerkt habe, dass ich ein Mann vom Land bin, den es in die Stadt verschlagen hat, und dass mein Thema das Dorf und seine Gemeinschaft ist. In den letzten Büchern hab ich das beherzigt, und das hat auch funktioniert. Diese Rückerinnerung wurde immer stärker. Aus jedem Bild, aus jedem Wort sprudeln jetzt Geschichten."
„Der Balthasar Waitz hat sowohl inhaltlich als auch stilistisch einen anderen Weg gewählt als Herta Müller. Bei ihr hat man das Gefühl, sie hat das Dorf als feste Basis gebraucht, von der sie sich abstoßen konnte."
„Ja, Herta Müller wollte raus aus dieser Umgebung. In ihrem Schreiben steckte eine Verneinung. Aber diese Verneinung war dann in den Bildern und der Sprache so exakt, so scharf, dass da ganz große Literatur entstand. Zu mir hat einmal einer gesagt: Du hast nur so in den Spiegel geschaut, du hast dich nie trennen können von dieser Welt. Ich empfinde das auch so. Ich schreibe eigentlich über das Heute, wenn ich über das Gestern schreibe. Was ist schon die Zeit? Das sind alles nur Sekunden in unserem Menschenleben."
Während unseres Gesprächs gewinne ich den Eindruck, dass Balthasar Waitz – anders als Herta Müller – die Härte des ländlichen Lebens durchaus wahrnimmt, sie aber mit Ironie und Humor auffängt. Man kann wohl sagen, dass er

sich im Vergleich zu ihr eher als Teil dieser kleinen Banater Welt begreift. Hat das damit zu tun, dass er am Ende hier geblieben ist?
„Das kann schon sein. Als ich mein Buch *Krähensommer* geschrieben habe, hab ich gemerkt, dass ich, wenn ich über diese Welt schreibe, am besten alle Stimmen übernehme. Das Kind in diesem Buch erzählt, was das Dorf denkt, was das Dorf sagt und was das Dorf macht."

Spurensuche in Herta Müllers Heimatort

Ich will nach Nitzkydorf fahren, zum Geburtsort von Herta Müller und Balthasar Waitz. Der liegt ungefähr dreißig Kilometer südöstlich von Temeschwar. Als ich mein Gepäck im Auto habe und losfahren will, macht der Motor keinen Muckser. Ich versuche es mehrmals, das Auto springt einfach nicht an. Klack und aus. Klack, aus. Was ist los? Dass es so schnell den Geist aufgibt, damit habe ich dann doch nicht gerechnet. Die Reise hat ja kaum angefangen. Noch einmal: Zündschlüssel umdrehen – nichts! Nach einer halben Stunde kommt der Notdienst des rumänischen Automobilclubs. Er spricht vom Abschleppen. So eine Reparatur könne drei, vier Tage dauern …

Karussell in meinem Kopf. Der Terminplan wird sich mindestens um vier Tage verschieben. Wohin mit dem Gepäck? Das Auto ist mein Depot. Ich schleppe ja nur die wertvollen Sachen ins Hotel: Fotoapparat, Mikrofone, Aufnahmegeräte … Freilich hatte ich damit gerechnet, dass meine Schrottmühle irgendwo stehen bleibt, aber eine Rechnung und eine Lösung, das sind zwei Paar Schuh. Plötzlich ein Aufschrei des Mechanikers! Der Tüftler hat den Sicherungskasten überprüft. Es war nur die Sicherung der Zündung hin. Ein Griff zum Zangerl, und schon ist eine neue eingesetzt: Es kann weitergehen! Das Wunder von Temeschwar!
Obwohl ich zugeben muss: Ich hatte, als vom Abschleppen die Rede war, für einen Augenblick gedacht: ‚Bleib ich eben noch hier'. Insgeheim hat es mich eh gereizt, die Brauereigaststätte der Brauerei Timişoareana, in der ich gestern im Dunst von Bier und Sauerkraut zu Abend gegessen habe, noch einmal zu besu-

chen, die hat was Mitteleuropäisches, Pragerisches, Wienerisches, Budweiserisches, Brünnerisches, vielleicht sogar Fränkisches oder Münchnerisches.
Was ist denn eigentlich so anders an dieser Welt hier? Bis jetzt habe ich sogar meistens Leute gefunden, mit denen ich mich auf Deutsch verständigen konnte. Und der Pannen-Notdienst war genauso schnell da wie daheim. Aber die Störche, die Pferdefuhrwerke, der Kabelsalat über Straßen und Hausdächern, die Abwanderung der Einheimischen, die Schlaglöcher …
Als ich mich Nitzkydorf nähere, gehen mir drei Sätze durch den Kopf, die ich zufällig aufgeschlagen und notiert habe, als mir Adi Ardelean die Erstausgabe von Herta Müllers Niederungen gezeigt hat. Darin charakterisiert sie diese Gegend so: *Die Felder liegen auf dem Bauch. Oben in den Wolken stehn die Felder kopf. Die Wurzeln der Sonnenblumen schnüren die Wolken ein.* [17]
Ich kenne dieses Buch seit den 1980er Jahren. So wie Herta Müllers Sätze mich bedrückt haben, bedrückt mich diese Ebene, dieses flache Land.
Die Dorfstraße ist leer. Nur vor einem kleinen Lebensmittelladen sitzen drei Männer und unterhalten sich. Hab schon gelernt, was „Guten Tag“ auf Rumänisch heißt: *Bună ziua!* oder einfach *Bună!*
Mit diesem Wissen betrete ich den Laden. Und der Gruß kehrt zurück. „Bună!“
Noch ein Wort weiß ich und betone es wie eine Frage: „*Apă?* – Wasser?“
Draußen wende ich mich an die Männer und deute achselzuckend in verschiedene Richtungen. „Herta Müller?“
Einer steht auf und sagt etwas, was ich nicht verstehe. Er bedeutet mir, ihm zu folgen. Mit der Verständigung tun wir uns beide hart. Er spricht so wenig deutsch wie ich rumänisch. Adrian heißt er, so viel hab ich immerhin begriffen.
An einer Straßenkreuzung erreichen wir Herta Müllers Geburtshaus. Er deutet auf eine winzige Messingtafel an der Hauswand, soll heißen: Das ist der Beweis, hier steht, dass die berühmte Herta Müller in diesem Haus aufgewachsen ist.
Ich bitte ihn, so stehen zu bleiben, damit ich ein Foto machen kann. Und er wirft sich in Pose, als hätte nicht Herta Müller, sondern er den Nobelpreis bekommen. Dann deutet er auf die Tür und schiebt mich voraus in den Garten des Hauses. Eine Frau im blauen Poloshirt richtet sich von der Gartenarbeit auf. Sie reibt sich die Erde von den Händen, rückt ihre Brille zurecht und kommt auf uns zu. Ein bisschen Englisch spreche sie. Rektorin im Gymnasium sei sie

[17] Müller, Herta: *Niederungen*. S. 95

gewesen und jetzt im Ruhestand. Ja, das Haus habe sie halt gekauft. Sie ist mindestens so verlegen wie ich, aber überaus freundlich. Nur haben wir uns leider wenig zu sagen. Auch wenn mich der Adrian sanft gestikulierend immer wieder ermutigt, mehr zu reden, verabschieden wir uns gleich wieder. Ich will mir das Haus noch von der anderen Seite her anschauen. Vor dem Nachbarhaus diskutieren zwei alte Männer miteinander. Der eine spricht mich auf Deutsch an, leicht mundartlich gefärbt, er heiße Josef, sagt er, sein Sohn sei der Spielkamerad von Herta Müller gewesen. Logisch, sie waren ja Nachbarn. Josefs Sohn lebt jetzt in Regensburg. Aber das ist jetzt gerade nicht so wichtig. Es geht bei seiner Unterhaltung mit dem anderen Dorfbewohner um ein Pferd. Josef fährt gewöhnlich mit seinem Gespann bei den Begräbnissen den Sarg. Dabei mag sein Pferd die vielen Leute nicht und scheut dauernd. Der Kollege habe ein ruhigeres Ross, sagt er und deutet hinüber zum Pferdegespann auf der anderen Straßenseite. Sie könnten tauschen.

Ob sie sich einig werden? Ich kann das ewige Hin-und-Her nicht abwarten. Vielleicht wollen sie mich eh nicht dabeihaben bei ihrem Handel. Wir gehen zurück. Die Sommerglut liegt über der endlos geraden, breiten Hauptstraße, wir gehen langsam, immer langsamer

zurück zum Lebensmittelladen. Als würden wir ein Remake für den Western-Klassiker *Zwölf Uhr mittags* drehen.
In solchen Dörfern können also Literaturnobelpreisträgerinnen aufwachsen! Ein Dorf, das „am Arsch der Welt liegt", so hat Herta Müller ihr Heimatdorf in einem Interview charakterisiert. Das haben ihr die Einheimischen übel genommen. Denn selbst, wenn sie hier in der Abgeschiedenheit leben, ohne Wälder, ohne richtige Berge, und nichts, rein gar nichts passiert, außer dass einer mit dem anderen ein Pferd tauscht oder dass einer dem anderen die Frau ausspannt, sie bekommen alles mit, was sie mitbekommen wollen. Eines Tages kommt einer und erzählt es.

Adieu, du brettlebenes Heidebanat! Habe die Ehre, du Auf und Ab des Bergbanats!

Auf einem zerknitterten Zettel erstellt Adrian unter Zuhilfenahme eines Bleistiftstummels eine geheimnisvolle Fahrtskizze. Dann erklärt er mir den „besten Weg nach Reschitza" mit Händen und Füßen: „gerade Straße, keine Schlaglöcher!"
Dieser „beste Weg" erweist sich als eine kurvige, schmale Straße. Bald endet die Teerdecke. Also weiter auf einer sandigen Piste, die Autos vor mir verschwinden in einer Staubwolke. Die Autos hinter mir verschwinden. Ich verschwinde. Staub bist du gewesen, Staub wirst du sein.
Von einem Augenblick auf den anderen, freie Sicht auf die Einmündung in eine asphaltierte Hauptstraße. Ein Wegweiser erinnert mich dran, dass ich zwar in Rumänien bin, aber viel näher an der ungarischen und der serbischen Grenze als an der rumänischen Hauptstadt Bukarest, an die 600 Kilometer weiter im Osten. Von der trennen mich noch dazu die hohen Gebirgszüge des Karpatenbogens.
Auf der Landkarte entdecke ich Tschakowa[18] und beschließe, einen kleinen Umweg zu machen. In dieser Kleinstadt kam 1951 Eugen D. Popin[19] zur Welt. Er hat einige meiner Gedichte ins Rumänische übersetzt. Heute lebt er in Ober-

[18] Tschakowa, ca. 30 km südlich von Temeschwar, rum. Ciacova, ung. Csák, serb. Čakovo/Чаково, ca. 5.000 Einw.
[19] Eugen D. Popin, * 1951, deutscher Schriftsteller

bayern. Will sehen, wo er aufgewachsen ist. Im Zentrum ein fast quadratischer Stadtplatz und in seiner Mitte eine Mariensäule. In diesem Ort hat einmal die Hälfte der Bevölkerung deutsch gesprochen. Heut tu ich mich hier mit der Verständigung genauso schwer wie in Nitzkydorf. Früher muss hier viel los gewesen sein, Bauern- und Handwerkermärkte, Viehhandel, mehrere Gasthöfe, Hotels. Es geht dem Ort wie vielen anderen hierzulande. Seine Bewohner dösen vor sich hin und träumen von besseren Zeiten.

Bei der Weiterfahrt fällt mir auf, dass ich die Landschaftsbilder, die ich in den letzten Tagen wahrgenommen habe, nach innen projiziere. Seelenlandschaften. Karges Land mit den staubigen Straßen. Ein alleinstehender, von Straßenstaub gepuderter Apfelbaum. Das Wachstum stockt überall. Viel Trostlosigkeit. Kahle Büsche, vertrocknete Äste, die ins Leere greifen. Rundum eine Weite, die nur wenig mit Freiheit und Entspannung zu tun hat, mehr mit Beklemmung. Alles wie ausgebrannt. Die Hitze hat ganze Arbeit geleistet. Am liebsten würde ich einfach auf und davon fahren. Aber ich bleibe stehen, setze mich dieser Verlassenheit aus. Die kümmerliche Umgebung spricht mich auf eigentümliche Weise an. Ich entdecke eine irritierende Art von Schönheit in ihr, immer in der Gewissheit: Ich kann ja jederzeit wieder aufbrechen. Das ist nicht so wie mit dem Verhältnis zu meiner Mutter, die ich während der vergangenen fünf Jahre durch die trostlose Landschaft ihrer Umnachtung bis in die absolute Leere begleitet habe. Ich konnte sie nicht im Stich lassen, aber tun konnte ich auch nichts für sie, nur dableiben, da sein, obwohl ich zwischendurch am liebsten weggelaufen wäre. Davongelaufen bin ich erst nach ihrem Tod. Jetzt bin ich im Grunde auf der Flucht und komme nur langsam zur Ruhe, besonders in

Augenblicken der Erschöpfung, wenn ich mir einbilde, eins zu sein mit meiner Umgebung, oder einfach nur ihr staubiger Bruder.

Erstaunlich – die Rumänen mögen das Deutsche

Endlich erste Anzeichen, dass die Ebene, die mich seit der Fahrt durch Ungarn begleitet hat, ein Ende hat. Am Horizont erkenne ich die Konturen von Höhenzügen. Es kommt Bewegung in die Landschaft. Nichts Schroffes, nur abgerundete, bewaldete Bergkuppen: das südliche Banat wird auch Bergbanat oder Banater Bergland genannt.

Spaziergang durch Reschitz oder Reschitza[20]. Mehrstöckige Stadthäuser, hohe Plattenbauten aus den 70er Jahren, vierspurige Straßen, begrünte Freiflächen. Im Zentrum vermittelt ein großzügiger offener Platz mit einem luxuriösen Springbrunnen die Gewissheit, dass diese Stadt noch in jüngerer Vergangenheit durchaus wohlhabend gewesen sein muss. Moderne Architektur, die ins Alter gekommen ist. Die Stadt war einmal berühmt für ihre Eisenhütte und für den Lokomotivenbau. Das ist vorbei. In einer Grünanlage an der Einfallstraße habe ich bei meiner Ankunft eine Dampflok gesehen, die als Denkmal aufgestellt worden ist. Kinder turnten auf ihr herum. Das ist alles. Die Eisenhütte ist nicht mehr in Betrieb.

„Vor zwei Monaten haben sie die letzten größeren Fabrikgebäude gesprengt“, erzählt Werner Kremm, der Mitglied der *Aktionsgruppe Banat* war, einer literarischen Gruppe von Schülern und Studenten in Temeschwar, die, 1972 gegründet, unter dem starken Druck der Securitate immerhin drei Jahre lang existieren konnte.

Werner Kremm, Jahrgang 1951, blieb als einziges Gründungsmitglied der Gruppe im Banat. Heute arbeitet er als Redakteur für die *Allgemeine Deutsche Zeitung für Rumänien*. Er ist hier daheim und kennt sich aus in der Geschichte des Banater Berglandes.

„Die deutschsprachigen Einwanderer kamen Ende des 18. und Anfang des 19. Jahrhunderts vorwiegend aus Österreich, aus dem Steirischen und dem Salzkammergut, auch aus Böhmen und dem Bayerischen Wald“, erzählt er. „Alles Menschen mit bairischen Dialekten, im Gegensatz zu den mosel- und

---

[20] Reschitza, auch Reschitz, rum. Reşiţa, serb. Решица, ung. Resicabánya, ca. 73.000 Einw.

rheinfränkischen Mundarten der Banater Schwaben im Heidebanat."

Bekanntlich sind die meisten Deutschen seit 1990 abgewandert. Ich frage ihn, wie es denn um die Zukunft der deutschen Sprache im Banat stehe?
„Heute schreiben viele Rumänen der Mittelschicht ihre Kinder an deutschen Schulen ein. Die deutschen Schulen und die deutsche Wirtschaft haben einen guten Ruf. Es gibt Spezialabteilungen, in denen man die deutsche Hochschulreife oder ein Sprachdiplom erwerben kann, das zum Studium in Deutschland berechtigt. Man kann sich des Ansturms auf die deutsche Abteilung am Nikolaus-Lenau-Gymnasium in Temeschwar kaum noch erwehren."
„Und was ist mit der Sprachkraft des Dialekts?"
Für deutsche Dialekte sieht Werner Kremm keine Überlebenschancen. „In den deutschen Schulen und Universitätsabteilungen sind ja fast alle Schüler und Studenten Ungarn, Rumänen und Serben. Denen geht es eindeutig um wirtschaftliche Interessen. Der Dialekt spielt da überhaupt keine Rolle."
„Es geht ums Business und um die Karriere – da wird es wohl auch eng für die Literatur und erst recht für Gedichte, fürchte ich."
Werner Kremm nickt und meint lapidar: „Tja, so läuft das hier."
Ich erzähle ihm, dass ich gehört habe, es gebe noch einige tschechische Dörfer im Banat. Natürlich weiß er darüber Bescheid.
„Die meisten Banater Tschechen leben nah der Donau. Manche haben schöne deutsche Namen, sprechen aber kein Wort Deutsch, nur Tschechisch. Ihre Herkunftsgegend müssen Gegenden gewesen sein, wo sich die deutsche und die tschechische Sprache überschnitten haben, so wie im Böhmerwald. Während in Wolfsberg, weiter oben im Bergland, zum Teil Deutsche leben, die tschechische Namen haben. Die Deutschen nennen sich Deutschböhmen, und die anderen nennen sich Tschechen, ohne Zusatz. Sie gehören zum *Demokratischen Forum der Tschechen und Slowaken im Banat.* Die Deutschböhmen gehören zum deutschen Forum. Aber sie sind weniger als zwanzig, vorher gab es um die fünfhundert in jeder Ortschaft, bis 1989 waren noch 180 Schüler in der Schule.

Einige haben ihre Häuser nicht verkauft, sie arbeiten in Deutschland, leben in Deutschland und machen in der alten Heimat Urlaub."
Werner Kremm erklärt mir, wie ich von Reschitza aus am besten zu den tschechischen Dörfern komme: „Immer an der serbischen Grenze entlang Richtung Donau und dann zum Donaudurchbruch, zum Eisernen Tor. Eines der Dörfer heißt Eibenthal, ein anderes Sfânta Elena."
Und als ich schon am Gehen bin, legt er mir noch einen Besuch der Stadt Orschawa nahe. Er kennt die Region von seiner Arbeit als Journalist. Das sei lange Zeit eine wichtige Stadt des deutschen Lebens im Banat gewesen, historisch, kulturell, naturkundlich und wirtschaftlich, meint er. „In Orschawa sind an der Wende zum 20. Jahrhundert zwölf deutsche Zeitungen herausgekommen! Es gab eine Ölschiefer-Raffinerie und eine Anlegestelle der Donau-Dampfschifffahrts-Gesellschaft. 1972 ist die ganze alte Ortschaft im wahrsten Sinne des Wortes untergegangen. ‚Vorteil' für die Bewohner: Sie bekamen eine neue Stadt, die mit staatlicher Unterstützung nach den aktuellen Städtebaurichtlinien errichtet wurde. Damals ist auch die einzige römisch-katholische Kirche in Rumänien entstanden, die in der kommunistischen Zeit gebaut wurde. Das ist ein interessanter Bau mit einem modernen Kreuzweg. Unbedingt anschauen!"
Er schreibt mir die Telefonnummer von Michael Sima auf, dem katholischen Pfarrer von Orschawa. Das sei ein Banater Kroate, der hervorragend deutsch spreche und mir die Kirche bestimmt gerne zeigen werde.
Einer der Mitbegründer des Literaturkreises *Aktionsgruppe Banat*, der Dichter Rolf Bossert, stammt ebenfalls aus Reschitza. Hab vor Jahren Gedichte von ihm gelesen, die mir sehr nahegingen. Heute habe ich ihn zum ersten Mal verorten können: Zwei Monate nach seiner Ausreise in den 1980er Jahren fand man Rolf Bossert tot unter dem offenen Fenster seines Zimmers vor dem Aussiedlerheim in Frankfurt am Main. Es gibt Leute, die sagen, da stecke die Securitate[21] dahinter, die ja auch Herta Müller nach ihrer Auswanderung nicht in Ruhe gelassen hat. Andere tun dies als Behauptung und Verschwörungstheorie ab. Fest steht, dass die Ausgereisten ihre Verunsicherung mitgenommen haben nach Deutschland. Rolf Bossert flüchtete weiter als andere. Er fand dafür ein tref

[21] DIE ZEIT, 23.07.2009, Nr. 31 - Herta Müller über die Geheimpolizei: Die Securitate ist noch im Dienst. – Der Rumänische Geheimdienst wurde 1948 gegründet. Bei seiner Auflösung im Jahre 1990 gehörten ihm rund 40.000 offizielle und 400.000 inoffizielle Mitarbeiter an.

fendes Bild: *Ich schlage mein Himmelszelt auf, / einen Steinwurf vom Weltall entfernt.* [22]

Svatá Helena – die Böhmerwaldler in Rumänien, Konserven der Heimatgeschichte

Das Banater Bergland grenzt im Westen und Süden an Serbien. Hier hab ich es mit einer EU-Außengrenze zu tun. Ich bleibe auf der rumänischen Seite und weiche allen Wegweisern aus, die mich nach Belgrad locken wollen. So suche ich mir auf kurvigen, holprigen, von Schlaglöchern übersäten Straßen einen Weg durchs locker bewaldete Bergland. Die Dörfer wirken ärmer als im Heidebanat. Es fehlen die guten Ackerböden der Ebene.

Argwöhnisch lausche ich auf die Geräusche meines Autos. Wiederholtes Schleifen, Ticken, Klopfen macht mir Angst. Sind es die Unebenheiten der Wege, oder warnt mich da irgendein Teil des Motors? In dieser Abgeschiedenheit möchte ich keine Panne haben. Die Dörfer tragen auf einmal serbische Namen. Ich befürchte, dass ich mich wieder einmal verfahren habe. Nein, diesmal nicht. Ich finde den Grenzort Naidas auf der Karte. Ein Wegweiser verkündet:„94 km nach Belgrad". Um ins tschechische Banat zum Dorf Sfânta Elena, tschechisch Svatá Helena, zu gelangen, muss ich mich Richtung Süden halten – Laubwälder, ab und zu Lichtungen, kleine mäandernde Bäche. Auf einmal weichen die Hügel zurück. Mit der Ebene kündigt sich die Donau an. In Ungarn Duna, in Kroatien, Serbien und Bulgarien Dunav, in Rumänien Dunărea. Hier hat sie viel Platz, wie ein See breitet sich die Wasserfläche vor mir aus. Die Stahlkonstruktion einer langen Eisenbahnbrücke führt hinüber nach Serbien.

Einige Kilometer donauabwärts wird das Tal enger. Von dort aus muss sich die Donau zwischen dem Banater Gebirge und den serbischen Karpaten durchs Eiserne Tor[23] zwängen. Richtung Sfânta Elena geht es in Serpentinen den Berg hinauf, vorbei an einem Park moderner Windmühlen. Nach jeder Kurve atemberaubende Ausblicke. Die zwingen mich mehrmals zum Anhalten.

Mitten in Sfânta Elena die Schule, ein Gebäude aus den 1950er oder 60er Jahren: ein tschechisches Dorf im rumänischen Banat und eine tschechische Schu-

[22] Rolf Bossert (1953-1986), deutscher Dichter aus dem Banat. Zitat aus: *Auf der Milchstraße wieder kein Licht.* S. 57

[23] Das Eiserne Tor, rum. Porţile de Fier, serb. Đerdap / Ђердап

le mit einem tschechischen Lehrer. Sein tschechisches *dobry den* – guten Tag! – weckt in mir heimatliche Gefühle, erst recht, als mich dann noch die Kinder der dritten und vierten Klassen herzerfrischend mit einem tschechischen Lied begrüßen. Der Klang der Sprache ist mir vertraut, ich wohne ja im Bayerischen Wald nah der böhmischen Grenze.
„Es leben Tschechen hier, die rumänische Staatsbürger sind, aber ihre Muttersprache ist Tschechisch.
Sie sprechen ihre Muttersprache, nur haben sie leider vergessen, wie man die tschechischen Wörter schreibt. Meine Aufgabe ist, ihnen Grammatik und Rechtschreibung beizubringen, auch Musik, Zeichnen und Malen", sagt der Lehrer – meine Güte, wenn sein Name nicht gar so ein Zungenbrecher wäre: Petr Skořepa – Petr, das geht ja noch, aber der Nachname, dieses ‚ř' mit dem Hatschek oben drauf.[24]
Petr übt mit mir: „Das ‚ř' wie ‚rsch'! Skor-schepa!"
Wissen und Sprechen finden nicht so leicht zueinander. Ich denke an die bayerische Wurscht, dann funktioniert's einigermaßen.
„Skór-schepa, Bé-tonung tschechisch immer auf erste Silbe!", bläut er mir ein.
Als ich seinen Namen einigermaßen aussprechen kann, führt er mich durchs Schulgebäude. Den Namen Comenius-Schule trage sie, sagt er mit einem spitzbübischen Grinsen und fügt hinzu: „Aber kein Mensch hier kennt den Comenius."
„Wir haben eine Klasse mit acht tschechischen Kindern von der ersten bis zur vierten Jahrgangsstufe und unterrichten auf Tschechisch. Der Klassenleiter ist der Herr Roch, er ist Tscheche und stammt aus dieser Gemeinde. Es gibt auch rumänische Lehrer. Die sprechen mit den Kindern Rumänisch. Also von Anfang an: Tschechisch und Rumänisch immer nebeneinander. Das geht gut, diese Kinder sind zweisprachig."
Petr blättert ein Schulbuch für die 4. Klasse auf, das er ins Tschechische übersetzt hat. „Ich bin ein Lehrer der Tschechischen Republik. Die tschechische Regierung schickt Lehrer zu den tschechischen Minderheiten auf der ganzen Welt. Ich weiß, dass es hier in Rumänien auch deutsche Lehrer gibt."
Petr und ich verständigen uns auf Englisch, einer Sprache, in der wir beide nicht daheim sind – ein Radebrechen, das uns wiederholt zum Lachen bringt.

[24] Hatschek: Verkleinerungsform des tschechischen hák, Haken, auf Deutsch Häkchen

Wir gehen in den Keller. Dort befindet sich die Bibliothek.
„Ab und zu vertone ich Gedichte für die Kinder und singe sie mit ihnen“, sagt Petr stolz.
Er liest mir ein tschechisches Gedicht vor. Ja, das haben wir gemeinsam: Beide mögen wir tschechische Dichter wie den František Halas.
Gegenüber der Bibliothek eine Stahltür. Er öffnet sie. Wir betreten einen merkwürdig muffigen, leeren Raum. „Das ist unser Bunker, unser Luftschutzbunker, unser Atombunker, egal wie man dazu sagt, alle neu gebauten Schulen in Rumänien mussten bis 1990 so etwas haben.“
An den Wänden des Schulhausganges ein Comic-Fries, den die Kinder selbst gemalt und beschriftet haben: die Geschichte des Dorfes. Die ersten Einwanderer waren tschechische Holzarbeiter und Bauern aus den tschechischen Grenzgebieten, vor allem aus dem Böhmerwald. Petr übersetzt und erläutert mir den tschechischen Text.

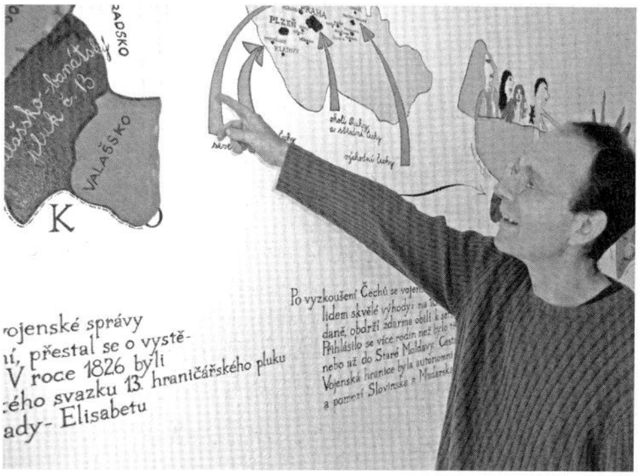

Die Übersiedlung der Menschen aus Böhmen nach Rumänien hat im Jahre 1820 begonnen. Die Regierung wollte das Gebiet aus militärischen Gründen kolonisieren und Dörfer an der Grenze zum damaligen Osmanischen Reich gründen. Darum hat man Menschen aus den armen böhmischen Gegenden hierher eingeladen. Ein Unternehmer schickte Agenten nach Böhmen, die mit dem Versprechen von Privilegien zweitausend Menschen angeworben haben. Die Leute haben sich entschieden, alles zu verlassen, was sie in Böhmen besaßen, und siedelten sich in einer Landschaft an, in der es nichts als Wälder und wilde Tiere gegeben hat. Hier haben sie Häuser gebaut, Land gerodet, Äcker angelegt und als Holzfäller gearbeitet. Der Unternehmer hat sich aus dem Staub gemacht, ohne sie zu bezahlen. So waren sie gezwungen, die militärische Verwaltung zu bitten, sie zu unterstützen. Dafür wurden sie in die Armee einberufen und konnten nur noch während ihrer freien Zeit in der Landwirtschaft arbeiten. Es muss damals sehr schwierig gewesen sein, die bescheidene Ernte vor den Waldtieren und einer nicht immer freundlichen einheimischen Bevölkerung zu beschützen.

Für die vielen Generationen von Auswanderern gilt wie überall auf der Welt der Spruch: Für die Ersten der Tod, für die Zweiten die Not und für die Dritten das Brot. Zu Wohlstand sind die tschechischen Einwanderer hier nie gekommen. Trotzdem verbesserte sich ihre Situation allmählich. Das Dorf hatte in den besten Zeiten mehr als 10.000 Einwohner. Diese besten Zeiten seien längst vorbei. Das Schulhaus sei in den 1990er Jahren ziemlich marode gewesen, erzählt Petr, der Verein *Menschen in Not* habe die Renovierung finanziert.
Schließlich setzt Petr seine Schiebermütze auf und sagt: „Komm, ich zeig dir das Dorf!"
Er lebt mit seiner tschechisch-rumänischen Frau und seinen beiden Kindern gern hier. Wir bleiben vor einer rissigen Lehmmauer stehen. In den Ritzen hat sich Mauerpfeffer angesiedelt.
„Da ist jemand gestorben, das Haus fällt schon ein. Viele Häuser stehen leer", brummt Petr, „dort drüben ist vor Kurzem eine Familie weggezogen. Leute aus der Stadt haben das Haus gekauft. Die verbringen nur ihre Ferien hier. So haben schon etliche Häuser neue Bewohner bekommen. Wir kennen sie kaum. Sie gehören nicht wirklich zur Dorfgemeinschaft. Dazu sind sie zu selten hier."
Mehrmals begegnen uns ältere Leute. Sie grüßen freundlich und unterhalten sich auf Tschechisch mit meinem Begleiter.
„Die Jungen, die noch hier leben, fahren tagsüber in die Stadt zum Arbeiten", sagt er.
Aber einer tänzelt am helllichten Nachmittag auffallend locker an uns vorbei, ein übermütiger Filou. „Der hat einige Jahre in New York als Taxifahrer gearbeitet und ist vor zwei Jahren wieder zurückgekehrt, Alle nennen ihn *Pepsi*! Er lebt lieber hier in dieser gottverlassenen Gegend als in der großen Welt. "

‚Grad so wie Petr und seine Familie'. denke ich.
Auf dem Friedhof zeigt er mir das Grab seiner Schwiegereltern. Zwischen den Gräbern mit tschechischen Namen, Eliáš, Štěpnička, Růžička, Táborský, Mlejnek, auch deutsche, Roth, Sauer, Schneider und Seidel … Werner Kremm hat mir ja erzählt, dass in den tsche-

chischen Dörfern des Banats auch Deutsche leben, deutschsprachige Böhmerwaldler. Flucht und Vertreibung, wie es sie nach dem Zweiten Weltkrieg in der Tschechoslowakei gab, haben hier nicht stattgefunden. Die Dorfgemeinschaften im Banat sind heute so etwas wie Konserven der böhmischen Vergangenheit. Wie viele der rumäniendeutschen Böhmen nach dem Zweiten Weltkrieg in die Ukraine deportiert worden sind, konnte ich nicht in Erfahrung bringen.

Das Eiserne Tor, ein Erdrutsch und das Gelächter der Enten

Donauabwärts durchs Eiserne Tor bildet der Strom die Grenze zwischen Rumänien und Serbien. Das Durchbruchstal der Donau zieht sich rund hundert Kilometer hin. Jetzt, da ich mich zwischen den Bergen dieser engen Schlucht hindurchbewege, gebe ich mich dem Staunen hin. Für mich zählt diese Landschaft zu den eindrucksvollsten, die ich je gesehen habe. Zwischendurch gibt es Ausbuchtungen. Das Tal weitet sich zum *Kazan*, einem geräumigen Talkessel. Hier lege ich eine Pause ein, pflanze mich am Donauufer unter einen Baum. Ein flacher runder Stein wird zum Tisch. Dann verputz ich in aller Ruhe den Apfelstrudel, den Petr mir als Proviant mitgegeben hat. Darüber hinaus schau ich mich satt an der Umgebung. An beiden Ufern ragen die Felswände der Karpatenausläufer über hundert Meter senkrecht in die Höhe. Dabei ist die Donau an vielen Stellen nicht breiter als zweihundert Meter.

Ich verfolge den eleganten Flug eines Silberreihers und die platschende Landung eines Kormorans. Die Gegend beiderseits des Flusses gehört zu den artenreichsten in Europa. Als wolle sie das bestätigen, taucht eine Schildkröte im trockenen Gras neben meinem Tisch auf. Ich biete ihr ein Strudelbröckerl an. Sie empfindet das als Angriff, zieht den Kopf zurück unter ihren Panzer, lugt aber gleich wieder neugierig hervor. Ich kitzle sie mit einem Grashalm an der

Nase. Schon zieht sie sich wieder zurück. Sie traut mir nicht. Recht hat sie. Arglosigkeit ist für freilebende Tiere gefährlich.

Bei der Weiterfahrt versperrt zweimal Geröll die Uferstraße. „Erdrutsche sind an dieser Straße keine Seltenheit", hat der Petr gesagt.

Die Rufe der Wildenten hören sich an wie schadenfrohes Gelächter. Aber ich habe Glück, es bleibt neben der Fahrbahn immer gerade so viel Platz, dass ich ausweichen kann. So ist es halt. Ich mag die Unvollkommenheit dieser Straßen, ich mag das Unwegsame, es zwingt einen, langsamer zu werden, wenn man sich in der Schnelligkeit zu verlieren droht. Beim Kloster Mraconia, das neben Uferstraße und Felswand aus dem Wasser zu wachsen scheint, mündet aus einer Seitenschlucht der Fluss Mraconia in die Donau. Daneben, auf der Brücke, stehen mehrere Fotografen. Sie haben es auf die vierzig Meter hohe in den Fels gehauenen Riesenschädel des Dakerkönigs Decebalus abgesehen.

„Was ist das für eine Inschrift dort oben?", frage ich einen, der ein Teleobjektiv auf seine Kamera montiert hat, das weit unter dem Schild seiner Baseballkappe hervorragt.

Er liest: „DECEBALUS REX - DRAGAN FECIT – König Decebal - Erbaut von Drăgan".

„Drăgan? Wer ist das? Ein Königssohn?"

„Nein, nein, der rumänische Geschäftsmann Iosif Constantin Drăgan hatte mehr als eine Million Euro übrig für dieses Projekt. Zwölf Bildhauer haben zwischen 1994 und 2004 daran gearbeitet."

„So reiche Leute gibt es in Rumänien?"

„So ist es – man kann ganz schön Geld rausholen aus unserem Land. Leider reicht es nicht für alle!"

Kurz vor der Stadt Orschawa, wo der Donaudurchbruch endet und die Schlucht sich öffnet, gabelt sich der Weg. Nach links geht es bergauf zum Kloster Sfânta Ana. Ein willkommener Umweg! Auf einer Gedenktafel lese ich, dass ein gewisser Pamfil Şeicaru, ein bedeutender rumänischer Journalist, der im Ersten Weltkrieg eine Bombenexplosion überlebt hatte, mit einer Spende den Bau des Klosters ermöglichte – zur Erinnerung an seine Soldatenkameraden, die im Raum Orschawa für ein großrumänisches Reich gefallen waren. Während der kommunistischen Zeit war die griechisch-katholische Konfession verboten. Unter Ceauşescu diente das Kloster der Partei als Hotel. Von hier aus hat man einen weiten Blick auf die angestaute Donau und einen Teil der Bucht, die an der Mündung des Flusses Cerna [25] entstanden ist.

Die neue Stadt Orschawa [26] liegt wenige Kilometer stromaufwärts der Staudämme, mit denen die Donau 1972 zur Stromgewinnung angestaut worden ist. Hier wird gegenwärtig ein Großteil der rumänischen Elektrizität erzeugt. Der Wasserspiegel ist jetzt 35 Meter höher als vorher, an einigen Stellen ist der Fluss 70 Meter tief. Der Donaudurchbruch Eisernes Tor muss früher landschaftlich noch wesentlich eindrucksvoller gewesen sein, andererseits auch gefährlicher für die Schifffahrt. Auf dem Grund der Donau liegt das alte Orschawa mit seinen römischen Grundmauern und mittelalterlichen Gässchen. Patrick Leigh Fermor hat die alte Stadt 1934 während seiner Fußreise von England nach Konstantinopel noch gesehen und beschrieben. Dort, in der Tiefe, hat er damals seine Post abgeholt und es sich am Donauufer in einem Straßencafé gemütlich gemacht. [27]

[25] Die Cerna entspringt in den Südkarpaten und mündet bei Orschawa in die Donau. Länge 84 km.

[26] Orschawa, rum. Orşova, serb. Rušava, ca. 10.000 Einw.

[27] Patrick Leigh Fermor: *Zwischen Wäldern und Wasser.* S. 319

Was für eine Bullenhitze! Ich denke, auf dem Wasser wird es kühler sein, drum kaufe ich mir ein Ticket für eine Fahrt mit dem Schiff durchs Eiserne Tor. Vor allem der Wechsel der Perspektive reizt mich. Das Schiff nähert sich bis auf wenige Meter der „Tabula Trajana". Diese schlichte Steintafel aus dem Jahr 100 n. Chr. befindet sich nicht mehr an der ursprünglichen Stelle. Man hat sie vor der Flutung des alten Orschawa dicht über der heutigen Wasseroberfläche an einer Felswand angebracht. Die alte Inschrift beeindruckt mich wesentlich mehr als das gigantische Abbild des Dakerkönigs am gegenüberliegenden Ufer. Sie ist zwar keine Geburtsurkunde der versunkenen Stadt, doch sie gibt mit einer Lobpreisung Auskunft über Kaiser Trajan, der habe, so heißt es: Gebirge und Strom überwunden und die römische Militärstraße vom Ursprung der Donau bei Donaueschingen, die zunächst bis zum Donaudurchbruch beim niederbayerischen Weltenburg nahe Regensburg führte, bis hierher ans Eiserne Tor verlängern lassen.
Wenn ich nicht schon heute Vormittag einen Termin mit dem Pfarrer Michael Sima ausgemacht hätte, würde ich am liebsten ein bisschen schlafen. Der Pfarrer Sima stammt aus einem kroatischen Dorf des Banats. Er hält für seine

„Pfarrkinder“ Messen in kroatischer, tschechischer, serbischer, deutscher und rumänischer Sprache. Sein Studium hat er an einer ungarischen Universität absolviert.

Der gewagte Beton-Kirchenbau des Banater Architekten Hans Fackelmann[28] in Orschawa lockt jedes Jahr viele neugierige Besucher an. Nachdem die alte Kirche im Stausee verschwunden war, war sie die einzige römisch-katholische Kirche, die der rumänische Staat in der Zeit des Kommunismus genehmigt hat. Mir kommt das Kirchenschiff vor, als sei es gestrandet und liege mit dem Kiel nach oben am Donauufer. Michael Sima führt mich durch den stattlichen Bau mit dem kühn geschwungenen Betondach, in dem Glasöffnungen an der Decke ein Licht-Kreuz entstehen lassen. Ich frage ihn, ob es nicht sehr teuer sei, das Gebäude in der kalten Jahreszeit zu heizen.

„Früher hat die Stadt das Öl für die Heizung bezahlt. Jetzt nicht mehr. Es ist zu teuer. Im Winter frieren wir öfters in der Kirche. Aber die Gläubigen, die zur Kirche kommen, werden sowieso jedes Jahr weniger“, meint der Pfarrer resigniert.

„Wie kommen Sie mit Ihren Kollegen von der orthodoxen Kirche aus?“

[28] Hans Fackelmann (1893-1979), Kindheit in Macea nahe Arad zwischen den Flüssen Mieresch und Kreisch, rumänischer Architekt und Banater Schwabe

„Früher besser, heute nicht mehr so…" Mehr will er dazu nicht sagen. Ich denke, es geht ums Geld, denn die orthodoxe Kirche wird wohl finanziell viel besser unterstützt. Unter den Kommunisten war es anders, da haben beide Kirchen gelitten.

Michael Sima weist mich auf die Kreuzweg-Aquarelle hin.

„Sie sind eine Besonderheit! Es sind die letzten Werke des jung verstorbenen Malers Gabriel Popa, der hier seine persönliche Leidensgeschichte eingebracht hat, denn er war während der Arbeit bereits vom Tode gezeichnet."

Auf den Bildern kann man bekannte Persönlichkeiten entdecken, die rumänische Weltklasse-Turnerin Nadia Comăneci [29] ebenso wie den Beatle John Lennon. Daneben hat der Künstler neben verschiedenen Securitate-Leuten sogar Lenin verewigt. Viel Fragmentarisches, auch Widersprüchliches, das zum Selberdenken anregt. Während wir die Kirche verlassen, erkundige ich mich beim Pfarrer Sima, ob es wilde Tiere im Bergbanat gibt, Raubtiere oder Giftschlangen.

„Ja, natürlich, Wölfe, es gibt es auch Bären, Luchse, Wildschweine, Hirsche, alles, Springnattern, Hornottern, Sumpfschildkröten, Landschildkröten, alles gibt's!"

„Haben Sie hier selber schon einen Wolf gesehen?"

„Ich gehe nicht so weit spazieren im Wald", sagt er und streichelt entschuldigend seinen Bauch. „Vom Auto aus sieht man keinen Wolf. Und Bären auch nicht."

Ada Kaleh, das versunkene türkische Inselreich

Das neue Orschawa ist nicht gerade eine lebendige Stadt. Nur auf der Uferstraße und im Supermarkt rührt sich was. Der Platz vor dem modernen Rathaus

[29] Nadia Elena Comăneci, geboren 1961 in Oneşti, rumänische Kunstturnerin, gewann bei den Olympischen Spielen 1976 und 1980 fünf Goldmedaillen, drei Silbermedaillen und eine Bronzemedaille.

unterhalb der Kirche war vermutlich von den Stadtarchitekten als Treffpunkt gedacht. Nun verödet er zwischen Kirche, Banken und Verwaltung. Zwischen den Betonplatten und Sitzbänken wächst Gras. Die Städtebauer und die Bewohner der Städte sind sich oft fremd. Dabei ist die Dynamik der Menschen und des öffentlichen Lebens gar nicht so kompliziert. Freiraum an den richtigen Stellen braucht es. Der findet sich am späten Nachmittag und abends entlang der Uferstraße. Dann öffnen Verkaufsstände. Roma-Familien mit ihren Kindern besetzen die Wiese bis zum Donauufer. Sie haben ihre Dienste beim Aufstellen des Marktes angeboten, um nicht betteln zu müssen.
Ich lasse mich in einem Gartenrestaurant am Donauufer nieder und bestelle mir eine Kuttelsuppe, rumänisch: *Tschorba de burtă*. Die schmeckt mir so gut, dass ich mir von der Kellnerin das Rezept diktieren lasse.

Tschorba de Burtă
Gedicht für sechs Personen

Fünfhundert Gramm Kutteln und dreihundert Gramm Kalbsknochen
in drei Litern Wasser
mit Sellerie, Maggikraut, Gelben Rüben, Petersilienwurzel
und mit einer großen Zwiebel
zwei Stunden lang kochen.

Wenn die Kutteln gar sind,
Gemüse und Knochen herausnehmen, Suppe vom Herd nehmen
salzen und mit Zitronensaft säuern.

Ein geschlagenes Eigelb und hundert Gramm Rahm daruntermischen,
einen Esslöffel Öl und fünf bis sechs Zehen gepressten Knoblauch dazu
und am Schluss frische gehackte Kräuter drüber.

Zu servieren mit einem Schälchen Sauerrahm
und zwei scharfen Peperoni

Das Essen sei Gedicht, versichert die Kellnerin.

Auf einer kleinen Halbinsel in der Donau liefert eine Rockband die Tafelmusik. Sie wird mit ihrem Open-Air-Konzert Fische, Wasservögel und Anwohner auch drüben am serbischen Ufer bis in die Nacht hinein beglücken.

Am nächsten Morgen geht's weiter donauabwärts Richtung Staudamm. An einem Parkplatz nah der Mündung der Cerna in die Donau steht ein Denkmal, eine mehrere Meter hohe silbrige Frauensperson, die ein Gestell macht, als wolle sie in die Donau springen und auf und davon schwimmen. Da ist nur der Kranz hinderlich, den sie mit ausgestreckten Armen nach vorn hält. Vielleicht will sie ihn in die Fluten werfen, um der versunkenen Stadt zu gedenken. Oder der türkischen Insel Ada Kaleh, auf der Moslems und Christen friedlich zusammenlebten. In meiner Pension in Orschawa lag ein Buch mit Schwarz-Weiß-Fotos der Insel aus der Zeit vor der Flutung. Überaus mild soll das Klima dort gewesen sein, milder als an den Ufern. Wenn man den Berichten glauben darf, wuchsen dort nebeneinander Feigen und Rosen. Aus den Läden wehten orientalische Düfte ... Hört sich an wie die Erinnerungen an ein verlorenes Paradies.
Als der Staudamm geplant wurde, stellte man den Leuten von der Ada Kaleh frei, nach Rumänien, Jugoslawien oder in die Türkei umzusiedeln. Von den 600 Bewohnern zogen die meisten in die Türkei, manche nach Orschawa oder Turnu Severin, einige Kilometer flussabwärts.
Bei extremem Niedrigwasser tauchen Reste der Insel manchmal noch auf, heißt es. Vom Parkplatz der Fernstraße aus ist allerdings keine noch so winzige Spur

dieser Insel zu erkennen. So schaue ich zurück zum neuen Orschawa. Um mich herum so viel Abfall und Dreck, dass es mich ekelt. Schnell wieder ins Auto. Nach ein paar Minuten Fahrt erreiche ich den Staudamm „Eisernes Tor 1“. An Wänden und Zäunen die Warnung dem Piktogramm: „Fotografieren verboten!“ Hier gibt es einen Grenzübergang. Ich könnte nach Serbien hinüberfahren, doch ich bleibe auf der rumänischen Seite, will mir nur den Staudamm anschauen, kann aber nirgends anhalten.

Nach dem Haareschneiden zu den alten Römern

Donauabwärts eine Stadt mit dem für mich wenig eingängigen Namen Dobreta Turnu Severin [30]. Ich brauche Auslauf, unternehme einen Stadtrundgang. Hier ist ganz schön was los. Zum ersten Mal auf meiner Reise habe ich den Eindruck, dass ich mich auf dem Balkan befinde. Ich habe die Kleine Walachei erreicht. Zufällig komme ich am Ladenschild eines Friseursalons vorbei: COAFURA – FRIZERIE – MANICHIURA. Ein schneller Entschluss: Nix wie rein! Da ist leider kein Friseurladen – nur ein Stehimbiss. Ein paar Leute lehnen am Tresen vor ihren Biergläsern. Ich zeige auf meinen Kopf und deute mit zwei Fingern eine Schere an. Der Mann, an den ich mich gewandt habe, hat eine Art Kebab in der Hand und einen großen Bissen im Mund, der kann nicht sprechen, deutet nur zur Treppe. Also hinauf in den ersten Stock. Dort steht die Tür offen. Eine Frau sitzt in einem der beiden Friseurstühle. Sie hat ihre Fingerspitzen in Schälchen getaucht. Die Friseuse bietet mir einen Platz an. Sie hat wirklich nur auf mich gewartet. Eine Rothaarige! Sie spricht rumänisch. Jetzt wird's spannend. Ich spreche „händisch“, deute auf den Wasserhahn. Sie begreift das sofort und wäscht mir die Haare. Dann fuchtelt sie an meinem Kopf herum. Auch ich fuchtle an meinem Kopf herum, deute die Länge an.

„Über den Ohren frei. So – ja! Yes! *Da! Da!*“
Und so und so und so …

[30] Dobreta Turnu Severin, deutsch Turm Severin, knapp 100.000 Einw.

Der Frau auf dem Friseurstuhl neben mir kommt das Lachen aus. Egal! Hauptsache, die Friseuse färbt meine Haare nicht so rot wie die ihren. Ich bitte sie, ein „Vorher-Foto" zu machen. Und dann geht's los.
Sie redet vor sich hin. Ich deute und rede auch. Und auf einmal hält sie mir den Spiegel hin. Bin fertig. Passt! Jetzt noch das „Nachher-Foto". 12 Lei, das sind ungefähr 2 Euro 70 – mit Waschen, Bart und Augenbrauen schneiden. Ein Abenteuer, das sich gelohnt hat. Ich kann meinen Stadtrundgang fortsetzen, ohne dass ich meine Frisur unter einem Strohhut verstecken muss.
In der Innenstadt herrscht Verkehrschaos, dazwischen sind Leute unterwegs, so viele Leute. In den anderen rumänischen Städten, die ich bis jetzt besucht habe, war lange nicht so viel Gewurl. Die verschachtelten Häuser in Turnu geben sich gegenseitig Halt. Wo das nicht möglich ist, sind sie mit einer Unmenge von Drähten und Kabeln vertäut, damit sie nicht zusammenklappen. Früher hieß die Stadt nur Turnu Severin. „Drobeta", den Namen der römischen Stadt, die an dieser Stelle einmal stand, fügte man erst 1972 hinzu. Die Rumänen sehen sich gern als Nachfahren der Römer. Das belegen mehrere Römerdenkmale in den Grünanlagen. Mich zieht's hinunter ans Wasser. Die Donau ist hier genauso breit wie oberhalb des Kraftwerkes „Eisernes Tor 1", weil sie einige Kilometer unterhalb von Turnu Severin vom Kraftwerk „Eisernes Tor 2" ein zweites Mal angestaut wird.

Nicht weit vom Ufer die Hinweistafel auf Ausgrabungen aus der römischen Vergangenheit der Stadt. Es handelt sich um die Überbleibsel der Trajansbrücke der ersten Brücke über die untere Donau. Der syrisch-römische Baumeister Apollodor, hat sie etwa 100 n. Chr. entworfen. Dieses Bauwerk galt über ein Jahrtausend als längste Brückenkonstruktion der Welt.
Die flachen Segmentbögen der hölzernen Fachwerkskonstruktion ruhten auf Steinpfeilern. In Turnu kann man heute tatsächlich noch die Fundamente dieser Brücke bewundern. Sogar auf der Trajanssäule in Rom sind Brücke, Kaiser und Architekt verewigt worden.

Von der ältesten zur jüngsten Donaubrücke

Vor zwei Wochen habe ich ein Treffen mit dem legendären Schriftsteller und Dissidenten Mircea Dinescu in dem von ihm geschaffenen „Kulturhafen Cetate“ vereinbart. Seine Frau sagte mir kurzfristig ab, weil der Dichter müde und überarbeitet sei. Mircea besitze ein Lokal in Bukarest, dort werde er sich während der nächsten Wochen aufhalten. Wir vereinbaren, dass ich mich erneut melde, kurz bevor ich Bukarest erreiche.
Ich fahre also an Cetate vorbei und übernachte in Calafat. Dort habe ich ein preisgünstiges Hotel gefunden. Flyer, die in der Empfangshalle herumliegen,

lassen darauf schließen, dass es sich um eine Art Sanatorium handelt, das auch Reisende aufnimmt, wenn Zimmer frei sind.
Vom Fenster aus sehe ich die Donau und drüben am bulgarischen Ufer die Hafenanlagen von Vidin. Flussaufwärts im Sonnenlicht die silbern glänzende die Konstruktion der neuen Donaubrücke. Sie ist erst im Sommer 2013 dem Verkehr übergeben worden. Hat also doch eine gewisse Zeit gedauert, bis Ersatz für die Trajansbrücke geschaffen werden konnte.
Rumänen und Bulgaren scheinen nicht von großer Sehnsucht geplagt zu sein, sich gegenseitig zu besuchen. Es gibt auf den rund 500 Kilometern, an denen die Donau die Grenze zwischen Rumänien und Bulgarien markiert, nur noch eine weitere Brücke südlich von Bukarest, die „Friedensbrücke" zwischen Giurgiu und Russe. Sie ist 1954 gebaut worden. Patrick Leigh Fermor ist 1934 von Orschawa aus mit dem Schiff bis Vidin gefahren und stellte fest: *„Zu meiner Überraschung war unter denen, die ich auf meiner Reise kennengelernt habe, noch nie einer in Bulgarien gewesen. Wenn die Ungarn nur widerstrebend durch die Karpaten ins alte Rumänien reisten, so galt dies erst recht für Bulgarien."* [31]

Allmählich bekomme ich Hunger. Ich spaziere zur Donau hinunter. In einem Gartenlokal neben dem Freibad am Donaustrand setze ich mich mit Blick auf die neue Donaubrücke und bestelle mir ein Bier, Marke Timișoreana von der Brauerei in Temeschwar, die sich „Bierfabrik" nennt.
Am Nachbartisch bekommt eine Frau einen Teller voller frittierter Fischchen. Solche will ich auch. Ich suche sie in der Karte. Ohne Erfolg. Ich winke dem Kellner und deute vorsichtig zum Nebentisch. Er zeigt auf die Karte und fragt: „*Hamsii?*"
„Ja, *Hamsii! Da!*", erwidere ich und freu mich über meine Rumänischkenntnisse. Als ich satt bin, übe ich in einem Supermarkt weiter, kauf mir Walnüsse und Wasser, stottere vor mich hin: „*Nuci și Apă.*"
Vor dem Laden sitzt eine ausgemergelte alte Frau und hält die Hand auf. Soll ich da einfach vorbeigehen? Ihr Mann sitzt am Straßenrand auf einem Blumentrog und schaut ihr zu. Ich glaube, er schämt sich zu betteln und ist dankbar, dass

---

[31] Patrick Leigh Fermor: *Zwischen Wäldern und Wasser.* S. 323

seine Frau das übernimmt. Beide sind schlecht gekleidet. Sie haben nichts anderes. Nur Hunger haben sie. Also gut, ich geb ihr fünf Lei.
Kurz bevor ich meine Unterkunft erreiche, lockt mich laute Musik in einen Park. Ein Fest. Die Gäste nehmen sich an den Händen, tanzen traumhaft synchron Volkstänze in Wechselschritten und immer schneller, dass mir schon vom Zuschauen schwindlig wird.

Einfache Wege sind langweilige Wege

Heute will ich Rumänien verlassen und mich Bulgarien zuwenden. Die neue Brücke von Calafat nach Vidin werde ich meiden. Mein Motto soll bleiben: Einfache Wege sind langweilige Wege. Ich habe bei der Kleinstadt Bechet einige Kilometer donauabwärts eine Autofähre ausgemacht, nicht weit entfernt vom Kernkraftwerk Kosloduj, das sich gegenüber auf der bulgarischen Donauseite befindet.
Was mir in den Dörfern der walachischen Tiefebene als Erstes auffällt: Die Storchennester sind leer. In der kurzen Zeit, seit ich hier bin, haben die Störche die Flucht ergriffen und sich auf den Weg zu ihren Winterquartieren gemacht. Und merkwürdig: In allen Dörfern sind junge Frauen in Feiertagskleidung unterwegs. Sie tragen Tabletts mit Brot, Schinken, Äpfeln und aufgeschnittenen Melonen und was weiß ich noch alles, verziert mit bunten Bändern und Blumen. Möchte wissen, was da dahintersteckt. Ich halte an, frage eine der Frauen, indem ich auf ihr Servierbrett deute: „Wo soll's denn higeh mit dem scheena Tablett?“ Sie muss lachen, weil sie kein Wort versteht, geht weiter. Wahrscheinlich irgendein Brauch, vermute ich und setze meinen Weg fort, immer entlang der Donau und damit an der Südgrenze Rumäniens.
Auf dem Dorfplatz von Măceşu de Jos ein Menschenauflauf. Hinter einer Art Altartisch drei vollbärtige Popen in bestickten Brokat-Messgewändern und ein Mann, der eine Schärpe mit den rumänischen Nationalfarben trägt. Im Mittelpunkt der Aufmerksamkeit ein Denkmal, an die fünf Meter hoch, verhüllt von einem weißen Tuch.
„Für wen ist denn das Denkmal?“, frage ich eine junge Frau, die von weitem ausgeschaut hat wie eine alte Bäuerin. Wie viele andere auch trägt sie einen langen, kleingemusterten Rock und ein Kopftuch, das sie weit über die Stirn gezogen hat. Sie zuckt die Achseln, deutet auf eine andere Frau, na ja, auf eine

„Dame", die ganz vorn an der Absperrung steht. In ihrem pinkfarbenen Hosenanzug wirkt sie moderner, weltläufiger, vielleicht eine Lehrerin oder gar die Frau vom Bürgermeister. Aufmerksam verfolgt sie die Ereignisse am Denkmal. Ich frage sie auf Englisch, ich flüstere, um sie nicht zu stören: „Wer bekommt denn hier ein Denkmal?"
„Unsere Helden", antwortet sie.
„Welche Helden?"
„Die vom Krieg."
„Es ist doch lange kein Krieg mehr in Rumänien gewesen."
„Die vom Zweiten Weltkrieg!"
„Aber da gibt es doch schon so viele Denkmäler."
„Aber nicht für die Helden aus unserem Dorf."
Aus den Lautsprechern, die an den Strommasten entlang der Straße befestigt sind, schmettert pathetische Musik. Vielleicht die Nationalhymne. Der mit der Schärpe in den rumänischen Nationalfarben muss der Bürgermeister sein. Er ergreift das Mikrofon. Die Musik hört auf. Er spricht zum Volk. Auf einmal hält er inne und geht, nein, er schreitet auf das verhüllte Denkmal zu. Die drei Popen folgen ihm. Er bleibt stehen. Die Popen umkreisen das Denkmal und schwingen ihre Weihrauchkessel. Endlich zieht der Schärpenmann an der Schnur. Das Tuch fällt. Die Musik setzt wieder ein. Zum Vorschein kommt ein kleiner weißer Adler – viel zu winzig für die große Feier. Und viel zu winzig für die wuchtige Säule. Ein Dorfadler halt.

Später fallen mir die Kriegerdenkmäler in unseren bayerischen Dörfern ein. Auch die haben oft diesen Hauch hilfloser Pathetik. Und trotzdem: Jeder der Namen, die da eingemeißelt sind, besiegelt den Tod eines Menschen. Familien stehen dahinter und Söhne, die nicht mehr heimgekehrt sind. Der Name des älteren Bruders meiner Mutter, meines Onkels Siegfried, steht inmitten der Namen der einheimischen Bauern und Handwerkersöhne auf dem Kriegerdenkmal des niederbayerischen Marktes Hengersberg. Meine Mutter und meine Großmutter waren nach der Vertreibung aus Schlesien dort unweit der Donau gestrandet. Das Grab meines Onkels wurde nie gefunden. Er war in Russland gefallen und galt als vermisst. Kein Grab, kein Denkmal. Es gibt nur seinen Namen auf dieser Tafel an der Außenwand der Hengersberger Rohrberg-Kirche, wo ich sechs Jahre nach Kriegsende zur Welt gekommen bin.

Das Dorf Bechet hat eine lange Tradition für Donauüberquerungen. Es spielte während der Unabhängigkeitskriege gegen die Türken wirtschaftlich und militärisch eine wichtige Rolle. Mitten im Ort zweigt eine pfeilkerzengerade Straße im rechten Winkel zur Donau hin ab. Nachdem ich das Fährticket gekauft habe, muss ich durch die rumänische Grenzkontrolle. Ein gelangweilter Grenzpolizist bittet mich, den Kofferraum zu öffnen.
„Privat?"
„Yes, Holidays."
Alles erledigt, er musste nur zeigen, dass er hier nicht ganz überflüssig ist.
Während ich auf die Fähre warte, komme ich mit einem Fernfahrer ins Gespräch, der ununterbrochen vor sich hin schimpft.
„Was ist denn los?", frag ich ihn.
„Jetzt fahre ich schon 35 Jahre für meine Spedition. Seit wir die EU hier haben, wird es jedes Jahr schlimmer. Die nehmen einen aus, wo sie nur können!"
„Wie – ausnehmen?"
„Schmiergeld! In Ungarn geht es los, dann an jeder Grenze weiter."
„Und wie schaut das konkret aus?"
„Da will einer das Fahrtenbuch sehen und blättert es durch. Finden kannst du immer was. Der hier hat dauernd den Kopf geschüttelt und wollte dann 10.000 Euro! Hab ich gesagt: ‚Leck mich am Arsch, zwanzig kannste haben!' – hat er die zwanzig genommen! Glaub nicht, dass das

immer so glatt geht. Die können dich schlimm schikanieren. Ich fahr die Strecke einfach nicht mehr. Keine Lust mehr!"
„Wo musst du denn hin?"
„Türkei. Hab mir Fracht besorgt, weil der Motor von meinem LKW überholt werden muss. Das kostet mich in Stuttgart über 30.000 Euro und bei den Türken höchstens 5.000. Dann nehm ich wieder Fracht mit nach Hause!"
„Na, da kannst du das Schmiergeld ja locker zahlen", sage ich und zwinkere, damit der merkt, dass ich gefrotzelt habe.
„Kannst mich gernhaben!", sagt er, haut mir auf den Buckel, wendet sich seinem Lastwagen zu, weil die Fähre anlegt.
Neben fünfzehn Fernlastern finden etliche PKWs drauf Platz. Während der Überfahrt unterhalte ich mich mit dem Fahrer eines Kleinbusses. Der spricht fließend Deutsch, stammt aber aus der Türkei: Ein Türke, der eine Holländerin geheiratet hat und in Holland Autohändler ist, ein türkischer Holländer, ein holländischer Türke. Im Urlaub fahren sie in die Türkei, damit der Bub wenigstens einmal im Jahr seine Großeltern sieht und bei den Kindern dort ein bisschen Türkisch mitbekommt. Neben uns steht ein türkischer LKW-Fahrer. Ich will ihn was fragen. Der türkische Holländer wird mein Dolmetscher.
„Er kommt aus Dänemark. Morgen will er in Istanbul sein."
„Und dann ein paar Tage Pause, stimmt's?"
„Von wegen: abladen, aufladen und sofort wieder nach Dänemark!"
„Wahnsinn, wie viele freie Tage bleiben denn im Jahr für die Familie?"
Er überlegt und sagt dann, als wolle er mich beruhigen: „Alles in allem kommen schon fast drei Wochen zusammen."

Mit der Fähre von Rumänien nach Bulgarien, am Iskar entlang ins Balkan-Gebirge, auf Umwegen nach Veliko Tarnovo und an der Jantra zurück zur Donau

Bechet – Orjachowo – Vratsa – Sofia – Lukovit – Pleven – Veliko Tarnovo – Nicopolis ad Istrum – Svischtov – Belene – Nikopol

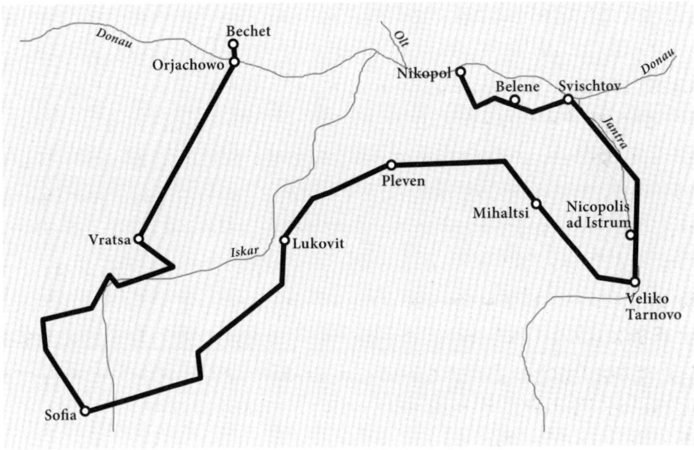

Lesen lernen mit bulgarischen Freiheitskämpfern

Angekommen am anderen Donauufer im bulgarischen Orjachowo, mache ich mich auf die Suche nach dem Iskar[32], einem Nebenfluss der Donau, der bis Sofia mein Begleiter sein soll. Er entspringt im Rila-Gebirge, fließt durch die Hochebene, in der sich die Hauptstadt breitmacht. Danach frisst er sich weiter nach Norden, durchs Balkan-Gebirge, um rund fünfzig Kilometer donauabwärts von Orjachowo in die Donau zu münden.

Während sich die walachische Ebene auf der nördlichen Donauseite weit nach Norden ausdehnen kann, steigt die Landschaft südlich der Donau unvermittelt

[32] Iskar / Искър. rechter Nebenfluss der Donau in Bulgarien, Länge ca. 370 km, entspringt im Rila-Gebirge, mündet in der Nähe von Corabia in die Donau.

in Plateaus bis zum Gebirgszug des Balkan an. Die Flüsse fräsen Rippen aus der Karstlandschaft, an denen ich mich orientieren kann. Schon bald erkenne ich die Konturen der Berge am Horizont.
Am Abend erreiche ich die Stadt Vratsa. am Fuße des Balkan-Gebirges. Die Hitze lässt etwas nach. Hunderte von Menschen sitzen in den Restaurants oder flanieren durch die ausgedehnte Fußgängerzone bis zum großzügigen Botev-Platz mit seinem gigantischen Monument – hoch wie der Turm einer Dorfkirche. Es ist dem Dichter und Freiheitskämpfer Christo Botev gewidmet. In einem Straßencafé setze ich mich zu einem jungen Paar an den Tisch. Wir unterhalten uns auf Englisch.
„Ist denn der Botev wirklich so bedeutend?", frage ich.
Sie zieht die Stirn in Falten und meint erstaunt: „Er hat immerhin 1876, zwei Jahre vor der Erlangung der Selbstständigkeit Bulgariens, mit über 200 Gefährten den österreichischen Donau-Raddampfer Radetzky nach Kosloduj entführt. Sie haben den Widerstand gegen die Osmanen entfacht."
Er schaut mich mitleidig an, einen Unwissenden, den er aufklären muss. So leiert er fast gelangweilt bulgarisches Schulwissen herunter: „Ein paar Tage später

wurde er hier bei Vratsa erschossen. Jedes Jahr an seinem Todestag, am 2. Juni, heulen um zwölf Uhr mittags ihm zu Ehren eine Minute lang in ganz Bulgarien die Sirenen."
So herablassend hätte er mich auch nicht gerade behandeln müssen.
„Heutzutage nennt man solche Leute Terroristen", antworte ich gereizt.
Auweh, da bin ich in ein Fettnäpfchen getreten. Die beiden sind entsetzt.
Sie: „Das ist doch was ganz anderes!"
Er: „Da geht es um die bulgarische Nation, um unser Volk! Wir waren immerhin 500 Jahre von den Osmanen besetzt."
Ich erinnere sie an die Palästinenser und an das Kurdenproblem. Aber ich habe keine Chance.
„Das darf man doch nicht in einen Topf werfen", wendet er ein, „schließlich haben wir eine historische Legitimation. Das ist unser Land. Es gehört unserem

Volk seit eh und je. Wir lassen es nicht zu, dass Fremde über uns herrschen. „Ja, genau, so ist das!", bekräftigt sie seine Aussagen und fügt hinzu: „Wir lieben unser Land!"

Da nähert sich eine Hochzeitsgesellschaft dem Denkmal des Nationalhelden, als wolle das Brautpaar die Lebensgemeinschaft unter seiner Zeugenschaft besiegeln. Zum Wohle der Nation!

Winzig klein wirken sie vor Botevs Größe. Auf einmal schäme ich mich, dass ich mich gestern in Măceşu de Jos über die Einweihung des Kriegerdenkmals mit dem Zwergerl-Adler lustig gemacht habe. Offenbarte dieses Denkmal die Trauer der Überlebenden um die Gefallenen des Dorfes nicht ungewollt viel eindringlicher, einfach nur durch die Diskrepanz zwischen dem wuchtigen Granitsockel und dem kleinen weißen Adler? Armselig klein ist er, der „Vogel Schmerz", und trotzdem nicht zu übersehen, ein kleiner weißer Schatten auf dem Röntgenschirm der Geschichte.

Spaziergang durch die Stadt. Wie ein Leseanfänger setze ich die kyrillischen Buchstaben im Kopf zu einem Wortbild zusammen: б – и – з – н – е - с. Und auf einmal muss ich lachen, ein Aha-Erlebnis: BUSINESS! So was nennt man Lesen lernen. Und es ist verwandt mit dem Lesen einer Landschaft, mit dem Kartenlesen, mit dem Versuch, Übersicht zu gewinnen.

Sprechen lernen geht leichter. In einem Lebensmittelladen übe ich Bulgarisch: „*Dober den* heißt guten Tag, *dobra vecer* guten Abend, *voda* Wasser, *molja* heißt bitte und danke *merci* oder *blagodarja*. Ich glaub, mir reicht *merci*."

Südlich von Vratsa steigt das Balkan-Gebirge steil an. Entlang des Iskar gibt es eine kurvige Passstraße, auf der ich die Hochebene der Landeshauptstadt Sofia ansteuere. Die schroffen Kalksteinklippen des Iskar-Durchbruchs laden zu einer Wanderung ein. Ich suche einen schattigen Platz, stelle das Auto ab, steige hinunter zum Wasser und gehe etwa zwei Stunden flussaufwärts. Dann setze ich mich in den Schatten einer Felswand und lasse meine Füße ins

Wasser hängen. Mein Blick gleitet über die bewaldeten Bergrücken, die durchbrochen werden von Felszacken – wie Stacheln und Knochenplatten auf dem Rücken eines gepanzerten Dinosauriers ragen sie heraus. Am Himmel kreist ein Bussard. Blühende Eselsdisteln, die im Spiegel des Wassers kopfstehen. Lichtreflektionen auf den schaukelnden Wellen. Ein Rascheln im Gras, eine Schlange vielleicht oder eine Maus. Ein Vogel flattert auf. Wahrnehmungen auflesen. Kein Gedanke mehr darüber, ob ich die Reise aus Neugierde gemacht habe oder ob sie eine Flucht war nach dem Tod meiner Mutter, keine Selbstzweifel mehr, keine Irritationen über Freiheits- und Vaterlandshelden, alle nahen und ferner liegenden Ziele verliere ich aus den Augen. Ich bin da, bin erst einmal angekommen. Was für ein schöner Traum.

Ein Katzensprung in die Metropole

Sofia. Besuch bei Bozhana Tschakalova und ihrem Mann Dimi. Sie wird für die nächsten Tage meine Dolmetscherin sein. Es dauert einige Zeit, bis ich zum Aleksandar-Stambolijski-Boulevard im Stadtzentrum finde.

Endlich ein Anhaltspunkt. Ich fasse den Faden meiner Wegbeschreibung und wickle ihn auf. Vorbei an der Moschee, rechts die Statue der Sofia, an ihrer Stelle stand einst Lenin, hoch über dem Eingang zur U-Bahn-Haltestelle Serdika, nach der Kreuzung links eine große orthodoxe Kirche und beim Restaurant Happy Grill rechts abbiegen. Bin schon da, ja, der *happy Grill*, das bin ich jetzt! Hausnummer brauch ich keine – Bozhana hat mir eine genaue Beschreibung gemailt: „Es ist das Haus, in dem sich unten ein Fastfood-Restaurant befindet."
„Wer war denn überhaupt dieser Aleksandar Stambolijski?"
Das ist die erste Frage, die ich meiner Gastgeberin stelle.

„Er war nach dem Ersten Weltkrieg Ministerpräsident von Bulgarien! Ein kluger Kopf! Hat Philosophie, Weinbau und Landwirtschaft studiert, ein Jahr lang sogar in München! Mit dem hättest du dich auf Deutsch unterhalten können!", meint Bozhana. Dann bringt sie mich zu einem Parkplatz.
„Meine Güte! So ein hoher Zaun und ein Mann in einem Wachhäuschen. „Wieso brauch ich denn für meine Schrottmühle eine Aufsicht rund um die Uhr?"
„Das muss sein!" Bozhana duldet keine Widerrede.

Bozhana habe ich im Dezember 1987 in Sofia kennengelernt. Damals nahm ich im Auftrag des Verbandes deutscher Schriftsteller an einer weltweiten Konferenz über „Glasnost" und „Perestroika" teil. „Neues Denken" stand auf der Tagesordnung und sie war meine Dolmetscherin.
Zwei Jahre später gab es einen großen Parteitag der bulgarischen Kommunisten. Sie beschlossen, Demokraten zu werden, setzten sie ihren Parteivorsitzenden Todor Schivkov[33] ab, schrieben freie Wahlen aus, wurden vom Volk gewählt und regierten einige Jahre. Ohne Umsturz, ohne Revolution. Volkseigenes Vermögen wurde privatisiert. Schivkov wurde zu sieben Jahren Gefängnis verurteilt.
„Aber es hat nie eine richtige Wende stattgefunden", stellt Bozhana fest, „im Wesentlichen regierte die gleiche Partei weiter wie vor den 1990er Jahren – noch dazu mit demokratischer Legitimation. Damals haben sich viele dieser Wendekommunisten unglaublich bereichert."
Das Haus, in dem sie wohnt, stammt aus den 1920er Jahren, einer Blütezeit Bulgariens.
„Es hat einmal meinem Großvater gehört", sagt sie. „Mein Vater hat es geerbt. Die Kommunisten haben ihn 1947 enteignet. Unsere Familie bekam eine Wohnung auf dem Land zugewiesen und wurde von da an mehrmals umquartiert."
Erst 1997, ein halbes Jahrhundert später, bekam sie das Haus zurück. In der Wohnung im ersten Stock wohnt jetzt ihre Mutter. Das Erdgeschoß ist an eine Fastfood-Kette und an einen Zahnarzt vermietet. Bozhana und ihr Mann Dimitri – er wird lieber Dimi gerufen – wohnen mit ihrem kleinen weißen Hund Leopold im zweiten Stock. Aus dem Kinderzimmer ist ein Gästezimmer geworden. Die Kinder sind längst erwachsen. Im Sommer lebt Bozhana mit ihrem

[33] Todor Christow Schivkov / Тодор Христов Живков (1911-1998). Staatschef und erster Sekretär der Kommunistischen Partei von Bulgarien (1954-1989)

Mann im Haus der Schwiegereltern am Rande der Stadt. „Auf dem Berg", sagt sie. Auf einer Anhöhe, die den größeren Bergen, die Sofia umgeben, vorgelagert ist, haben Dimis Eltern ein Häuschen gebaut. Dort kümmert er sich um seine demente Mutter.
Bozhana spricht akzentfrei Deutsch. Darüber hinaus ist sie eine Erzählerin, der man gern zuhört. Ihre Schwiegereltern haben als Übersetzer gearbeitet. Ihr Großvater und ihr Vater waren bis in die 1940er Jahre als Rechtsanwälte und Parlamentarier tätig. Sie und ihre Kinder hatten in der Zeit des Kommunismus nichts zu lachen. Bauern- und Arbeiterkinder bekamen einen Bonus, wenn sie studieren wollten, Intellektuelle einen Malus.
Sie erzählt bis spät in die Nacht. Ich spüre: Das war wirklich eine andere Welt, und sie wirkt bis heute nach. Da kannst du noch so viele Filme anschauen und Bücher lesen, es ist etwas ganz anderes, wenn jemand aus eigener Erfahrung berichtet, und du kannst so lange nachfragen, bis du die Zusammenhänge wenigstens annähernd begreifst.

Endlich der herbeigesehnte Wetterumschwung

Am frühen Morgen schaue ich zum Fenster hinaus. Es regnet. Über dem Hinterhof hängt die Wäsche patschnass an langen Leinen, die die oberen Stockwerke der gegenüberstehenden Häuser verbinden. Sie fügen sich zusammen zu einer großen Patchwork-Flagge. Ich entdecke die Farben der bulgarischen Flagge – drei Querstreifen: oben das Weiß der Hemden und der Unterwäsche, es symbolisiert Freiheit und Frieden, zwischendrin das Grün der Ahornbäume, das steht für die Natur und die Fruchtbarkeit des Landes. Und das Rot der Hemden und Pullover soll wohl an das Blut erinnern, das beim Kampf für die Freiheit vergossen worden ist.
Ich bin froh, dass es nach den Hitzewochen abgekühlt hat. Bozhana auch. Aber alles hat zwei Seiten: Im Treppenhaus bilden sich Pfützen. Das Dach ist undicht. Sie muss noch auf die Handwerker warten. Am späten Vormittag brechen wir auf zu einer Stadtbesichtigung. Zuerst fahren wir zum sowjetischen Ehrenmal, nur eine Haltestelle von der Metrostation Serdika entfernt. Bozhana empfindet diese „Siegessäule" als Schandmal.
„Wir denken, dass ein Denkmal von einem russischen Soldaten mit einem Gewehr in der erhobenen Hand, nicht mitten ins Stadtzentrum gehört. Eine De-

mütigung für uns Bulgaren! Die Russen haben uns nach dem Zweiten Weltkrieg zum zweiten Mal befreit und gleichzeitig unterjocht", schimpft Bozhana, „wenn man diese Denkmäler unbedingt schützen und erhalten will, soll man sie einfach woanders hinstellen. Die Russen kommen mit einem Gewehr. Und dann bleiben sie fünfundvierzig Jahre. Sie sind in der Politik immer noch anwesend. Das ist das große Problem. Deswegen ist die Wende noch nicht vorbei. Man muss vor allem die Figurengruppen am Fuße des Denkmals ganz genau betrachten: Die Sowjets nehmen immer nur. Und die Bulgaren sind diejenigen, die geben dürfen."

Im Vordergrund des Denkmals, direkt an der Straße in einem großen gläsernen Kasten, wie in einem Schneewittchensarg, eine nigelnagelneue Limousine einer der größten chinesischen Autofirmen: GWM, das heißt Great Wall Motors. Die Anspielung auf die Chinesische Mauer, soll wohl Beständigkeit symbolisieren. Wir Deutsche denken dabei an eine andere Mauer, die Gott sei Dank nicht so langlebig war.

„Welchen Weg wird Bulgarien künftig in Europa politisch einschlagen? Wird es einen politischen Wetterumschwung geben?", frage ich Bozhana.

„Die Zukunft? Keine Ahnung!"

Auf den asphaltierten Weg eines kleinen Parks hat jemand mit weißer Farbe die Umrisse eines menschlichen Körpers gemalt, grad so, als hätte hier die Polizei die Körperhaltung eines Ermordeten nachgezeichnet. Daneben hingepinselt: *Langweilige Arbeit tötet!*

Bozhana deutet hinüber in die Grünanlage.

„Dort stand das kommunistische Mausoleum. Man hat es nach der Wende gesprengt. Das war eine schwierige Unternehmung, denn es war eines der solidesten Bauwerke in der Stadt und wollte einfach nicht zusammenkrachen."

An den Wänden überall Wahlplakate. Wir zählen 25 Listen, 25 Parteien. Wer kann das alles lesen. Wer will es lesen? Wer ist noch neugierig in einem Land, in dem man ständig von seinen Politikern enttäuscht wird? Bozhana deutet auf einzelne Wahlplakate.

sofia, metro-station universität

die plakatwände erzählen geschichten
von teufeln und engeln
die nur einen sommer lang leben
und dann verschwinden
unter der erde

eines tages werden ihre kinder
aus dem dunkel kriechen
vielbeinige erinnerungen
geflügelte träume

dann aber werden auch sie
den vorfahren folgen
und verschwinden hinter dem licht

„Da stecken die Kommunisten dahinter, dort die Sozialisten. Es heißt, sie kaufen Stimmen bei den Zigeunern.“
Bei allem, was mit Sozialismus oder Kommunismus zu tun hat, stellen sich bei ihr die Haare auf. „Allmählich verlor die Mehrheit der Wähler das Vertrauen zu den Kommunisten“, sagt sie, „sie mussten immer gewagtere Koalitionen eingehen, und dann geschah was Merkwürdiges, es hört sich an wie schlecht erfunden. Im Jahre 1996 kehrte der frühere König Simeon II. nach Bulgarien zurück. Bis dahin ist er viele Jahre Präsident der spanischen Niederlassung eines französischen Konzerns für Rüstungselektronik gewesen, auch Berater großer europäischer und afrikanischer Firmen für Bankwesen, Hotellerie, Elektronik und Nahrungsmittelversorgung.“

„Der König muss ja uralt sein, immerhin haben ja die Kommunisten ein halbes Jahrhundert regiert", werfe ich ein.
„Nachdem er 1943 als Neunjähriger zum König gekrönt worden war, hatte Hitler dem Königreich Bulgarien angeboten, die Vormundschaft für den Minderjährigen zu übernehmen. Da ist seine Mutter mit ihm von einem Tag auf den anderen über die Türkei nach Syrien geflohen. Nach dem Krieg kehrte sie mit ihm zurück. Die Kommunisten führten eine umstrittene Volksbefragung durch und vertrieben ihn wieder. 1996 kehrte Simeon II. dann ein zweites Mal zurück und mischte sich in die Politik ein. 2001 gründete er die Partei *Nationale Bewegung Simeon II.* Nach einem Sieg bei der Parlamentswahl koalierte er mit der türkischen Minderheitspartei und wurde zum Ministerpräsidenten gewählt. Immerhin, er ist der einzige abgesetzte europäische Monarch der Geschichte, der in einer demokratischen Wahl wieder an die Macht kam. Vermutlich dachten sich die bulgarischen Wähler, er könne dem Land eine neue moralische Grundlage geben: ein intelligenter, gebildeter, vornehmer Adliger mit anständigen Manieren – eine Alternative zu den grobschlächtigen Kommunisten. Er hielt nur eine Wahlperiode durch. Es gelang ihm einfach nicht, sein Wahlversprechen einzuhalten, die Lebensqualität im Land in den versprochenen 800 Tagen spürbar zu verbessern."
König Simeon II. tritt in Bulgarien keineswegs inkognito auf. Allerdings hört sich sein Adelsname Simeon von Sachsen-Coburg und Gotha in verbürgerlichter Form eher an wie eine Verballhornung: „Simeon Borissov Saks-koburg-gotski."
In den Wahlperioden „nach dem König" wählten die Leute wieder einen einfachen Mann, einen, mit dem sie sich identifizieren konnten.
„Und wer kann einen König noch toppen?"
„Boiko Borissov, der einstige Bodyguard und Türsteher eines Lokals! Er hat es inzwischen zum Milliardär gebracht. Wer würde sich nicht so eine Karriere wünschen!", sagt Bozhana und lacht bitter. „Er war aktiver Karatesportler und später sogar Trainer der bulgarischen Nationalmannschaft. In den 1980er Jahren diente er als Kompanieführer der Truppen des Innenministeriums. 1991, nach der sogenannten Wende, gründete er eine Personenschutzfirma. Sie übernahm den Schutz des abgehalfterten kommunistischen Staatschefs Todor Schivkov. Als der ehemalige König Simeon Sakskoburggotski 2001 Ministerpräsident wurde, ernannte er Borissov zum obersten Polizeichef. Acht Jahre

später war der Polizeichef selbst Ministerpräsident. 2013 trat er wegen der Proteste gegen seine Sparmaßnahmen zurück, schrieb Neuwahlen aus, 2014 wählten sie ihn wieder. Wenn es irgendeine Gelegenheit gibt, ihn zu wählen, wählen sie ihn. 2011 wurde er in Bulgarien zum Fußballer des Jahres gewählt. Er hat einen Vertrag beim Zweitliga-Verein FC Vitosha Bistritsa und gilt als ältester Fußballprofi Bulgariens."

Sind die Bulgaren Nationalisten?

Auf dem Platz vor dem Gebäude der Volksversammlung steht das Reiterdenkmal des russischen Zaren Alexander II., der die Bulgaren 1878 vom „Türkischen Joch" und damit von der 500 Jahre andauernden Fremdherrschaft befreite. In Sofia gilt dieses Denkmal als kaum zu verfehlender Treffpunkt. Also sagt Bozhana zu mir: „Wir treffen uns um drei unterm Schwanz vom Pferd!"

„Ausgerechnet bei einem Russen?", frage ich.

„Die Russen haben die Bulgaren von den Osmanen befreit. Die muss man unterscheiden von den Sowjets, den Kommunisten", meint Bozhana kurz und bündig.

„Langsam beginne ich zu begreifen, warum überall Denkmäler von Freiheitskämpfern stehen. Trotzdem – wenn ein Volk so ein übermächtiges Nationalbewusstsein hat, wie soll dann die Öffnung in Richtung Europa funktionieren, und wie soll bei den Bulgaren so etwas wie eine europäische Identität entstehen?"

Bozhana widerspricht: „Die Berge des Balkans trennen die Türken von Europa, nicht aber die Bulgaren. Ich habe eine Zeit lang in Wien gearbeitet. Meine Tochter ist dort in die Schule gegangen. Viele Bulgaren leben inzwischen irgendwo anders in Europa, aber sie fühlen sich gleichzeitig als Bulgaren und lieben ihr Land. Wenn wir Bulgaren keine Europäer sind, wer dann? Auch zwei unserer Kinder leben in Berlin."

Da ist was dran. Gleichzeitig sollte man nicht übersehen, dass die Abwanderung der jüngeren, gut ausgebildeten Bulgaren ein großes Problem für das Land

ist. Seit dem Fall des Eisernen Vorhangs sind von den neun Millionen Staatsbürgern bereits zwei Millionen fortgegangen.
Harte Nüsse, die es da für die Bulgaren zu knacken gibt. Sie können ja reichlich üben mit ihren Walnüssen. Ich habe bei der Herfahrt beiderseits der Straßen kilometerweit Walnussbäume gesehen. Harte Nüsse und der braune Saft, den du nicht mehr von den Händen bringst, wenn du die grünen Schalen abschälst. Eine harte Nuss auch die Armut in der Stadt. Leute, die in den Müllcontainern wühlen, gehören zum Stadtbild, manche verschwinden bis zu den Hüften im Container und drohen hineinzufallen. Mehr Männer als Frauen. Stumm gehen sie ihrer Tätigkeit nach. Und niemand spricht sie an, niemand will was mit ihnen zu tun haben. Helden im Überlebenskampf auch sie. Werden sie fündig, packen sie die Sachen in robuste Lidl-Plastiktüten und verstauen sie auf Leiterwagen und in Kraxen. Sie würgen gierig Hamburger-Reste in sich hinein, lecken Joghurtbecher aus, trinken den Bodensatz aus Cola und Schnapsflaschen …

„Ich empfinde es als Skandal, dass es in der Europäischen Gemeinschaft Menschen gibt, die auf diese Weise ihre elementaren Bedürfnisse befriedigen müssen, während zur gleichen Zeit Menschen in Luxusautos durch die Gegend fahren, die 80.000 Euro und mehr kosten“, meint Bozhana, und ich kann ihr nur recht geben.
„Horch! Was ist das?“ Eine Straßengeigerin spielt Bach. *Air.* Ich bleibe stehen und lausche. Die getragene Melodie hebelt mich für einen Augenblick aus der Welt. Dann die Auflösung, Tempo: *Bourré.* Ja, freilich, Flüsse und Bäche tragen mich weiter. Und jetzt noch der Johann Sebastian Bach, dem nicht einmal eine verstimmte Straßengeige etwas anhaben kann.

Am Ende unseres Abschiedsspazierganges kaufe ich mir mit Bozhanas Unterstützung eine Erstlese-Fibel, mit der bulgarische Kinder Lesen lernen. Darin heißt es am Schulanfang: „Lina wäscht Himbeeren und Zitronen." Am Endes des Schuljahres: „Vasil Lewski[34] ist ein Held."
Logisch, deswegen steht er ja überall als Denkmal herum. Sogar das Fußballstadion ist nach ihm benannt. Zwischen den beiden Sätzen der Fibel jedenfalls wird bei den Erstklasslern ein Jahr liegen mit vielen neuen Wörtern und Sätzen – der Erwerb einer Kulturtechnik, die sich Lesen nennt und die eng mit dem Denken verwandt ist.

Beim Verlassen der Stadt gerate ich in große Konfusion. Die Innenstadt habe ich zwar schnell hinter mir, doch am Stadtrand plötzlich eine Baustelle, die Autobahn ist gesperrt. Wohin jetzt? Ich folge dem Wagen vor mir, der folgt dem Wagen vor ihm. Vorsicht, in den Schlaglöchern haben sich überall Seen gebildet! Hinter mir schon etliche weitere Autos. Die Kolonne bewegt sich nur langsam vorwärts. Gott sei Dank, der Fahrer vor mir kennt sich aus. Von wegen – vor einer Fabrikhalle parkt er seinen Wagen, steigt aus und geht hinein. Die Straße ist zu Ende. Ich muss wenden – zusammen mit allen anderen, die ihm gefolgt sind. Wir fahren zurück zu der Stelle, wo wir die Autobahn verlassen mussten. Jetzt versucht es jeder auf eigene Faust. Ich auch. Ich weiß nicht, waren es drei, vier, fünf Versuche, immer nur Sackgassen: einmal am Zaun des Flughafens, dann vor den Gittern eines Betonwerkes. Endlich finde ich eine Straße, die wenigstens nicht gleich wieder aufhört. Kleine Dörfer, dann ein Schild, das mich zur Autobahn zurückführt. Ich nehme das alles gelassen hin. Was wäre mit mir geschehen, hätte ich nicht den Johann Sebastian Bach der Straßengeigerin im Ohr gehabt.

Schlachtfelder und Heilquellen

Jetzt folge ich eine Weile den Bergrücken des Balkan-Gebirges von West nach Ost. Ich will die alte bulgarische Hauptstadt Veliko Tarnovo besuchen, wo bis zur Unterwerfung durch die Osmanen Ende des 14. Jahrhunderts, die Zaren des Zweiten Bulgarenreichs regierten.

---

34 Vasil Levski / Васил Левски, Freiheitskämpfer und Revolutionär, * 1837, hingerichtet 1873

Ich fahre gerne ohne Navigationsgerät, da habe ich mehr von der Umgebung, weil ich mich öfters verfahre. So ist es auch heute. Bin wieder auf dem Weg Richtung Donau. Egal, fahr ich eben auf Schleichwegen nach Tarnovo. Siebzig Kilometer vor der Stadt Pleven ein weitflächiger, leerer Parkplatz. Ein großes Schild verkündet, dass die EU und die Republik Bulgarien hier gemeinsam den Geopark Iskar-Panega errichtet haben. Niemand scheint sich dafür zu interessieren. Ich zieh meine Wanderstiefel an und trotte über eine magere Wiese zur Schlucht des Panega-Flusses, über der das verkarstete Plateau abrupt abbricht. Überall Steine und Felsen mit herausgespülten kreisrunden Löchern. Aus manchen wachsen Gräser und Glockenblumen. Immer wenn sich in einem Steinbrocken nebeneinander zwei Löcher befinden, muss ich Totenschädel sehen, leere Augenhöhlen, weil Bozhana gestern von den kriegerischen Auseinandersetzungen bei Pleven erzählt hat: Im Sommer 1877 fielen während der erbitterten Befreiungskämpfe gegen die osmanische Herrschaft fast 50.000 Türken, Rumänen und Russen.

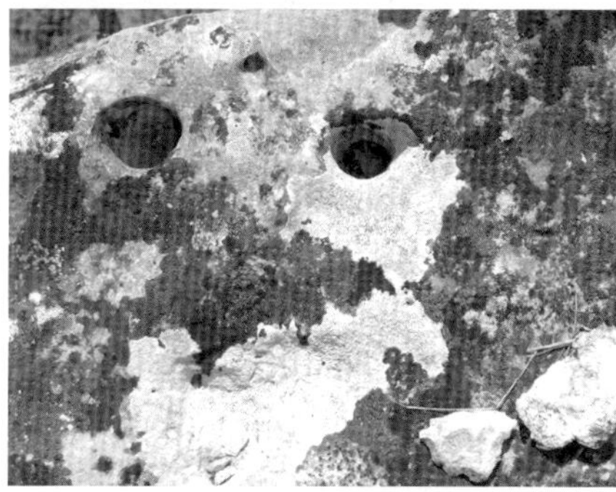

In der Schlucht hoch aufragende Kalksteinriffe, in den Nischen Flechten ausgebreitet wie Fantasielandkarten. Der Spaziergang entlang des Karstflusses Zlatna Panega, Goldene Panega, endet bei der Mündung in den Iskar, der mich vor einigen Tagen von Vratsa bis Sofia begleitet hat. Hier schlängelt er sich nach Norden der Donau entgegen. Mit Übermut haben die wild ausholenden Mäander kaum was zu tun, denn es ist ein ewi-

ges Ausweichen und Anlauf nehmen, eine mühsame Sache für so einen Fluss, sich durch das Karstland zu graben.
Zeit, zum Parkplatz zurückzukehren. Von dort fahre ich weiter nach Lukovit und staune, dass eine so kleine Stadt so viele große Hotels hat. Hier geht's wohl um Tagungen, ums Business eben, bulgarisch: BICHEC, wie ich bei meinem autodidaktischen Kyrillisch-Leselehrgang neulich mitbekommen habe. Warum sonst sollten so viele Leute herkommen? Wegen des Naturschutzgebietes bestimmt nicht.
Als ich mich in einem Supermarkt mit Proviant versorgen will, bin ich hilflos. Joghurt aus Kuhmilch ist ja einfach zu finden, weil auf einigen Bechern eine Kuh drauf ist. Ich hätte aber gern Schafsjoghurt oder Ziegenjoghurt. Leider ist auf keinem Becher ein Schaf oder eine Ziege abgebildet. Ein drahtiger Herr im besten Alter, in hellblauem Windblouson und mit gerötetem Gesicht, bleibt neben mir stehen. Ich beobachte ihn aus den Augenwinkeln. ‚Einer, der viel im Freien ist', denke ich.
Da fragt er mich höflich und auf Englisch, ob er mir helfen könne. Und als ich ihm sage, dass ich aus Deutschland komme, schaltet er auf Deutsch um und zeigt mir den Ziegenjoghurt: козе кисело мляко. Er artikuliert die Wörter langsam: „*Koze kiselo mlyako.*"
Schafsjoghurt gibt es auch, овче кисело мляко, also zum Nachsprechen: „*Ovche kiselo mlyako.*"
Und weil ich nicht blöd bin, weiß ich jetzt auch, was Kuh auf Bulgarisch heißt: „*Krave.*" краве steht nämlich auf den Kuhmilch-Joghurts: „*Krave kiselo mlyako.*"
Und wenn ich in Zukunft in diesem Land Joghurt kaufen will, werde ich sagen: „*Kiselo mlyako.*"
Die Verkäuferin wird dann nachfragen: „*Koze? Ovche? Krave?*"
Und ich werde sagen: „*Ovche*, den gibt's nämlich bei uns daheim nicht überall."
Der Joghurtfachmann weist mich darauf hin, dass ich nicht nur Joghurt essen soll, sondern mir unbedingt die Karstquelle der Goldenen Panega, der Zlatna Panega, anschauen müsse. Es sei nicht weit, er begleite mich gern. Wer kann da Nein sagen? Wir fahren gemeinsam zum gleichnamigen Dorf – Zlatna Panega. Zu Fuß geht's weiter bis zur Quelle. Das Wasser im Quellbecken leuchtet blau, fast grün. „Chemische Reaktion, hat mit dem Kalkstein zu tun, die Leute hier nennen die Quelle Siniloto, die bläulich Schimmernde", erklärt mir mein Begleiter.

„Aha – und ist das giftig?”
„Um Himmels willen, die Quelle war bei den Römern heilig!“, sagt mein Begleiter und hebt bedeutungsvoll den Zeigefinger, „für sie war das eine Heilquelle, die dem Gott Äskulap gewidmet war. Wer darin gebadet hat, wurde gesund.“
Ich denke wieder an die Kämpfe bei Pleven. Ob die Verwundeten die Quelle gekannt haben? Vielleicht nur ein paar Bevorzugte, denn für die große Mehrheit wäre hier zu wenig Platz gewesen.
Von Pleven aus sind es nur noch dreißig Kilometer bis zur Donau. Da will ich zwar hin und hinüber nach Rumänien in die Kleine Walachei, aber erst später. Zuerst schlage ich wieder den Weg nach Veliko Tarnovo ein. Kleine Dörfer, weitflächige, kahle Äcker.
In Mihaltsi, einem heruntergekommenen Dorf, dessen Hauptstraße die Breite einer vierspurigen Autobahn hat, stoße ich in der Ortsmitte auf ein extravagantes Kriegerdenkmal. Auf einen schrägen Betonsockel drapiert, ein abgewrackter Düsenjäger. Die Schnauze frech nach oben gestreckt, so als würde er gerade wegfliegen. Ja, nichts wie weg!

Eine noble Unterkunft im Glasscherbenviertel von Tarnovo

Als ich den Stadtrand Veliko Tarnovos erreiche: Werbeschilder von Mercedes über Deichmann bis Kaufland und Lidl. Da schau her! Unsere großen Firmen haben offensichtlich keine Angst vor dem „wilden“ Balkan, die sind alle schon vor mir da gewesen und haben gebaut, gebaut, gebaut. Offensichtlich geht es unseren Unternehmen trotz Korruption und Mafia gar nicht so schlecht hier. Bei den Firmennamen dominiert die lateinische Schrift. Es ist, als wären die Römer zurückgekommen, um Kyrill und Method, den mittelalterlichen Designern der kyrillischen Schrift, Schranken zu setzen.
Es fällt mir zunächst schwer, einen Überblick über die Stadt zu bekommen. Zu viele Flussschleifen, zu viele Hügel, ein unstrukturierter Häuserhaufen. Mittendrin, auf einem langgestreckten Bergrücken, die Altstadt, und auf seiner ansteigenden, erhöhten Verlängerung, wie auf dem Buckel eines Tragtieres, die

mittelalterliche Zarenresidenz. Am Fuß dieses Hügels, den der Fluss Jantra[35] umschlingt, liegt am Rand der Stadt das sogenannte Türkenviertel.
Neben einer Brücke, die das Viertel mit der Altstadt verbindet, eine heruntergekommene Künstlervilla. Dort habe ich für ein paar Tage ein Zimmer bekommen. Unterhalb des Gewühls der grauen und schmutzig braunen, ineinander verschachtelten Häuser, die sich aneinanderzuklammern scheinen, sticht die

altmodische, einstöckige Villa mit ihrer großzügigen Veranda und den himmelblauen Putzflächen zwischen den zahlreichen Fenstern schon von Weitem ins Auge. Das Minarett einer Moschee sowie Turm und Kuppel einer baufälligen orthodoxen Kirche scheinen den Häuserhaufen wie starke Nägel am Hang festzuhalten, damit er nicht hinunter in den Fluss rutscht.
Der Garten der Villa ist verwildert. Im rückwärtigen Teil liegt unter dem Blätterdach eines großen Walnussbaumes verrottetes Baumaterial. Hier gibt es vermutlich ständig was zu reparieren. Im Erdgeschoß muffelt es. Feuchte Mauern! Gott sei Dank bekomme ich ein Zimmer im oberen Stockwerk mit Blick zur Jantra und zur Zarenresidenz.
Der Hausmeister Nedko, dem auch der Lebensmittelladen gleich neben dem Eingang zur Villa gehört, scheint eine Autorität im Viertel zu sein. Ich solle mein Auto vor seinem Haus auf den Bürgersteig stellen, dort sei es sicher, sagt er. Ich will es ihm gerne glauben.

Wie sagt man in Bulgarien: Roma, Gipsy oder Zigeuner?

Gegenüber in Nedkos Haus wohnt Alex. Er ist Mitte dreißig, arbeitet freiberuflich als Computerspezialist und stammt aus Traunstein. Er erzählt von seinem Leben hier. Ich bin froh, dass ich so schnell jemanden gefunden habe, der sich hier auskennt und Deutsch spricht. Vorweg interessiert mich, wie ich die Roma dieser Region einschätzen soll. Unterwegs habe ich viele baufällig wir-

[35] Jantra, bulg. Янтра, rechter Nebenfluss der Donau in Nordbulgarien. Länge 285 km, entspringt im Balkan-Gebirge

kende Häuser an den Straßenrändern gesehen – am schlimmsten dazwischen die armseligen, verwahrlosten Bauwerke aus Wellblech und Pappe, weithin sichtbar, weil sich drum herum der Abfall anhäufte. Oft bestand der Eingang nur aus vorgehängten zerrissenen Decken oder alten Teppichen. Daneben, wie bestellt und nicht abgeholt, angepflockt, ein grasender Esel oder ein ausgemergeltes Pferd.

„Es gibt draußen in den Dörfern noch Zigeuner, die als Handwerker arbeiten, zum Beispiel als Kesselmacher, die sind relativ gut integriert“, erzählt Alex. „Leute aus der Stadt fahren aufs Land, um bei ihnen Töpfe und Pfannen zu kaufen. Auch als Schnapsbrenner sind Zigeuner mancherorts tätig. Andere arbeiten als Straßenkehrer für die Stadtverwaltung. Mehr Frauen als Männer. Ich sehe immer, wie sie in der Früh aus einem Verschlag unten an der Brücke Schaufel, Kehrichtkübel und Besen holen. Viele werden nur als Taglöhner für einfache Arbeiten auf den Feldern oder zum Holzhacken beschäftigt. Da bekommen sie in der Stunde etwa 4 bis 5 Leva.

„Warum hört man hier so oft den Begriff Zigeuner?“, frage ich dazwischen, „in Deutschland gilt er als politisch unkorrekt.“

Der Alex wiegelt ab. „Meines Wissens wehren sich hierzulande die meisten Zigeuner dagegen, Roma genannt zu werden. Wenn wir Gespräche auf Englisch führen, taucht meistens das Wort Gipsy oder Gipsies auf. Aber wenn Bulgaren den Begriff Ziganskj verwenden, hat das einen verächtlichen Unterton. Die Leute droben in der Stadt scheren alle Türken und Roma über einen Kamm, die in diesem Viertel leben. Sie nennen auch bulgarische Türken Ziganskj. Alles Underdogs. Früher wohnten sie auf der anderen Seite des Zarenhügels. Dort hat man sie vergrault, weil da die Zarengräber ausgegraben worden sind. Jetzt wohnen sie eben hier am anderen Ende der Stadt. An den Ortsrändern vieler Gemeinden auf dem Land entstehen Roma-Slums. Sie lassen sich überall dort nieder, wo die Besitzverhältnisse nicht geklärt sind, auf Anbauflächen oder Baugrundstücken, für die sich gerade niemand interessiert. Im Bedarfsfall reißen die Besitzer diese Hütten später wieder ab und verjagen die Bewohner. Die Roma sind wirklich Bulgaren zweiter Klasse. In der Konsequenz fordern Vertreter rechtsgerichteter Kreise, dass in ihrem Pass nicht Bulgare, sondern Zigeuner stehen sollte.“

„Und was ist mit den Kindern“, frage ich, „die Schule ist doch in der Stadt oben, oder?“

„Viele türkische Eltern schicken ihre Kinder nicht in die Schule. Deshalb sollte die Schule geschlossen werden", sagt Alex, „Ein Schulhaus für sechshundert Schüler, das nur noch von zweihundert besucht wird! Noch dazu wollen die Eltern der oberen Stadt nicht, dass ihre Kinder dort in die Schule gehen. Nicht nur wegen der Türken oder der Zigeuner, wie sie sagen, sondern auch wegen der alten Lehrer. Das sind die früheren Kommunisten, die den alten Unterrichtsstil pflegen und die alten Inhalte vermitteln. Am Vormittag werden die Klassenstufen eins bis vier unterrichtet, am Nachmittag von denselben Lehrern die Klassen fünf bis acht."
Die säuselnde Stimme des Muezzins fordert durch die Lautsprecher des Minaretts zum Abendgebet auf. Mich lockt die Neugierde hinauf ins Viertel. Merkwürdig, das sind alles Moslems, trotzdem sehe ich keine einzige Frau, die ein Kopftuch oder einen Schleier trägt.

Unweit der Moschee komme ich an einer kleinen Autowerkstatt vorbei. Hier wird fleißig gearbeitet. Ich bleibe stehen, niemand beachtet mich. Autos ohne Nummernschilder, neuwertige große Audis, BMWs, Mercedes-Limousinen, an einem BMW klebt ein CH am Heck.
Als es dunkel wird, beginnen auf einmal Lichtspiele auf dem Zarevez, dem Burghügel der Zaren: eine weithin sichtbare bunte Laser-Show, begleitet von lauter, heroischer Musik und Glockengeläut. So werden im Sommer Einheimische und Touristen jeden Abend an den Kampf um die Unabhängigkeit Bulgariens erinnert.
Die kleinen Geschäfte haben bis zehn Uhr nachts offen, manche sogar länger. Bei Nedko im Laden treffe ich einen Mann, um die vierzig wird er sein, der mich auf Italienisch anspricht. Er hat gedacht, ich sei ein Italiener. Nur weil er fünfzehn Jahre in Italien gelebt hat, hält er jeden Ausländer für einen Italiener. Er schaut zwar aus wie ein Roma, behauptet jedoch, er sei türkischer Herkunft und ins Türkenviertel gezogen, weil er hier seine Sprache sprechen könne. Er kauft Schnaps. Bei Nedko kann man anschreiben lassen.
In meinem Viertel gibt es noch weitere, eher unauffällige Kaufläden. Sie befinden sich in Garagen. Bei geschlossenen Toren kann man sie nicht als solche er-

kennen. Gerade halten zwei Autos. Drei Männer steigen aus. Einer zieht das Tor hoch, und sie schleppen etliche Kartons hinein. Gleich drauf tragen zwei andere mehrere bunt bedruckte Schachteln und Plastiktüten heraus: Radios, Küchengeräte, Kleidungsstücke, Lampen …

Zwei korpulente Frauen stehen gestikulierend auf der Straße und unterhalten sich, eine in einer Kleiderschürze, die andere im Anorak und in Trainingshosen. Eine dritte im Bademantel kommt von der anderen Straßenseite herüber und schließt sich ihnen an. Ich schätze, die Frauen sind alle so um die vierzig. Es lässt sich nicht übersehen, dass sie wenig Wert auf ihr Äußeres legen. Sie schauen nicht ausgesprochen ungepflegt aus, nur fettige Haare haben sie. Jetzt setzen sie sich auf eine Bank am Straßenrand. Mich beachten sie überhaupt nicht. Oder doch?

Ein paar Häuser weiter das Café Barbie, dessen Fenster zugepflastert sind mit den blauen Wahlplakaten der Partei Nummer 18. Bozhana erklärte mir neulich, dass das die *Türken* sind. „Weil ethnische Parteien verboten sind, nennt sich die türkische Partei *„Bewegung für Rechte und Freiheiten*". Als Zünglein an der Waage ist sie schon mehrmals Mehrheitsbeschafferin bulgarischer Regierungen gewesen. Auch die muslimische Minderheit der ethnischen Bulgaren ist gezwungen, diese Partei zu wählen, weil sie sonst in den kleinen Dörfern ohne Holz für den Winter auskommen muss oder ohne Arbeit bleibt", meinte sie.

Im Café Barbie gibt's Tee. Einige junge Burschen kommen mit dampfenden Gläsern heraus und setzen sich auf die Türstufe. Durch die offene Tür sehe ich zwei junge Frauen, die im Internet surfen. Drei Häuser weiter sitzen ein Mann und eine Frau im Dunkeln vor einem hohläugigen Haus, das keine Fensterstöcke hat. Sie frieren, haben sich in Decken gewickelt. Ab und zu werden ihre Gesichter vom Flackern ihres Lagerfeuers gestreift.

Ein Irrweg mit Happy End

Von meinem blauen Haus sind es nur fünfzig Meter zur Jantra-Brücke. Nach einem Stadtplan-Ausschnitt auf dem Prospekt, den ich gestern in einem Restaurant mitgenommen habe, müsste ich, wenn ich am Fluss entlanggehe, geradewegs in die Altstadt kommen, ohne den Berg hinauf zu müssen. Da hab ich mich leider verrechnet. Der Weg endet an einer Eisenbahnbrücke, die in einen Tunell führt, das gerade einen abenteuerlich rostigen Zug verschluckt hat. Da trau ich mich nicht hinein. Also überquere ich das Gleis und laufe zur Autobrücke. Sie führt in ein Straßentunell. Ich durchquere es im Laufschritt. Dabei halte ich mir wegen der Auspuffabgase die Nase mit einem Taschentuch zu. Als ich auf der anderen Seite herauskomme, empfangen mich noch üblere Gerüche. Aus den höher gelegenen Häusern sickern Abwässer durch die Ritzen der Kalkfelsen. Dann überquere ich schon wieder eine Brücke – drunter ein Fluss, das muss die Jantra sein. Der will ich jetzt folgen. Nur – in welche Richtung? Vom Stadtzentrum ist weit und breit nichts zu sehen. Nur den Zarenhügel entdecke ich weiter vorn am gegenüberliegenden Ufer. Dabei wundert es mich sehr, dass die Jantra meinem Gefühl nach in die falsche Richtung fließt. Egal. Highlights entlang der Jantra sind hellblaue Wegwarten, rosa Malven und leuchtend gelber, mannshoher Amerikanischer Sonnenhut: Blumenschmuck für die Ruine einer Fabrik.

Unter einer Betontreppe das Nachtlager von Obdachlosen, danach eine Reihe maroder Häuser, davor mühen sich zwei Frauen mit Schaufeln und Besen ab. Sie entfernen Plastiktüten und sonstigen Müll vom Weg. Das kommt mir seltsam vor in diesem Verhau eingestürzter Bruchsteinmauern und kaputter Autos, manche aufgebockt, ohne Reifen, ohne Türen. Beschaulich eingestreut kleine Gärten mit blühenden Rosen und wild wuchernden Kürbispflanzen. Endlich gelange ich wieder zu einer Brücke. Direkt am Ufer die renovierte und zum Teil neu aufgebaute „Kirche der vierzig Märtyrer“ mit den Zarengräbern. Auf einmal erkenne ich hoch über mir einen Turm der Zarenresidenz und bin mir sicher: Auf der anderen Seite des Berges muss meine blaue Villa stehen. Ich hab zwar die Stadt nicht gefunden, hab mich verirrt und zufällig heimgefunden. Was will ich mehr? Leider bleibt mir der Aufstieg in die obere Stadt, den ich vermeiden hatte wollen, jetzt doch nicht erspart. Auf dem Hügelrücken angelangt, kann ich fast den ganzen Weg überschauen, den ich hierher zurückgelegt habe. Jetzt verstehe ich auch, warum ich mich da unten verlaufen habe. Es ist die große Flussschleife der Jantra, die mich durcheinandergebracht hat. Sie windet sich um Zarenhügel und Altstadt und schließt sie fast vollkommen ein.

In einer Seitengasse finde ich ein winziges Lokal und mache auf der Speisekarte zwei großartige Entdeckungen: Als Vorspeise gibt es Kuttelsuppe und als Hauptspeise Schweinszunge in Butter.

Gefrieser auf Stromverteilern und auf den Treppen Delfine und Trompeten

Alex hat mich auf eine alternative Stadtführung in englischer Sprache hingewiesen, Treffpunkt sei an der Tourist-Info in der Neustadt. Ja, das ist was mich! So mache mich wenig später auf den Weg zur Haltestelle. Als der Bus eintrifft, staune ich nicht schlecht. Auf der Tafel der Zielangabe über der Frontscheibe steht in lateinischen Buchstaben: „Schulbus".

In der Welt der kyrillischen Schriftbilder wirkt so eine Information fast surrealistisch. Erster Gedanke: Humor haben sie schon, die Bulgaren! Beim Lesen der deutschen Hinweise im Businneren – *bitte hinten aussteigen* – wird es mir klar. Sie haben den Autobus gebraucht gekauft und halten es nicht für notwendig, die Beschriftungen zu ändern,

Hauptsache er funktioniert. Das Fahrtziel steht kyrillisch auf einem kleinen Zettel unten rechts an der Windschutzscheibe. Die Fahrt kostet siebzig Stotinki. Die werden von einer grantigen Schaffnerin kassiert, die keinen Ton von sich gibt. Sie sitzt während der Fahrt auf einem der vorderen Sitze und späht an jeder Haltestelle zur hinteren Tür, denn nur dort dürfen Leute einsteigen. Nachdem sich der Bus in Bewegung gesetzt hat, pirscht sie sich an die neuen Fahrgäste heran, so als interessierten sie sie nicht im Geringsten. Plötzlich hält sie die Hand auf.

Der Bus fährt die große Schleife um den Zarenhügel, danach hinauf auf den Altstadtbuckel und auf der anderen Seite wieder hinunter in die Neustadt. Vor der Tourist-Information haben sich einige vorwiegend junge Leute um die Kunststudentin Danika geschart. Sie bietet regelmäßig Führungen an, fühlt sich angetrieben von dem Wunsch, den Touristen kostenlos Interessantes, aber nicht unbedingt politisch korrektes Wissen über das „andere" Tarnovo zu vermitteln.

Wir gehen zusammen vom Zentrum der Neustadt hinauf zur Altstadt. Unterwegs bleiben wir vor einer Wand stehen, die über und über mit Wahlplakaten beklebt ist. Daneben, als wär's eine Konkurrenz, auf einer Fläche von mehreren Quadratmetern Todesanzeigen mit Fotos der Verstorbenen.

Eine Straße weiter übt Danika mit uns das Entziffern von kyrillischen Buchstabenfolgen. Gemeinsam schaffen wir es: „Fa – kul – tät – der – schönen – Künste." Was für ein Erfolgserlebnis! Danika deutet zur Ulica Gurko, zur Gurkostraße, und schreit gegen den Verkehrslärm an: „Josef Wladimirowitsch Gurko – dieser russische General hatte im Russisch-Osmanischen Krieg 1877/78 großen Anteil am Sieg über die Türken!" Wir folgen ihr in die Gasse des Generals. Hier wird es ruhiger. Die Häuser ragen zum Fluss hin bis zu sieben Stockwerken auf. Oben auf der Vorderseite, zur Altstadt hin, sind es nur zwei. So auch das alte „Sarafkina-Haus", das einstige Wohnhaus des Geldwechslers und Geschäftsmannes Sarafkin. An der Gurkostraße hat es zwei

Stockwerke, zur Jantra hin fünf. Über die Dächer hinweg erkennen wir tief unter uns die steil aufragenden, felsigen Flussufer und im Hintergrund das Zentrum der neuen Stadt. Etliche Gebäude, an denen wir vorbeikommen, stehen leer und verfallen. Andere wiederum sind Baustellen. Ich habe den Eindruck, dass die Immobilienunternehmer ihre Claims in diesen Wohnlagen längst abgesteckt haben. Alle Restaurants und Cafés der oberen Häuser haben Aussichtsplattformen und Terrassen. Hier unten, von der Bergseite her, müssen wir des Öfteren über kleine Rinnsale steigen. Sie treten wie Quellen aus dem Kalkstein. Einige stinken. Sie sickern wohl aus undichten Abwasserrohren. Viele ausgehungerte Hunde und Katzen sind unterwegs. Sie schleichen um Mülltonnen, die den amerikanischen Vorbildern in den Micky-Maus-Heften gleichen.
„Wenn es nach den Studenten gegangen wäre, hätte das leerstehende Postgebäude ein Künstlerzentrum werden sollen. Viele haben sich für die Einrichtung von Ateliers eingesetzt, leider gibt es finanzstarke Interessenten, die ein Casino für Glücksspiele dort installieren wollen. Also – über die Machenschaften der Mafia spricht man nicht gern in der Stadt", sagt Danika.

Überall bemalte Hauswände! „Tarnovo ist ja eine Hochburg der Graffitisprayer!", ruft einer. Das kann unsere Stadtführerin nur bestätigen. „Graffiti dürfen überall dort angebracht werden, wo die Besitzer einverstanden sind. Es gibt auch illegale Bilder an einigen öffentlichen Gebäuden. Die haben dann natürlich keine Signatur." Die meisten Sprayer interessiert es wenig, welche Flächen erlaubt sind. Sie verwandeln selbst Treppen, Transformatorkästen, Stromverteiler und Hydranten in ausdrucksstarke Denkmäler der Gegenwart. Graffiti von der Miniatur bis zur großflächigen Fassadenmalerei, Frauengesichter auf den Stromverteilern, grinsende Fratzen,

auch Tiere, Igel, Marder, Fantasietiere, Figurengruppen geben den verfallenden Häusern ein farbenfrohes Gesicht.
„In den letzten Jahren haben sich in Bulgarien viele alternative Gruppen gebildet, die aktiv in die Politik eingreifen. Es gibt jede Menge Kunststudenten in Tarnovo. Aus ihren Reihen ist eine Gruppe entstanden, die sich den englischen Namen *hedgehog*, Igel, gegeben hat. *Hedgehog*, nicht Hitchcock!", betont Danika, „also Augen auf, es gibt hier Hunderte von Graffitis zu entdecken!"
Nach jeder Ecke weitere Überraschungen: Delfine, die Stufe für Stufe die Trppe einer engen Gasse hinaufschwimmen, bäuerliche Liebespaare, Fabelwesen, die quer über eine Giebelwand durch einen Würfel springen, ein Igel mit den Türmen von Tarnovo auf dem Rücken. An einer der zahlreichen Baustellen hat ein Graffiti-Maler ein überdimensionales Gesicht auf einen Betonblock gesprüht. Geht man daran vorbei, stutzt man, denn das Gesicht fällt auseinander, weil es raffiniert verteilt ist auf drei hintereinanderstehende Betonteile.
Auf dem Rückweg kommen wir an einer Straßengalerie vorbei. Alle zwei, drei Monate werden dort neue Bilder hingesprayt. Zurzeit sind es überlebensgroße Musikanten.
„Manche Sprayer haben eine starke politische Motivation. In Sofia haben sie die Menschengruppen zu Füßen des großen russischen Ehrenmals umgestaltet, auf das auch Bozhana so geschimpft hat. Und plötzlich standen da keine kommunistischen Soldaten mehr an der Kanone, sondern Vertreter des Kapitalismus. Ob Santa Claus oder Batman, allesamt waren sie zu grellbunten Comicfiguren geworden. Wir haben viel Polizei im Land, die haben das schnell entdeckt und die Farbe wieder entfernen lassen."
Eine ganze Reihe von Bulgaren war entsetzt, dass die „russischen Befreier" so verunglimpft worden waren. Andere sahen in der Aktion einen gelungenen Denkanstoß. Danika auch. Nachdem das Denkmal dann noch mehrmals bemalt worden ist, wird es nun aufmerksam bewacht.

„Ich bin sicher, die Graffitikünstler werden neue Wege finden, ihre Ideen zu verwirklichen!“, meint Danika und grinst.
Der Stadtrundgang endet auf einer Halbinsel der Jantra. Dort steht ein überdimensioniertes Denkmal. Senkrecht aufragend ein riesiges Schwert, umgeben von vier Reitern, den Zaren der bulgarischen Geschichte. Die Einwohner dieses Landes, das ein halbes Jahrtausend von den Osmanen besetzt war, sind auf ihre Zaren ebenso stolz wie auf ihre Freiheitshelden. Sie haben im Laufe der Zeit ein übermächtiges Nationalbewusstsein entwickelt, das selbst den auseinanderdriftenden Minderheiten Bulgariens eigen ist. Am bulgarischen Ehrenmal vor dem Kunstmuseum gab es schon mehrmals Versuche, den Sockel zu bemalen, gerade so wie am russischen Denkmal in Sofia. Damit ist Danika gar nicht einverstanden. Ich wende ein, dass ich das Denkmal viel zu pathetisch finde, nationalistisch überhöht.

Nein, das findet sie überhaupt nicht.
„Die Russen waren nicht nur Befreier, sie waren auch Unterdrücker! Die Gründung unserer Demokratie und die Freiheitskämpfe sollte man nicht in Misskredit bringen!“, meint sie und ist damit der gleichen Meinung wie Bozhana in Sofia.
Am Ende der Führung klärt mich Danika noch mit großem Eifer über die bulgarische Geschichte auf: „Ende des 14. Jahrhunderts kam Bulgarien fast 500 Jahre lang unter osmanische Herrschaft.
Erst um 1800 wurde in unserem Land die Forderung nach Unabhängigkeit lauter. Es bahnte sich eine nationale Wiedergeburt an. Die brutale Niederschlagung eines bulgarischen Aufstands 1876, die in ganz Europa Aufsehen erregte, führte zum russisch-türkischen Krieg 1877/78. Nach der Überquerung der Donau und des Balkan-Gebirges mitten im Winter gewannen die russischen Truppen die Oberhand und rückten fast bis Konstantinopel vor. Mit den Frie-

densverhandlungen von San Stefano wurden die Grundlagen für einen modernen bulgarischen Staat gelegt. 1879 wurde in Veliko Tarnowo die erste demokratische Verfassung verabschiedet. 1887 übernahm Ferdinand von Coburg-Gotha die Regierung. 1908 erklärte er die völlige Loslösung von der Türkei und nahm den Zarentitel an. Bulgarien wurde ein Königreich."
Bevor wir uns verabschieden, erzähle ich Danika, dass ich im Viertel der Türken und Roma wohne, ob sie uns vielleicht auch darüber was berichten könne? Sie zuckt mit den Achseln und meint: „Da leben zwei Minderheiten nebeneinander, die sich aus irgendwelchen Gründen von den anderen Bürgern der Stadt unterscheiden. Ich komme da nur selten hin. Die haben eine ganz andere Sprache. Ich verstehe dort kein Wort."
Ihr alternativer Blick auf die Stadt bezieht sich eher auf das studentische Leben. Da stehen Türken und Roma ebenso am Rand wie in anderen Bereichen der bulgarischen Gesellschaft. Ich habe aber den Eindruck, Türken wie Zigeuner in Tarnovo sind in der Regel nicht armselig gekleidet und fallen in der Stadt nicht auf. Man kann selbst die Roma nicht alle in einen Topf werfen. Sie leben in Clans zusammen und bemühen sich häufig, sich voneinander abzugrenzen. Bei der Herfahrt habe ich ein paarmal Zigeunerpaare auf vornehmen Kutschen gesehen. Er im eleganten schwarzen Anzug, sie mit Stola und goldenen Pailletten am Kleid, beide in stolzer, würdiger Haltung, grad so, wie man sie aus Operetten zu kennen glaubt.

Der Raki und der Slivi und die Kunst

Seit heute Nachmittag ist der renommierte bulgarische Künstler und Hochschullehrer Bogomil Nikolov aus Sofia mit vier bulgarischen Studentinnen und einem Studenten aus Spanien zu Gast im Haus. Sie haben tagsüber an dem großen Tisch im Garten handtellergroße Gipsmedaillons geformt. Jetzt am späten Abend ist der Arbeitstisch zum Esstisch geworden. Ich setze mich zu ihnen, denn der Bogomil war der Meinung, wir müssten unbedingt miteinander anstoßen, wenn wir schon im gleichen Haus wohnen. Ich spendiere eine Flasche Rotwein, bulgarischen Mavrud. Auf dem Tisch stehen schon mehrere Flaschen Bier, Mordstrümmer braune Zwei-Liter-Flaschen aus Plastik. Nedkos Laden bietet Bier verschiedener bulgarischer Brauereien: Zagorka, Kamenitza und Boljarka.

Boljarka ist ein Bier für Frauen, hat nur 4 Prozent, sagt der Professor, der mehr fürs Hochprozentige ist. Deshalb hat er auch Raki und Slivi besorgt. „Das löst die Zunge“, sagt er und fügt hinzu, „weißt du, Trinken ist eine Kunst, und die Ausübung aller Künste erfordert Zeit!“
Mir wird bald klar, was er meint: Viel Alkohol trinken, ohne betrunken zu werden. Deshalb gibt es als Intermezzo mehrmals fette Wurst und Hackfleischbällchen. Und Wasser, viel Wasser. Alle am Tisch sprechen Englisch, je länger wir trinken, desto besser. Mir kommt es sogar vor, als brächte ich sogar mehr und mehr bulgarische Wortbrocken zustande.
Kurz vor Mitternacht brauche ich aber doch eine Auszeit. Ein kleiner Spaziergang hinauf in die Altstadt wird mir guttun. Da kommt im Schritttempo ein Bus durch die enge Straße auf mich zu. Ich weiche zurück in eine Toreinfahrt, lese über der Windschutzscheibe: *Dresden, Bayerische Straße.* Aber ich weiß, es ist nicht der Schnaps – den habe ich ja in Ausübung der bulgarischen Trinkkunst genossen.
Später im Bett blättere ich in einem Buch von Bogomil Nikolov. Er arbeitet oft mit Metall, und es gibt von ihm eine Reihe von Medaillons mit poetischen Motiven. Auf einer Bronzescheibe ist ein aufgeschnittener Apfel zu sehen. Im Kernhaus ein Liebepaar, das sich umschlungen hält.

im paradies

du reichst mir einen apfel
und ich erschrecke

ich suche unser kernhaus
will hineinkriechen
will überleben mit dir
in der kraft eines einzigen kerns
irgendwann
wenn die erde sich auftut unter uns

irgendwann
wenn die erde uns schluckt

Heut rührt sich was in „meinem" Viertel

Unruhiger Schlaf. Hab in der Nacht so ein merkwürdiges Geräusch gehört, als würde ein Zug vorbeifahren, oder eine endlose Reihe schwerer Fahrzeuge. Drei Uhr früh! Es regnet in Strömen. Wenn's nichts Schlimmeres ist. Auf einmal ein leises Ticken. Ich steh auf und geh dem Geräusch nach, ums Bett herum, zum Fenster ... Vielleicht Mäuse? Tatsächlich liegen einige Mandelkerne auf dem Boden. Sie sind aus der Tüte gefallen, schauen aus, als wären sie angeknabbert.

Ich muss alles Essbare in den Kühlschrank stecken: Kekse, Nudeln und natürlich auch die Mandeltüte.

Am Morgen gießt es immer noch. Auf der Straße vor der Brücke ist ein kleiner See entstanden. Die Autos platschen hinein, geraten bis zu den Felgen ins Wasser. Und da ist es wieder, das Geräusch, das ich in der Nacht gehört habe.

Von wegen Mäuse! Wasser tropft von der Holzdecke auf mein Kopfkissen. Ich stelle die Bratpfanne drauf und lege einen Lappen hinein, damit die Tropfen nicht gleich wieder rausspringen. Nach ein paar Minuten taucht das Geräusch auf der anderen Seite des Raums auf. Gott sei Dank finde ich noch einen Kochtopf ... Allmählich beruhigt sich meine Tropfsteinhöhle. Aber ich bleibe wachsam.

Am Nachmittag laute Musik droben auf dem Berg – Wassermusik, Regenmusik, Saxofonmusik. Also Schuhe und Anorak anziehen, Fotoapparat und Aufnahmegerät in die Tasche und raus. Will sehen, was da los ist, folge der Musik, den Hang der Türkensiedlung hinauf. Dort ducken sich ein paar Anwohner unter die Dachvorsprünge. Das Wasser läuft in Bächen die Straße hinunter.

Gegenüber, halb auf dem Bürgersteig und halb auf der Straße, ein LKW-Anhänger. Im Schutz einer Regenplane spielt da eine Band auf. Ein nicht zu bändigender Saxofonist, begleitet von einer wild gewordenen Klarinette, einem Bassisten, einem Keyboard und viel Percussion. Außerdem drei Backgroundsänger, die oft nicht weitersingen können, weil ihnen das Lachen auskommt. Die Musik ist so laut, dass das ganze Viertel kopfsteht. Es scheint von unten nach oben zu regnen. Das Dröhnen dringt in meinen Körper ein und bringt ihn in Bewegung. Die Umstehenden dagegen verharren wie versteinert. Manche schauen wirklich aus wie Roma, dunkle Haut, schwarze Haare. Die meisten unterscheiden sich nicht von den Leuten droben in der Stadt. Einige Autos bleiben stehen, kreuz und quer auf den Gehwegen, bei laufendem Motor und geschlossenen Fenstern hören sie zu und verfolgen die Szene. Als mich der Regen aufgeweicht und ausgekühlt hat, gebe ich auf und kehre zurück in mein Zimmer.

Das ist bestimmt eine Hochzeit. Alex hat schon davon erzählt. Bei solchen Feiern geht es immer ziemlich laut zu. Ich will es genau wissen und gehe später noch einmal hinauf. Könnte auch eine Wahlkampfveranstaltung sein. Das Spektakel spielt sich ja vor dem Büro der Türkenpartei ab. Dort sind die Europafahne und die bulgarische aufgezogen. Mir fällt ein, dass es heißt, die Partei der Türken, stehe im Verdacht, Wählerstimmen zu kaufen. Zwanzig Euro pro Stimme, wird gemunkelt. Also doch keine Hochzeit …

„Doch, doch, garantiert eine Hochzeit“, widerspricht mir der Alex.

„Von mir aus. Schade jedenfalls, dass es ihnen das Fest so verwässert“, meine ich, „so oft heiratet man schließlich nicht im Leben.“

„Dafür heiraten jede Woche andere. Hauptsache, sie können Krach machen.“

Alex mag die lauten Wochenenden nicht. Doch gegen Abend kehrt Ruhe ein. Trotz des Regens mache ich mich noch einmal auf den Weg um nachzuschauen, was da jetzt los ist. Muss nicht lange gehen, da weist mir die Musik die Richtung. Vor einem kleinen Häuschen unter einer Weinlaube, die mit blauen Plastikfolien abgedeckt ist, drängen sich viele Menschen. Die riesigen Lautsprecherboxen, die tagsüber die ganze Straße beschallt haben, stehen jetzt hier. Irgendwo dahinter im Dunkeln: die Musiker. Inmitten der Menschenmenge eine Gruppe von Frauen, ältere und jüngere, die verzückt tanzen, sich rhythmisch hin und her bewegen, drehen, wenden.

Ab und zu habe ich den Eindruck, sie wollen sich mit den Händen bauchtanzend nach oben schrauben. Die Umstehenden klatschen Beifall. Zwischen den

Verwandten und Nachbarn jede Menge Kinder. Ein ständiges Gewurl, ein Kommen und Gehen. Ja, es ist doch eine Hochzeit. Alles dreht sich um die eine, die Rothaarige mit dem Diadem im Haar, die im kornblumenblauen Kleid mit Tüllrock. Alle himmeln sie an, die Kinder versuchen, sie an den Händen zu fassen oder wenigstens ihr Kleid zu berühren. Das muss die Braut sein! Tanz und Musik im Elternhaus der Braut. Eine wilde, ausgelassene Stimmung. Hier taugt es mir. Für kurze Zeit hab ich das Gefühl, ich gehöre dazu. Wären nur meine Ohren nicht, meine armen Ohren!

Auf einmal ziehen sich die Frauen zurück. Jetzt sind die Männer an der Reihe. Die stehen einfach da, ja, stehen auf der Tanzfläche, wie bestellt und nicht abgeholt. Nichts, aber auch gar nichts haben sie, was der Grazie der Frauen nahekäme. Zwölf Hackstöcke, die unnütz herumstehen. Eine gute Gelegenheit für mich, der Lautstärke zu entfliehen.

Ein Sonntag, der sich gewaschen hat

Was für ein stiller Morgen, der im Zwielicht mit beruhigendem Taubengurren beginnt. Noch bleibt der Vorhang zu. Dichter Nebel. Nur langsam öffnet sich der Tag, zieht den Schlafanzug aus, steht kurz pudelnackert da, gleich drauf in kurzen Hosen und mit nacktem Oberkörper. Gleißender Sonnenschein! Wie gut das tut nach dem heftigen Regen. Gegen neun wird in der Kirche droben auf dem Berg feierlich die Woche ausgeläutet. Braut und Bräutigam sind in der Zwischenzeit ein Ehepaar und zusammen mit ihrer Hochzeitsgesellschaft bestimmt für mindestens einen Tag in einen Tiefschlaf gefallen. Es ist, als würde die Woche stehen bleiben wie ein Bus an der Endhaltestelle. Ein Sonntag, wie

er früher daheim gewesen ist. Faul sein, nichts tun. Aber das ist es eigentlich gar nicht: Bin ja nicht faul. Ich tu ja nicht nichts. Ich hab ja gestern Nacht noch meinen Tagebucheintrag geschrieben. Zum Ausatmen gehört das Einatmen. Also nix wie raus.
Als ich die Gartentür hinter mir schließe, stolpere ich auf den Stufen über eine leere Bierflasche. Vorbei an den maroden Mauern der orthodoxen Kirche, gleich drauf die Moschee mit blau gestrichenen Wänden und einem gepflegten Garten. Das Minarett, über das ich gestern den Muezzin zum Gebet rufen hörte, ist gut bestückt mit Lautsprechern. Auf einmal fällt mir ein, dass bei der Hochzeitsfeier niemand Alkohol getrunken hat. Das müssen türkische Moslems gewesen sein, die da geheiratet haben. Hundert Meter weiter kleine gemauerte Häuschen, keine schäbigen Holzhütten, aber viele sind baufällig. Ich schaue von oben über die Dächer und sehe, dass die Bewohner mühsam versucht haben, ihre Wohnungen trocken zu halten. Bleche, PVC-Fliesen, Plastikfolien, Reste gummierter Teppichböden liegen mit Steinen beschwert auf dem undichten Verbund der Nonnen und Mönche des Ziegeldaches. Was sind da die paar Tröpferl in meinem Zimmer drunten gegen die Pfützen, die sich in ihren Häusern angesammelt haben mögen.
Im Grunde fällt hierzulande der Sonntag gar nicht so aus dem Rahmen, freilich, das Glockenläuten und ein paar Touristen mehr droben auf dem Berg. Die Roma hängen rum wie alle Tage, die meisten auf den Stufen vor den Geschäften. Ich breche mit dem Bus auf zur Neustadt. Auch im Bus ist Sonntag: Eine Schaffnerin, die nicht so schweigsam und mürrisch ist wie die Kolleginnen, denen ich bisher begegnet bin, und da schau her, sie lächelt sogar!
Im Zentrum dann, vor einer Statue, die mit ihrer schlaffen Fahne in der Hand dasteht, als habe sie einen geschlossenen Schirm in der Hand, das Foto-Shooting einer biederen Hochzeitsgesellschaft. Stocksteif stehen sie da. Wie langweilig! Es regnet ja nicht einmal.
Am späten Nachmittag steht die Zeit still. Ich mache es mir auf der Veranda des Kunstmuseums bequem, trinke einen Kaffee und beobachte, wie die Sonne hinter der Neustadt verschwindet. Zuvor taucht sie die Häuser der gegenüberliegenden Altstadt, die in Stufen den Hang hinaufwachsen, in ein kräftiges, farbiges Licht.

Tarnovo

Dach über Dach:
Los über Los.
Häuser eines das andere besteigend,
um jedes Lächeln der südlichen Sonne
mit durstigen Fenstern zu trinken.
Auf dem Totenlager stöhnt ein alter Mann,
darüber ein Wickelkind schreit,
darüber ein Schulanfänger lautstark buchstabiert,
darüber eine Mutter ihren Bengel schilt,
darüber ein Mädchen singt,
darüber auf dem Ziegelrot des Daches
eine atlasseidenschwarze Katze schreitet,
darüber eine weiße Wolke haltmacht,
einen günstigen Wind erwartend,
dass er mit einem Segelschiff
die ganze Stadt entführe.

Dach über Dach:
Freude über Leid.
Unten, perlmuttgeschuppt, der Fluss
wälzt um, schmilzt ein, mischt alles:
zähe Rebstöcke und den granitenen Turm,
Schatten, Sonnenringe und Legenden,
eine Schule, erfüllt vom morgigen Tag,
flammendes Geranium und ausgegrabnes Weiß,
Tarnovo, meine Stadt … Eine bunte Treppe,
himmelwärts getürmt aus Kalk und Fels,
sich türmend Frühlinge und Altertümer,
Gewesenes und Heutiges,
Dach über Dach:
Epoche auf Epoche

(Blaga Dimitrova)[36]

[36] Blaga Dimitrova: *Fenster zur Hoffnung.* S. 23 f; vgl. Anhang, Anm. 3

Auf einmal fängt die Uhr wieder an zu ticken. Das Zittern des Sekundenzeigers und mein Frösteln sind eins. Ich breche auf, hatsche auf der Straße oberhalb des Südufers der Jantra durch den Wald zurück zu meiner türkisch-zigeunerischen Wahlheimat, zu dieser Heimat auf Zeit. Zeit, die hier zwar langsamer vergeht, aber sie vergeht.
Abendessen auf der Terrasse des *Club Architekta* in der Altstadt, hoch über der Jantra und mit Blick auf ein Feuerwerk über der Neustadt. Wir schauen zu. Ich sage zur Wirtin: „*A Happy New Year!*"
„Der Bürgermeister hat Geburtstag!", erwidert sie mit ernster Miene. Sie spricht Englisch. Ein paar Brocken Deutsch hat sie von ihrer Tochter gelernt.
„Die hat in der Schule Deutsch gewählt. Zweite Fremdsprache. Vielleicht geht sie eines Tages nach Deutschland."
„Jetzt sind ja bald Wahlen, dann wird alles besser, und Ihre Tochter wird keine Lust mehr haben, nach Deutschland zu gehen!", sage ich.
Das Gesicht der Wirtin verzerrt sich zu einer Fratze, die gleichzeitig Ungläubigkeit, Ablehnung und Hohn zum Ausdruck bringt.

„Häh? Was glauben Sie denn, wo wir hier sind? Hier ist Bulgarien! Hier verändern Wahlen nichts, rein gar nichts!"
Übrigens, das Wort „Feuerwerk" haben die Bulgaren aus dem Deutschen übernommen. In kyrillischer Schrift schaut es so aus: фойерверк.

Beobachtungen in der unteren und in der oberen Welt

Fünf Uhr morgens, ich falle aus dem Schlaf, wie ich als Kind hin und wieder aus dem Bett gefallen bin. Kohlschwarze Nacht ohne Sternenhimmel. Sterne gibt es trotzdem. Nicht die beliebig am Himmel verstreuten, sondern ordentliche, solche, die der Umgebung im Dunkeln Konturen geben: Die Straßenlaternen auf der Jantrabrücke und entlang der Straße, die auf den Altstadtbuckel führt. Je höher diese Sterne stehen, desto mehr geht ihre strenge lineare Ordnung verloren. Die Laternen in den Gassen weiter oben am Berg – ein Durcheinander, fast wie bei den wirklichen Sternen. Sie stehen eben dem Himmel näher.
Heute ist es nicht so neblig wie gestern. Hunde schlagen an. Autotüren schlagen zu. Ab und zu tritt einer aufs Gas, einmal ganz nah auf der Straße vor meinem Fenster. Wo soll's denn hingehen so schnell? Was für eine Faust spürt er im Nacken?
Um halb sieben kommt der erste Bus um die Kurve. Wie die Schenkel einer Schere durchschneiden seine Scheinwerfer die Dunkelheit, als wäre sie ein Stück Stoff. Zerschnittener Stoff, der gleich wieder zusammenwächst.
Eine Viertelstunde später die ersten Anzeichen des Morgengrauens. Ein Taxi fährt langsam, auffallend langsam, hinauf in die Altstadt. Der Fahrer scheint noch zu schlafen, er wird seine Scheinwerfer erst einschalten, wenn er seine Augen weiter aufbringt. Vielleicht will er sich und andere noch nicht so früh wecken. Tagsüber ist es dann in Bulgarien eh Pflicht, mit Licht zu fahren.
Immer mehr beleuchtete Fenster melden, dass in den Wohnungen der Schlaf durch die Gullys der Waschbecken gespült wird. Beruhigende, gedämpfte Lichter. Die Welt ist noch da. Das Leben geht weiter.
Um sieben ist es hell. Die Straßenlaternen brennen noch. Der Nacht beraubt wirken sie nackt. So standen Adam und Eva nach dem Sündenfall da. Grad so wie sich ihre Nachfahren ihrer Nacktheit am Morgen bewusst werden, sich schnell was anziehen, fröstelnd, aber nicht etwa, weil sie frieren, fröstelnd vor Scham darüber, dass sie ihre Augen kaum aufbringen, taumeln sie, dem Tageslicht ausgesetzt, zu Fuß über die Brücke und weiter zur Arbeit.

Ein paar Minuten später gehen die Straßenlaternen aus. Ein neuer Tag ist aus dem Ei geschlüpft. Jetzt erst erkenne ich den feinen Dunstschleier, der über der Szenerie vor dem Fenster liegt, wie die dünne Schutzhaut unter der harten Schale vom Ei oder der Schleim auf neugeborenen Tieren und Menschen.
Das ist mir jetzt zu schnell gegangen. Ich bemühe die Nacht noch einmal, brühe schwarzen Kaffee und gebe ihm tröpferlweis Tagmilch, um langsam bis in die hintersten Winkel des Körpers wach zu werden, hineinzuwachsen ins Licht.
Viertel nach sieben: Kindergeschrei hellt den jungen Tag auf. Schulkinder, in kleinen Gruppen kommen sie den Hügel herunter und gehen über die Jantra Richtung Schule. Es ist mir auf einmal, als wäre der Fluss mit seinem aufsteigenden Dunst noch für ein paar Augenblicke die Grenze zwischen Tag und Nacht. Auf meiner Seite die Reste der Dunkelheit, auf der anderen das glöckerlhelle Kinderlachen des Tages.
Halb acht – Strahlend blauer Himmel. Dazu ein buntes Frühstück mit weißem Käse, sprich: Schafskäse, roten Tomaten, grauem Brot und einem Balkan-Müsli.

balkan-müsli
mein frühstücksgedicht

ziegen- oder schafsjoghurt
gut vermischen mit buchweizen-, dinkel- oder haferflocken
dazu abschmecken was grad da ist:
zwetschgen oliven peperoni walnüsse mandeln
vielleicht mit einer feingeschnittenen knoblauchzehe
und einen esslöffel honig
täglich von vorn
die versuche eins zu werden mit dieser welt

Um acht wird der Tag von einem mehrstimmigen Hundechor angebellt. Ich mache mich auf, um heute die ferner gelegenen Teile der Altstadt zu erkunden, erklimme den Weg zur höchstgelegenen Kirche. Geschlossen! Im Hof an der Wäscheleine Kinderhemden und Socken. Weiter, treppauf, treppab, durch verwinkelte Gassen.
Seit ich mich einigermaßen in der Stadt auskenne, fahre ich gern mit dem Bus

in die Neustadt und trete dann den Heimweg zu Fuß an. Und jedes Mal gibt's kleine Überraschungen. Heut steht auf dem Bus: *553 Niederense – Grabenstraße.* An der Haltestelle mit dem „Regenschirm-Denkmal" steige ich aus und folge dieser Straße bis zu einem Gemüsemarkt. Auffallend: Die Einkäufe laufen ruhig ab. Es gibt keine Marktschreier wie so oft in südlichen Ländern. Es gibt nur die schreienden Farben der Obst- und Gemüsesorten: viel Paprika, Äpfel, Zwetschgen und Trauben zu für deutsche Verhältnisse unglaublich günstigen Preisen. Am Ende des Marktes eine Fischhalle. Ich sehe sie nicht, aber ich rieche sie. Unter dem Markt eine Tiefgarage und die große Konkurrenz jedes Basars – ein Supermarkt. Hier kaufe ich für die nächsten Tage ein, was noch fehlt: Joghurt, Käse und Wein. Morgen will ich weiterfahren. Bevor ich mit meinem vollen Rucksack den Heimweg antrete, lasse ich mich noch einmal auf der Terrasse eines Restaurants nieder.
Auf der Speisekarte finde ich *Sach*, gesprochen *Satsch.*
„Was ist das?", frage ich den Kellner.
„*Little bit of everything!*", versucht er zu erklären.
„Aha, jetzt weiß ich's – auf Bairisch: Um a Fünferl a Durchanand."
Der Kellner bringt mir eine Speisekarte auf der die Gerichte auf Fotos abgebildet sind. *Sach* ist ein Pfannengericht, das gibt es in verschiedensten Variationen, mit Gemüse, Hühnerfleisch oder als mixed *Sach.* Es wird mit brodelnder Soße in einer gusseisernen Pfanne auf einem Eisengestell serviert. Dazu bestelle ich zwei frittierte Spinatbällchen mit Joghurtsoße.
Während des Essens beobachte ich drei Männer am Nebentisch, die gut in einen Mafiafilm passen würden. Einer mit teurem grauen Anzug, gewellten grauen Haaren, gezwirbeltem Schnurrbart, sehr vornehm, und zwei bullige Typen in Windjacken.
Der Vornehme bestellt für die anderen ständig: Pommes frites und Steaks, Wasser, Cola, Wein in einem Kühler, Zwetschgenschnaps mit Eis. Er bestellt und bestellt, und der Tisch der drei wird immer voller. Der Vornehme redet ständig auf die beiden anderen ein. Der, der ihm gegenübersitzt, schaut ihn nicht an, er schaut nur in sein Glas, ohne zu trinken, der zweite schaut dauernd in eine andere Richtung. Kommt noch hinzu, dass die Eingeladenen Essen und Getränke nicht anrühren. Im Gegenteil: Der mit der dunkelblauen Windjacke holt ein Sandwich aus der Tasche, entfernt das Papier und isst. Nur ganz allmählich scheint Bewegung in die Verhandlungen zu kommen. Das interpretie-

re ich daraus, dass die beiden Schweiger nach und nach beginnen, in ihrem Essen herumzustochern, obwohl es bestimmt schon kalt ist. Worüber sie reden? Sag bloß nicht, ich soll hingehen und fragen! Überdies habe ich genug mit der kleinen Katze zu tun, die mich die ganze Zeit anbettelt.
Später trotte ich über den luxuriösen Einkaufsboulevard zurück zur Altstadt. Er wird von Bäumen gesäumt und von Läden mit ansprechend gestalteten Schaufenstern. Auffallend viele teure BMWs und Mercedes-Limousinen. Solche Autos habe ich bisher nirgendwo in dieser Häufung wahrgenommen. In den meisten hocken schwarz gekleidete, junge Männer. Sie rasen mit quietschenden Reifen durch die Straßen, bremsen scharf ab und geben gleich drauf Vollgas, lassen die Motoren aufheulen wie in einem Krimi, scheren sich einen Dreck um die Polizei. Und die Polizei lässt sie gewähren.
Gestern Nachmittag bin ich in einem halbleeren Gasthaus gesessen. Da kamen zwei Glatzköpfe herein. Einer haute sich auf die Eckbank, bestellte Wodka und irgendwas zu essen. Der Kellner, übernervös, brachte den Schnaps und eine Kuttelsuppe, während der andere vom Wirt das Einnahmebuch verlangte. Kein Zweifel, Schutzgelderpresser können hier offen und ungeniert ihre Geschäfte betreiben …

veliko tarnovo

stadt auf dem buckel eines elefanten
seine stoßzähne sind
zarenresidenz und patriarchenburg

ihm zu füßen zwischen den felsen
aalt sich jantra
die riesenschlange

sie lässt die alte hauptstadt hochleben
und das land bulgarien
das so tief gesunken ist

An der Kathedrale vorbei schlendere ich zum Platz vor dem Eingangstor des Zarevez, der nach dem mittelalterlichen Zaren Ivan Asen benannt ist. Hier fahren heute keine Autos, dafür stehen mehrere schwere Lastwagen des bulgarischen Fernsehens herum. Es wird gerade eine Bühne aufgebaut mit Scheinwerfermasten. Morgen sollen hier Feierlichkeiten zum Nationalfeiertag stattfinden.
Bevor ich heimgehe, besichtige ich den Burgberg mit der Zarenresidenz. Im Patriarchenturm gibt es einen Aufzug. Dort arbeitet Angel in den Sommermonaten als Fahrstuhlführer. Er ist in Baltschik am Schwarzen Meer aufgewachsen, hat Archäologie und Geschichte studiert.
„Interessantes Studium", sage ich.
„Das schon", meint er, „aber wer braucht schon Archäologen."
„Aber die Arbeit hier oben ist doch auf die Dauer ziemlich eintönig."
„Ich wollte schon immer hoch hinaus!"
Da wird der Fahrstuhl nach unten gerufen. Er grinst und verdreht dabei die Augen.
Ich bleibe eine Weile allein auf dem Patriarchenturm. Von hier aus habe ich einen Blick über die ganze Stadt, vor allem auch über „mein" Viertel, sehe „mein" blaues Haus da unten an der Jantrabrücke. Freilich, es ist kein anmutiges Viertel, bei uns daheim würde man vielleicht Glasscherbenviertel dazu sagen. Und doch mag ich es irgendwie. Aber ich bin ja nur Gast.

Hilfe, sie lassen mich nicht raus aus der Stadt!

Am nächsten Morgen ein Fiasko. Ich will heute eiterfahren zur Donau – dichter Nebel versperrt das Tal. Ich biege falsch ab. Polizei. Straßensperre wegen der Vorbereitungen zum Nationalfeiertag. Ein Übertragungswagen des Fernsehens blockiert an der Kreuzung der Ausweichroute. Dann eben um den Burgberg herum. Gleiche Situation. Also zurück durch die Türkensiedlung, den gegenüberliegenden Hang hinauf, wo sich die Universität befindet. Das ist der einzige Fluchtweg aus dem Jantra-Tal, der sich noch bietet. Nach fünf Kilometern, knapp unterhalb der Bergkuppe, beim Dorf Arbanassi, reißt der Nebel auf. Am Ortsrand einige Tische zwischen einem kleinen Lokal an der Dorfstraße und einem Schotterparkplatz. Auch unten im Jantra-Tal löst sich der Nebel allmählich auf und gibt den Blick frei auf Tarnovo. Dahinter die vielen Farbstufen der Hügel und Bergrücken des Balkan-Gebirges bis hinauf zur Zackenlinie des Horizonts, wo die Jantra herkommt.

Was gibt's zu essen? *Palneni Tschuschki*, gefüllte Paprika, oder *Tarator*, eine kalte, weiße Gurkensuppe mit Walnüssen, Knoblauch und viel Dill. Ich kann mich nicht entscheiden und bestelle von beiden Gerichten eine kleine Portion. Zum Zahlen geh ich in die Wirtsstube. Ein breitschultriger, blondlockiger Hüne stellt sich mir in den Weg. Dimitri heiße er. Ob ich Engländer sei, will er wissen. So kommt man miteinander ins Gespräch.

Er ist hier aufgewachsen, lebt in Kanada, in Montreal, ist für zwei Wochen auf Besuch bei seinen Eltern und seiner Verwandtschaft. Er deutet zurück zum Tisch. Alle schauen mich mit großen Augen an.

„Ich bin 28 gewesen, als ich fortging, und jetzt bin ich 52."

Warum er denn weggegangen sei aus Bulgarien, frag ich ihn.

„Warum? – Ich wollte einen Renault 5 haben. Darum bin ich weggegangen, wirklich, nur um mir dieses Auto leisten zu können. Das war damals in Bulgarien ein Traumauto. Und dann bin ich drüben geblieben. Das Leben ist sehr einfach dort, viel einfacher als hier. Wenn man arbeitet, kann man sich alles leisten. Ich habe eine Heimat in Kanada gefunden, eine Familie gegründet, habe Kinder."

Dimitri hat es nicht bereut, weggegangen zu sein. In Bulgarien war er Mechaniker, später Uhrmacher. Er findet, es hat sich gelohnt, denn er hat das Gefühl, in Bulgarien läuft vieles falsch.

„Es ist so ein schönes Land. Und die Mächtigen richten es zugrunde. Das Ende des Kommunismus kam sehr schnell. Die Leute wussten nicht, wie man den Kapitalismus unter Kontrolle halten kann. Sie wollten reich werden. Sie sahen die reichen Länder. Nur hat es bei denen sehr viele Jahre gedauert, bis sie so weit gekommen sind. Das Problem in Bulgarien ist: Hier stehen wenige Reiche sehr vielen Armen gegenüber."

„Gibt es nicht auch Hoffnung?", frage ich, „es steht ja wieder eine Wahl vor der Tür. Da können die Wähler doch eingreifen. Das ist ja der Vorteil der Demokratie."

„Ich glaube nicht, dass Wahlen hier etwas verändern werden. Die Wähler versuchen es seit fünfundzwanzig Jahren. Nichts hat sich geändert. Viele Leute denken, dass sie im Kommunismus besser gelebt haben als jetzt. Auch das ist ein Problem in Bulgarien. Bulgarien ist anders. Ja, wir sind anders als alle anderen auf der Welt. Wenn wir den Kopf schütteln, meinen wir ‚ja', wenn wir nicken, ‚nein'. Wissen Sie, wir lieben unser Land trotzdem. Das Land, in dem du geboren bist, das ist einfach dein Land. Hier ist es wunderschön, die Landschaft, das Klima …"

„Trotzdem gehen viele fort."

„Die Menschen können hier in Bulgarien kein normales Leben führen, weil sie ständig jeden Cent zweimal umdrehen müssen, bevor sie ihn ausgeben. Anderswo bekommen sie bessere Gehälter. Deswegen gehen sie weg. Wenn sie hier ein besseres Auskommen hätten, würden sie bleiben."

„Nur die Alten bleiben hier. Wer soll sich um sie kümmern, wenn ihre Kinder irgendwo anders auf der Welt leben?", frage ich.

„Ja, das ist auch der Grund, warum wir jedes Jahr wenigstens für zwei Wochen nach Bulgarien fliegen." Er dreht sich um und deutet auf ein altes Ehepaar. „Schau, meine Eltern!"

spätsommer in arbanassi
(begegnung mit dimitri)

über der stadt am rande des dorfes
vor dem alten haus unter den apfelbäumen
zwischen straße und schotterparkplatz
eine insel mit fünf tischen

hier gibt es was zu trinken und gratis
den blick ins gebirge
dort kündigt sich der winter an
auf den häuptern der berge

dimitri besucht diese insel jahr für jahr
kommt er aus kanada zurück in sein heimatdorf
solange meine eltern noch leben sagt er
schau ihre haare sind schon weiß wie schnee

Als ich mich verabschiede, fragt Dimitri, wie lange ich in Arbanassi bleibe.
„Höchstens noch eine Stunde."
„Unbedingt unsere Kirche anschauen!", meint er, „*Tsŭrkvata Rozhdestvo Hristovo*, die ‚Kirche der Heiligen Geburt Christi', unbedingt!"
Also gut, dann bleib ich halt noch ein bisschen. Wenn ich so weitermache, komme ich heut nicht mehr weit. Andererseits, wer sagt denn, dass ich heut noch weit kommen muss?
Ich entziffere mühsam den Wegweiser: Църквата Рождество Христово. Die alte orthodoxe Kirche stammt aus dem 15. Jahrhundert. Im Garten liegen Grabsteine, alte Steinmetzarbeiten. Ich lege meine Hand auf einen. Die Sonne hat die Kälte der Jahrhunderte angewärmt. Ein Pfauenauge lässt sich nieder, leuchtet auf im Sonnenlicht. Der dämmrige, über und über bemalte Innenraum überwältigt mich mit einer Vielzahl biblischer Motive. Zufällig ist ein holländischer Chor zur Besichtigung gekommen und singt alte bulgarische Lieder. Fremdartige Harmonien. Stimmen, die Gläser zerspringen lassen könnten. Ich bekomme eine Gänsehaut.

Während sie singen, verliere ich mich mit einem Mal in den Darstellungen der Wandgemälde: „Das Jüngste Gericht" und „Geburt Jesus Christi" ... Hier waren die Vorläufer der Graffiti-Maler am Werk. Wo haben sie hingedacht? Was haben sie hinter der Oberfläche ihrer Bilder gesehen?

Die ersten schriftlichen Zeugnisse der Existenz des Dorfes Arbanassi stammen aus dem 16. Jahrhundert. Hier lebten reiche Kaufleute, die im gesamten osmanischen Imperium Handel trieben und Verbindungen bis nach Mitteleuropa hatten. Die Häuser haben ein schlichtes Erscheinungsbild, mit Gittern an den Fenstern und eisenbeschlagenen Türen. Nirgendwo Balkone oder Dachterrassen. Die Anwesen gleichen kleinen Festungen. Es gibt auch neuere Gebäude: neben einigen Hotelbauten auch ein palastähnliches Bauwerk des langjährigen Staatschefs Todor Schivkov. Arbanassi bekam im Jahr 2000 von der bulgarischen Regierung das Prädikat „historische Siedlung von nationaler Bedeutung". Es sei der meistbesuchte Ort in Bulgarien, heißt es. Und jetzt bin ich auch noch da. Von meinem armseligen Dachkammerl aus sehe ich hinter einem luxuriösen Swimmingpool das Kloster Sveti Nikola.

Nah bei Arbanassi liegen noch die beiden Klöster Sveta Troica und Sveta Bogorodica[37]. Sveta Troica liegt in einem Seitental zwischen Tarnovo und Arbanassi am Fuße einer steilen Felswand. Ich fahre die paar Kilometer mit dem Auto hin und finde das Kloster verschlossen. Auch auf mein Läuten hin öffnet niemand. Zum Frauenkloster Sveta Bogorodica gehe ich von Arbanassi aus zu Fuß, es soll dort eine großartige Aussicht nach Norden in die Ebene

[37] *Uspenie Bogoroditschno*, Entschlafung der Gottesmutter, entspricht: Mariä Himmelfahrt

geben. Fehlanzeige, das Klosterareal ist von Bäumen umgeben und regelrecht eingewachsen. Mir soll's recht sein. Als ich zurückwandere, sehe ich, dass am Rande des Waldgeländes eine Menge Autos parken. Kindergeschrei, lautes Rufen von Erwachsenen. Bin neugierig und entdecke, dass es im Wald verschiedene öffentliche Grillplätze gibt. Väter grillen Würste und Koteletts, Kinder toben herum. Mich erinnert das an die Ausflüge in meiner Kindheit. Auch meine Eltern konnten es sich in den 1950er Jahren nicht leisten, mit uns in ein Wirtshaus zum Essen zu gehen. Wir packten Essen in den Picknick-Korb und was zum Trinken, dazu eine Tischdecke. Auf einer Wiese am Stadtrand machten wir es uns dann gemütlich.
Was sind das für Leute? Haben die heute alle frei? Ach ja, Nationalfeiertag! Vielleicht kleine Angestellte, Handwerker, Verkäuferinnen, Verkäufer, die sich ein Essen im Restaurant ebenso wenig leisten können wie wir damals. Die Restaurants in Arbanassi sind ziemlich teuer und auch heute noch eher was für die Bessergestellten. Weil ich aus Deutschland komme, bin ich einer von ihnen. Als Bulgare würde ich nicht dazugehören.
Am Abend entdecke ich einen Aussichtspunkt außerhalb des Dorfes, von dem aus man einen unglaublichen Blick auf die Stadt Tarnovo hat. Ihr kleiner Kopf ist der Hügel mit der Zarenresidenz, ihr langgestreckter Hals die Altstadt und der Rumpf, die Neustadt. Die Jantra scheint den Körper der Stadt zu umarmen. Oder würgt sie ihn?
Eine spontane Entscheidung: Ich werde hier übernachten und noch einen zweiten Tag dranhängen. Morgen wandere ich zu den Felsenriffen und durch die Karstschluchten den Berg hinunter, wo die Würgeschlange Jantra die Stadt Tarnovo und die Zarenburg so fest im Griff hat. Zu Fuß sind das höchstens sechs Kilometer.

Flüsse und Bergrücken dienen der Orientierung. Weiter droben im Süden, im Balkan-Gebirge, an einem Hang des Berges mit dem exotischen Namen Hadschi Dimitar entspringt die Jantra, die sich dann bei Tarnovo so furios durchs Kalksteingebirge wühlt. Ich begleite sie auf ihrem Weg zur Donau. Rund achtzig Kilometer werden das noch sein. Sie soll mir helfen, die Region bis zur rumänischen Grenze geografisch besser zu begreifen.

Die Römer bezogen sich bei der Einteilung der Welt auf die vier Himmelrichtungen und verknüpften sie mit den Tageszeiten: Zwischen Mitternacht im Norden und Mittag im Süden liegt im Osten der Orient, das Morgenland, das Land der aufgehenden Sonne, und im Westen der Okzident, das Abend-land, das Land der untergehenden Sonne. Das ist ein passender Rahmen für ein Bild der Welt. Aber ein Weltbild müssen wir uns selbst schaffen. Orient und Orientierung – heute ist mir zum ersten Mal aufgefallen, dass die beiden Begriffe miteinander verwandt sind. Flüsse geben der Landschaft Gestalt und bieten sich den Gedanken als Gehhilfe an. Was für ein Wort: Gehhilfe – da steckt ja ein Gehilfe drin. Flüsse und Bergrücken sind die Gehilfen meiner Orientierung. Die Jantra gibt nicht nur Veliko Tarnovo seine Gestalt, sondern prägt entlang ihrer Ufer den Landschaftsstreifen vom Balkan-Gebirge bis zur Donau.

Erst einmal verliere ich den Fluss aus den Augen. Ich durchquere Ortschaften mit leerstehenden und zum Teil eingefallenen Häusern. Wo sind die Bewohner? Vielleicht sind sie nach Deutschland, vielleicht nach Kanada oder Amerika ausgewandert. Am Straßenrand bietet ein weißbärtiger Mann Schaf- und Ziegenfelle zum Verkauf an, dreißig, vierzig Stück hat er am Gartenzaun aufgehängt. Ein Bus der Linie 10 kommt mir entgegen: *Dresden, Bayerische Straße.* Den kenn ich ja schon, der fährt ins Zentrum von Tarnovo.

Auf der Suche nach dem Flussufer gelange ich in die traurigsten und schmutzigsten Ecken der Dörfer. Ab und zu begegnen mir Menschen. Ein junger Kerl im blauen Overall schiebt sein Moped, wer weiß wohin, eine Frau im Trainingsanzug schleppt zwei schwere Taschen mit Gemüse aus ihrem Garten. Dillzweigerl und anderes Grünzeug stehen heraus und wippen bei jedem ihrer Schritte auf und ab – grad so wie ich bei den Schlaglöchern und Schottermulden.

Zwanzig Kilometer nördlich von Tarnovo ein Hinweisschild: Nicopolis ad Istrum. Dort gibt's Ausgrabungen aus der Zeit der römischen Besiedlung etwa

100 nach Christus. Hier lag damals die größte Stadt zwischen Balkan-Gebirge und Donau. „Ad istrum" deutet auf die Donau hin. „Ister", das ist nichts anderes als ein alter Name für die Untere Donau. Die mittelalterliche, türkische Schreibweise für den antiken Namen Nicopolis ad Istrum ist Nikjup. So heißt das benachbarte Dorf heute noch. Der Weg dorthin ist übersät von einer Unzahl tiefer Schlaglöcher. Der Regen hat sie in kleine Tümpel verwandelt. Mitten im Dorf eine Grünanlage, wahllos verstreut, Säulenkapitelle und Spielgeräte für Kinder: Rutsche, Schaukelreifen, Sandkasten … Niemand zu sehen, den ich fragen könnte. Ich wende und drehe eine Runde auf dem Dorfplatz. Vor einem Lebensmittelladen ein Tisch und ein paar Stühle. Zwei Männer, so um die sechzig, wenden den Blick von ihrem Kaffee, schauen mich erwartungsvoll an.

„*Dober den!*", sage ich und hänge eine Ein-Wort-Frage an, die ich mit einer weit ins Land hinaus reichenden Handbewegung ergänze: „Museum, hä?"
Die beiden bleiben gelassen, einer zeigt über den Spielplatz hinaus und ergänzt die Andeutung mit dem Ausdruck: soundso viel Kilometer …
„*Blagodaria! Merci!* Danke!"

Die Ausgrabungen der Römerstadt sind umgeben von Sonnenblumenfeldern, Hecken und Schafweiden. Die Grabungsarbeiten sind noch lange nicht beendet. Man sieht Grundmauern, Säulen, Denkmäler, befestigte Straßen, richtige Straßen aus großen Steinplatten. Leuten, die mir entgegenkommen, rufe ich auf Englisch zu: „Die Römischen Straßen sind ja besser als die bulgarischen!" Sie lachen und geben mir recht.
Nachdem der gotische Bischof Wulfila[38] während der Christenverfolgungen im 4. Jahrhundert aus dem Gotenreich vertrieben worden war, erlaubte ihm der römische Kaiser Constantius II., sich in Nicopolis ad Istrum niederzulassen. Hier hat Wulfila die erste germanische Übersetzung der Bibel in gotischer Sprache aufschreiben lassen: die Goten- oder Wulfila-Bibel. Er entwickelte dafür eine

38 Wulfila (311-383), deutsch: Kleiner Wolf, lat. Ulfilas, seit 341 Bischof der Christen im Gotenland, erster Bischof der Terwingen

Schrift für die bis dahin schriftlose gotische Sprache, Abgesehen von ein paar Runeninschriften ist sie das älteste schriftliche Zeugnis in einer germanischen Sprache und gehört damit zu den wichtigsten Quellen der deutschen Literatur. Dieses Alphabet entstand immerhin 500 Jahre, bevor Kyrill und Method die kyrillische Schrift entwickelt haben. Der bekannteste Text der Gotenbibel ist das Vaterunser. Es wird in jeder deutschen Literaturgeschichte zitiert.

Ich frage die Studentin am Informationsschalter, ob sie wisse, dass das Freilichtmuseum hier etwas mit der deutschen Literatur zu tun habe? Sie schüttelt den Kopf. Das höre sie heute zum ersten Mal. Andererseits, wenn Kyrill und Method das kyrillische Alphabet irgendwo in Deutschland entworfen hätten und mit einer Bibelübersetzung einen der ersten Texte der bulgarischen Literatur geschaffen hätten – wen würde das in Deutschland interessieren?

atta unsar

atta unsar þu ïn himinam
weihnai namo þein
qimai þiudinassus þeins
wairþai wilja þeins
swe ïn himina jah ana airþai
Hlaif unsarana þana sinteinan gif uns himma daga,
jah aflet uns þatei skulans sijaima,
swaswe jah weis afletam þaim skulam unsaraim,
jah ni briggais uns in fraistubnjai,
ak lausei uns af þamma ubilin;
unte þeina ist þiudangardi, jah mahts,
jah wulþus in aiwins.
AMEN

Armut und Reichtum – die unversöhnlichen Nachbarn

Wie tief die Wurzeln des modernen Mitteleuropa reichen! Der Spaziergang durch die Ruinen von Nicopolis ad Istrum hat meinen Blick auf die Geschichte unseres Kontinents geweitet. Ich folge weiterhin der Jantra. Allmählich werden ihre felsigen Steilufer niedriger. Der Fluss hat immer mehr Platz. Würde ich direkt seinem Verlauf folgen, wäre der Weg leicht zehnmal so lang. Die widerspenstige Schlange gibt ihr Mäandern einfach nicht auf, obwohl man an vielen Stellen versucht hat, sie zu begradigen, sie will sich ums Verrecken nicht zähmen lassen.
Alles wie ausgestorben. Viel buschiger Wald. Dazwischen abgeerntete Maisfelder. Die Zeit der Kolchosen ist vorbei. Geblieben sind die unüberschaubar weiten Felder. In obskuren Verfahren sind sie an Privatleute übergegangen, die sie mit monströsen Maschinen bewirtschaften und gute Geschäfte machen. Am Horizont zeichnen sich die Silhouetten der gigantischen Mais-Silos ab, in denen die Ernte gespeichert wird. Gerade vor diesem Hintergrund kann man die Armut nicht übersehen.
Wenn sich die Erntemaschinen aus dem Staub gemacht haben, ziehen Leute mit

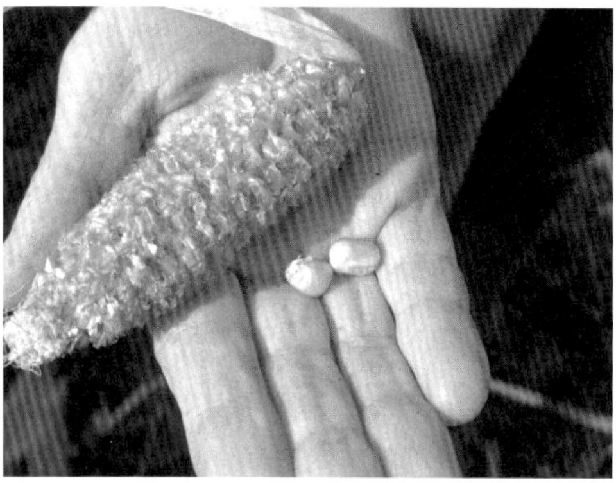

Säcken und Eselskarren über die Felder und sammeln Maiskörner und Bruchstücke von Maiskolben. Ich kenne das aus den Erzählungen meiner Mutter. Zusammen mit anderen Flüchtlingen hat sie nach dem Krieg auf den abgeernteten Getreidefeldern nach übrigen Ähren gesucht. Sie nannten das Stoppeln. Ganz gleich, wann und wo, Reichtum und Armut bleiben Nachbarn, die sich nicht vertragen.
Ich stelle das Auto an einer Brücke ab, lasse einen Hirten mit seiner Rinderherde passieren und schlendere ein Stück am Wasser entlang. Alle zwanzig, dreißig Meter haben sich Männer im trockenen Gras niedergelassen und ihre Angeln ausgeworfen. Komisch, diese Rastplätze am Weg, mit Bänken und überdachten Grillplätzen. Sogar an ein Klohäusl haben sie gedacht! Toi, toi, toi! Schaut alles ziemlich neu aus. Will die Europäische Gemeinschaft das Land für Wanderer und Radler erschließen? Hier kommt doch nie im Leben ein Urlauber vorbei. Oder sollen die Angler ihren Fang dort grillen? Es scheint, dass die Einheimischen mit diesen Angeboten nichts anzufangen wissen. All die gestylten Grillplätze sind verwaist.

Donau, unnahbare Mutter

Es riecht nach Schlamm. „I schmeck scho, wia's lettelt", hätte mein Vater gesagt. Ich kenne dieses Letteln von den Ufern der bayerischen Donau.
Ein aufdringlicher Geruch, der sich in den Nasenhöhlen und bis in den Gaumen hinunter festsetzt. Der Fluss selbst bleibt unsichtbar. Alle Versuche, mich ihm zu nähern, scheitern. Das Auto mag die sumpfigen Auwälder nicht. Kleine Straßen, die auf der Karte verzeichnet sind, erweisen sich als Feldwege, die

von Schlammlöchern durchsetzt sind. Endlich eine Kiesbank. Ende. Sackgasse. Ich steige aus und gehe ein Stück auf dem knirschenden Untergrund. Auf einmal stehe ich am Donauufer, knapp über dem Wasserspiegel. Damit habe ich schon nicht mehr gerechnet. Diese Wassermassen! Das drübere Ufer ist mehrere Hundert Meter entfernt. Dabei herrscht Niedrigwasser. Ein Baumstamm zieht mit den Fluten vorbei. Erschreckt fliegen zwei Graureiher auf. Neben mir quaken Frösche.

Naturbelassene Flussufer sind keine Freizeitflächen. Menschen, die sich hier bewegen, werden auf ihre natürliche Größe zurückgestutzt, soll heißen: Kleine Wichtel sind wir neben den alten Bäumen und vor dem vielen Wasser. Jantra und Iskar mögen beeindruckende Flüsse sein, die Donau ist ein Strom.

Ich lege den Rückwärtsgang ein, weil ich es nicht wage, in diesem sumpfigen Gelände zu wenden. Die Reifen greifen nicht. Erst als ich wiederholt Äste in die schlammigen Fahrrinnen werfe, komme ich wenigstens rückwärts aus der Sackgasse raus. Gott sei Dank gelange ich schnell wieder auf einen befestigten Weg, der nach einer halben Stunde in eine Teerstraße mündet, die bergauf führt zwischen Hügel, die weitflächigen Sanddünen gleichen. Trockenes goldbraunes Gras, Essigbaumgestrüpp, Nussbaumplantagen. Von einer Hügelkuppe aus der Ausblick auf einen Abschnitt der Donau.

Das Dorf Batin empfängt mich mit bunten Fahnerlgirlanden. An den Laternenmasten wechseln bulgarische und europäische Flaggen einander ab. Die Straße führt an der Moschee, der Schule und dem Rathaus vorbei, den nächsten Hügel hinauf. Dort gibt es keine Lichtmasten und keine Fähnchen mehr. Zunächst wird der Blick abgelenkt von einigen überdachten Bänken und einem Grillplatz, grad so neu wie vorher schon am Jantra-Ufer. Aber auch hier kein Mensch zu sehen. Die EU winkt mit dem Geldsack und lässt grüßen mit großen Schautafeln und Landkarten. Den kyrillischen Text kann ich zwar entziffern, die Bedeutung der Wörter bleibt mir leider verschlossen. Macht nix. Schauen kann ich ja selber. Der Blick reicht zwei, drei Kilometer donauaufwärts.

Nicht weit von Svischtov entfernt, wo die Donau ihren südlichsten Punkt erreicht, befindet sich die Mündung der Jantra. Ein paar Kilometer westlich die Kleinstadt Belene[39], die bei vielen Bulgaren düstere Erinnerungen weckt. Während der Zeit des Kommunismus befand sich auf der Donauinsel Belene ein „Arbeits- und Umerziehungslager", vorwiegend für politische Gefangene. Später war auf der Insel ein Atomkraftwerk geplant, das Gott sei Dank bis heute nicht fertiggestellt werden konnte.
Die Stadt Nikopol mit ‚k', nicht wie die Römerstadt Nicopolis mit ‚c' – ein bulgarisches Nikopolis eben. Trotzdem ist es eine römische Gründung, und zwar von Kaiser Marc Aurel, auf den sich auch Castra Regina, das heutige Regensburg, und Carnuntum bei Wien berufen können.

unser raster

hier in unserer nähe wächst nichts
als fels und dorniges gestrüpp
zwischen den standpunkten

nur aus größerer entfernung
gewinnen wir gestalt voreinander
nehmen wir im gesicht des anderen
sogar ein lächeln wahr

Muss jemanden fragen, ob der Grenzübergang an der Fähre in Nikopol für alle offen ist oder nur für Einheimische. Und unbedingt tanken muss ich und das Öl meiner Servolenkung überprüfen! Hab ja noch genug bulgarische Leva. Endlich eine Tankstelle. Der Tankwart versteht mich nicht. Aber er wählt die Nummer eines Freundes, der Englisch spricht, und reicht mir das Handy. Die quäkende Stimme am anderen Ende der Leitung räumt alle meine Bedenken aus. Die Fähre wartet. Und auf der anderen Seite der Donau: Rumänien.
Hilft nichts, zuerst hat der Grenzer das Sagen. Scharfe Gesichtskontrolle. Endlich gibt er mir den Pass zurück. Ich will wieder einsteigen. „Moment! *Terminal-Tax!*"

---

[39] Siehe auch S. 345

„Terminal-Tax?"

Es hat keinen Sinn zu diskutieren, die sind in der Lage und lassen mich eine Stunde warten oder räumen aus Schikane das Auto aus. Also gut. *„Terminal-Tax. How much?"*

„Two Euros!"

Na, das geht ja noch. Der gelackte Sonnenbrillen-Moldawier mit seinem klobigen hochglanzpolierten weißen Mercedes muss zwanzig bezahlen. Vielleicht sind sie ihm neidig wegen des sündteuren Autos und der attraktiven Frau auf seinem Beifahrersitz.

Das Fährticket kostet sechs Euro. Dann geht's weiter. Bulgariens Steilufer im Rücken setzen wir über in die brettlebene Walachei.

Wieder in Rumänien: Am Olt entlang durch die Kleine Walachei nach Siebenbürgen und durch die Große Walachei zurück zur Donau

Nikopol – Turnu Măgurele – Corabia – Deveselu – Râmnicu Vâlce – Hermannstadt – Rothberg – Großau – Huedin – Klausenburg – Târgu Mureș – Schäßburg – Șinca Nouă – Bukarest – Russe

Durchs verrufene Oltenien

Auf der rumänischen Donauseite wird der Blick auf die Stadt Turnu Măgurele[40] von den eingestaubten Kesselanlagen und Rohrsystemen einer qualmenden Chemiefabrik verstellt. Eine Zeit lang fahre ich am Donauufer entlang. Zuerst über die niedrige Brücke der Olt-Mündung[41]. Vom Fluss ist kaum was zu sehen. Dann vorbei an einem Denkmal, das einer Aktion des Befreiungskampfes gegen die Osmanen gewidmet ist, einem der vielen Kämpfe um Selbstbestimmung, die den Balkan jahrhundertelang nicht haben zur Ruhe kommen lassen.

[40] Turnu Măgurele, deutsch: Großnikopel, ca. 25.000 Einw.

[41] Der Olt, deutsch: Alt, ca. 600 km lang, entspringt in den Ostkarpaten, fließt durch Siebenbürgen und das Fogarascher Land, durchbricht die südlichen Karpaten und mündet bei Turnu Măgurele in die Donau.

Viel nationales Pathos. Auf einem Bronzefries voranstürmende, triumphierende neben sterbenden Soldaten und weinenden Müttern. Gut siebzig Kilometer donauaufwärts wären es von hier bis Bechet, von wo ich letzthin mit der Fähre von Rumänien übergesetzt bin.
Wie in Bulgarien den Iskar und die Jantra wähle ich mit dem Olt auch in Rumänien einen Nebenfluss der Donau als Begleiter. Die ganze Region ist nach ihm benannt: Oltenia oder Oltenien. Südlich der Karpaten trennt der Olt die Kleine Walachei im Westen von der Großen Walachei im Osten.
Ich entdecke eine schmale Straße, die nah am Olt entlang führt, und gelange ins Dorf Moldoveni. Am Ortsrand lasse ich das Auto stehen und mache mich auf einem Trampelpfad, den vermutlich sonst die Angler benutzen, auf den Weg zum Wasser. Als ich das Ufer erreiche, bin ich irritiert: Drei Kilometer oberhalb der Mündung eines der mächtigsten rumänischen Flüsse sehe ich nichts als Kiesbänke und dazwischen ein schmales Rinnsal. Vielleicht Niedrigwasser wegen der langen Hitzeperiode? Das Aha-Erlebnis folgt auf den Fuß, denn ein paar Hundert Meter flussaufwärts entdecke ich eine Staumauer, dahinter lauern die Wassermassen – wehe, wenn sie losgelassen werden.
Ein unscheinbarer Wegweiser lockt mich nach Corabia. Der Name gefällt mir, hat einen magischen Klang. Vier Selbstlaute! Zwischen der Stadt und dem Olt eine Vielzahl kleiner und kleinster Häuschen und Hütten. Dahinter, dazu passend, schmale Felder und Wiesen, ganz anders als die riesigen Kolchoseflächen drüben in Bulgarien.
Die Kleinstadt Corabia ist eine Gründung gestrandeter Seeräuber. Auf Rumänisch bedeutet Corabia Galeere oder Segelschiff. Ein Segelschiff ziert auch das Stadtwappen. Die heruntergekommenen, reich mit Stuck verzierten Villen zeigen, dass die Stadt einst recht wohlhabend gewesen sein muss. Die Zeit Ende des 19. Jahrhunderts, nach der „Befreiung vom „Türkischen Joch“, wird in den hiesigen Geschichtsbüchern „Renaissance“ genannt – es geht um die Wiedergeburt der Nationen Rumänien und Bulgarien nach fünf Jahrhunderten osmanischer Fremdherrschaft. Es heißt, der Südteil Rumäniens, die Walachei, sei auch heute noch sehr stark türkisch geprägt. Das kann ich nicht nachvollziehen. Ich sehe hier nicht eine einzige Moschee, ganz anders als in Bulgarien.
In respektvollem Abstand zum westlichen Olt-Ufer fahre ich auf einer kerzengeraden, gut ausgebauten Fernstraße nach Norden. Bis zum Abend will ich die Karpaten erreichen. Bis dorthin reicht die Walachische Tiefebene. Sehe ich im

Balkan-Gebirge das Rückgrat Bulgariens, so wäre der Karpatenbogen das gekrümmte Rückgrat Rumäniens.
Abgeerntete Felder, einzelne Baum- und Buschgruppen. An der Straße auch in den kleinen Ortschaften zu beiden Seiten ein schmaler Grünstreifen, fast kahl gefressen von den Pferden, Kühen, Eseln oder Ziegen, die dort frei herumlaufend oder angepflockt vor sich hin grasen. Wo Tiere weiden, braucht es keine Rasenmäher. Nach der lang anhaltenden Sommerhitze kann man eh kaum noch von Grün sprechen, das Gras ist gelblich bleich, ausgebrannt, fast grau vom Straßenstaub. Der Ackerboden in dieser Region scheint viel herzugeben. Die Leute haben Tische mit Obst und vor allem mit Gemüse vor ihren Häusern aufgestellt: Paprikaschoten, Gurken, Kürbisse, Auberginen, Kartoffeln, Gelbe Rüben – ein buntes Allerlei. Dazwischen ganze Wagenladungen von Melonen. Auf einer kleinen Freifläche zwischen zwei Dörfern steht eine Reihe von Lieferwagen. Händler aus der Stadt, denen die Bauern ihre Ernte bringen. Ich bleibe stehen und kaufe mir ein paar Äpfel. Im Schatten unter einem Lastauto raufen zwei junge Hunde miteinander. Irgendjemand hat sie hier ausgesetzt. Unter der Bank eines Holztisches: eine klapperdürre verdreckte Hündin. Sie schaut mich aufmerksam an, springt auf. Enttäuscht wendet sie sich ab, als ich an ihr vorbeigehe.

Die Dörfer scheinen entlang der Straße zusammengewachsen zu sein. Fast zwei Stunden lang passiere ich ausschließlich heruntergekommene Häuser und Hütten. Pferde- und Eselfuhrwerke reihen sich in den Durchgangsverkehr ein. Die Schilder befehlen: Tempo 50. Ich halte mich dran, will ja keine Schwierigkeiten mit der Polizei bekommen. Die LKW-Fahrer hupen hinter mir. Sie überholen mich, alle überholen sie mich! Die Verkehrsschilder interes-

sieren sie nicht. Manchmal laufen streunende Hunde über die Straße, das interessiert sie auch nicht. Wie oft liegen tote Tiere auf der Fahrbahn oder am Straßenrand! Manche aufgedunsen, mit starr abgespreizten Beinen. Niemand räumt sie weg. Ab und zu ein Straßencafé mit Sonnenschirmen und palavernden Männern, kaum Frauen – die haben zu tun, stehen an Verkaufsständen.
Rund siebzig Kilometer nördlich von Corabia das Dorf Deveselu. In den Äckern Richtung Olt gibt es einen Militärflughafen, der noch aus den Zeiten der Sowjetunion stammt. Die USA und Rumänien haben 2011 vereinbart, ihn zum Stützpunkt ihres Raketenabwehr-Systems auszubauen. Putin hat getobt. Die Amerikaner beschwichtigten, die Raketenbasis sei eine Vorsichtsmaßnahme gegen Angriffe aus dem Iran. „Wer's glaubt, wird selig", wird der Putin gesagt haben. Hat alles nicht geholfen. Baubeginn war 2013, die Fertigstellung wurde 2015 verkündet. Die USA werden ein Drittel der Basis nutzen und bis zu 500 Soldaten in Deveselu stationieren.
Ich will mir das Gelände wenigstens von außen anschauen und nähere mich auf einem asphaltierten Feldweg dem Zaun bis auf etwa zweihundert Meter. Da taucht hinter den Büschen ein Streifenwagen auf und verstellt mir den Weg.
„Stopp! Ausweiskontrolle! Sperrgebiet! Umkehren!"
Das klingt überzeugend.

Das Olt-Tal öffnet mir den Weg durch die Karpaten

Allmählich wird die Landschaft wellig, bald darauf hügelig. Auf einer Hochebene das Städtchen Caracal. Am Ortsrand eine Informationstafel. Eine Sehenswürdigkeit des Ortes ist die Ruine eines Turmes aus dem Jahr 200 nach Christus. Damals regierte hier der römische Kaiser Caracalla. Nach ihm wurde der Ort benannt. Berühmt ist die Stadt aber vor allem, weil der rumänische Freiheitsheld Iancu Jianu[42] hier Ende des 17. Jahrhunderts zur Welt kam, ein walachischer Adliger, der gegen die Obrigkeit aufmuckte und zum Heiducken wurde, der Held von Romanen und Filmen, der in keinem rumänischen Schulbuch fehlen darf.
Es kommt mir vor, als durchquere ich Jahrhunderte: Seeräuber, amerikanische Raketenabwehr, römische Besatzung, Heiducken, alles nur Wimpernschläge

42 Iancu Jianu (1787-1869), rumänischer Heiduck aus Oltenien, wird als Volksheld verehrt, kämpfte gegen Habsburger, Osmanen und Bojaren für die Gründung eines rumänischen Staates.

der Geschichte. „Heiduck“ ist ein schillernder Begriff aus der Zeit der osmanischen Herrschaft. Wegelagerer, Gesetzlose und Freischärler werden auf dem Balkan oft als Volkshelden und Freiheitskämpfer verklärt, als tapfere Vertreter der nationalen Idee oder des religiösen Widerstands.

Immer deutlicher zeichnen sich im Norden die Höhenzüge der Karpaten ab. Wälder und Berge rücken näher an die Straße, das Land wirkt unzugänglicher. Die Abstände zwischen den Dörfern werden größer. Ein Stausee folgt auf den anderen und entlang der Straße Wegweiser zu Ferienpensionen. Die größte Stadt dieser Region ist Râmnicu Vâlcea[43]. Sie hat einen eigenen Landkreis und liegt an der Europastraße 81, die vom Schwarzen Meer her kommt, von Constanța und Bukarest, und nach Nordwesten über Hermannstadt und Klausenburg durch ganz Rumänien bis zur ukrainischen Grenze führt.

Die Stadt soll eine Hochburg des Geldautomaten-Betrugs sein. Niemand weiß genau warum. Vielleicht, weil es so viele Banken in der Stadt gibt, meint der Besitzer eines Imbissstandes. Wenn er gar so gescheit ist, dann kann er mir auch gleich erklären, warum die Dörfer an der Straße im unteren Olt-Tal gar so verwahrlost sind. Er zuckt mit den Achseln und antwortet vielsagend mit einem einzigen Wort: „Oltenia!“

Allmählich verändert sich das Landschaftsbild: Die Umgebung wird anmutiger. Raststätten und Ferienorte säumen den Weg. Der Blumenschmuck in den Vorgärten fällt einem ins Auge. Die Ortschaften wirken wohlhabender. Dazu tragen sowohl die Energiegewinnung durch die Staustufen als auch der Fremdenverkehr bei, der sich entlang der gebirgigen Flussufer entwickelt hat. Vor dem Ferienort Călimănești werden alle LKWs auf die andere Flussseite umgeleitet, doch ich durchfahre den Ort und wechsle erst ans andere Olt-Ufer, als die Lastwagen von der Umleitung auf die Hauptstrecke zurückkehren. Neben der Brücke bleibe ich auf einem Parkplatz stehen. Ich packe das Nötigste in meinen Rucksack, versperre das Auto

[43] Râmnicu Vâlcea, knapp 100.000 Einw.

und breche zu einem Spaziergang auf. Ein Fußweg führt zu einem Schild, das auf Ausgrabungen aus der Römerzeit hinweist. In einer Wiese neben dem Olt ein paar Mauerreste, Andeutungen von Fundamenten. Ich schlendre weiter, folge den Markierungen zum Kloster Mânăstirea Turnu. Würde da hinten gern übernachten, bevor ich nach Hermannstadt und dann im weiten Bogen durch Transsilvanien bis Klausenburg und Neumarkt am Mieresch reise.

Das Kloster liegt verborgen ganz am Ende des grünen Tals, umgeben von einem sommerlichen Blütenmeer. Dahinter schieben sich wie zum Schutz sperrige, bewaldete Berge heran, die dafür sorgen, dass sich die Sonnenwärme hier anlegen und stauen kann. Mein Plan, hier zu übernachten, geht leider nicht auf, so kehre ich zurück zum Olt-Ufer und übernachte in einer Pension.

Der Lärm der Espressomaschine macht mich schon vor dem Kaffee wach. Der Wirt stellt einstweilen die Rechnung aus. Als ich mit der Kreditkarte bezahlen will, zeigt er mir abwehrend die Innenflächen seiner Hände. Ach ja, habe ich vergessen: Râmnicu Vâlcea ist ja nah, das Hornissennest der Geldautomaten-Betrüger. Beiläufig frage ich ihn, was denn der Unterschied sei zwischen der Walachei und Oltenien. Er tut so, als würde er sich auskennen, holt weit aus und fängt an zu erzählen wie ein Märchenonkel.

„Oltenien, das ist nichts anderes als die Kleine Walachei. Östlich vom Olt beginnt die Große Walachei. Sie reicht südlich des Karpatenbogens nach Osten bis zur Donau. Dann fängt die Dobrudscha an, die reicht bis zum Schwarzen Meer. Und im Norden kommt dann die Moldau-Region. Die Oltenier sind nicht besonders beliebt in Rumänien, die halten nicht viel vom Arbeiten. Die haben zwei linke Hände."

Hier unterbreche ich ihn. „Wieso, woher kommt das? Die Kleine und die Große Walachei gehören doch, soviel ich weiß, zu den Ursprungsländern des Staates Rumänien."

„Das kommt daher: Im heutigen Oltenien war die fünfte römische Legion stationiert. Das waren alles Soldaten aus Palästina. Diese Leute vermischten sich mit der Bevölkerung. Als das römische Reich untergegangen ist, sind sie dageblieben, Syrer und was weiß ich, typische Araber eben. Jaja, ihr werdet euch noch wundern. Mit den vielen Flüchtlingen wird Deutschland bald sein wie Oltenien."

Was soll ich da drauf antworten. Das hört sich ja an wie das Gerede an einem bayerischen Dorf-Stammtisch. Ich verabschiede mich.

Hermannstadt, die wichtigste deutschsprachige Stadt in Siebenbürgen

Zu beiden Seiten des Olt steil aufragende Felswände. Der Fluss hat ein tiefes Kerbtal durch die Karpaten gegraben. An der Mündung des Zibin[44] in den Olt weichen die Berge zurück. Ich halte an einem Gasthof, auf dessen Parkplatz Tische und Bänke aufgestellt sind. Daneben Stände mit einheimischen Waren. Auch einheimische Kost wird angeboten. Ziemlich viel los hier. Ich setze mich zu einem Ehepaar an den Tisch. Sie sprechen deutsch, stammen aus Hermannstadt, sind 1990 nach Stuttgart ausgewandert und jetzt im Urlaub hier in ihrer alten Heimat.

Als ich erzähle, dass ich über Corabia am Olt entlang in die Karpaten heraufgekommen bin, unterbricht mich mein Gegenüber.

„Durch den ‚Roten-Turm-Pass'! Und da oben", er deutet den Hang hinauf, „steht der ‚Rote Turm'! War früher ein Zollhaus, das haben sie rot angestrichen. Manche sagen, das Rot kommt vom vielen Blut, das hier geflossen ist. Der Pass war militärisch immer ungemein wichtig. Viele fremde Heere sind hier durchgezogen: die Römer, die Osmanen, die Russen … Hinter dem Turm fängt das Zibin-Gebirge an. Und

[44] Zibin, rum. Cibin, ung. Szeben, Länge ca. 80 km, durchquert Hermannstadt und mündet danach in den Olt.

drüben auf der anderen Seite vom Olt das Făgăraş-Gebirge mit dem Moldoveanu. Das ist der höchste Berg in Rumänien. Über 2.500 Meter hat er! Der Gipfel ist Luftlinie keine fünfzig Kilometer von hier entfernt!"
Seine Frau legt ihre Hand auf seinen Unterarm.
„Langsam, langsam!"
Dann wendet sie sich an mich.
„Wir müssen aufbrechen. Wenn wir ihn nicht bremsen, geht mit ihm der Heimatkundler durch und wir sitzen morgen früh noch hier!"

Am Ortsrand von Hermannstadt viel Schmutz. Zwischen aufgelassenen Fabrikanlagen kleine, armselige, zum Teil schon eingefallene, aber noch bewohnte Hütten. Ich biege ab in die große Einfallstraße. Sofort ändert sich das Bild: Wie ein Phönix aus der Asche entsteht hier die neue Welt. Unübersehbar die Logos von Großunternehmen und Autofirmen, Glas und Stahl, bunte Fähnchen, moderne Firmengebäude, Einkaufszentren, Baumärkte, Tankstellen. Erstes Aufblühen von Wohlstand, hier entstehen Arbeitsplätze. Äußerlich sehe ich keinen Unterschied zu Deutschland. Eine Insel, eine westeuropäische Kolonie mitten in Rumänien. Hermannstadt galt einmal als wichtigste deutschsprachige Stadt in Siebenbürgen. Das Deutsche spiegelt sich heute in den Neuansiedlungen von Großunternehmen wie BMW, Mercedes, OBI, KiK, H&M, Lidl, Raiffeisenbank, Penny-Markt, Kaufland …
Die Straßenschilder tragen allerdings rumänische Namen. Ich erkundige mich nach einem Hotel. Obwohl das Rumänische als romanische Sprache mit dem Italienischen und Französischen verwandt ist, verstehe ich fast nichts. Zum Glück stoße ich auf einen älteren Herrn, der fließend deutsch spricht. Ich schätze ihn auf siebzig Jahre, er wirkt bieder, ein Beamtentyp, tiefe Augenringe, grau meliertes Haar, Anzug und Krawatte. Er steigt zu mir ins Auto und wird mein Lotse. Aus dem Wenigen, das wir im Auto miteinander sprechen können, entnehme ich, dass Hermannstadt nach der Wende 70.000 deutschsprachige Bewohner verloren hat. In Deutschland waren sie als Staatsbürger willkommen. Aber für die Hiergebliebenen sei das Leben schwieriger geworden, sagt er.
Die Unterkunft, die er mir empfiehlt, liegt in einem Park am Rande der Altstadt. Der Portier spricht Deutsch, Französisch und wer weiß, was noch alles. Er beschreibt mir den Weg in die Stadt anhand der Hotelhochhäusern von Ibis, Ramada und Continental.

Die Fußgängerzone ist belebt wie die einer italienischen Stadt an einem lauen Sommerabend. Auf der Piața Mare, dem weiträumigen Stadtplatz im Zentrum, eine Art Buchmesse mit Ständen verschiedener Verlage. Einer bietet tatsächlich drei deutschsprachige Bücher an. Auf einem kleineren Platz zwei Straßen weiter gibt's ein ohrenbetäubendes Rock-Konzert. Ich verkrieche mich in einer Weinschenke. Als ich heimgehe, fällt mir ein Plakat auf: Ein Foxterrier entlaufen. Die Besitzer suchen ihn. Auf der Fahrt durch Oltenien habe ich viele herrenlose verdreckte Hunde gesehen, auch viele tote Tiere auf der Straße. Auf den Parkplätzen haben sie sich ängstlich genähert in der Hoffnung auf Futter. Und hier gibt es einen Hund, der geliebt wird, um den sich jemand Sorgen macht.

Vom Deutschen Forum zum österreichischen Honorarkonsul

Seit Hermannstadt zur Kulturhauptstadt Europas ernannt wurde, hat man den Stadtkern großzügig mit Fördergeldern restauriert. Nur noch in manchen Seitengassen regiert der Verfall. Wer das Geld aufbringt, diese Stadt wieder instand zu setzen, sollte es auch schaffen, genug Arbeit und damit Leben in diese Stadt zu bringen. Die Aussichten sind gar nicht so schlecht. Die Großinvestoren scheinen Schlange zu stehen: der Dachziegel-Hersteller Bramac, die Firma Continental mit einer Fabrik für Türsteuergeräte, ein Metro-Markt, die Siemens AG gleich mit drei Werken, Thyssen Krupp mit derzeit 1.800 Mitarbeitern für die Automobil-Zulieferindustrie, oder Wienerberger, der weltgrößte Ziegelhersteller …

Für die nächsten Tage habe ich mehrere Begegnungen vereinbart. Die Büros der ersten Gesprächspartner befinden sich alle in der Nähe der Piaţa Mare, des Großen Platzes oder des Großen Rings, wie er auf Deutsch auch genannt wird. Mit der Stadtpfarrkirche Heilige Dreifaltigkeit, dem alten Rathaus und seinen stattlichen Bürgerhäusern prägt er den Stadtkern. Er ist das Wohnzimmer der Stadt, die gute Stube, hierher lädt man seine Gäste ein. Gestern gab es hier noch die Bücherstände, heute ist der Platz aufgeräumt. Auf der Freifläche steigen in unregelmäßigen Abständen Wasserfontänen empor. Das ist bei den sommerlichen Temperaturen, die zurzeit noch herrschen, die höchste Gaudi für die Kinder, die lauernd auf und abgehen und so tun, als wüssten sie nicht, dass da gleich wieder Wasser aus dem Boden schießen wird. Wenn es so weit ist, tun sie überrascht, laufen kreischend davon, fliehen vor dem sich zerstäubenden Wasserstrahl, aber nur, um gleich wieder zurückzukehren, wenn die Fontänen abrupt abreißen und das Wasser versiegt. Das Spiel wiederholt sich viele Male – immer auf dem schmalen Grat zwischen der Faszination der Erfrischung und der Angst vor dem kalten Wasser. So üben sie schon als Kinder das Davonlaufen und das Zurückkommen.

Die Leute, die im Freien vor den Cafés sitzen, schauen zu. Sie genießen das Spektakel. Ich auch. Dann erkundige ich mich nach dem *Deutschen Forum*. Einer sagt was von „Pia-tsa Mare“ und deutet über den Platz, da ist es das zweite Haus links, so interpretiere ich seine Handbewegungen. Und auf einen Schlag entdecke ich das Italienische, das ich vorher in der rumänischen Sprache nicht gesehen habe: Das Häkchen unten am „ţ“ bedeutet: man spricht „ts“! Und

„Piata" heißt auf einmal „Piatsa" und sofort steht in fröhlicher Nachbarschaft die italienische „Piazza"! Was für ein Aha-Erlebnis für den naiven Besucher! Eine Turmuhr schlägt. Ich gehe in die angezeigte Richtung und finde auch sofort das Büro von Winfried Ziegler, des Geschäftsführers des *Deutschen Forums*. Er gehört zu der kleinen Gruppe der Siebenbürger Sachsen, die nach der Revolution dageblieben sind, und kann mir viel über die Situation der Deutschen in Siebenbürgen erzählen. Während wir über die knarzenden Stiegen des alten Hauses in sein Büro hinaufgehen, stelle ich ihm bereits die ersten Fragen.

„Wie viele Rumäniendeutsche gibt es denn überhaupt noch im Land?"
„1992 waren wir noch 115.000, zehn Jahre später 65.000 und jetzt sind wir noch 35.000 Angehörige der deutschen Minderheit in ganz Rumänien."
Ich stelle es mir ziemlich schwierig vor für die so arg geschrumpfte Minderheit der Deutschen, sich im rumänischen Staatsgefüge zu behaupten. Winfried Ziegler sieht das nicht so.
„Die Entwicklung macht uns natürlich große Sorge. Aber es gibt in Rumänien eine gewisse Sicherheit für Minderheiten. Obwohl unser Staat nicht gerade reich ist, gewährt er seinen Volksgruppen umfangreiche Sonderrechte und großzügige finanzielle Förderung. Das *Deutsche Forum* darf Kandidaten aufstellen wie jede Partei. So steht das in den Minderheitengesetzen.
Wir haben vom *Deutschen Forum* im Jahr 2000 mit Klaus Johannis[45] das erste Mal einen Bürgermeisterkandidaten aufgestellt. Er hat gewonnen, und es gab zusätzlich Stimmen für sieben Stadtratsmandate. Leider hatten wir gar nicht so viele Kandidaten. Damals haben wir zwei Plätze verschenkt. Mit so einem Erfolg hatten wir in den kühnsten Träumen nicht gerechnet. Nach der ersten Amtszeit ist Johannis mit 89 Prozent der Stimmen im Amt bestätigt worden. Gleichzeitig konnten wir die Mehrheit im Stadtrat gewinnen. 2014 wurde unser deutschsprachiger Bürgermeister aufgrund seiner erfolgreichen Arbeit sogar

[45] Klaus Johannis, siehe S. 13, Fußnote 3

zum Präsidenten von ganz Rumänien gewählt."

Winfried Ziegler ist 28 Jahre alt und hat bis auf zwei Jahre, während denen er in München studierte, immer hier gelebt. Siebenbürgen ist seine Heimat. Von hier würde er niemals freiwillig weggehen. Er beurteilt die Rolle der Siebenbürger Sachsen in Rumänien sehr selbstbewusst. „Die Siebenbürger Sachsen sind vor fast 900 Jahren in dieses Gebiet eingewandert. Mit dem heutigen deutschen Bundesland Sachsen haben sie nichts zu tun. Sie stammen vorwiegend aus mittelrheinischen und moselfränkischen Gebieten, einer der nächstverwandten Dialekte ist das Luxemburgische. Nach dem Ende des Habsburger Reiches entschieden sich die Bewohner Siebenbürgens, das bis dahin zu Ungarn gehört hatte, im Rahmen einer Volksabstimmung mehrheitlich für die Zugehörigkeit zum Staat Rumänien. Also, wir waren da, bevor der Staat Rumänien da war. Wir sehen uns also nicht irgendwie als Gäste oder Zugezogene, sondern wir haben das heutige Rumänien praktisch mit aufgebaut. Somit sind wir eigentlich die staatstragende Nation."

Bei der Beliebtheit der deutschen Wirtschaft und der deutschen Kultur könnte man sich vorstellen, dass viele der Ausgewanderten wenigstens zeitweise zurückkehren, um nachzuschauen, wie es jetzt so ist im Land ihrer Kindheit. Winfried Ziegler teilt solche „Rückkehrer" in drei Kategorien ein: „Das eine sind die sogenannten Sommer-Sachsen, wie wir sie nennen: ausgewanderte Siebenbürger Sachsen, die ihr Haus hier behalten haben und zumeist Rentner sind. Den Sommer verbringen sie hier und den Winter in Deutschland. Das ist natürlich schön für uns, aber keine langfristige Perspektive. Dann haben wir Aussteiger aller Art, die hier zum Beispiel Biolandwirtschaft machen. Die dritte Gruppe, das sind jene, die im wirtschaftlichen Bereich was anpacken, also etwa in den Chefetagen von großen deutschen Firmen sitzen, die hier investieren. Die bringen oft das Fachpersonal aus Deutschland mit. Da sind Leute mit Landeskenntnis gefragt, also grad die Rumäniendeutschen. Und es gibt natürlich diejenigen, die hier selbst eine Firma auf die Beine stellen. Das geht hier in Rumänien mit wesentlich weniger Startkapital als in Deutschland. Wir haben einen deutschen Wirtschaftsklub in Siebenbürgen, wo die Neu- und Rücksiedler sich gegenseitig unterstützen und vernetzen."

Im Haus gegenüber hat der österreichische Honorarkonsul Andreas Huber sein Büro. Ein sympathischer Mann, der einen gemütlichen Eindruck macht mit seinem weißen Schnauzbart und dem Haarkranz um die Halbglatze. So stelle ich

mir einen Beamten der k. u. k. Monarchie vor. Nachdem wir uns begrüßt haben, geht er zu einem alten Stich an der Wand gegenüber seinem Schreibtisch und stellt fest: „Das ist das Hermannstadt vor 200 Jahren. Hier der Fluss Zibin und die gleichen Häuser wie heute. Es hat sich fast nichts verändert."
Andreas Huber ist 1955 in Großau geboren, einem Dorf westlich von Hermannstadt. Seine Vorfahren wurden einst von Maria Theresia nach Siebenbürgen deportiert, weil sie Protestanten waren.
„Wie viele Deutsche leben noch in der Stadt?"
„In Hermannstadt sind es noch ungefähr zweitausend."
„Kommt es vor, dass Leute zurückkehren und dableiben?"
„Ja – ich bin zurückgekommen und ich bleibe da."
Er ist Anfang der 1980er Jahre als Siebenbürger Sachse nach Deutschland ausgewandert und nach der Revolution als deutscher Staatsbürger zurückgekehrt. Heute ist er Inhaber von zwei Opel-Vertretungen mit Werkstatt und Verkauf in Hermannstadt und betreut mehrere europäische Firmen in Rumänien.
Hinter seinem Schreibtisch stehen zwei Flaggen: die rumänische und die österreichische – er ist ja als österreichischer Honorarkonsul tätig. Das steht auch deutlich auf einem Schild neben dem Hauseingang.
„Honorarkonsul? Das hört sich gut an. Wird denn Ihre Arbeit gut honoriert?"
Er empfindet meine Frage als Witz und meint lachend: „Honorar, das bezieht sich aufs französische *honneur* – Ehre. Die anfallenden Kosten zahle ich aus eigener Tasche. Also ich bin praktisch ein offizieller Vertreter der österreichischen Regierung vor Ort und erfülle alle Aufgaben, die ein Konsulat erfüllt, bis

auf die Ausstellung von Ausweispapieren. Außerdem sehe ich mich als Förderer der wirtschaftlichen Beziehungen zwischen Österreich und Rumänien."
Was mich während meiner Reise am meisten erstaunt hat, ist die Tatsache, dass die unterschiedlichen Minderheiten in Rumänien so viel Selbstständigkeit für sich in Anspruch nehmen können wie in keinem anderen Staat der Welt.
„Das ergab sich 1920 aus den Verhandlungen von Trianon. Als Siebenbürgen nach dem Ersten Weltkrieg zu Rumänien kam, gab es Bedingungen, die unser Land erfüllen musste. Mit Einführung der österreichisch-ungarischen Doppelmonarchie war Siebenbürgen an die Ungarn gefallen. Sie hatten Ungarisch als Landessprache eingeführt, gegen die Realität, denn in Siebenbürgen ist bis dahin nur Deutsch und Rumänisch gesprochen worden. Meine Großeltern sind in den 1960er bzw. -70er Jahren gestorben, die konnten nur Ungarisch und Deutsch, die haben nie Rumänisch gelernt."
Ich frage ihn, ob er sich erinnert, wie die Roma in den 1960er Jahren hier in der Gegend gelebt haben.
„Die Roma waren ein Wandervolk. Sie zogen von Ort zu Ort. Ich weiß noch, wie sie mit Pferdewagen ins Dorf kamen: Handwerker, Kesselflicker, Glaser, Böttcher … Wenn sie ihr Winterlager aufgebaut hatten, gab es oft Wettkämpfe mit schönen großen Pferden, Wettreiten."
Er zeigt auf das Fenster neben seinem Schreibtisch. „Das ist ein altes Holzfenster. Wenn es kaputt ist, brauche ich einen Glaser – das haben damals die Zigeuner gemacht, da ging einer mit Glasscheiben durchs Dorf und hat kaputte Fenster repariert. Mit Thermopanescheiben geht das nicht mehr. Auch Handwerker wie Kesselflicker braucht man heute nicht mehr. Sie haben irgendwie ihre Funktion verloren in der Gesellschaft."
„Aber es geht doch nicht nur den Roma schlecht in Rumänien", wende ich ein, „ich erinnere mich an die Fahrt durch Oltenien. Südlich der Karpaten sind mir die Menschen in den Dörfern entlang des Olt-Flusses auch sehr arm vorgekommen. Das können doch nicht nur Roma gewesen sein."
Andreas Huber überlegt kurz, dann erzählt er, wie das war, als er als Achtjähriger mit seinen Eltern zum „Roten-Turm-Pass" kam. „Die Leute dort waren arm, solange ich denken kann. Ich erinnere mich an kleine Häuser ohne Schornstein. Sie waren mit Holzschindeln gedeckt, dazwischen drängte der Rauch heraus. Der Hof war nicht befestigt und sumpfig. Es gab keinen Stall, keine Nebengebäude. Bei uns in Siebenbürgen gab es bei den Häusern Stall und Scheune, der

Hof war gepflastert und sauber. Andererseits, was die Armut heutzutage betrifft, haben die Oltenier aufgeholt – kein Vergleich mehr mit den 60er Jahren."

Roma und Ungarn sind heute die zwei größten Minderheiten in Rumänien. Ich will mehr erfahren über die Roma und suche die Siebenbürger Sächsin Beatrice Ungar auf, eine Redakteurin der deutschsprachigen *Hermannstädter Zeitung*. Sie verschafft mir zunächst einen groben Überblick: „Unser Land hat zwanzig Millionen Einwohner, darunter anerkannte Minderheiten wie Armenier, Ukrainer, Lipowaner, Türken, sowie Tataren, Bulgaren, Serben, Slowaken und Tschechen. Die beiden größten Minderheitengruppen mit jeweils ungefähr einer Million Mitgliedern sind die Ungarn und die Roma. Im Gegensatz zu uns 35.000 Deutschen stehen die Roma vom Ansehen her am Ende der Skala, obwohl sie wie alle anderen ihre Abgeordneten im Parlament und im Stadtrat haben."

Beatrice Ungar kauft sich an einem Imbissstand noch schnell eine Brotzeit. Dann begleitet sie mich als Dolmetscherin zu Petru Duca, einem Kreisrat der Roma-Partei *Partida Romilor*[46]. Bei ihm erkundige ich mich zuallererst, wie die Bezeichnung *Zigeuner* unter den Roma in Hermannstadt gehandhabt wird. In Bulgarien haben alle Roma, die ich getroffen habe, gesagt: ‚Wir sind Zigeuner, keine Roma'.

„In Rumänien werden wir Roma genannt. Wenn man einen Zigeuner in Romanes fragt: ‚Was bist du?', dann sagt er: ‚Ich bin Rom' – und Rom heißt ja in unserer Sprache Mensch. *San Rom* bedeutet: Wir sind Roma."

„Das hört sich bairisch an", sage ich. Das versteht er natürlich nicht und ich fühle mich genötigt, es zu erklären: „Mia san Rom – so ähnlich würde man bei uns im Dialekt auch sagen. Aber im Ernst, was mich viel mehr interessiert, wo-

---

[46] *Partida Romilor*: politische Partei, die die Interessen der Roma in Rumänien vertritt. Früher *Partida Romilor Social-Democrată*, deutsch: Sozialdemokratische Partei der Roma

her kommt es Ihrer Meinung nach, dass viele Roma so arm sind?“

„Das ist wie bei allen Völkern, es gibt Arme und es gibt Reiche. Einige Roma besaßen vor der Revolution Gold. In der kommunistischen Zeit wurde dieses Gold konfisziert. Keiner durfte Gold besitzen. Nach der Revolution haben einige ihr Gold zurückbekommen. Viele haben es verkauft oder damit gearbeitet und sind jetzt besser situiert. Andrerseits gibt es viele, die seit der Revolution keinen Arbeitsplatz haben und deswegen arm sind. Heute ist es sehr sehr schwierig für Roma, eine Arbeitsstelle zu finden.“

„Die Roma sind neben den Ungarn die stärkste Minderheit in Rumänien. Die Ungarn halten zusammen, die haben ein starkes Nationalgefühl – können sie mir erklären, warum die Roma so wenig zusammenhalten, warum sie sich nicht mehr zusammentun?“

„Nach der Statistik der Roma-Partei gibt es mehr als eine Million Roma in Rumänien. Viele von ihnen sind sesshaft und gehen einem Beruf nach. Wir, als Roma, die mehr oder weniger gut integriert sind, haben eine Partei gegründet, die *Partida Romilor*. Sie ist in allen Landkreisen vertreten. Wir haben einen Abgeordneten, wir haben Bürgermeister, Stadträte, Gemeinderäte und Kreisräte. Ich selbst bin im Kreisrat von Hermannstadt – alle vier Jahre sind Parlamentswahlen und Kommunalwahlen. Die Roma-Partei nimmt natürlich daran teil.“

„Wie hoch ist ihr Stimmenanteil bei den Wahlen?“

„Auf Landesebene 120.000 bis 150.000 Stimmen. Es ist so, dass die Mehrzahl der Roma diejenige Partei wählt, die ihnen am meisten schenkt. Es werden Wahlgeschenke gemacht, für die einen Zigaretten, die anderen bekommen ein Gratis-Essen, also je nachdem – fast jede Partei denkt sich da was aus. Wir machen keine Geschenke – nur die anderen Parteien.“

„Nimmt dann wenigstens die Mehrzahl der Roma an den Wahlen teil?“

„Mehr als 60 Prozent.“

„Stimmt es, dass es viele Roma gibt, die kein Wasser in den Häusern haben und es mit Pferdefuhrwerken in Fässern von irgendwoher holen müssen?“

„Ja, das ist sehr schwer. Wer kein Wasser hat, kann kein Essen kochen, kann sich nicht waschen, kann die Kinder nicht baden, kann die Kleider nicht waschen. Es gab Roma-Viertel, wo es nicht einmal einen Brunnen gab. Wir haben diese Probleme bei uns gelöst. Wir haben Brunnen gebaut, Stromleitungen gelegt, immer mit der Unterstützung des Kreisrats. Es ist ja bekannt, dass vor allem die Bürgermeisterkandidaten auf dem Lande den Roma vor der Wahl viel versprechen. Die Roma wählen sie dann. Und nach der Wahl ist alles vergessen! Alle vier Jahre das gleiche Spielchen. Aber auch wenn sie Unterstützung von den Bürgermeisterämtern bekommen, können sie damit keine großen Sprünge machen und nicht einmal die Kinder zur Schule schicken. Das Wichtigste ist ein Arbeitsplatz. Nur wenn sie einen stabilen Arbeitsplatz haben, können sie aus dieser Situation herauskommen, anders geht's nicht."
„Wie viele Roma sind arbeitslos in der Region Hermannstadt?"
„Das ist schwer zu sagen. Es gibt keine Statistiken nach Ethnien."
„Wie ist es dann mit den weiterführenden Schulen und Universitäten? Sind die kostenlos, oder muss man bezahlen?"
„Jede Fakultät verlangt Studiengebühren. Bildung ist teuer, wenn man keinen gebührenfreien Platz bekommt. An der Uni in Hermannstadt gibt es siebzehn gebührenfreie Plätze für Roma. Die Bewerber bekommen von uns für diese Plätze eine Bescheinigung, dass sie Roma sind. Inzwischen gibt es aber auch Leute, die sich als Roma erklären, nur damit sie einen freien Platz bekommen."
„Und wie ist das mit den Kindern im Grundschulalter?"
„Im Kreis Hermannstadt bekommen 90 Prozent der Roma-Kinder eine Grundschulbildung. Es hat sich schon viel getan."
„Gibt es in Hermannstadt ein Armenviertel?"
„Ja, auch die Kinder von dort gehen zur Schule. Das ist schon ein Fortschritt. In der Schule kriegen sie ein Kipferl, einen Joghurt, Milch. Das ist ein zusätzlicher Anreiz, in die Schule zu gehen."
An einem Schreibtisch auf der anderen Seite des Büros sitzt eine Mitarbeiterin, die aus Bukarest zu Gast ist. Bis jetzt hat sie nur zugehört. Auf einmal meldet sie sich zu Wort.
„Die *Partida Romilor* ist die erste Organisation der Roma, die eine Frauenabteilung hat. Als Mediatorin gestalte ich Projekte für Schulkinder, um sie bei der Stange zu halten. Für ältere Roma-Jugendliche, die die Schule abgebrochen haben, haben wir ein Projekt, das heißt ‚Zweite Chance'. Das ist für al-

le gedacht, nicht nur für die Roma. Aber es sind hauptsächlich Roma, die das in Anspruch nehmen. Bei den Alphabetisierungskursen für Erwachsene war für Frauen vor allem der Erwerb des Führerscheins ein Anreiz. Wir erklärten ihnen: ‚Den bekommt ihr nur, wenn ihr lesen könnt!' In den traditionellen Roma-Siedlungen gibt es oft Frauen, die nicht Lesen und Schreiben lernen dürfen. Die Mädchen lernen zwar viel besser als die Buben, aber bei den traditionell lebenden Roma, welche die Kinder immer noch relativ früh verheiraten, ist es ein Problem. Da hat die Frau nicht viel zu sagen. Eine weitere Idee – in Rumänien gilt die Null-Promille-Grenze beim Autofahren. Man sagte den Roma-Männern: ‚Du trinkst doch gerne ein Bier. Also wenn du ein Bier trinken willst, dann kann dich die Frau fahren. Aber dazu musst du ihr erlauben, Schreiben und Lesen zu lernen.' Die Motivation spielt eine Rolle, aber das gilt ja für alle. Jene, die Unterstützung durch ein Stipendium bekommen, gehen aufs Lyzeum und studieren. Gute Beispiele und Vorbilder in der Gemeinschaft führen dazu, dass auch die anderen etwas erreichen wollen."

„Und wie war das bei Ihnen persönlich? Sie haben sich integriert?"
„Ich bin aus der Roma-Gemeinschaft raus und bin nach Bukarest. Natürlich hab ich die Verbindung zur Familie gehalten, aber man kann keinen zwingen, der Abitur gemacht oder die Hochschule besucht hat, wieder zurückzugehen. Es ist besser, wenn Roma in einem Spital arbeiten oder als Lehrer. Sie vergessen ja nicht, woher sie gekommen sind, und können auf diese Weise die Gemeinschaft unterstützen, aus der sie stammen. Das mache ich auch so."
„Eine Frage noch zum Selbstbewusstsein der Roma. In der kommunistischen Zeit war es nicht erwünscht, dass man als Roma hervortritt, mit eigener Kultur und eigenem Gepräge. So ist es für viele heutzutage immer noch schwierig, ihr Selbstverständnis mit ihrer Kultur, mit ihrer Musik, mit ihren Geschichten zu leben. Was kann man dafür tun, dass sie mehr Selbstbewusstsein bekommen, etwa im Sinn: Es ist schön, Roma zu sein. Es tut gut, anders zu sein als die anderen?"

„Bei Ceaușescu hatten sie Arbeit, was immer sie dann auch gemacht haben. Wer nicht arbeiten wollte, bekam drei Monate Gefängnis. Es ist niemand vor Hunger gestorben damals. Heute ist die Staatsbürgerschaft bei uns eine Art Überbau. Wir haben eine Fraktion der kleinen Minderheiten im Parlament, ein Zentrum für interethnische Beziehungen, das direkt der Regierung angeschlossen ist. Jeder Einzelne ist Rom, Armenier, Ungar, Deutscher, Ukrainer usw."

Während unseres Gesprächs ist mein Blick ab und zu an einem der Plakate an den Bürowänden hängen geblieben. Ich kann leider nicht verstehen, was draufsteht.

„Es sind Plakate, die Mut machen und Selbstbewusstsein vermitteln sollen", sagt Petru Duca. Er steht auf und geht von einem Plakat zum nächsten und liest vor:

„Lerne die Roma neben dir kennen!"

„Ich glaube, dass wir gemeinsam viel erreichen können."

„Ich glaube, dass ich Ärztin werden kann, wenn ich lerne."

„Ich glaube, dass mir Musik hilft, frei zu sein."

„Ich glaube, dass unsere Stimme zählt. Was glaubst du?"

Als ich schon am Gehen bin, wendet sich Petru Duca an Beatrice Ungar, damit sie mir noch was übersetzt. „Ich möchte Ihnen Folgendes sagen: Wenn wir Roma was zu essen haben, dann teilen wir es mit den anderen. Wir mögen das Alleinsein nicht. Die Roma lassen ihre Kinder nicht zurück. Wenn sie arbeiten gehen, und erst recht nicht, wenn sie das Land verlassen. Jeder weiß, dass die Trennung der Kinder von den Eltern zu vielen Tragödien führt. Die Familie hat bei uns einen hohen Wert!"

„Die Erinnerung ist das Paradies, aus dem man dich nicht vertreiben kann"

Roșia, ungarisch Veresmart, deutsch Rothberg, zwanzig Kilometer südöstlich von Hermannstadt – auf den ersten Blick ein unübersichtlicher Ort am Fuß eines langgestreckten Hügels. Im Hintergrund steigen die Berge der Karpaten auf. Das Dorf wurde im 13. Jahrhundert von den Siebenbürger Sachsen angelegt. Nach dem Wegzug der Deutschen leben in deren Bauernhöfen jetzt Rumänen.

Wo ist die Kirche? Ich steige aus und gehe auf einem staubigen Weg den Hügel hinunter, wo entlang eines Baches viele klägliche Hütten stehen. Ich kann mir vorstellen, dass der gestampfte lehmige Pfad zu einer schlammigen Rutschbahn wird, wenn es regnet.
Ein ärmlich gekleideter Mann kommt mir entgegen.
„Wo ist bitte die Kirche?", frag ich ihn verzweifelt in allen Sprachen, die mir grad einfallen, „*l'église – chiesa – church – kirka*!"
Mein Gegenüber starrt mich mit großen Augen an.
Ich unternehme einen zweiten Anlauf, fächere meine Wörter in Silben auf, zeige ihm meine leeren Handteller, drehe sie nach außen, hebe die Schultern.
„E-gi-nald Schlatt-ner"[47]. Da scheint er mein Gesten-Kauderwelsch zu kapieren.
„*Da, da* – ja, ja, Eginald!", er deutet den Hang hinauf und knickt die Hand nach links ab! Dann schaut er mich prüfend an, soll heißen, ob ich ihn denn verstanden habe.
Hab ich! „*Da, da! Merci!*" Ich folge der Richtung, die er mir angezeigt hat. Bald erreiche ich eine lange, kerzengerade, asphaltierte Straße, zu beiden Seiten reiht sich Gehöft an Gehöft. Und auf einmal ist auch die Übersicht da. Ein Straßendorf. Kein Staub mehr, kein Dreck. Wenig los hier. Ein Auto, zwei Pferdefuhrwerke. Da taucht über einigen Baumwipfeln die Kirchturmspitze auf. Die Wehrkirche von Rothberg gehört zu den ältesten Wehrkirchen in Siebenbürgen, sie ist älter als 700 Jahre, sogar älter als das Dorf. Der Kirchturm ragt über die Laubbäume hinaus wie ein Zeigefinger: Da, schau her, hier bin ich!
Eginald Schlattner ist evangelischer Pfarrer. Aber er ist auch ein bekannter Schriftsteller und bekommt viel Besuch. Wir haben uns für heute telefonisch zusammenbestellt. Ich will mit ihm ein Gespräch fürs Radio aufnehmen. „Kommen Sie nur nicht zu früh", bat er, „die Deutschen kommen immer zu früh, die wissen nicht, was eine Siesta ist!"
Jetzt ist es vier, das müsste passen. Ich öffne die Tür zum Pfarrgarten und weiß zuerst nicht wohin. Kirche und Pfarrhaus versinken in einem Meer aus Grün. Da höre ich Stimmen. Es ist schon Besuch da, vielleicht Deutsche, die nicht wissen, was eine Siesta ist. Sie „haben hereingeschaut", sagen sie, ein Ehepaar und zwei Freunde, die durch Rumänien reisen und seine Bücher gelesen haben,

[47] Eginald Schlattner, Pfarrer und Schriftsteller, * 1933 in Arad, Kindheit in Fogarasch, rum. Făgăraş, im Olt-Tal am Nordrand der Karpaten, ca. 100 km östlich von Rothberg

„sind hereingeschneit", wie es Eginald Schlattner ausdrückt. Über achtzig ist er schon. Trotzdem stehe sein Haus allen offen, betont er. „Manchmal kommen sie scharenweise in Reisebussen an!"
Seine Haushälterin bringt mir einen Gartenstuhl. Gleich drauf habe ich eine Tasse in der Hand. Es gibt Tee und Kekse. Der Schlattner-Hund, eine kleine schwarze Promenadenmischung, nähert sich und will sich einschmeicheln. Eine Henne flieht vor dem Hahn unter den Gartentisch. Weiter hinten im Garten schnattern ein paar Gänse …
„Und – haben Sie uns gleich gefunden?", erkundigt sich der Schriftsteller, lehnt sich behaglich zurück, streicht sich durchs schlohweiße Haar.
„Ich war zuerst unten am Bach. Dort hat mir einer den Weg gezeigt. Da hab ich gestaunt: Zur Kirche führt ja sogar eine Teerstraße."
„Das ist eine Geschichte für sich", meint er mit einem süffisanten Lächeln. „Als Otto Schily hier war, der damalige deutsche Innenminister, wollte er eine Kirche sehen, die älter ist als Berlin. Er kam natürlich nicht als Rucksacktourist, sondern mit riesigem Aufgebot. Und stellen Sie sich vor: Über Nacht hat die Gemeinde noch die Straße geteert bis hierher zu meiner Kirche! Wir rollten also über den frisch gegossenen Asphalt. Mir vis-à-vis, so wie Sie jetzt, saß der Otto Schily, daneben eine wunderschöne, blonde, schlanke, gut riechende Staatssekretärin, Aufgabengebiet Mitteleuropa, neben mir der rumänische Innenminister und auf dem Bock, in rumänischer Tracht, ein verkleideter Obrist vom Sicherheitsdienst mit dick ausgebeulter Jackentasche – da war natürlich seine Pistole drin. Und zwei Ambulanzen warteten auch schon mit Blutkonserven. Es passierte aber nix. Es passierte nur so viel, dass die Zigeuner – es gibt in unserem Dorf 1.200 Zigeuner, die meisten nennen sich auch so – also, dass diese Zigeuner Spalier standen und in Chören etwas auf Rumänisch riefen. ‚Ja was rufen diese anständigen Menschen?', wollte der Minister von mir wissen. Darauf sagte ich etwas, das nicht stimmte, denn sie riefen Folgendes: ‚Herr Otto, bring uns den Asphalt hinunter bis an den Bach!', dorthin, wo nämlich unter der Hausnummer 132 mehr als vierzig Lehmhütten regelmäßig im Schlamm versinken! Nun gut – ich übersetzte so: ‚Herr Bundesminister, die Leute lassen Sie hochleben und wünschen ein seliges Ende. Kommen Sie bald wieder!'"
Eginald Schlattner ist ein begnadeter Erzähler. Wenn ich bloß wüsste, wie ich es schaffen könnte, dass er mir was ins Mikrofon erzählt. Er kann ja wegen mir die anderen Gäste nicht einfach rausschmeißen. Wir reden über dies und jenes,

streicheln den Hund, wenn er kommt, um sich Zuwendung zu holen, horchen neugierig auf, wenn die Gänse auf einmal lauter schnattern als vorher.
Auf einmal fragt der Hausherr in die Runde: „Wann hat das eigentlich angefangen?“
„Was – angefangen?“
„Wann hat jemand begonnen, Geschichten zu erzählen, Geschichten über das, was richtig und falsch ist. Und zwar so zu erzählen, dass jemand zuhört?“
Wir schweigen eine Weile. Dann sag ich: „Mir fallen da nur die Gleichnisse ein, die Jesus seinen Begleitern erzählt hat.“
Das hab ich jetzt nicht bloß gesagt, weil er ein Pfarrer ist. Nein, ich mag diese einfachen gleichnishaften Geschichten, weil sie nicht in abstrakte Gefilde abdriften, sondern sich konkret dem stellen, was wehtut. Und Eginald Schlattner geht sofort über diese Brücke und nimmt uns mit. Keiner seiner Gäste komme daran vorbei, zu einer Andacht in seiner Kirche eingeladen zu werden. Natürlich stehe es jedem frei…
In der Kirche macht er uns auf Details an einer Heiligenfigur aufmerksam.
„Sehen Sie, wie apart Anfang des 13. Jahrhunderts die Schuhe der Frauen waren, diese Sandalen mit dem schmalen Lederriemen, der die großen Zehen von ihren Nachbarzehen trennt!“
Wie recht er hat. Die Sinnlichkeit des Mittelalters wird sichtbar, wenn man bereit ist, sie zu sehen. In einer kurzen Predigt stellt er aktuelle Fragen und findet gleichnishafte Parallelen zu Aussagen der Bibel.
„Wie ist das mit Syrien? Wie ist das mit den Flüchtlingen? Wie ist das mit uns?“
Ja, wie ist das mit uns? Erreicht er uns? Werden wir den Pfarrhof als andere verlassen als die, die ihn betreten haben?
Als wir aus der Kirche gehen, deutet er an, dass wir jetzt das Interview machen könnten. „Natürlich dürfen die anderen auch alle mitkommen!“ Das Ehepaar muss weiter. Die beiden anderen Verehrer seiner Literatur bleiben gern noch.
In seinem Wohnzimmer bietet mir Eginald Schlattner den Sessel gegenüber dem seinen an. Ich hole das Mikrofon heraus und schalte ein.
„Ihre Familie ist zum großen Teil weggegangen…“
„Alle!“
„Alle?“
„Ja. Alle!“
„Und die Möbel sind dageblieben…“

„Und ich, wie Sie sehen."
„Sie sind ja hier die Hauptperson im Haus."
Er lacht bitter und meint: „Ist nicht schwer, die Hauptperson zu sein, wo ich die einzige Person bin, die zu diesem Haus gehört, sowohl als Pfarrer als auch als Siebenbürger Sachse. Ich hab einen rumänischen Pass. Und weil ich mich immer verorten muss, hab ich die Formel gefunden: Ich bin rumänischer Staatsbürger, bin aber kein Rumäne, sondern ich bin offiziell ein Deutscher. Trotzdem, Rumänien ist mein Vaterland. Und wenn ich sage, ich bin offiziell ein Deutscher, dann meine ich nicht deutschstämmig. Das Wort dürfte es überhaupt nicht geben. Es gibt ja den deutschen Stamm nicht. Es gibt höchstens den bayerischen, den schwäbischen, oder es gibt die Preußen oder sonst etwas. Es ist so, dass im rumänischen Parlament zwanzig ethnische Minderheiten vertreten sind, mit je einer Stimme – außer den Ungarn, die haben mehr, weil sie die Fünf-Prozent-Klausel überspringen. Die haben auch entsprechend Minister und Senatoren. Aber bitte! Es sind Serben darunter, Türken, Tataren, Russen, Polen, Griechen, Armenier – alle haben einen Vertreter im Parlament. Wir könnten sogar eine Regierung stürzen, wenn wir uns zusammenraufen. Da glaub ich, ist Rumänien schon einmalig."
„Wie schaut so was konkret aus in einem Dorf weitab von der Hauptstadt?"
„Wenn in einem Dorf sieben Kinder Bulgarisch sprechen, dann kriegen sie eine bulgarische Lehrerin und Bulgarisch als Muttersprachenunterricht. Rumänisch wird dann nur als Fremdsprache gelehrt. Jeder muss ja auch die Staatssprache kennen, das ist klar. Aber ich verlange nicht von einem Kindergartenkind, das zu Hause Türkisch, Serbisch oder Deutsch spricht, dass es, wenn es in den rumänischen Kindergarten kommt, plötzlich die Staatssprache kennt. Wenn ich drei Bücher schreiben konnte in einer Sprache, die man im deutschen Sprachraum versteht, liest und sogar genießt, dann verdank ich das nicht nur meiner Mutter, die uns gedrillt hat, sondern meinem rumänischen Vaterland. Also bitte, das sollte man sich einmal, wenn man an Rumänien denkt, jenseits dieser vielen Klischees, vor Augen führen. Weder im Königreich Rumänien

noch unter Ceaușescu, der eine sehr stark nationalistische Politik geschrieben hat, hat man uns die Schulen in der Muttersprache beschnitten oder verboten. Das schöne Gebäude gegenüber dem Pfarrhof wäre heute noch eine Schule mit deutscher Muttersprache, wenn es deutsche Kinder gäbe. In Rothberg leben rund 1.200 Roma und 500 Rumänen, daneben gibt es noch fünf deutsche Greise zu begraben. Einer davon bin ich."

Zögernd werfe ich ein: „Das überrascht mich. Man hat mir doch unterwegs immer gesagt, die Nachfrage bei den Rumänen nach deutschen Schulen sei so groß, dass viele Schulen auch ohne deutsche Muttersprachler weiter existieren können."

„Das ist das nächste Kuriosum. Deutsche Schulen existieren noch. Die Rumänen tragen die deutsche Kultur weiter – das geht so weit, dass sie sogar in sächsischer Volkstracht unsere Tänze aufführen! Rumänische Lehrer unterrichten rumänische Kinder, als ob sie deutsche Muttersprachler wären."

Ich frage ihn, ob sich bei den Hiergebliebenen nicht Bitterkeit breitmache.

Eginald Schlattner muss nicht lange überlegen. „Hören Sie, meine Großmutter hat in Italien gelebt, die sagte so: ‚*Tempi passati, finita la comedia*, aber ohne *memoria blamabile*'. Das ist gelaufen. Und ehrlich gesagt, mir stehen die Zigeunerkinder hier näher, die bei mir Mathematik machen und die ich an die Oberschule nach Hermannstadt schicke, als die Weggegangenen, die sich in Deutschland kolossal bewährt haben: erstes Jahr ein Posten, zweites Jahr ein Auto, drittes Jahr ein Haus. Und ich kann Ihnen sagen, als ich hergekommen bin im 1978er Jahr, da hat man mir im Bischofsamt gesagt, du wirst es dort nicht länger als ein Jahr aushalten. Die Zigeuner stehlen dir die Haare vom Kopf, die Rumänen sind Chauvinisten, die schlagen dir die Fensterscheiben ein, und die Sachsen sind wie in vielen unserer Gemeinden in zwei Parteien aufgespalten, die kommen nur in die Kirche, um sich zu beschimpfen, und wollen den Pfarrer kaputt machen. Also gut, machen Sie die Rechnung! 37 Jahre bin ich hier! Bitte, die Haare sind da, die Fenster sind ganz, die Sachsen sind in Frieden weg, und geblieben bin ich mit diesen Menschen hier vor Ort. Aber schon in der ersten Woche, in der ich hier war, hab ich etwas als Leitsatz ausgesprochen, das für meine Familie schon schwierig war: Jeder, der am Pfarrhof anklopft – jeder – offene Türe, offenes Ohr, offenes Herz und offene Hand – manchmal – denn das haben sich natürlich die Zigeuner nicht zweimal sagen lassen. Aber ich bin sofort zu ihnen an den Bach hinuntergegangen und hab auf Augenhöhe mit ihnen geredet. Und wo hab ich die Sprache ihres Herzens gelernt? Als ich aus dem Gefängnis kam, war ich quasi Ingenieur. Trotzdem haben sie mich in die Ziegelfabrik gesteckt. Ich fragte: Wann komm ich morgen Früh zur Arbeit? Der Chef sagte: ‚Nicht morgen Früh, heute Abend, um sieben Uhr, zwölf Stunden Nachtdienst, Fließband.' Das war mein erster Tag. Dort war ich mit Zigeunerinnen und Zigeunern zusammen. Und die haben mich nicht ausgegrenzt: Dieser elende Sachse, der uns die Arbeit stiehlt! Man ist ja nach Stückzahl bezahlt worden. Nach zwei, drei Tagen hatte ich blutige Hände. Der Oberzigeuner hat gesagt: ‚Du, Sachse, versteck dich ein bisschen, dass der Vorarbeiter dich nicht sieht. Wir arbeiten für dich.' Man wusste, der Zigeuner ist anders als wir, und ‚Zigeunerpack schlägt sich, Zigeunerpack verträgt sich', man hatte so seine Vorurteile. Dann bin ich draufgekommen, dass die Spirale dieser Armseligkeit sich alle vierzehn, fünfzehn Jahre reproduziert. Die Mädchen bekommen ja schon so früh Kinder. Also, hundert Jahre, sechs Generationen – im Westen, wenn man Glück hat, zweieinhalb. Und da war meine Überlegung: Das muss anders werden. Diese Kinder, die im Grunde ganz schön helle sind, will ich nach Hermannstadt schicken auf die Oberschule."

Ich schaue ihn ungläubig an, meine, das könne ja wohl nicht so einfach funktionieren.

„Doch, schon sechzehn Jahre lang funktioniert das! Wobei die bodenlose Schweinerei eine andere ist. Für diesen Weg, den Sie heute von Hermannstadt gekommen sind, kostet eine Monatskarte für den Bus 200 Lei, umgerechnet 45 Euro. Aber stell dir vor, du verdienst höchstens 200 Euro! Dann ist das halbe Gehalt weg, wenn der Vater und die Tochter nach Hermannstadt pendeln. Und dort hab ich eingegriffen und dafür gesorgt, dass sie von der Schule eine kostenlose Fahrkarte bekommen! Am Ende ist von 25 Kindern nur ein einziges im Jahr abgefallen, und viele, die das Fach-Lyzeum machen, studieren."

„Das muss ein großes Erfolgserlebnis für Sie sein und selbstverständlich noch mehr für die Schüler. Hat das nicht die Motivation verstärkt, in diesem Sinne weiterzuarbeiten?"

„Selbstverständlich, und ich sage den Schülern mein Kompliment auf Französisch, so klingt es schöner: *La jeunesse dorée academique de Mont Rouge!* Die goldene akademische Jugend von Rothberg! Und den Spendern, den Rotariern, den Maltesern und dem Diakonischen Werk, allen, die sich einfach so angeboten haben, habe ich immer nur Dankesbriefe schreiben müssen. Dabei habe ich diesen Spendern stets gesagt: ‚Kommt her, sprecht mit den Kindern! Das ist mir sehr wichtig. Brot für die Welt ist mir zu teigig, zu allgemein, kommt her und seht euch das an! ‘ Und sie kamen und fotografierten sie vor dem Autobus. Ja, der Herrgott scheint seine Engel geschickt zu haben.“

Das hört sich ja fast märchenhaft an. Ich frage mich und damit auch Eginald Schlattner, ob es denn gar keine Enttäuschungen oder Rückschläge gegeben habe?

„Schon auch. Nach einer Woche zum Beispiel kamen diese hübschen Zigeunermädchen, vierzehn, fünfzehn Jahre alt, zu mir und sagten: Wir fahren nicht mehr nach Hermannstadt. Frag ich: ‚Warum? Hat man euch irgendwie brüskiert?‘ – ‚Nein, die sind alle sehr nett zu uns! Nur, das Mädchen vor mir kommt jeden Tag mit einer neuen Hose!‘ Sag ich: ‚Was willst du, willst du dreihundert Hosen haben im Jahr?‘ Sagt sie: ‚Nein, aber wenigstens drei Hosen will ich doch!‘ Also, dann musste ich schreiben an die Frau Meier in Zürich und an die Frau Roth in Paris und so weiter. Und dann kamen die Pakete. Und dann war große Modenschau. Sie kamen mit ihrer Lehrerin her. Bei der Oberbekleidung durfte ich dabei sein und hab die Marken kennengelernt: BOSS und HECHTER und CALVIN KLEIN, wie das alles so schön heißt.“

„Was für ein Stoff für die Literatur! War das kein Schreibanlass für Sie?“

„Das erste Buch hab ich aus Verzweiflung geschrieben. Zu Ostern 1990 waren sie noch alle hier: tanzen, singen und springen, die ganze Gemeindekirche barst! Meine Frau ist Musiklehrerin gewesen. Sie hat mit den Leuten im Dorf Hugo Distler eingeübt – fünfstimmig! Damals hab ich gepredigt über den Rattenfänger von Hameln: ‚Stellen wir uns vor, wie es in Hameln ausgesehen haben mag, am Tag danach, als alle Kinder weg waren‘, denn ich wusste, diese goldigen Kinder sind zu Weihnachten nicht mehr da. Und so war es auch. Aus dieser Verzweiflung heraus – vergessen Sie nicht, mit vierzig hab ich den Ingenieur an den Nagel gehängt, hab zu studieren begonnen, hab unter Ceaușescu mit allen Risiken die Fronten gewechselt, bin im Alter von 45 Jahren als Pfarrer hergekommen, habe meine Familie ins Abenteuer hineingenommen. Und dann steh ich dreizehn Jahre später vor leeren Bänken – aus dieser Verzweiflung heraus habe ich damals begonnen, den Roman *Der geköpfte Hahn* zu schreiben, wo auf Seite drei schon steht: *Die Erinnerung ist das Paradies, aus dem man dich nicht vertreiben kann.*“

„Das sind ja wirklich alles Erinnerungen, die weit zurückliegen“, stelle ich fest,

„merkwürdigerweise sind weder die Verhältnisse der Zigeuner in Rothberg, noch die Beauftragung als Gefängnispfarrer[48] oder das Ereignis der Massenauswanderung der Deutschen, Thema dieses ersten Romans."
„Nein, das war nur das auslösende Motiv, ich kann nicht über das Gegenwärtige schreiben, da ist die Gefahr zu groß, dass Ideologie draus wird, dass du deine Meinung sagst. Literatur hat keine Meinung zu transportieren, hat nur Dinge darzustellen. Man hat mir einmal gesagt: ‚Du lässt den Leser allein, weil du überhaupt nichts erklärst.' Sag ich: Nein, ich geh vom mündigen Leser aus, und Erklärungen, Interpretation, Exegese, das macht der Kritiker, das macht der Theologe, das macht der Literaturwissenschaftler."
Er steht auf und deutet auf ein Regal. „Bitte, hier sind die Doktorarbeiten über mein zweites Buch *Rote Handschuhe*. Das hat für viel Aufsehen und Aufregung gesorgt. Es ist im großen Literaturhaus in Berlin vorgestellt worden. Der Kempowski war dort, schon halb taub. Ich umarmte ihn und sagte: ‚Ihren Büchern verdanke ich auch mein Buch.' Sagt er: ‚Wieso, wieso, ich bin taub, ich geh dann früher weg, aber ich wollte Sie sehen.' Sag ich: ‚Ich hab so wie Sie den Mut gehabt, die Familiengeschichte in meine Romane hineinzunehmen.' Sagt er: ‚Sie werden Ihr blaues Wunder erleben!' Sag ich: ‚Blau! Ich hab schon das Regenbogenwunder erlebt.'"

„Alle Tränen trocknest du nicht, trockne eine!"

Eginald Schlattner, der gerade so in Fahrt gekommen war, verstummt auf einmal, als denke er an etwas ganz anderes. „Dieses Buch *Rote Handschuhe* ist von mir ausgedacht als Geste der Versöhnung an jene, die mit meiner Biografie und meinen Büchern nicht fertig werden. Ich hoffe, dass die Methode, die ich hier angewendet hab, nämlich in rigoroser und radikaler Aufrichtigkeit mit sich selbst ins Gericht zu gehen, Schule machen wird, dass nicht ununterbrochen nur zu Gericht gesessen wird über den andern, sondern dass jeder mit sich selbst ins Gericht geht. Und ich lade jeden zu mir ein auf den Pfarrhof, an den großen antiken runden Tisch mit den Löwenfüßen. Da können wir uns darüber aussprechen, was während dieser schrecklichen Untersuchungshaft nicht nur an uns, sondern auch durch uns geschehen ist. Also, ich verbürge mich zu

[48] Eginald Schlattner hat 1992 „die Beauftragung des Gefängnispfarrers der Evangelischen Kirche Augsburger Bekenntnisses in Rumänien" übernommen. Dieses Amt übt er bis heute aus.

99 Prozent für alles, was in der Zelle spielt und in der Untersuchungshaft. Sie müssen sich das vorstellen: Zwei Jahre in einem Sieben-Quadratmeter-Zimmer, ohne Hofgang, kein Sonnenstrahl. Als man mich entlassen hat, konnte ich nicht mehr geradeaus gehen. Jahrelang hab ich den Aufzug gemieden, bin siebzehn Stockwerke zu Fuß gerannt. Meine Mutter hat sich grün geärgert – da muss man – der Wille – und dies und das, und dann hat sie mich hineingezerrt und siehe da, der Lift ist stecken geblieben, und ich konnte nicht einmal mehr atmen. Da hat sie mit der Faust auf alle Knöpfe geschlagen, wie eine Rakete sind wir geschossen, bis hin, wo wir gar nicht hinwollten."

Eginald Schlattner war Ende 1957 von der Securitate verhaftet worden. Grund: Verdacht auf Konspiration gegen das kommunistische Regime. Als er in seinem Roman *Rote Handschuhe* die Zeit des Kronstädter Schriftstellerprozesses[49] Ende der 1950er Jahre thematisierte, kochte nach dem Erscheinen des Buches die Diskussion um die Behauptungen wieder hoch, er habe in der Untersuchungshaft Namen von fünf Schriftstellern und Regime-Gegnern verraten.

„Klar, darum war man doch dort. Also, so wie Sie jetzt hier sitzen, war das deutsche Fernsehen hier aus Berlin. Und dann kam mein Bruder Kurt Felix hier an. Er war sechs Jahre eingesperrt, wie ich, auch wegen Nichtanzeige von Hochverrat, und da haben sie ihn gefragt: ‚Ist Ihr Bruder Eginald ein Verräter?' Und was hat er geantwortet: ‚Verräter sind wir alle. Es hat keinen gegeben, der nicht irgendwann einmal begonnen hat auszupacken.' Ich hab mich viereinhalb Monate zur Wehr gesetzt. Sie hatten eine einfache Methode. Du hast etwas behauptet, im Nebenzimmer saß der andere, den sie dann unter Druck gesetzt haben, und sie haben dich dermaßen ausgespielt, dass du ihnen in keiner Art und Weise entgehen konntest. Ich hab mich gewehrt, so gut ich konnte. Und von den elf Zeugen war ich der einzige, den man nach 21 Monaten Zellenhaft, gebunden an Händen und mit einem Handtuch und noch mit einer Blechbrille um den Kopf, im Kastenwagen zur Aussage geschafft hat. Abgesehen davon haben sich die fünf Schriftsteller auch untereinander belastet."

Man hat Eginald Schlattner nach der Revolution auch vorgeworfen, ein Agent der Securitate gewesen zu sein. Bei der Sichtung der Akten stellte sich heraus,

[49] Im Kronstädter Schriftstellerprozess wurden 1959 die fünf rumäniendeutschen Schriftsteller Wolf von Aichelburg, Hans Bergel, Andreas Birkner, Georg Scherg und Harald Siegmund angeklagt und verurteilt. Es wurde ihnen die Bildung einer systemfeindliche Vereinigung und die Verbreitung regimefeindliche Literatur vorgeworfen. Hauptbelastungszeuge war Eginald Schlattner.

dass es von ihm keinen einzigen Bericht gibt. Und das, obwohl die Securitate-Leute ihn bedrängt hatten, sich kooperativ zu zeigen.

„Über ein Jahr ging das. Ich hab immer Nein gesagt. Zuletzt hab ich ihnen einen Brief geschrieben und gesagt: Und wenn die schwarze Sonne über mir aufgeht, so wie über Melechow[50], ich arbeite nicht für euch! Das war in der Phase, wo man dir das als patriotische Pflicht angebiedert hat. Du bist doch in bester Gesellschaft, Bischöfe sind darunter und so weiter und so fort. Nein, nein, nein, hab ich gesagt. Das hat gewirkt. Zuletzt haben sie mich in Ruhe gelassen."

„Hat die Securitate nicht versucht, sich an Ihre Familie heranzumachen?"

„Schauen Sie, als meine Tochter fünfzehn Jahre alt war, haben wir mit ihr nicht üben müssen, was sie zu tun hat, wenn ihr ein Bursch zu Leibe rückt, sondern ich hab mit ihr die Variante durchgespielt, wenn die Securitate sich an sie heranmacht. Ich habe gesagt: ‚Pass auf, mitten aus der Stunde wird man dich rufen. Deine Klassenlehrerin wird sagen: Geh zum Direktor. Dort werden zwei Herren auf dich warten. Sieh ihnen auf die Schuhe. Wenn sie diese teuren Romarta-Schuhe haben – ein Schuh kostet so viel, wie ich in einem Monat verdiene – dann sind sie von der Securitate. Zuerst werden sie freundlich sein und nur ein paar Sachen fragen, wie viele in deiner Klasse Verwandte in Deutschland haben und was sie so lesen und was sie so reden. Und du sagst die ganze Zeit über Nein. Und dann werden sie dich beschimpfen und werden sagen, sie nehmen dich mit, sie stecken dich in den Keller. Dann sagst du: Nehmt mich mit und steckt mich in den Keller. Und dann werden sie wieder sagen: Aber schau doch, wir treffen uns einfach ab und zu. Hier hast du die Telefonnummer, und niemand darf von diesem Gespräch erfahren. Und wenn du genug hast, dann wirst du sagen: Bitteschön, ich werde es meinem Vater sagen, und mein Vater wird es dem Herrn Bischof sagen. Du wirst sehen, die verschwinden wie die Wurst vom Brot, wie der Dreck im Gras.'"

„Wo haben Sie das eigentlich gelernt, so hartnäckig zu sein, wenn es um moralische Grundsätze geht? Haben Sie das in der Kindheit mitbekommen?"

„Das ist nicht so einfach zu beantworten. Ich hatte eine stark kommunistisch geprägte Phase. An dem 28. Dezember '57, als man mich verhaftet hat, wollte ich mich in die Partei einschreiben, hatte alle Dokumente bei mir. Und die haben mich dann damit erpresst. Die haben gesagt: ‚Wenn du wirklich saubere

---

[50] Vgl. das Bild von der schwarzen Sonne und dem Helden Melechow im Roman „Der Stille Don" von Michail Scholochow

Gründe hattest und nicht sabotieren wolltest, dann musst du jetzt mit uns arbeiten, da kannst du dich nicht zur Wehr setzen.' Trotzdem: 140 Tage lang habe ich mich gewehrt – aber wie dem auch sei, wir sind in einer bürgerlich-idealistischen Weise aufgezogen worden. Christus kam bei uns selten vor. Getauft sind wir alle, und Ideale muss man haben, hieß es, und *edel sei der Mensch, hilfreich und gut*. Ich weiß noch, meine Mutter hat ein Kind, ein Zigeunerkind, mit der Zutzelflasche aufgezogen, das noch an der Brust seiner Mutter gesogen hat, als die schon tot war. Und bis wir achtzehn Jahre waren, sagte uns die Großmutter immer den Spruch: ‚Alle Tränen trocknest du nicht, trockne eine'. Das war mir mit achtzehn zu wenig. Ich wollte alle Tränen trocknen, es sollte kein Kind mehr weinen und niemand hungrig sein. Damals hab ich mich dem Kommunismus genähert. Fünf Jahre später wollte ich mich einschreiben. Die Dinge sind dann anders gelaufen, sie haben mich eingesperrt. Es kam die Ziegelfabrik, und ich hab dann schon im Sommer nach meiner Entlassung eines begriffen: Die letzten Konsequenzen kannst du daraus nicht ziehen. Mein Beitrag zum Sozialismus dieses Landes ist: Wo man mich hinstellt, werde ich meine Pflicht und Schuldigkeit tun und das Beste geben. Ich bin kein Dissident gewesen, aber ich hab immer betont: Gott lässt sich nicht aus der Welt drängen. Und damit bin ich eigentlich auch am Ende. *Das Letzte soll etwas Gutes sein*, sagte Pfarrer Stamm im *Geköpften Hahn*." Eginald Schlattner richtet sich in seinem Sessel auf und wartet einen Augenblick, so schafft er seinem Lebensmotto gebührenden Raum. „*Verlasse den Ort des Leidens nicht, sondern handle so, dass die Leiden den Ort verlassen.*"

Irrfahrten als Reisestrategie und das glückliche Ende einer Nachtfahrt

Als ich Eginald Schlattner in Rothberg verlasse, ist es stockdunkle Nacht. Nirgendwo Hinweisschilder nach Hermannstadt, keine Straßenmarkierungen, nichts. Gedankenverloren, Eginald Schlattners Stimme im Ohr, biege ich ab. Was mich an seinen Aussagen fasziniert, ist sein Glaube an die christliche Utopie des Neuen Testaments, die ja auch im Kommunismus – zumindest in der Theorie – enthalten wäre. Sein Beharren auf Wahrheiten, ohne die es kein friedliches Zusammenleben von Menschen geben kann, auf Wahrheiten, denen oft genug das Scheitern wie ein Buckel aufsitzt… Ich biege ab, glaube intuitiv die Richtung zu wissen. Ich fahre und fahre. Das Navi zeigt hier eh nix an. Ich

vertraue auf meinen Orientierungssinn. Ich fahre Slalom um die Schlaglöcher, wie man halt so fährt auf kleinen Straßen in Rumänien. Auf einmal steht ein Pferd auf der Fahrbahn, ich bremse ab, da glotzt eine Kuh zum Seitenfenster herein. Ich fahre im Schritttempo durch ein Dorf, keine Straßenbeleuchtung, aber immer mehr Menschen geistern vor dem Kühler herum: Fröhliche Kinder, junge Frauen und Burschen schubsen sich, foppen sich am Straßenrand. Das ist wie in Träumen, in denen nichts so richtig zusammenpasst. Vor dem hell ausgeleuchteten Eingang eines Lebensmittelladens bleib ich stehen. Weil ich halt das rumänische Wort für Wasser kenne, kaufe ich wieder einmal eine Flasche Apă und frage nach dem Weg Richtung Sibiu. Ein Polizist kommt herein, hat gerade Dienstschluss, er spricht Englisch, bietet mir Hilfe an.
„Nicht nötig, ich schaff das schon, wenn Sie mir nur die Richtung zeigen."
Er gibt einfach nicht nach, fährt vor mir her bis Hermannstadt. Dreißig Kilometer, obwohl er gar nicht dorthin muss. So etwas ist mir in Rumänien wiederholt passiert. Wenn ich ratlos mit dem Stadtplan an einer Straßenkreuzung stehe, gehen sie einfach an mir vorbei. Doch gebe ich das geringste Zeichen, dass ich Hilfe brauche, lassen sie nicht locker, bis mein Problem gelöst ist. Es kann sein, dass jemand nicht Englisch kann, dann macht er sich mit mir auf die Suche nach jemandem, der Englisch spricht. Diese entwaffnende, weltoffene, fast naive Freundlichkeit nimmt mich sehr für die Menschen hier ein.
In Hermannstadt bleibt der Polizist an einer Tankstelle stehen und will wissen, ob er mich noch bis zum Hotel begleiten soll. Nein, das nicht, aber er könne mir helfen und nach neuem Öl für meine Servolenkung fragen. Ja, und ein paar Ersatzsicherungen bräuchte ich, weil ich meine Kühlbox wieder in Gang bringen will. Dank seiner Dolmetscherdienste werde ich morgen gut ausgerüstet meine Weiterfahrt antreten können.

Zwischen Kirchenburgen und Hightech

Das Nebeneinander von fast mittelalterlicher Lebensweise und Hightech-Zeitalter macht das Land flügellahm, scheint mir. Dabei wäre es wichtig, dass man die Roma und die verarmte ländliche Bevölkerung nicht in Lethargie fallen, sondern teilhaben lässt an den verbesserten Lebensbedingungen. Man müsste Investitionen tätigen und Arbeitsplätze schaffen hierzulande. Ein Beispiel gibt Matthias Krauss. Er stammt wie der österreichische Honorarkonsul Andreas

Huber aus Großau. Vor ein paar Jahren hat er die Firma Aquador gegründet. Als ich mit ihm telefoniere, ist er gerade in München. Er schlägt mir vor, mit seinem Geschäftsführer Heinrich Rosinger zu sprechen. Erst nach dem Telefonat fällt mir auf, dass ich gar nicht gefragt habe, was die überhaupt produzieren.
„Also wir produzieren Mineralwasser. Aquador heißt wörtlich übersetzt etwa: Wasser mit Sehnsucht verbunden", klärt mich Heinrich Rosinger auf. „Da steckt sinngemäß drin: Sehnsucht nach gutem Wasser, oder: Wasser, nach dem man sich sehnt. Den Namen hat sich der Herr Krauss ausgedacht. Die Bohrungen für die Brunnen fanden 1994 statt. Als die Analysen die Qualität bestätigt haben, gab es grünes Licht, man konnte also damit beginnen zu investieren."
„Welche Bedeutung hat denn dabei das Dorf Großau?", frage ich nach.
„Dort ist der Herr Krauss geboren, seine Kinder, seine Verwandtschaft, alle seine Vorfahren. Er wollte etwas ganz Besonderes machen, nicht nur für die Firma, das ist ganz wichtig, sondern auch für die Kirchengemeinde und die Kirchenburg von Großau. Auf dem Logo von Aquador ist oben das Großauer Kirchenburgwappen zu sehen."

„Ich habe den Eindruck, der Herr Krauss fühlt sich seinem Heimatort sehr verbunden."
„Also, wir kennen uns näher seit 1994", erzählt Heinrich Rosinger. „Damals bekam ich die Möglichkeit, als Laienprediger und Lektor mehrere Gottesdienste im Jahr durchzuführen. Der Pfarrer ist für über fünfzehn Einrichtungen verantwortlich, da ist immer Verstärkung gefragt. Bei Aquador bin ich 2003 eingestiegen. Das Ziel war zunächst eine Brauerei. Der Biermarkt bot zu wenige Möglichkeiten, darum haben wir uns entschlossen, Säfte herzustellen. Das hat gut funktioniert. Wir haben einen schönen Umsatz gemacht. Die Mitarbeiter wurden immer mehr, erst 15, dann 20, dann 25 Mann. 2004 gab es Probleme. Schuld war der Schwarzmarkt. Es wurde viel illegal importiert, illegal erzeugt und illegal verkauft. Und wir haben alles legal gebucht, legal importiert, legal mit Steuern und allem Drum und Dran. So konnten wir mit den Billigpreisen der Konkurrenz nicht mithalten, mussten von Glas- auf PET-Flaschen umstellen, mussten auch die Menge vergrößern. Die Konkurrenz hatte irgendwie komische unnatürliche Produkte,

trotzdem haben sie sich durchgesetzt. Wir mussten umdenken. Es ist leider so: Man kann viele krumme Wege geradebiegen in Rumänien. Auch auf politischer Ebene: Wenn man sieht, was bei der Korruption und den ganzen Steuerangelegenheiten falsch läuft, das kann man gar nicht glauben! Es geht ja nicht um Kontrolle. Es geht um Ehrlichkeit. Es geht um das Bewusstsein für Werte."
„Wenn's um Geld geht, steht die Ehrlichkeit oft im Weg. Ein Betrieb muss ja mit Gewinn arbeiten. Wie sind Sie in der Firma damit umgegangen?"
„Das war so – 2005 haben wir begonnen, ganz auf Wasser umzusteigen. Natürlich mussten wir den Wasseradern mit ein bisschen Luftdruck auf die Sprünge helfen. Das hat unserem Brunnen sehr gut getan."
Schon wieder Mittag. So ist es halt – neugierig wie ich bin, lasse ich mich gern aufhalten.

Mein nächstes Ziel ist Klausenburg. Schon nach zehn Kilometern unterbreche ich die Reise, denn nachdem ich den Flughafen von Hermannstadt passiert habe, liegt vor dem Hintergrund der Karpatenberge im Tal des Zibin-Flüsschens das Dorf Großau. Ich will mir die Kirchenburg anschauen, die dem Gründer der Firma Aquador so am Herzen liegt. Rechts und links der Straße eingeschoßige Häuser mit bunten Fassaden, Giebel neben Giebel säumen sie die Straße.
Die Kirchenburg macht sich gleich neben der Zibin-Brücke breit. Aber es ist gar nicht so einfach, den Eingang zu finden. Ich umkreise das von einer hohen Mauer und einem Wehrturm bewachte Kirchengelände. Es gibt mehrere Türen. Keine Ahnung, wohin sie führen. Sie sind alle verschlossen.
Ich solle nach Frau Maria fragen, hat Herr Rosinger gesagt. Weit und breit niemand zu sehen. Gott sei Dank steht ihre Telefonnummer an einer der Türen.
„Frau Maria, bitte stehen Sie mir bei, ich finde nicht hinein in Ihre Burg!"
„Der Eingang ist gleich neben der Post!", sagt sie.
Tja, wo ist hier die Post? Bald entdecke ich einen kleinen Laden mit einem Briefkasten neben der Tür, drüber das Schild *poștă*. Verschlossen. Neben dem Laden eine weitere Tür. Die ist nur angelehnt. Ich trete ein und treffe auf einen Mann, spreche ihn an. Er zuckt die Achseln.
Da kommt auch schon die Frau Maria. „Das ist mein Mann, er spricht nur Rumänisch!", sagt sie. „Ich erwarte noch ein paar Leute, die bei der Führung dabei sein wollen. Wir müssen uns noch gedulden."
Und schon ist sie wieder weg. Ich mache einstweilen einen kleinen Rundgang.

Die Kirchenburg besteht aus zwei Höfen. Im ersten, um einen Nussbaum gruppiert, mehrere Gebäude: ein Pfarrhaus, das als Gästehaus dient, ein Bienenhäuschen, ein langgestreckter offener Schuppen für allerlei Gartengerätschaften, eine Art Scheune, die als Veranstaltungsraum genutzt wird, und das Wohnhaus von Frau Marias Familie. Durch ein großes Rundbogentor gelangt man dann in den eigentlichen Kirchhof. Zwetschgenbäume, Apfelbäume, die Wiese übersät von Fallobst. Wunderbar süße Zwetschgen! Vor dem Eingang zur Kirche ein Kriegerdenkmal. Dort wird an die Großauer Bürger erinnert, die in den beiden Weltkriegen gefallen sind, sowie an jene, die nach 1945 in die Sowjetunion deportiert wurden und nicht mehr heimgekommen sind.

An der Umrandungsmauer ein Beobachtungsturm, der zur Straße hinaus zeigt, und ein Wehrturm, an den ein schmales Haus angebaut ist. *Heimatmuseum* steht auf einem Schild, und dass das einmal die Burgwächterwohnung gewesen ist.

Das Schild verweist zu einer Stiege, die zum ersten Stock führt. Droben liebevoll beschriftet: Ausstellungsgegenstände, Schaufensterpuppen mit alten Trachten, Einrichtungsgegenstände aus früherer Zeit, Häkelarbeiten – da höre ich nach mir rufen.

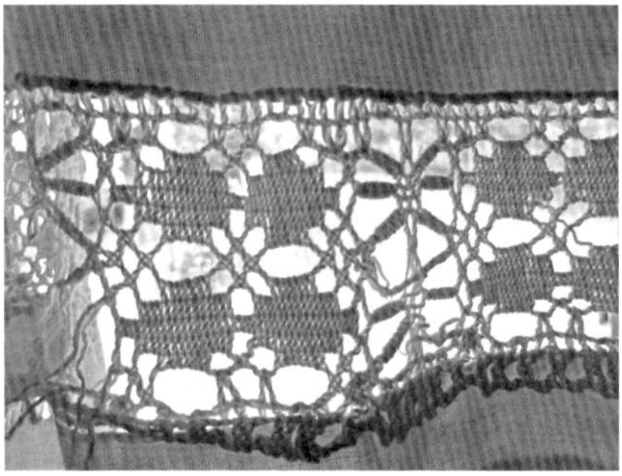 

besuche an freien tagen
(heimatmuseum in siebenbürgen)

sie kommen im urlaub
um nachzusehen wer sie waren

schaufensterpuppen in alten trachten
häkelborten an den vorhängen
gestickte verse auf handtüchern
die ränder der heimat

fünf sind geladen
zehn sind gekommen
gieß wasser zur suppe
heiß alle willkommen

Drunten vor der Kirchentür steht Frau Maria mit einer Reisegruppe. Sie wechselt bei ihren Erklärungen zwischen Rumänisch und Deutsch.
„Zu Pestzeiten ist der Pfarrer nicht in die Kirche herübergekommen, sondern hat nur von der Pestkanzel, einem kleinen Türmchen da drüben im Pfarrhof, gepredigt. Einer musste ja überleben, um später die Toten christlich zu beerdigen."
Bevor wir die Kirche betreten, weist sie noch darauf hin, dass es im Gästehaus dreißig Übernachtungsplätze gibt. Und wer gern im Heu schläft – drüben im Bienenhaus haben auch noch zwölf Leute Platz!

„Die Gemeinde wurde 1132 gegründet. Ein ungarischer König hat damals die Sachsen ins Land eingeladen und ihnen einen Freiheitsbrief versprochen: Grundstücke, Baumaterial und Steuerfreiheit. Es gibt neben dem Beobachtungsturm und dem Wehrturm noch den Speckturm als Nahrungsreservoir und einen Schulturm, wo die Kinder gelernt haben, wenn Türken oder Tataren im Ort waren. Der Glockenturm ist mit 75 Metern sogar um drei Meter höher als der von Hermannstadt. Auf dem Glockenturm sind noch vier kleine Türme. Die bedeuten, dass der Kirche die Rechtsprechung zustand, sie konnte sogar Todesurteile aussprechen …"
Die Führung endet im sogenannten Speckturm. Dort gibt es Gelegenheit für die Teilnehmer, sich mit Salami und Speck einzudecken. Der Erlös dient dem Erhalt der Kirchenburg. Als sich die Gruppe auflöst, bleibe ich noch ein bisschen. Nach so viel Vergangenheit interessiert mich jetzt die Gegenwart.
„Wie viele Siebenbürger Sachsen leben denn heute noch in Großau?"
„Bis 1990 lebten noch 3.000 Sachsen und Landler hier. Heute sind es noch 27, die meisten von ihnen sind über achtzig", sagt die Frau Maria.
„Landler? Was sind Landler?"
Und schon sind wir wieder in der Vergangenheit.
„Mitte des 18. Jahrhunderts wollte Maria Theresia die Habsburger Monarchie ‚katholisch machen' und duldete im Mutterland keine Protestanten mehr. Diese Leute wurden damals allesamt aus Österreich in die Region um Hermannstadt deportiert. Sie haben ihren österreichischen Dialekt behalten und wurden hier die Landler genannt. Das war halt hier seinerzeit das einzige Gebiet des Habsburger Reiches, in dem Protestanten toleriert wurden, denn die Siebenbürger Sachsen waren bereits seit Anfang des 16. Jahrhunderts evangelisch. Noch dazu war zuvor das Gebiet durch die Pest und die Türkenkriege stark entvölkert worden."
„Und wie haben sich die Sachsen und die Landler vertragen?"
„Im Grunde ganz gut, wenn allerdings ein Landler eine Sächsin geheiratet hat, dann musste die Sächsin die Tracht vom Landler annehmen und in der Kirche in die letzte Bank der Landler. Und wenn sich eine Landlerin und ein Sachse zusammengetan haben, bekam die Landlerin die sächsische Tracht und musste in die letzte Bank der Frauen. In der Kirche saßen die Frauen immer in der Mitte, links die landlerischen, rechts die sächsischen, und die Männer ringsherum in den Bänken mit den Lehnen. Die Sachsen kamen durch den Haupteingang

in die Kirche, und die Landler durften nur durch den Hintereingang hinein. Irgendwie gab es auch einen gewissen Neid. ‚Die kommen mit nix und kriegen dann das und das und das.' Übrigens: Die Landler sind nach 1990 bei der Abwanderung nicht nach Österreich, sondern nach Deutschland gegangen, denn Österreich hat sie nicht genommen, dort gab es kein Gesetz wie in Deutschland."

Mir geht ein Licht auf: Dann waren ja auch die Vorfahren vom Generalkonsul Andreas Huber in Hermannstadt Landler. Weil ihn die Österreicher nicht aufgenommen haben, ging er 1990 als Rumäne nach Deutschland, bekam die deutsche Staatsbürgerschaft und ist heute österreichischer Honorarkonsul in Rumänien. Schon befremdlich, was einem die Geschichte für verrückte Purzelbäume aufzwingt.

Frau Maria erinnert sich noch gut an die Ceaușescu-Zeit.

„Früher, wenn Besucher aus Deutschland gekommen sind, haben sie Koffer voller Geschenke gebracht: Schokolade, Kaffee. Nicht wenige Leute bei uns hatten den Eindruck, in Deutschland ist alles umsonst. 1990 waren die Grenzen offen. Schnell, schnell, schnell haben sie die Häuser verkauft. Das war schlimm. Ich denke, wenn sie nur über die Grenze gegangen wären, um zu schauen, wie das in Deutschland so ist – vielleicht für zwei, drei Monate. Dann hätten sie danach frei entscheiden können, ob sie wirklich gehen wollen, da wären bestimmt nicht so viele in Deutschland geblieben. Freilich, jetzt sagen sie: ‚Wir haben Kinder und Enkelkinder, wir können nicht mehr zurück.'"

„Ist ja auch verständlich", gebe ich zu bedenken, „wenn man sich vorstellt, was sie hier alles mitgemacht haben."

Frau Maria gibt mir recht. „Meine Mutter ist nach dem Zweiten Weltkrieg für fünf Jahre nach Russland deportiert worden. Als sie zurückkam, hat sie einen Rumänen geheiratet. Das war in Großau die erste Ehe zwischen einer Sächsin und einem Rumänen. Dann wollten uns die Sachsen nicht mehr und die Rumänen auch nicht. Das war ein ziemliches Durcheinander in der kommunistischen Zeit, auch mit den Kirchen: Ich bin zum Beispiel getauft bei den Orthodoxen und konfirmiert bei den Sachsen. Wir haben mitten im Dorf gewohnt. Da promenierten die Mädchen am Sonntag auf der Straße, und ich stand mit meiner Schwester nur hinter dem Tor. Wir durften nicht mitgehen. Wir waren Mischlinge. Es ist manchmal heute noch so. Da spür ich auf einmal so einen Pfeil."

„Ich habe gelesen, von den 1970er bis zu den 90er Jahren hat Deutschland Rumäniendeutsche freigekauft. War das nicht auch für Sie interessant?"
„8.000 Mark pro Person hat man dem rumänischen Staat gezahlt. Aber mein Vater war Rumäne, mein Mann war Rumäne. Ich habe nie drüber nachgedacht, ob das für mich eine Möglichkeit wäre."

Sesshafte Störche und multikulturelle Dachdecker

Die Frau Maria schlägt vor, ich solle mir unbedingt die Störche anschauen.
„Welche Störche? Die sind doch schon weg. Freilich nicht so wie die Deutschen, denn die Störche kommen wieder!", sage ich und denke, dass ich was Geistreiches von mir gegeben habe. Da erzählt sie mir, dass sie in den 90er Jahren mehrere Monate am Tegernsee gearbeitet hat. Es sei schwer für sie gewesen, sagt sie, denn ihre Kinder und ihr Mann waren ja daheim geblieben.
„Also, zu den Störchen: Viele bleiben über den Winter hier. Wir haben eine Frau, die sich um sie kümmert. Sie hat ein großes Glashaus, da überwintern sie. Das ist für Storchenfamilien schon verlockend. Vierzig sind heuer dageblieben."
Frau Maria beschreibt mir, wo ich dieses Glashaus finden kann. Aber, wie es so ist, nachdem ich knapp zehn Minuten unterwegs bin, weiß ich nicht mehr weiter. Hab ich die falsche Richtung eingeschlagen? Auf den Stufen zur Eingangstür eines kleinen Lebensmittelladens sitzen zwei Frauen und ein Mann. Ich mache Flugbewegungen mit den Armen und deute zum leeren Storchennest auf einem der Strommasten. „Störche? Wo?"
Sie haben mich wohl verstanden, aber sie scheinen mich auszulachen, deuten in die Ferne – fort, weit fort!
„Frau Maria, die bei der Kirche wohnt, hat gesagt, ein paar sind dageblieben."
Als ich Frau Maria erwähne, macht eine der Frauen eine abschätzige Handbewegung, als würde sie Abfall hinter sich werfen, pah, Maria! Die anderen beiden sagen etwas zueinander und machen ebenfalls abwertende Gesten. Ich versteh zwar nicht, was sie sagen, aber es wird schon deutlich, dass sie die Frau Maria nicht mögen. Ich versuche noch einmal nachzufragen, doch sie haben sich bereits abgewendet. Ich bin für sie erledigt, weil ich die Frau Maria ins Spiel gebracht habe. Jetzt verstehe ich auf einmal, was sie gemeint hat, als sie sagte, sie spüre noch heute manchmal einen „Pfeil". Ich gehe weiter. In einer Nebenstra-

ße steht ein Lastwagen. Fünf Dachdecker bilden eine Kette und reichen Dachziegel von der Ladefläche hinauf zum Dachfenster.
„*Where do you come from? Are you from Großau?*“, frage ich den in der Mitte. Er schaut mich befremdet an, fragt deutsch zurück: „Kommst du aus Amerika?“

„Nein, von Deutschland.“
„Warum sprichst du dann nicht Deutsch?“
„Sprecht ihr Deutsch? Hab gedacht, die Deutschen sind alle ausgewandert!“
Er sagt etwas auf Rumänisch zu den anderen. Alle lachen. Der Deutsche hat auf einmal eine Schlüsselstellung. Er wird zum Dolmetscher.
„Wir verstehen kein Englisch. Schau, ich bin von hier, meine Eltern sind Deutsche! Der neben mir“ – er deutet auf den, der ihm gerade zwei Dachziegel reichen will – „der spricht nur Rumänisch! Der dort in der Mitte, der ist Serbe, der kann sich mit keinem richtig unterhalten! Und der da“, er zeigt auf den im Lastwagen, „der kommt aus Moldawien, Bessarabien, verstehst du, der kann gut Russisch. Und der ganz oben, typisch, das ist unser Chef, der spricht Ungarisch.“
„Ihr seid eine ganz schön verrückte Firma!“, sage ich zu ihm.
„Das ist normal hier.“
Schön und gut. Das Glashaus mit den Störchen finde ich an diesem Tag nicht mehr. Ich setze meinen Weg fort.

Wiedersehen mit dem Fluss Mieresch

Eine Zeit lang trödle ich auf einer Nebenstraße neben der Autobahn her. Bei Sebeş, deutsch Mühlbach, wo sie nach Westen weiterführt und nach rund 200

Kilometern Arad erreichen wird, lasse ich sie links liegen und halte mich Richtung Norden. Nach einer halben Stunde erreiche ich die Kreisstadt Alba Iulia[51]. Am Stadtrand gibt es eine Wiederbegegnung mit dem Fluss Mieresch, an dem ich gleich nach meiner Ankunft in Rumänien nahe Arad fast gescheitert wäre, weil ich keine Brücke gefunden habe. Der Mieresch schlängelt sich östlich der Stadt in engen Schleifen an der sternförmigen Stadtbefestigung vorbei. Ich begleite ihn noch bis Aiud, deutsch: Strassburg am Mieresch. Im Ort steige ich aus und umkreise eine alte Kirchenburg mitten in der Stadt. Türme und hohe Mauern drum herum, wie in Großau, nur viel wuchtiger. Geheimnisvolle Wörter: Cetatea Aiudului steht auf einem Schild. Ich spicke auf einer Informationstafel: *die Zitadelle von Aiud, drakisch-römische Grundmauern. Die evangelische Kirche der Siebenbürger Sachsen im Inneren der Burganlage stammt aus dem 16. Jahrhundert.* Ich halte inne, setz mich auf eine Alleebank, schaue ins Leere, erkenne, wie wenig ich über dieses Land weiß, wie wenig ich meinem geschichtlichen Wissen zuordnen kann. Hab nicht nur Wissensdurst und kaufe mir eine Flasche Apfelsaft und ein paar Kekse. Danach verlangt es mich nach Wäldern, nach Natur. Ich suche kleine und noch kleinere Straßen. Schon nach einer Stunde kurviger, unüberschaubarer Route, weiß ich überhaupt nicht mehr, wo ich bin. Wenn mein Auto in dieser Berggegend stehen bleibt, schau ich ganz schön alt aus. Das Mobiltelefon hat kein Netz mehr. War wahrscheinlich wieder einmal zu leichtsinnig, fürchte jetzt, dass der Weg auf einmal aufhört, und dass ich plötzlich vor einem unüberwindbaren Hindernis stehen werde. Endlich ein Wegweiser! Ich suche den Ort auf der Karte: Râmeț, deutsch Einsiedel. Der nächste größere Ort ist Câmpeni[52]. Dort begrüßt mich von einem Reiterstandbild herunter Avram Iancu, ein rumänischer Heiducke, der im 19. Jahrhundert gegen die Habsburger gekämpft hat. Und ich bin aus dem Schneider, habe wieder Handy-Netz, werde übermütig, vertraue meinem Orientierungssinn und bleibe weiterhin meinen Schleichwegen treu. Doch an einem Weidezaun endet mein Weg. Umdrehen – größere Straße suchen? Es dämmert ja schon. Bin auf einmal schrecklich müde. Ich klappe den Rücksitz nach vorn, lege meine Isomatte aus und verkrieche mich in meinem Schlafsack.

---

[51] Alba Iulia, deutsch Karlsburg, ung. Gyulafehérvár, ca. 50.000 Einw.

[52] Câmpeni, deutsch Topersdorf, ung. Topánfalva, ca. 7.000 Einw.

Die Villen der Hut-Zigeuner von Huedin

In aller Herrgottsfrüh weckt mich eine Kuh, die durchs Autofenster hereinschaut.
„Da schau her, was gibt's denn zum Frühstück?
Sie antwortet mit einem langgezogenen Muuuuh.
„*Breakfast – maybe some milk?*"

Sie schüttelt nur ihren großen Kopf und wendet sich ab. Dann eben nicht. Schlechter Service! Versteht kein Deutsch und kein Englisch …
Warum bin ich eigentlich so fröhlich? Unausgeschlafen, aber voller Tatendrang, breche ich auf. Nach drei Stunden Slalomfahrt durch die karge Berglandschaft stoße ich endlich auf eine Fernstraße. Kaum noch Kurven, nur wellig ist sie, rauf, runter, rauf, runter, wie auf einer Achterbahn. Die Route hat ein Planer auf dem Reißbrett entworfen, ohne sich um Höhenlinien zu kümmern. Immerhin, an Steigungen ist sie dreispurig ausgebaut, und ich kann die Lastwagen überholen. Dann wird die Fahrbahn enger. Ich fahre die vorgeschriebenen 90. Das macht die hinter mir aggressiv. Ihr Gedrängel wird mir zu viel. Ich verlasse die Schnellstraße. *Transsilvanien* lese ich nach einer Weile auf einem Schild. Das heißt, ich bin noch richtig, Transsilvanien ist ja Siebenbürgen. Ob's hier nach Klausenburg geht?
Die Dörfer, die ich jetzt durchfahre, bemühen sich zu gefallen. Bauern und Bäuerinnen bieten am Straßenrand ihre Ware an. Blaue, rote, gelbe Sonnenschirme, drunter Tische, Schüsseln, gefüllt mit Tomaten, Äpfeln, Birnen und Pfirsichen, davor auf dem Boden Körbe mit Gurken und Kürbissen. Wenig später Wälder, mittendrin ein Dorf, in dem die Schwammerlsucher daheim sind. Auf weißen Tischdecken zu Bergen aufgetürmt: Steinpilze, Maronen, Birkenpilze, Pfifferlinge … Danach wird die Gegend wieder heller. Auf vielen Weiden ist das Heu zum Trocknen aufgestellt: Heumanndeln, aus denen oben eine Stange herausschaut. Dazwischen regelrechte Heuriesen mit einem Durchmesser von drei, vier Metern. Eine halbe Stunde später ein Dorf mit einer Art Basar:

Heugabeln, Holzrechen, Luftballons, Gartenzwerge, Bambis und eine ganze Reihe von krachertbunten, undefinierbaren Plastikviechern. Gleich nach der Ortsausfahrt mäht ein Mann das Gras im Straßengraben. Da schau her, die brauchen keine Gemeindearbeiter, um die Straßenränder sauber zu halten. Die Leute brauchen das Gras für ihre Tiere und holen es sich. Rumänien kommt mir vor wie das Deutschland der 1950er Jahre. Als ich den Ortsrand von Huedin[53] erreiche, knapp fünfzig Kilometer nordwestlich der Kreishauptstadt Cluj-Napoca[54], ist es mir, als hätte ich eine Zeitreise hinter mir. Aber im Ort bleibt mir schier die Luft weg. Disneyland in Rumänien: Entlang der Hauptstraße ein kitschiger Reigen von Villen mit silbernen Dächern, ein Zuckerbäcker-Palast neben dem anderen, über und über mit Stuck beladen. Mit Türmchen, Säulen und Balkons stehen sie protzig zwischen kleinen geduckten Häusern. Wie mit Federbuschen geschmückte Zirkuselefanten in einer Schafherde.
„Wer wohnt denn in diesen Villen?", frage ich einen jungen Burschen, der so lässig an seinem Motorrad lehnt, dass er ausschaut, als verstände er Englisch.
„Ich bin nicht von hier", sagt er, doch er weiß Bescheid. „Die meisten sind nicht bewohnt. Da fehlt die Heizung, die ganze Installation. Alles nur Fassade. Die Besitzer sind Zigeuner, Hut-Zigeuner. Sie leben in den kleinen Häuschen im Garten ihrer Schlösser. Warum? Jeder soll sehen, dass sie Geld haben. Das reicht ihnen."

[53] Huedin, deutsch Heynod, ung. Bánffyhunya, ca 10.000 Einw.
[54] Cluj-Napoca, deutsch: Klausenburg, ung. Kolozsvár, ca. 325.000 Einw.

Ich bleibe über Nacht in Huedin. Beim Abendessen ein Wiedersehen mit dem Motorradfahrer. Jetzt hat er noch zwei Freunde dabei. Schnell landen wir in unserem Gespräch bei den reichen Bewohnern des Ortes. Ich erfahre, dass die Häuser den Gabor gehören. Sie selbst nennen sich Hut-Zigeuner. Den Ausdruck Roma können sie nicht leiden. Wie sie zu dem Reichtum gekommen sind? Niemand weiß es. Gerüchte sprechen davon, dass diese Gabor gar nicht aus Huedin stammen, auch dass sie sich das Geld in Westeuropa zusammenbetteln. Ich kann mir das nicht so recht vorstellen. ‚Gerüchte, was soll's', denke ich, ‚sie definieren sich halt durch ihren Reichtum wie viele andere Menschen auch.'

Im Laufe des Abends erzählen mir meine drei Tischgenossen schließlich die Geschichte vom rumänischen Zigeunerkönig. Sie klingt so paradox wie die des letzten Sprosses des bulgarischen Königshauses, der unter dem verbürgerlichten Namen Simeon Borissov Sakskoburggotski vor einigen Jahren zum bulgarischen Präsidenten gewählt geworden ist.

Vor dem Einschlafen tippe ich meine Notizen über den König der Zigeuner ins Notebook. Er ist 2013 gestorben, Florin Cioabă hat er geheißen. Er war der Sohn des großen Bulibasha, dem Chef eines Roma-Clans der Kalderasch[55]. Angeblich befolgte eine große Anzahl von Roma-Gruppen seine Anweisungen und akzeptierte ihn als Mediator. Nachdem Florin Cioabă bereits vier Jahre Abgeordneter im Kreisrat von Hermannstadt gewesen war, wollte er Bürgermeister werden. Bei den Wahlen trat er für die *Partei Centrului Creștin al Romilor, Christliches Zentrum der Roma,* an und verlor gegen Klaus Johannis, den Vertreter der deutschen Minderheit.

Am nächsten Tag beim Frühstück geht mir durch den Kopf, was ich über diesen König der Roma notiert habe. Ich stelle mir vor: Er sitzt mir gegenüber am Tisch. Ein gewichtiger Mann, um die fünfzig mag er sein. Für einen Augenblick schaut er aus wie Petru Duca, mit dem ich in Hermannstadt gesprochen habe. Das gleiche entspannte, gutmütige Gesicht, aber Florin Cioabă ist breiter, ein Herrscher, ja, ein König eben. Jeder Stuhl, auf dem er sitzt, wird zum Thron.

Ich lege das Besteck beiseite und lehne mich zurück.

„Was ich gestern über Sie erfahren habe, klang recht märchenhaft."

„Geredet wird viel. Tatsache ist: Ich bin 1954 in der Walachei zur Welt gekommen. Anfang der 1960er Jahre zog unsere Familie nach Hermannstadt. Als ich

---

[55] Kalderaš lässt sich ableiten vom rumänischen Wort *căldărar* = Kessel. Die Kalderasch betrieben in früheren Zeiten das Handwerk der Kupferschmiede.

vierzehn war, arrangierten meine Eltern die Hochzeit mit meiner Frau Marica." Warum macht er so lange Pausen zwischen den Sätzen? Er ist es wohl nicht gewohnt, dass ihn jemand unterbricht. „Nach dem Ende der Ceaușescu-Ära hat mein Vater eine Menge Geld mit dem Alteisen der verschrotteten Industrieanlagen verdient. Unsere Familie schwebte auf einer Wolke des Reichtums. Wir waren sehr angesehen bei allen Clans der Roma! Es gab natürlich viele Neider. Seit ewigen Zeiten versuchen alle, die Roma klein zu machen. Pah, mein Vater hat es ihnen gezeigt, er hat sich selbst zum Roma-König ausgerufen. Er hat in Italien ein Zepter und eine Krone aus purem Gold fertigen lassen. Und nach seinem Tod, habe ich, Florin Cioabă, seinen Titel übernommen."

„Alles recht und schön! Nur waren Sie ja von Anfang an nicht unumstritten. Hat es nicht europaweit Aufmerksamkeit erregt, als Sie Ihre zwölfjährige Tochter mit einem Fünfzehnjährigen verheiratet haben? Hat nicht der Europarat den Staat Rumänien ausdrücklich gerügt wegen der Toleranz gegenüber dieser Kinderehe? Und als Sie Ihren Sohn Dorin auch zwangsverheiraten wollten, ist er nach Spanien abgehauen, das ist doch wahr, oder?"

„Moment! Ich habe mich später öffentlich distanziert und habe in einer königlichen Verlautbarung erklärt, dass unser Volk sich der Zeit anpassen sollte. Seitdem setze ich mich dafür ein, dass die Roma erst nach Erreichen des staatlichen Mindestalters heiraten. Und ich stellte auch eindeutig klar, dass die Roma-Tradition nicht über den Gesetzen des Landes steht. Dazu gehört auch, dass die Roma ihre Kinder in die Schule statt zum Betteln schicken."

„Ich verstehe: Da es in der Regel schwierig ist, Vertreter der Roma zu finden, die befugt sind, für andere zu sprechen, zeigten die Medien großes Interesse am Internationalen König der Roma. Und Sie wussten diese Neugier zu bedienen. Ich habe gehört, Sie inszenierten aufsehenerregende Auftritte und präsentieren sich mit Zepter und Krone."

„Selbstverständlich, was ist schon dabei, es geht um mein Volk, gleichzeitig nutzte ich die Aufmerksamkeit, um die Themen der Roma ins Gespräch zu bringen. So wuchs der Respekt bei den Roma und bei der übrigen Bevölkerung in Rumänien mir gegenüber. Als mir das bewusst wurde, verzichtete ich bei meinen Auftritten auf Zepter und Krone. Ich genoss Ansehen allein wegen meiner Person. Ich schlichtete Streitigkeiten zwischen den Clans und habe mit Diplomatie und geduldigen Verhandlungen erreicht, dass den Roma Entschädigung für die erlittene Verfolgung während des Zweiten Weltkriegs zusteht."

„Sie haben einen Brief an die Regierung von Indien geschrieben mit der Bitte, den indischen Ursprung der Roma offiziell anzuerkennen und als Schutzmacht aufzutreten, so wie es die Ungarn für die ungarische Minderheit in Siebenbürgen machen."

„Was ist dagegen einzuwenden? Dass ist eine historische Wahrheit. Wenn nicht das Herkunftsland sein Volk beschützt, wer sonst? Meine Stimme als Vizepräsident der *Internationalen Vereinigung der Roma* sowie als Mitglied im Präsidium des *Europäischen Forums der Roma* hatte auch in der Politik Gewicht! Man kapierte allmählich, dass man mit mir zusammen das sogenannte Roma-Problem in den Griff bekommen konnte."

„Was war das für ein Gefühl, als sich plötzlich ein anderer Bulibasha in Hermannstadt aufmanndelte und sich als ‚Kaiser der Roma' ausrief, ein orthodoxer Christ, der gegen den König und seine Pfingstgemeinde agitieren wollte?"

„Das ist ja lächerlich! Mir war das egal!"

„Gestern habe ich erfahren, dass es nach Ihrem Tod so ausschaut: Ihr Sohn Dorin ist aus Spanien zurückgekehrt. Er bezeichnet sich als Ihr rechtmäßiger Nachfolger. Jetzt kämpft er mit Ihrem zweiten Sohn um Macht und Geld. Aber Klugheit, Weisheit oder gar diplomatisches Geschick und damit die Achtung der Gesellschaft fliegen einem doch nicht so einfach zu."

„Mag sein. Was soll ich machen?"

Wir schweigen. Ein paar Sonnenstrahlen finden den Weg in den Frühstücksraum.

In meiner Kindheit gab es keine Roma – nur Zigeuner. In den Kaufhäusern wurden kitschige Ölgemälde mit feurigen Zigeunerinnen für die deutschen Wohnzimmer angeboten. Auf dem Spielplan der Theater stand die Operette *Der Zigeunerbaron*, die spielt in der Gegend um Temeschwar und in Wien Mitte des 18. Jahrhunderts. Viel Romantik, wenig Wirklichkeit. Gedankenverloren schau ich auf den leeren Stuhl mir gegenüber. Mein Kaffee ist kalt geworden.

Klausenburg: Rendezvous am Schweif von Corvinus Pferd

Bei der Weiterfahrt nach Klausenburg viel Brachland. Wenig Grün. Hügelkuppen wie Kahlköpfe, Schafherden verlieren sich drauf wie Kopfläuse. In den Talsohlen trockene, raschelnde Maisfelder. Vereinzelt in windgeschützten Nischen ein paar Buschgruppen, wie Achselhaare oder Schamhaare einer kahl gefressenen Landschaft. Allmählich wird die Szenerie lebendiger. Einzelne Bäume, struppige Köpfe mit Sturmfrisuren und schon bald bewaldete, borstige Buckel, die sich widerspenstig gegen alles Ebene erheben. Ich durchquere eine Reihe von Dörfern mit Ortsschildern in ungarischer Sprache. In einem sind die Körbelzäuner daheim. Das lässt sich nicht übersehen, weil sie den ganzen Ort hindurch am Straßenrand ihr Flechtwerk anbieten, Obstkörbe, Strohhüte, Holzschwingen …

Je näher ich Klausenburg komme, desto näher komme ich an die Gegenwart heran. Ein Unimog mäht den Straßengraben. Zwei Männer mit orangen Sicherheitsjacken gehen gemächlich daneben her. Ich ermahne mich selbst, spreche halblaut vor mich hin: „Siehst du, in Rumänien darfst du Beobachtungen nie verallgemeinern!“

Auf einer Anhöhe halte ich an und steige aus. Vor mir im Talkessel die Stadt. Als hätte jemand Bauklötze hinuntergeschüttet. Klausenburg[56] gehört neben Temeschwar und Bukarest zu den drei größten Städten in Rumänien[57].

Durch Klausenburg fließt der Kleine Somesch[58], wieder ein rumänischer Fluss, der aus einem Kinderbuch zu stammen scheint. Um die Jahrtausendwende ging eine Katastrophenmeldung um die Welt. Nördlich von Klausenburg, bei Baia Mare, wo industriell Gold gewonnen wird, war der Damm eines Rückhaltebeckens mit hochkonzentrierten Zyanid-Abwässern gebrochen. Sie flossen über den Somesch nach Ungarn in die Theiß. Nach zwei Wochen erreichte die Schadstoffwelle fünfzig Kilometer vor Belgrad die Donau und nach einem Monat das Donaudelta. Klausenburg ist damals verschont geblieben, weil die Unfallstelle flussabwärts des Kleinen Somesch lag, über hundert Kilometer entfernt von der Stadt.

---

[56] Klausenburg, rum. Cluj-Napoca, ung. Kolozsvár

[57] Einwohnerzahlen 2011: Bukarest 1.880.000, Klausenburg, 320.000, Temeschwar 302.000

[58] Kleiner Somesch und Großer Somesch sind gemeinsam 270 km lang. Sie münden nach ihrer Vereinigung als Somesch in die Theiß.

Spaziergang am Kleinen Somesch – an den Ufern viele Angler, dazwischen das eine oder andere Liebespaar und in den Ausbuchtungen Plastikmüll, immer wieder Plastikmüll. Ich habe ein Treffen mit der Hochschullehrerin Nora Tar am Schweif des Pferdes des Corvinus-Denkmals auf dem großen Platz vor der Michaelskirche vereinbart. Der düster dreinblickende Recke Corvinus[59] öffnet mir ein neues Fenster zur Geschichte des Balkans. Mit seinem Söldnerheer, der sogenannten Schwarzen Armee, besiegte der ungarische König Corvinus Ende des 15. Jahrhunderts bei Belgrad die Türken. Unter seiner Regentschaft war Ungarn so groß, dass es von der Lausitz bis an die Tore Bulgariens reichte.
Zurück in die Gegenwart: Nora Tar ist da. Sie deutet auf die Fußgängerampeln an der Kreuzung.
„Wie wollen Sie über die Straße, schnell oder sicher?“
„Lieber schnell!“
Und schon laufen wir im Slalom zwischen den Autos auf die andere Straßenseite. Sie lädt mich zum Mittagessen ein in den schattigen Innenhof eines Res-

[59] Mathias Corvinus, ung. Hunyadi Mátyás, rum. Matei Corvin, * 1443 in Klausenburg, † 1490 in Wien, regierte von Wien aus und war König von Ungarn, Böhmen und Kroatien.

taurants. Auf dem Weg sprechen wir über weitere Denkmäler in Klausenburg. Es gibt eines, das den rumänischen Soldaten gewidmet ist, eine Frauengestalt, eine Freiheitsfigur, umgeben von sieben Soldaten. Die Leute nennen es schlicht „Schneewittchen und die sieben Zwerge". Der frühere, stark rumänisch-nationalistisch ausgerichtete Bürgermeister Gheorghe Funar[60] hat es errichten lassen. Er ordnete darüber hinaus an, dass Parkbänke und Lichtmasten und Müllcontainer in den Farben der Nationalflagge, also Rot, Gelb, Blau, gestrichen werden müssen, was der Stadt in Rumänien den Spitznamen „Stadt der Trikolore" einbrachte. Die Inschrift des Corvinus-Denkmals rumänisierte er zu MATEI CORVIN. Sie wurde jedoch nach seiner Amtszeit wieder in MATHIAS REX geändert. Im Übrigen war Funar der Meinung, dass in Klausenburg die rumänischen Kommunisten allesamt der ungarischen Minderheit angehört haben. Den Klausenburger Rumänen sei der Kommunismus fremd.

Dr. Nora Gabriella Tar, so der ausgeschriebene Name, studierte Germanistik und Hungarologie. Sie arbeitet als Hochschullehrerin an der germanistischen Fakultät der Babeş-Bolyai-Universität in Klausenburg. Von den 320.000 Einwohnern der Stadt sind fast 50.000 Studenten. Nora Tar betreut zusammen mit der Universität Regensburg ein interessantes Tandem-Projekt: Die Studenten besuchen wechselseitig ihre Städte und schreiben ihre Eindrücke auf über Alltagsleben, Kunstszene, wirtschaftliche Entwicklung, Erinnerungsorte und was ihnen sonst so auffällt in den Partnerorten. Die Texte werden veröffentlicht und könnten dazu beitragen, dass sich in Europa eine „andere" Reisekultur und Reiseliteratur etablieren kann.[61]

[60] Gheorghe Funar, * 1949, Bürgermeister von Klausenburg 1992 bis 2004

[61] „Tandemprojekt", vgl. Anhang, Anm. 4

Nora spricht fließend Deutsch. Nur an ihrer Sprachmelodie erkenne ich, dass ich jetzt im Gebiet der ungarischen Minderheit bin. Meine erste Frage an sie zielt auf die ungarische Minderheit in Rumänien. Zahlenmäßig ist sie ja neben den Roma die größte im Land. Man hört oft, der Staat Ungarn als Nachbarland versuche über die ungarische Minderheit Einfluss auf die Politik in Rumänien zu nehmen.

Ich frage Nora, ob die derzeitige ungarische Politik mit ihrer starken nationalistischen Betonung einschüchternd auf die Rumänen wirkt? Sie weicht meiner Frage zuerst aus. In politischen Angelegenheiten kenne sie sich nicht aus. Aber dann hält sie mit ihrer Meinung doch nicht hinter dem Berg.

„Also, ich weiß nicht, inwieweit es Ihnen bekannt ist, dass nach der Wende die ungarische Minderheit in Rumänien von einer einzigen Minderheitenpartei vertreten wurde. Inzwischen sind es meines Wissens drei, die natürlich eine gewisse Binnenkonkurrenz geschaffen haben. Politiker des Staates Ungarn mischen sich leider in einer eher zerstörerischen Form in die rumänische Minderheitenpolitik ein. Dabei unterstützen sie sehr oft eine bestimmte rumänisch-ungarische Partei, und zwar nicht die historisch ältere."

Wir kommen kaum zum Essen, weil ich so neugierig bin. Ich hatte mich nach einem typisch rumänischen Gericht erkundigt. Nora hat mir *Mititei* empfohlen, das sind gegrillte Hackfleischwürstchen, die schmecken vorzüglich! Dazu gibt's rumänischen Weißwein … Da fällt mir schon wieder eine Frage ein, ob es denn, wie zwischen Rumänien und Deutschland, seit dem Beitritt in die EU im Jahre 2007 auch zwischen Rumänien und Ungarn vereinfachte Verfahren gebe, die doppelte Staatsbürgerschaft zu erlangen, die rumänische und die ungarische?

„Soviel ich weiß, gab es auch im Falle der ungarischen Minderheit eine Auswanderungswelle. Viele Intellektuelle sind nach Ungarn gegangen, und ich denke, sie wurden in vielen Fällen sehr entgegenkommend aufgenommen. Die Möglichkeit, die doppelte Staatsbürgerschaft zu beantragen, gibt es seit einigen

Jahren. Das war sehr stark umstritten. Viele nutzen das. Ich denke, es sind viel weniger Ungarn ausgewandert als Deutsche. Also, die Kontinuität, die bei der deutschen Minderheit nicht mehr vorhanden ist, existiert bei den Ungarn in Rumänien weiter. Die ungarische Minderheit hatte immer eigene Kulturinstitutionen, auch während der kommunistischen Zeit – natürlich unter anderen Rahmenbedingungen: kulturelle Einrichtungen als Vorzeigeinstitute, argwöhnisch beobachtet von der Zensur."

„Da müsste es ja auch ein gut funktionierendes System ungarischer Schulen mit Muttersprachenunterricht geben", werfe ich ein.

„Das Problem ist: Ungarisch sprechen sie hervorragend, doch obwohl alle ab der ersten Klasse Rumänischunterricht haben, beherrschen Studenten, die aus dem überwiegend ungarisch besiedelten Szeklerland im Nordosten Rumäniens kommen, die Staatssprache nur schlecht. Es wäre notwendig, den Unterricht methodisch anders zu gestalten."

„Das sollte sich doch machen lassen, das ist ja nur ein didaktisches Problem."

„Mag sein, die ungarischen Kinder gehen wenigstens in die Schule. Bei den Roma-Kindern ist es etwas anderes, die bleiben den Bildungseinrichtungen ja oft genug fern. Das macht uns große Sorgen", meint Nora, „gute Rahmenbedingungen allein reichen nicht aus. Die wirklichen Lösungen kann man nur in Kleinarbeit im lokalen Bereich herbeiführen."

Das leuchtet mir ein. Es gäbe so vieles, was man besser machen könnte. Man sucht schnelle Lösungen, will immer alles auf einmal erreichen, in kurzer Zeit die ganze Welt verbessern, und das mit möglichst wenig Aufwand, am besten noch so, dass sich die Meldung darüber gut verkaufen lässt. Die Erfahrung aber zeigt: So funktioniert das nicht.

„Wie kommen dann eigentlich die ungarischsprachige Bevölkerung und die deutsche Minderheit miteinander aus?"

Nora erinnert sich an eine kleine Episode, die durchaus Wohlwollen und Verbundenheit zwischen den beiden Volksgruppen ausdrückt.

„Als Herta Müller den Literaturnobelpreis bekommen hat, hält mich am nächsten Morgen in der Uni ganz aufgeregt die Putzfrau auf. ‚Haben Sie gehört, haben Sie gehört, das ist doch großartig, dass unsereins auch einmal den Nobelpreis kriegt!'"

Von der Balance zwischen Religion, Kultur, Bier und Biogemüse

Mein Kopf ist so randvoll von Gehörtem, von Gesehenem ... Ich will erst einmal Abstand gewinnen, mache einen Spaziergang durch den Klausenburger Zentralfriedhof Házsongárd. Es geht vom Zentrum aus bergauf durch ein unüberschaubares Areal. Auffallend, dass alle Bewohner hier beerdigt werden, ganz gleich, welcher Konfession sie angehören. Und merkwürdig: Vor vielen Grabplätzen stehen Bänke. Sie laden ein, vor den jeweiligen Gräbern zu verweilen. Setz dich, musst dir nicht die Füße in den Bauch stehen, bleib ein bisschen! Es ist vielleicht gar nicht verkehrt, eine Zeit lang bei den Toten zu sitzen und über das Leben nachzudenken.

Gestern in der Zeitung eine schreckliche Nachricht gelesen: Auf der Pannenspur der Autobahn A4 bei Parndorf, nahe Wien, entdeckten Polizisten in einem Kühlwagen, der von außen verriegelt war, mehr als fünfzig Tote. Die Leichen waren wegen der hochsommerlichen Temperaturen bereits so stark verwest und miteinander verschmolzen, dass ihre genaue Anzahl noch nicht festgestellt werden konnte. Nach ersten Ermittlungen handelt es sich um Flüchtlinge aus Syrien. Vom Fahrer fehle jede Spur, heißt es.

In Mails oder Telefonaten von daheim werde ich gefragt: „Was bekommst du von der Flüchtlingswelle mit, die in Deutschland mit einer nicht erwarteten Wucht ankommt?"

Ich kann nur antworten: „Nichts, ich erfahre alles nur über euch und die Medien. Im Banat, im Norden Bulgariens und hier in Rumänien bin ich nirgendwo Flüchtlingen begegnet. Die Menschen, mit denen ich gesprochen habe, sehen Flüchtlinge auch nur im Fernsehen."

Manche fragen mich: „Ist eure Kanzlerin denn verrückt geworden?"

„Glaub ich nicht", antworte ich dann, „wir sind eines der reichsten Länder der Erde. Außerdem haben wir ein christlich geprägtes Grundgesetz. Ich sage mit unserer Kanzlerin: ‚Wir schaffen das!'"

Und mit einem Augenzwinkern füge ich hinzu: „Wir haben doch auch die Menschenströme aus Rumänien verkraftet."

Während meine Gesprächspartner meist den Kopf schütteln, behaupte ich, dass ich unserer Regierung eher eine gewisse Taktik zubillige. „Unter den ersten Flüchtlingen sind bestimmt die mit der besten Ausbildung. Wir wären doch dumm, wenn wir die nicht nähmen."

Sicher bin ich mir nicht. Aber ich habe das Gefühl, dass ich mein Land in Schutz nehmen muss. Einig sind wir uns, dass Krieg und Armut in den Entwicklungsländern von den reichen Staaten der Welt mit verursacht werden, dass die Menschen dort Hilfe brauchen und dass die Schleuser hinter Schloss und Riegel gehören.

Die rumänisch-orthodoxe Kirche begeht heute einen hohen Feiertag, hat Nora gemeint, da sollte ich unbedingt in die alte Kathedrale gehen. So schlendere ich wieder hinunter in die Stadt, vorbei an der Großbaustelle einer neuen orthodoxen Kathedrale. Ein mächtiger Rohbau mit einer riesigen Kuppel. Viel Beton, ausgeflickt mit Ziegelsteinen. Es hat die Ausmaße der alten Kathedrale, die ich nach zehn Gehminuten im Zentrum erreiche.

Sie ist sehr gut besucht, obwohl es keine Sitzgelegenheiten gibt. Mehrere bärtige Popen stehen vorn und singen sich in Trance. Ergreifende, wunderschöne mehrstimmige Gesänge sind das. Um mich herum ein ständiges Kommen und Gehen. Frauen und Männer aller Altersgruppen bekreuzigen sich hastig. Viele Male fallen sie auf die Knie, berühren mit der Stirn wieder und wieder den Boden. Was geht in ihnen vor? Irgendwie irritiert mich diese Art von Religiosität. Es scheint mir, dieses Abschalten des wachen Denkens hat etwas von Hysterie. Schalten sie das Hirn aus, weil die Erfahrung sie gelehrt hat, dass ihnen das Denken nicht weiterhilft in ihrem Leben? Ihre Leidenschaft macht mir Angst. Andererseits muss ich mir

eingestehen, dass auch ich benommen bin vom vergoldeten Halbdunkel. Getragen von den Schwingungen der liturgischen Gesänge, habe ich das Gefühl, verlorenzugehen in dieser geheimnisvollen Umgebung. Das sind meditative Augenblicke, die nicht unbedingt etwas mit Meditation zu tun haben, mehr mit innerer Erschütterung. So blende ich die sich bekreuzigenden und bodenküssenden Menschen aus, tauche ein in meine eigene Trance, bin auf einmal ganz nah bei mir. Wie bitte? Bei wem? Nach einer Weile schleiche ich mich hinaus. Draußen habe ich den Eindruck, ich bin ein anderer, ein Zweiter, der neben mir geht, ein blinder Passagier, den ich sonst gut verborgen in mir herumtrage. Wir sind einander fremd gewesen, haben uns voreinander versteckt.
Diesen orthodoxen Riten ist ein merkwürdiger Zauber eigen, der in den katholischen Messen nur noch andeutungsweise vorhanden ist, mit schwingenden Weihrauchkesseln und in der Stille, die entsteht während der Wandlung von Wein in Blut und Brot in Fleisch …
Vor der Kathedrale stehen Blechkästen, die beim ersten Hinsehen ausschauen wie Campinggrills. Honiggelbe, dünne Wachskerzen brennen darin. Der orthodoxe Glaube scheint sich mehr ans Unbewusste zu wenden. Das ist eine andere Form der Sinnlichkeit als beim katholischen Glauben. Auch wenn das entrückte Rosenkranzbeten damit verwandt ist, wird bei den Katholiken die äußere Welt viel mehr einbezogen. Ich denke an das Bier und die Bratwürsteln nach der Fronleichnamsprozession daheim in Bayern und spüre, dass das logische Denken wieder Besitz ergriffen hat von meinem Hirn. Und das ist ja auch nicht das Schlechteste.
Ich frage den Wirt eines ziemlich verhauten Beisels, was da heute in der Kathedrale für ein Fest gefeiert wird, und erwarte eigentlich gar nicht, dass er es weiß. Von wegen, er spricht sogar recht gut Deutsch.
„Die Katholischen sagen Mariä Himmelfahrt. Das wird immer am 15. August gefeiert."
„Heut ist aber der 28. August."
„Unsere die Festtage liegen anders. Weihnachten feiern wir am 7. Januar."
„Ja, lebt ihr denn nach zwei Kalendern? Da wundert mich nichts mehr!"
Er bleibt ernst und ganz bei der Sache. „Im alten julianischen Kalender ist heute der fünfzehnte. Die orthodoxen Christen feiern das Fest der leiblichen Aufnahme Mariens in den Himmel. Das ist für sie ein hoher Feiertag, das Hochfest des Entschlafens der allheiligen Gottesgebärerin."

Ich finde, jetzt übertreibt er es.
„So wie du redest, hättest du Pope werden können!"
Er fährt unbeeindruckt fort: „Vor dem Fest fasten die Gläubigen zwei Wochen lang – kein Fleisch, kein Fisch, kein Wein, nicht einmal Milch. Und überhaupt, ist nicht ein guter Wirt eine Art Pope? Ich singe auch gern, und das gar nicht so schlecht, denke ich!"
Er passt nicht zum Bild eines Wirtes, sechzig wird er sein, hager, sauber rasiert, feine Gesichtszüge, graue Schläfen, Haare ordentlich geschnitten und zurückgekämmt.
„Wie hat es dich denn in den Gasthof hier verschlagen?", frage ich ihn
„Das ist eine andere Geschichte", knurrt er und schweigt.
Ich schweige mit. Denke über die zwei verschiedenen Zeitrechnungen nach. An dem Tag, als ich bei der Einweihung des Kriegerdenkmals durch Măceşu de Jos gefahren bin, sind viele junge Frauen mit geschmückten Essenstabletts durch die Dörfer gegangen, dann haben die wohl das Fastenbrechen an Mariä Himmelfahrt nach dem gregorianischen Kalender gefeiert …"
Auf einmal reißt er mich aus meinen Gedanken und stellt mir ein Bier auf den Tresen. „Bei mir wird nicht gefastet!"
„Ah, Ursus", sage ich mit vorgetäuschter Kennermiene.
„Unsere Klausenburger Ursus-Brauerei ist 2010 geschlossen worden. Sie haben alle 150 Mitarbeiter einfach auf die Straße gesetzt", sagt er, „*Regele berii în România*, das ist der Werbespot! *Der König der Biere in Rumänien* regierte in Klausenburg seit 1878. Wo früher die alte Brauerei gestanden hat, haben sie eine Miniaturbrauerei und ein Restaurant eröffnet, dort kannst du unfiltriertes Bier trinken und zuschauen, wie es gebraut wird. Das neue Motto heißt jetzt allen Ernstes: *Small is beautiful!*"
„Ist das kein Ursus-Bier? Es gibt doch noch überall im Land Ursus, jeder Supermarkt führt es!"
„Die Brauerei ist weg, aber der Konzern wird nicht so schnell untergehen. *Ursus Breweries* sind inzwischen eine Tochter des größten Brauereiunternehmens der Welt."
‚Ein ganz ein Gscheiter', denke ich, ‚oder verarscht er mich bloß? Es gibt Leute, die erzählen den größten Schmarrn und es kommt ihnen kein Lacherl aus, Ich kenn das. Ich probier das auch manchmal aus.'

„Sind Engländer, die *Ursus Breweries* gekauft haben. Die brauen weiterhin Ursus in Buzău und in Brașov. Es ist das meistverkaufte Bier in Rumänien."
„Da will ich künftig lieber auf Temeschwarer Timișoreana ausweichen!", sag ich trotzig.
„Da hilft es nichts, die *Fabrica de bere* in Temeschwar gehört auch schon den Engländern."
Wir trinken miteinander noch ein Bier, dann mach ich mich auf den Weg. Ich glaube, jetzt kann ich ihn einigermaßen einschätzen. Ein Zyniker ist er, einer der es faustdick hinter den Ohren hat, ein blitzgescheiter Kerl, der dir zu jedem Thema was erzählen kann. Leider will er von sich selbst rein gar nichts erzählen. Vielleicht gibt es einen Knick in seiner Biografie, über den er nicht reden will. ‚Vielleicht war er ja früher bei der Securitate', überlege ich und schiebe den Gedanken gleich wieder weg, nein, er ist aufgeschlossen und weltoffen und freundlich. Ich kann ihn doch nicht einfach verdächtigen …
In der Stadt gibt es neben einer Filiale des *Deutschen Forums* noch das *Deutsche Kulturzentrum Klausenburg/Goethe-Zentrum*, mit dessen Leiter Fabian Mühlthaler hätte ich mich gern unterhalten. Er mailte mir aber, er sei gerade in der Ukraine unterwegs und glaube, ein Gespräch würde mir nichts bringen, denn das *Deutsche Kulturzentrum* habe nichts mit der deutschen Minderheit in Cluj zu tun. Weiter schreibt er: „Wir arbeiten im Netzwerk des Goethe-Instituts an der Stärkung des Kulturaustausches zwischen Deutschland und Rumänien, vor allem im zeitgenössischen Bereich. Unsere Zielgruppe sind in erster Linie junge Rumäninnen und Rumänen."

Fast überall in der Stadt durchneiden Kabel, Kabel, Kabel das Blickfeld, als wären's Notenlinien für den Verkehrslärm. Auf dem Weg aus dem Zentrum fahre ich durchs Hóstát-Viertel. Der Name ist abgeleitet vom deutschen Hofstadt oder Hochstadt. Nora Tar hat mir davon erzählt. Es liegt im Osten Klausenburgs und war seit dem 19. Jahrhundert die Gartenvorstadt, deren Bewohner ihre landwirtschaftlichen Waren auf dem Markt in der Stadt anboten. 1985 mussten die Gärten Hóstáts einem Plattenbauviertel weichen. Die Felder wurden verstaatlicht, die kleinen Häuschen abgerissen. Den Rahmen dieser Urbanisierung bildete Ceauşescus „Programm zur Systematisierung der Dörfer". Es ging dabei vorwiegend um Orte unter 1.000 Einwohnern. In den Augen der Bevölkerung war es ein Zerstörungsprogramm, das die Zwangsumsiedlung der Menschen in Agrar- und Industriezentren zum Ziel hatte. Nora erzählte von vielen traurigen Lebensgeschichten, die gar in eine Selbstmordwelle mündeten. Das ist vorbei. Wenn man heutzutage auf den Markt geht und frisches Gemüse von bester Qualität kaufen will, fragt man nach „Gemüse von der Hofstadt". Das wird hauptsächlich von älteren ungarischsprachigen Frauen angeboten. Und sie werben sogar mit dem Markenzeichen „Obst und Gemüse von der Hofstadt" – aus der Region.

Am Stadtrand wundere ich mich nicht mehr, dass das Ortsende-Schild einsprachig ist. Ich habe Nora Tar gefragt, warum es in einer mehrsprachigen Stadt keine mehrsprachigen Straßenschilder gibt. Sie meinte, die Schilder müssten ja dann drei- oder viersprachig sein, um allen gerecht zu werden. Im Übrigen habe der Bürgermeister ja nicht einmal zweisprachigen Ortsschildern zugestimmt, obwohl sich die Stadt mit dem Titel „Europäische Jugendhauptstadt" schmücke.

‚Ciao, Klausenburg', denke ich. Im gleichen Moment sehe ich zwei Müllautos, die zur Mülldeponie abbiegen, und folge ihnen. Ich habe gehört, neben und in der Müllkippe haben sich etwa 2.000 Roma niedergelassen. So ist das Roma-Ghetto Pata Rât entstanden. Die Stadtverwaltung hat danach noch zusätzlich knapp hundert Roma-Familien angesiedelt, die man in der Innenstadt nicht haben wollte. Sie alle leben auf dem Müll und vom Müll, klauben heraus, was sich zu Geld machen lässt, Plastikflaschen, Altpapier, Metall, und bringen es damit auf einen Tagesverdienst von höchstens zwei Euro. Als die ersten Hütten in Sichtweite kommen, erkenne ich eine Gruppe von Kindern und Frauen, die auf etwas zu warten zu scheinen – etwa auf die Müllautos? Aus Angst, ich sei dabei, in eine Tabuzone einzudringen, mache ich kehrt.

Es ist unübersehbar: Die Stadt wächst, die Neubauviertel werden sich weder mit der Müllkippe vertragen noch mit dem Roma-Slum. Also wohin damit? Die Behörden führen zwar in Zusammenarbeit mit der Vereinigung *Pata-Cluj* und der Europäischen Gemeinschaft laufend Projekte zur Integration der Roma

durch. Aber ich kann mir einfach nicht vorstellen, wie Kinder, die hier Tag für Tag in den stinkenden Müllbergen herumwühlen, in eine Schule gehen können. Und wer nicht in die Schule geht, bekommt später keine Arbeit.
Zwei kleine Buben stehen am Wegrand und winken. Ich bleibe stehen. Ihre Gesichter sind gezeichnet von Hautausschlägen. Sie halten die Hände auf und strecken sie mir entgegen. Ich gebe ich ihnen ein paar Lei. Aber das ändert ja nichts an ihrer trostlosen Situation.

Auf dem Weg nach Neumarkt am Mieresch

Vom Straßenrand aus erkenne ich zwischen zwei kahlen Hügeln eine abstrakte Skulptur, nicht weiter verwunderlich im Land von Brancusi[62], denke ich – und bin froh, dass ich jetzt weiß, wie man den Namen aussprechen muss: *Brancusch*, denn das ‚i' am Ende bleibt im Rumänischen stumm, das hat mir Nora Tar beigebracht. Zwei schwarze Figuren, eine größere, die schützend den Arm um eine kleinere legt. Vielleicht ein abstraktes Denkmal, das ein Liebespaar darstellt? Zwei Rohre ragen aus dem Boden. Die beiden sind auf geheimnisvolle Weise miteinander verbunden. Damit sie nicht zusammen in den Himmel wachsen, hat man sie, kaum dass sie aus dem Erdboden getreten sind, im rechten Winkel abgeknickt. Verdickungen, kleinere Knollen, größere Köpfe, Ausbauchungen … Und was für imposante Schraubenmuttern an den Deckeln, die alle Öffnungen der Rohre verschließen! Um den Wert des „Kunstwerks" hervorzuheben, hat man es mit einem Zaun umgeben. Kein Schild, kein Hinweis auf den Urheber.
Letzte Woche gab es im deutschsprachigen rumänischen Radio eine Meldung über das Engagement eines deutschen Energiekonzerns in Rumänien. Es ist die E.ON Gaz România, die hier mitmischt. Die deutsche E.ON gehört zu den umsatzstärksten Unternehmen in Rumänien. Wenn aus den deutschen Atomkraftwerken nichts mehr rauszuholen ist, weicht sie eben in andere Gefilde aus. Was ich als modernes Kunstwerk interpretiert habe, ist nur das abgesicherte Austrittsrohr einer erfolgreichen Bohrung nach Erdöl oder Erdgas.
Ich gehe ein Stück auf die schütter bewachsenen, graugelben Hügel zu. Nur auf dem Talboden etwas Grün, eine Wiese, auf der Schafe weiden. Auf der ersten

[62] Constantin Brâncuşi (1876-1957), rumänisch-französischer Bildhauer der Moderne

Anhöhe ein paar grasende Kühe. Grasende Kühe? Was finden die noch zu fressen zwischen den vertrockneten Grasstoppeln?
Bei der Weiterfahrt ab und zu kleine, in sich geschlossene Dörfer, eingewachsen in Baum- und Buschgruppen. Nur die Dächer sind sichtbar und, entlang der Straße, auch Teile der Fassaden, eine Tür, ein paar Fenster. An den Dorfrändern wieder Schafe, Kühe, Pferde. Im Schatten eines Nussbaumes steht angepflockt ein Esel, der fleißig alles Gras wegfrisst, das in seiner Reichweite wächst. Im Hintergrund ein verblühtes Sonnenblumenfeld vor Hügeln, die daliegen wie riesige schlafende Walrösser, unförmig, sandig mit runzliger Haut.

Ich setze mich in respektvollem Abstand neben den Esel ins Gras und betrachte den Boden, der von einem Netz breiter Risse überzogen ist. An manchen Stellen ist die Erde drei Finger breit aufgeplatzt. Auch wenn mir die wenigen bulgarischen Regentage gehörig auf die Nerven gegangen sind, insgesamt hat es überall zu wenig geregnet. Dem grasenden Esel ist das egal. Er knabbert die trockenen Halme ab und kaut auf ihnen herum, als wären es Delikatessen.
Es ist wieder so ein Tag, an dem mir das Licht schon am Vormittag wehtut. Die Augen trocknen aus beim Schauen, so ausgebrannt ist das Land. Ich lege mich auf den Rücken, schließe die Augen, stelle mir einen taufrischen Morgen vor, sehe mich barfuß durchs kühle, feuchte Gras laufen.
In den vergangenen Tagen hatte ich immer öfter das Bedürfnis, mich zu sammeln. Die Fülle von Informationen wächst mir über den Kopf. Ich habe großes Verlangen, Übersicht über das Erlebte und Gesehene zu gewinnen. Neben mir auf dem Boden eine blütenweiße Feder. Das altertümliche Schreibgerät erinnert mich daran, dass ich ein paar Gedanken zum Besuch in Klausenburg ins Notizbuch schreiben wollte, bevor sie von neuen Wahrnehmungen überdeckt werden. Mit einer Schreibfeder schreiben, das wäre ein fast zu vornehmes Unterfangen oder mehr was fürs Heimatmuseum. Für mich tut's der Bleistift. Auch wenn ich sonst auf Langsamkeit schwöre, das Festhalten der Wahrnehmungen muss schnell vor sich gehen, sonst machen sich die Gedanken aus dem Staub.

Ins Notizbuch: Die Deutschen sind zum Großteil abgewandert, aber viele deutsche Firmen siedeln sich in Rumänien an. Es gibt immer noch viele deutsche Schulen. Das Deutsche genießt in Rumänien hohes Ansehen. Was ich nicht verstehe, ist, dass die ungarischsprachigen Rumänen die Staatssprache mehrheitlich nicht besonders gut beherrschen. Sie haben wenig Interesse daran, Rumänisch zu lernen. Viele schicken ihre Kinder in deutsche Schulen und wählen den deutschsprachigen Klaus Johannis zum Präsidenten. Geht es nur um die Karriere, ums Business, um einen Beruf, der mehr einbringt?
Das hat einer geschrieben, der aus einem Wohlstandsland kommt. Keiner ist da, der widersprechen könnte. Es ist still. Der Esel schweigt. Ich schweige und schau ihm beim Schweigen zu. Und beim Fressen. So ist es recht, du hast Anstand: Mit vollem Munde spricht man nicht.

Allmählich weichen das traurig-trockene Braungrau entlang der Straße, das staubige Gelb der Maisfelder und das stumpfe Schwarz der verblühten Sonnenblumen ersten Anflügen von Grün. Die Übermacht der kahl gefressenen Hügel ist beendet. Bald schwelgt die Umgebung in üppigem Grün, aus jeder Ritze quillt es heraus. Ich habe das Tal des Flusses Mieresch erreicht, auf den ich zum ersten Mal am Tag meiner Ankunft in Rumänien bei Arad gestoßen bin. Das war knapp 400 Kilometer westlich.

Mein heutiges Ziel ist erreicht: Neumarkt am Mieresch[63], das politische, wirtschaftliche und kulturelle Zentrum des Szeklerlandes[64].
Vor Kurzem hat sich übers Internet ein Kontakt mit dem Oberpfälzer Andreas Moser ergeben. Seit acht Monaten hat er sich hier am Rande der Innenstadt in der möblierten Wohnung eines Plattenbaus eingenistet. Der gelernte Rechtsanwalt führt ein extremes Nomadenleben. Ein Jahr lebte er in London, ein

[63] Neumarkt am Mieresch, rum.Târgu Mureş, ung. Marosvásárhely, ca. 130.000 Einw.
[64] Szeklerland, ung. Székelyföld, rum.Ţinutul Secuiesc. Szekler: ungarische Volksgruppe im Osten Transsilvaniens

Jahr auf Malta, dann in Lettland und Montenegro. Die kommenden beiden Jahre will er in Südamerika verbringen. Wie kommt einer nur auf die Idee, alles hinzuschmeißen und ein so unstetes Leben zu führen?
„Auslöser war vermutlich die Verhaftung nach einer Demonstration in Teheran", erzählt er mir abends am Küchentisch, „dorthin habe ich Freunde begleitet. Im Gefängnis war ich vollkommen von der Außenwelt abgeschnitten. Vom Fenster aus bekam ich mit, was im Gefängnishof vor sich ging. Wusste nicht, waren es Hinrichtungen oder Scheinhinrichtungen? Ich wurde mehrmals verhört, durfte mit niemandem Kontakt aufnehmen, hatte keine Ahnung, was auf mich zukommt. Nach wenigen Wochen, vollkommen überraschend, haben sie mich entlassen."
Von da an wollte er sein früheres Leben nicht mehr fortsetzen. Nachdem er seine Anwaltskanzlei im oberpfälzischen Amberg aufgegeben hatte, begann er durch die Welt zu reisen. Vor ein paar Wochen wurde er vierzig, ein unruhiger Geist, der eine geheimnisvolle Ruhe ausstrahlt. Er reist durch die Welt, lebt in kleinen möblierten Mietwohnungen, lebt unglaublich bescheiden, dabei könnte er in unserer Gesellschaft mit seiner Intelligenz, seinem guten Aussehen, seiner souveränen, überzeugenden Art zu reden und zu argumentieren, überall schnell Kariere machen. Er pfeift drauf! Das nötige „Kleingeld" für seinen Lebensunterhalt verdient er sich mit Aufträgen aus dem Internet, wo er regelmäßig Blogs über seine Reiseerfahrungen einbringt und das Übersetzen von Vertragstexten sowie Beratung im Bereich des internationalen Rechts anbietet.
Er hat mich eingeladen, ein paar Tage bei ihm zu wohnen. Das hat für mich den Vorteil, dass sich die Kosten in Grenzen halten werden und, was noch wichtiger ist, dass ich die Kontakte nützen kann, die er in den vergangenen Monaten in der Stadt geknüpft hat.

Geld ist nicht alles

Bei der ersten Begegnung, die mir Andreas vermittelt, werde ich wieder mit der Roma-Problematik konfrontiert. „Maria Koreck kümmert sich um die Eingliederung von Roma-Kindern in die Schule", erzählt mir Andreas, als wir durchs Gartentor unter ein angenehm schattiges Baumgewölbe treten. Grünes Dach. Grüne Wände. Ein misstrauischer Hund geht uns an, gibt aber gleich Ruh, als Maria aus dem Haus tritt und uns auf die Terrasse bittet. Sie stellt schnell eine Schale mit Zwetschgen und Weintrauben auf den Tisch.
„Wir haben gerade Gäste bekommen – muss ihnen ihr Zimmer zeigen", sagt sie noch und schon ist sie verschwunden. Der Hund hockt sich neben den Tisch, als wolle er uns bewachen. Andreas kennt Maria schon einige Monate. Sie ist in Temeschwar geboren und dort zweisprachig aufgewachsen, Deutsch und Ungarisch. Rumänisch ist ihre dritte Sprache, weil es halt die Landessprache ist.
Da kommt sie zurück, in der Hand einen Glaskrug randvoll mit Wasser, setzt sich zu uns. „Was wollt ihr wissen?" Bevor ich reagieren kann, springt sie ins Gespräch, als würde sie einen Kopfsprung vom Fünf-Meter-Brett machen. „In Târgu Mureş spricht die Hälfte der Bevölkerung Ungarisch. Abgesehen davon ist Târgu neben Temeschwar nur eine Provinzstadt."
Sie betont das „nur" mit so einem Ausdruck des Bedauerns, dass ich nachfrage: „Dann ist es vermutlich nicht unbedingt erstrebenswert für Sie gewesen, von Temeschwar nach Neumarkt am Mieresch zu ziehen?"
„So ist das eben, wenn man sich verliebt und heiratet", meint sie und zieht gelassen das Tischtuch glatt. „Ich war 1989 noch Studentin. Als ich herkam, habe ich meinen Beruf als Bauingenieurin nur ein paar Monate ausgeübt. Damals gab es eine Flaute in der Bauindustrie. Ich habe nicht abgewartet, bis sich das geändert hat, und bin gleich in die Vereinsarbeit hineingeschlittert."
Maria Koreck wurde Mitbegründerin eines Vereins, der sich mit interkulturellen Roma-Projekten beschäftigt. „Zurzeit haben wir fünf Projekte, die von der norwegischen Regierung finanziert werden. Es gibt auch solche, bei denen wir ehrenamtlich arbeiten", erzählt sie.
„Wie kommt es zur Fokussierung auf die Arbeit mit den Roma-Familien? Gibt es ein Schlüsselerlebnis, das den Anstoß gegeben hat?"
„1993 gab es ein Pogrom in *Hădăreni*. Das ist ein Dorf zwischen Neumarkt und Klausenburg. Dort wurden dreizehn Roma-Häuser angezündet. Der Mob

prügelte zwei Roma zu Tode, einer verbrannte in seinem Haus. Alles in Anwesenheit von Polizisten. Ich war sehr geschockt, dass Ungarn und Rumänen so etwas tun konnten, denn es war eindeutig zu erkennen, dass es sich bei den niedergebrannten Häusern um Bauernhäuser gehandelt hat. Es waren also keine Problemfamilien."

Damals traf Maria Koreck den Soziologen und bekennenden Roma Nikolae Gheorge[65] und erfuhr, dass nur wenige Roma-Familien wagen, öffentlich zu ihrer Roma-Zugehörigkeit zu stehen.

„Wir sind damals zu den Hügeln gegangen, wo sich die Roma aus Angst versteckt hatten. Im Umgang mit ihnen habe ich viel gelernt und ich lerne noch immer. Die Roma sind wirklich anders, das muss man akzeptieren. Nur so kann man zusammen leben. Wir haben die Situation weiter beobachtet. Erst nach neun Jahren hat der EU-Gerichtshof Rumänien dazu verurteilt, die Täter zu bestrafen und den Schaden zu ersetzen. Fünf von ihnen bekamen Haftstrafen zwischen einem und sieben Jahren. Bis heute sind zwei der Häuser immer noch nicht aufgebaut. Es gibt immer noch keine Arbeit für die Roma. Die kleine Fabrik, die man ihnen vor über zwanzig Jahren versprochen hat, wurde nie gebaut. Einige der Roma sind weggezogen. Pogrome gibt es immer noch, nicht hier, aber in anderen Dörfern, nur greift die Polizei jetzt schneller ein. Der Konflikt ist im Grunde nur eingefroren. Die Roma haben kein Land. Sie leben fast immer am Rande, auf einem Gelände, das ihnen nicht gehört. Sie haben keine Arbeit, bekommen höchstens ab und zu einen Tageslohn. Man braucht ja in den Dörfern nicht mehr viele Hilfsarbeiter. Und dann stehlen sie halt. Es sind Kleinigkeiten. Aber das führt natürlich zu Konflikten im Dorf."

„Wenn es zu solchen Gewaltausbrüchen kommt, muss sich ja bei den Leuten ein ungeheurer Hass gegen die Roma angestaut haben? Woher kommt denn das?

Maria Koreck zuckt die Achseln. Sie beißt auf ihre Unterlippe, scheint nachzudenken, meint zögernd: „Im Kommunismus war die Politik so ausgerich-

[65] Nikolae Gheorghe (1946-2013), vgl. Anhang, Anm. 5

tet, dass die Roma sesshaft werden, die Kinder in die Schule gehen und alle Menschen arbeiten müssen. Das war Gesetz. Da gab es keinen Widerspruch. Nach 1989 waren die Roma die Ersten, die aus den Fabriken rausgeschmissen wurden. Dadurch haben sie ihre Existenzgrundlage verloren. Die Armensiedlungen am Rande der Dörfer und Städte wurden immer größer. Das Problem wurde verstärkt durch Zuwanderung aus anderen Gebieten, vor allem aus der Republik Moldawien. Die Roma wurden benutzt, wenn sie etwas konnten, das man brauchte. Sie selbst konnten nie mitsprechen, wenn Entscheidungen fielen. Alle anderen Minderheiten hatten wenigstens jemanden, der für sie sprach. Dazu kommt noch, dass es schon zwei Generationen bei den Roma gibt, die nicht gearbeitet haben. Wenn Kinder nicht sehen, dass die Eltern arbeiten, dann sehen sie sich nicht ins soziale Gefüge der Arbeitenden eingebunden."

Je länger ich Maria zuhöre, desto mehr gewinne ich den Eindruck, dass es für die Mehrheit der Roma keinen Ausweg gibt. Ich sträube mich dagegen, das zu akzeptieren. „Wo bleibt denn da auf einmal die viel gepriesene Toleranz gegenüber Minderheiten? Gibt es denn keine Ideen, diesen Menschen Arbeit zu beschaffen?"

„Sogar wenn es plötzlich Arbeitsplätze gäbe, wäre es nicht einfach, die Roma dort einzugliedern. Nur wenn der Kontakt gehalten wird, ist es möglich, Vertrauen aufzubauen. Das ist besonders wichtig bei der gemeinsamen Arbeit mit den Kindern und den Schulen. Viele Roma kommen nicht über die achte Klasse hinaus. Es sind jedes Jahr weniger, die das schaffen. Ein Schulabschluss ist wiederum die Voraussetzung für das Einfädeln der Roma ins Berufsleben, denn ohne Zeugnisse, ohne schriftliche Bescheinigungen bekommen sie keine Arbeit."

„Ist das in ganz Rumänien so?", frage ich dazwischen.

„Im Bezirk Mureş gibt es die meisten Roma, die sich als Roma bekennen. Das heißt nicht, dass hier die meisten leben. Hier gibt es immerhin so etwas wie eine Roma-Identität. Man spricht viel Romanes. Die Schulbehörden begreifen leider nicht, dass man etwas tun muss. Man müsste sehr viel investieren. Im Roma-Ghetto Valea Rece am Stadtrand von Târgu Mureş gibt es jedes Jahr vierzig bis sechzig Kinder, die nicht in den Kindergarten gehen. Aber das ganze Schulsystem baut auf dem Kindergarten auf. Sonst schafft man ja nicht einmal die erste Klasse."

„Es kann doch nicht so schwierig sein, die Roma-Kinder in den Kindergarten zu bringen!", werfe ich entnervt ein.

„Erstens haben wir zu wenige Kindergartenplätze, und zweitens sehen die Roma-Eltern nicht ein, warum sie ihre Kinder dort hinschicken sollten. Sie haben andere Sorgen. Viele Familien haben fast nichts anzuziehen, sie haben kein Wasser, keine Elektrizität …"
Unvermittelt wirkt Maria Koreck, die zu Beginn unserer Unterhaltung so energiegeladen war, sehr müde. Während sie spricht, kommt es mir vor, als würde ihr das Erklimmen einer starken Steigung das Atmen schwer machen. Diese Sehnsucht, etwas ins Positive zu drehen, diese Ohnmacht.
„Wenn sie in den ersten vier Klassen nicht so gut mitkommen wie die ungarischen und rumänischen Kinder, wird die fünfte zur nächsten großen Hürde, weil sie von ihren Eltern, die auch kaum lesen und schreiben können, keine Hilfe bekommen. Dann bleiben sie einfach weg, denn in der Mittelstufe haben sie keine Chance mehr und ab der neunten im Lyzeum erst recht nicht. Der einzige Vorteil ist, dass sie wenigstens eine Bescheinigung über den Besuch der ersten vier Klassen haben. Ich weiß nicht, ob das gut ist, denn viele können trotzdem nicht schreiben und sind praktisch Analphabeten. Mehr als die Hälfte der Roma sind nicht integriert, sie leben von einem Tag auf den anderen. Die sind das Hauptproblem – auch in der Bildung."

Die komplizierte Geschichte der Roma in Rumänien

„Gibt es denn auch historische Ursachen für die Situation der Roma?"
Maria Koreck runzelt die Stirn. Sie fragt mich, wie viel Zeit ich habe. Das sei eine lange Geschichte …
„Bereits unter Maria Theresia gab es Bemühungen, die Roma einzugliedern. Joseph I. hob Ende des 18. Jahrhunderts die Leibeigenschaft in Siebenbürgen auf. Die Roma bekamen Land. Trotzdem blieb ihre Außenseiterrolle bestehen. Als man Rumänien nach dem Ersten Weltkrieg große Gebiete des Königreichs Ungarn zusprach, darunter Transsilvanien, lebten dort viele Roma, die vor allem als Händler und selbstständige Handwerker Kessel-, Kupfer- und Blechschmiede tätig waren. Unter diesen hat sich Romanes[66] neben Ungarisch und Rumänisch behauptet. Anders verlief die Geschichte in den angestammten rumänischen Fürstentümern, im sogenannten Altreich Rumäniens südlich und östlich

[66] Romani, deutsch auch Romanes, Sprache der Roma

des Karpatenbogens, dort waren die Roma bis 1856 Sklaven wie in Amerika. Bei der Abschaffung der Leibeigenschaft in der Kleinen und Großen Walachei und in der Moldau bekamen die Roma nichts. Sie wurden auf die Straße geworfen, man verbot ihnen, ihr Romani zu sprechen und die festgelegte Region zu verlassen. Viele bettelten, bei ihren vormaligen Besitzern bleiben zu dürfen, um wenigstens regelmäßig Essen zu bekommen und ein Dach über dem Kopf haben. Sie wollten nicht frei sein, sie hatten ja keinen Besitz und kaum eine Chance, Besitz zu erwerben. Seitdem sind über 150 Jahre vergangen, und sie haben immer noch nichts. Und wenn jemand nichts hat, dann ist alles anders. Man lebt von einem Tag auf den anderen. Auch in Valea Rece leben sie in Häusern, die ihnen nicht gehören. Ihre primitiven Bauwerke sind allesamt illegal. So sind sie abhängig von der Großherzigkeit des Bürgermeisters. Seit 1989 haben die Roma wie alle Minderheiten einen Platz im Parlament. Sie können gewählt werden und mitbestimmen. Aber so was kann man nicht in der Schule lernen. Da muss man hineinwachsen."

Ich kenne aber inzwischen die Geschichte vom Zigeunerkönig und weiß von meinen Gesprächen mit Petru Duca in Hermannstadt und von meinem Besuch in Huedin, dass es auch reiche Zigeuner gibt, zum Beispiel die Gabor, die sogenannten Hut-Zigeuner, die einem im Straßenbild von Neumarkt sofort auffallen: vornehm gekleidete Frauen mit bunten Kleidern und Männer mit breitkrempigen schwarzen Hüten, Ich bin neugierig, was mir Maria über die erzählen kann.

„Es gibt in Rumänien alle Gruppen und Untergruppen der Roma. Die transsilvanischen Gabor sind eine davon. Sie waren im vergangenen Jahrhundert Spengler, oft auch Händler. Ihr Reichtum ist das Gold, das sie besitzen. Sie haben sich gut angepasst. Viele traditionelle Roma sind sesshaft, nicht nur die Gabor, einfach alle, die noch Halt finden an ihren Volkstraditionen. Sie sind für die Gesellschaft kein Problem, auch wenn sie nicht so viel Steuern bezahlen, wie sie sollten. Sie haben eine stark ausgeprägte Identität. Anders als die Roma, die in den Slums leben, die haben ihre Identität verloren."

Maria Koreck berichtet von einem älteren Mann, der von vielen Roma als eine Art Führer anerkannt wird.

„Er war bis zur zehnten Klasse in der Schule, hat gearbeitet und ist wirklich interessiert daran, den Seinen zu helfen. Er hat Autorität. Leider nicht bei allen."

„Warum nicht bei allen?"

Maria erklärt sich das so: „Viele sind erst zugewandert, nachdem sie bereits alles verloren hatten, auch ihre Identität. Die sind so asozial, dass sie keine Regeln mehr anerkennen. Bei den Traditionellen gibt es diese Großfamilien, die ein Oberhaupt haben, so wie es in den Dörfern den Ältestenrat gab. Diese Oberhäupter fungieren als Mediatoren. Ihre Entscheidungen müssen respektiert werden. Das hat nichts mit einem ordentlichen Gericht zu tun."

Nicht, dass ich Maria Ratschläge geben könnte. Ich will nur die Zusammenhänge verstehen. „Identität recht und schön, die garantiert eine gewisse Ordnungsstruktur. Trotzdem berichten Zeitungen noch von Kinderhochzeiten. Dann bräuchte es halt in Roma-Kreisen viel mehr Mediatoren wie Florin Cioabă einer war, der sogenannte König der Zigeuner. Mag er noch so umstritten gewesen sein, er hat sich wenigstens darum bemüht, dass sich die Roma an die geltenden staatlichen Gesetze halten."

Auch wenn Maria des Öfteren der Verzweiflung nah ist, ihren Optimismus will sie sich nicht um alles in der Welt nehmen lassen. „Die Presse berichtet viel über Kuriositäten und Skandale, die mit den Roma zu tun haben. Sie berichtet nur viel zu wenig von den positiven Entwicklungen. Die Roma-Mädchen werden nicht mehr so jung verheiratet. Es finden bei den traditionellen Roma sogar schon Scheidungen statt. Wichtig ist vor allem, dass jetzt schon viele studieren. In Neumarkt gibt es zehn Medizin-Studienplätze für Roma, dort kann man mit wenig Geld studieren, aber man fliegt sofort raus, wenn man nicht mithält. Der Soziologe Nikolae Gheorghe bekannte sich erst nach dem Studium zu seiner Roma-Herkunft. Er scharte junge Menschen um sich, die studierten und Vereine gründeten."

So sieht Maria ihre Aufgabe weiterhin vor allem auf dem Gebiet der Bildung und Ausbildung. Sie hat begonnen, in Zusammenarbeit mit dem Ministerium Kurse für Lehrer zu halten. So spricht sie bei den Mehrheiten über die Minderheiten, natürlich auch über die Roma, damit sich die Vorurteile in Grenzen halten. Ihr ist es wichtig, dass Eltern ihren Kindern daheim vorlesen und dass die Kinder in den Kindergarten gehen. „Die Roma könnten mithalten, sie bräuchten die Hilfe, die unsere Kinder daheim bekommen. Man braucht Nachmittagsschulen und zusätzliches Lehrpersonal, dann geht das. Dabei fehlt nicht nur das Geld. Es gibt ja eine ganze Reihe von Organisationen, die freiwillige Arbeit leisten. Leider liegt es oft an der Schule selbst. Man ist dort froh, wenn diese Kinder verschwinden. Ein Konzept, wie es weitergehen könnte, ist da. Rechtlich und methodisch passt alles. Das Ministerium hat eine gute Minderheitendirektion, die auch eine Roma-Abteilung hat. Jeder Bezirk hat einen Roma-Schulinspektor. Der ist leider ganz vom Generalinspektor abhängig."

„Könnte man nicht auf verschiedensten Ebenen, in den Bereichen Musik, Sport, im Alltag, immer wieder neu versuchen, Identität und Selbstbewusstsein der Roma zu stärken? Gerade die Musiker unter den Roma passen sich so gut an, dass sie weltweit Anerkennung finden", gebe ich zu bedenken.

„Ja, es gibt sehr viele talentierte Musiker, aber die haben es auch nicht leicht. Ich hatte einen sehr talentierten Kerl in Valea Rece, wir haben es einfach nicht geschafft, ihn in den Musikunterricht zu bringen – die Familie sperrte sich dagegen. Nur einige wenige beißen sich durch. Man könnte in der Romani-Sprache[67] unterrichten, das würde sehr dabei helfen, die Identität zu festigen. Es wäre wichtig, selbst dann, wenn Romani keine Sprache ist, in der die Kinder weitermachen werden. Wir müssen auch grundsätzlich darüber nachdenken, ob wir im Staat Roma mit Roma-Identität haben wollen oder ob wir sie assimilieren wollen. Die Roma werden das nicht entscheiden. Es wäre gut, wenn sie das entscheiden könnten, doch die meisten werden dazu nicht in der Lage sein. Wer von denen die Schule schafft, wird meistens assimiliert. Sie sagen, dass sie Roma sind, aber sie sprechen Rumänisch. Ihre Kinder werden nicht mehr Romani sprechen. Bis ins letzte Jahrhundert war es sowieso nur eine gesprochene Sprache, erst danach hat man eingesehen, dass die Sprache standardisiert werden muss. An der Universität in Bukarest gibt es für alle Jahrgänge Schulbücher für Romani und eine entsprechende Lehrerausbildung."

Hütten aus Blech, Brettern und Teppichresten – Besuch im Roma-Ghetto Valea Rece

Am Tag drauf begleiten Andreas und ich Maria um acht Uhr früh zum Roma-Ghetto. Sie leitet dort ein Roma-Projekt zur Wiedereingliederung von Kindern und Jugendlichen in die Schule. Während wir an der Straße, die in die Siedlung hineinführt, noch auf ihre Kollegin warten, bringen zwei Männer mit einem Pferdefuhrwerk vier Kunststofffässer mit Trinkwasser. Bei jedem Schlagloch

[67] Romani, deutsch: Romanes

schwappt das kostbare Nass auf die Straße. Hier leben Hunderte von Menschen. Nur die vorderen Häuser sind aus Stein und haben Strom und Wasser. Die wurden den Roma von der Stadtverwaltung zur Verfügung gestellt. Nach und nach haben sich dann immer mehr den Hang hinauf angesiedelt.

Andreas erzählt, er habe sich bei seinen Spaziergängen einmal verlaufen, sei auf dem Hügel oberhalb des Ghettos gelandet. Er wollte es durchqueren und habe dabei die Übersicht verloren. Niemand habe ihn angefeindet, alle seien überaus freundlich gewesen und hätten ihm die Richtung hinunter zur Straße gezeigt. „Nach oben hin werden die Behausungen schäbiger und kleiner", sagt er, „zehn bis zwölf Quadratmeter für sechs Leute. Hütten aus Blech, Pappe, Brettern und Teppichresten, eine an die andere gelehnt, damit sie nicht zusammenbrechen. Oft leben zehn Leute auf einer Fläche von fünfzehn bis zwanzig Quadratmetern. Dort schlafen sie, dort kochen sie, dort leben sie zusammen. Die Wände sind kalt. Fenster haben häufig keine Scheiben. Die Dächer sind undicht. Die Fußböden sind gestampfter Lehm. Ein Winter in so einer Hütte muss ein Albtraum sein. Wenn es regnet, werden die schmalen Pfade, die durch das Labyrinth des Slums führen, zu glitschigen Rinnsalen. Die Menschen hier sind gefangen in der Armutsfalle. Ihre Lebensbedingungen und die Ausweglosigkeit machen sie krank."

Drüben auf der Sonnenseite des Hügels wurde die moderne Siedlung Belvedere errichtet, für Leute, die mehr Geld haben. Einfamilienhäuser mit gepflegten Gärten, grad so wie in den deutschen Stadtrandsiedlungen. Da wird aufgeräumt und planiert und ummauert und asphaltiert. Unkontrollierbare Nischen verschwinden. Alles was wuchert und wächst, scheint den Anwohnern ein Dorn im Auge zu sein. Ordnung und Sauberkeit ist angesagt. Hier muss

man zeigen, dass man Geld hat, dass man mithalten kann. Mithalten mit wem? Mit den Nachbarn. Als ob die ein Maßstab sein könnten.
Die Ghettobewohner sehen nicht hinüber. Der Hügel versperrt ihnen die Sicht. Die „schöne Aussicht" der wohlhabenden Bürger öffnet sich nach Süden. Der Hügel erspart ihnen den Anblick von Valea Rece. Eines ist sicher: Die auf der Nordseite würden lieber mit denen auf der Südseite tauschen.
„Das Gemeinschaftsleben der Roma spielt sich in der Mittelachse des Slums ab", sagt Maria mit gedämpfter Stimme, „dort drüben gibt es sogar einen kleinen Laden. Da können sie bei Ihresgleichen zu Wucherzinsen anschreiben lassen."
„Und wenn sie's nicht zahlen können?"
Maria schaut zu Boden und schüttelt den Kopf. Ich ahne, was sie antworten müsste. Ich hab gelesen, dann müssen sie ihre Kinder verleihen zur Arbeit. Manchmal gehen kleine Gruppen von Buben von zwölf bis dreizehn Jahren in Begleitung einer älteren Frau nach Deutschland und müssen stehlen. Sie sind nicht strafmündig und werden heimgeschickt, wenn sie erwischt werden. Und das Geld, das sie zurückbringen, reicht den Eltern gerade, um Zins und Zinseszins zu zahlen.
Zwischen den gemauerten Häusern rechts und links der Straße stehen Frauen, die sich unterhalten, nur wenige Männer, die schlafen vielleicht noch. Kinder spielen mit Hunden und Katzen, werfen sich Bälle an den Kopf. Einige nähern sich neugierig, als wir kommen. Ein Mädchen, vierzehn oder fünfzehn, bildhübsch, sauber frisiert und gekleidet, trägt ein Baby herum, wiegt es in den Schlaf. Zwei Männer kommen aus der Stadt, zerren große Ballen aus zusammengepresstem Plastikmüll, den sie in der Stadt gesammelt haben, den Hügel herauf. Am Rande der Szene trinkt eine Frau ihre Cola aus und wirft die leere Plastikflasche achtlos in den Graben.

‚Was ist eigentlich los hier?', denke ich entnervt.
„Immer das Gleiche!", stöhnt Maria. „es reicht nicht, wenn man sagt: Um acht habt ihr in der Schule zu sein! Es funktioniert ja nicht einmal, wenn man kommt, um sie abzuholen. ‚Nein, heute nicht, meine Eltern schlafen noch, ich komme morgen!' Oder ihre Kinder

schlafen noch, und die Eltern wollen sie nicht wecken. Dann das Diskutieren. Jeden Tag die Kleinarbeit, sie aus dem Chaos ihres Alltags zu lösen. Es ist so furchtbar ermüdend, ständig die gleichen Argumente wiederholen zu müssen: Die Kinder müssen in die Schule, damit sie Zeugnisse bekommen. Ohne Zeugnisse keine Arbeit. Ohne Arbeit kein Geld …"

Zwei Stunden brauchen die beiden Frauen, bis wir das Ghetto mit acht Kindern in Richtung Schule verlassen können. Als die Kinder endlich in die Klassenzimmer gehen, unterhalte ich mich mit einer der Lehrerinnen.

„Vor ein paar Tagen sind wir aus dem Sommercamp heimgekommen", erzählt sie. „Wenn sie ein neues Zimmer, neue Kleidung, ein neues Bett bekommen, haben sie ein neues Verhalten. Wenn das Sommercamp vorbei ist, kommen sie heim und haben sofort wieder ihr altes Verhalten: aufsässig, aggressiv, jede Menge übelstes Vokabular."

„Irgendwie kann ich das nachvollziehen. Das ist das wirkliche Leben, da sind sie nicht mehr behütet, müssen wieder kämpfen", sage ich.

„Man kann doch auf verschiedene Art kämpfen", meint die Lehrerin kraftlos. „Aber wer lehrt es sie außerhalb des Camps?"

Als Geste der Hilflosigkeit breitet sie die Arme aus und lässt sie fallen.

„Wir versuchen es …"

Gespräche mit Gott und der Welt und einigen Neumarktern

Die Redakteurin Gabriella Mezei vom deutschsprachigen Radio Neumarkt am Mieresch spielt uns einige Kurzberichte vor und erzählt, dass sie vor einigen Jahren eine Reportage über ein deutsches Dorf dieser Region gesendet hat, in dem deutschsprachige Roma lebten. Die haben sich einfach an ihre Umgebung

angepasst, so wie die Roma türkisch gesprochen haben, die ich im Türkenviertel im bulgarischen Veliko Tarnovo kennengelernt habe.
Unglaublich, wie viele Kontakte der Andreas in der kurzen Zeit seines Hierseins schon geknüpft hat! Attila Bartus arbeitet am Bau. „Hauptsächlich Innenausbau". sagt er. Wir treffen ihn am Mieresch. Er steigt vom Fahrrad und begleitet uns bei unserem Spaziergang am Fluss, vorbei an Schlauchbooten, Kanufahrern und badenden Kindern. Eine Sommerabendidylle!
Attila ist umweltpolitisch stark engagiert. Er macht sich Sorgen um die Zukunft seines Landes und erzählt uns, dass ausländische Holzverarbeitungs-Unternehmen in den Karpaten hemmungslos alte Baumbestände abholzen.
Er weiß auch Bescheid über die Umweltprobleme vor Ort. In Neumarkt hat sich die Chemiefabrik Azomureş angesiedelt. Der größte Düngemittelhersteller Rumäniens exportiert seine Produkte in die ganze Welt. Bei der Herstellung werden ständig die Grenzwerte der Ammoniak- und Stickstoffemissionen überschritten. Es gibt inzwischen eine Bürgerinitiative, die mit verschiedenen Aktionen auf den gefährlichen Schadstoffausstoß aufmerksam macht. „Das Umweltbewusstsein in der Region scheint zu wachsen", meint Attila.

Café Frei steht auf dem Schild über dem Straßenlokal, in dem wir uns mit Julie Dawson treffen, einer Amerikanerin, die sich mit ihrem Mann Benjy in der Stadt niedergelassen hat. Benjy Fox-Rosen ist Musiker, unternimmt musikalische Feldforschungen in Nordrumänien und Moldawien. Er sammelt alte jiddische Musik, aber er komponiert auch selbst.

Julie ist für das Leo Baeck Institut[68] tätig und widmet ihre Arbeit dem Erhalt der alten jüdischen Archive in Transsilvanien und in der Bukowina. Wir unterhalten uns über die Geschichte der jüdischen Bevölkerung und der jiddischen Sprache in Nordrumänien. Merkwürdig: Die Juden haben in Rumänien nicht das Recht auf Muttersprachen-Unterricht in eigenen staatlichen Schulen wie alle anderen anerkannten Minderheiten, und das, obwohl sie sich neben den Dakern und Römern lange vor den Ungarn, Roma, Deutschen, Armeniern, Türken, Lipowanern im Gebiet des heutigen Rumänien niedergelassen hatten. Grabsteine, Münzen und andere archäologische Funde belegen das. Sie haben keine eigene Sprache mehr. Jüdische Kinder sprechen heute nicht mehr Jiddisch. Die Sprache existiert fast nur noch in der Volksmusik. Und Familien, die daheim Hebräisch sprechen, gibt es erst recht nicht. Dabei zählte das Jiddische noch in der ersten Hälfte des 20. Jahrhunderts neben Rumänisch, Deutsch und Ungarisch zu den am meisten gesprochenen Sprachen im Land. Bis in die Gegenwart kommen wichtige künstlerische und philosophische Anstöße aus diesem Umfeld. Eugène Ionesco[69], ein Genie des absurden Theaters, oder der amerikanische Schriftsteller und Nobelpreisträger Elie Wiesel[70] stammen ebenso aus dem rumänischen Judentum wie die Vorfahren des Balladensängers Art Garfunkel[71]. Vor 1940 gab es in Rumänien noch rund 850.000 Juden. Im Holocaust ist mehr als die Hälfte von ihnen ermordet worden. Danach haben die meisten der

[68] Das Leo Baeck Institute New York Berlin widmet sich der Geschichte der deutschsprachigen Juden. Mit einer mehr als 80.000 Bände umfassenden Bibliothek sowie seinem stetig wachsenden Archiv und einzigartigen Kunstsammlungen ist es die bedeutendste Sammlungsstätte von Primärquellen und Forschungsmaterial über die jüdischen Gemeinden Zentraleuropas.

[69] Eugène Ionesco (1909-1994), Schriftsteller, einer der wichtigsten Vertreter des absurden Theaters

[70] Elie Wiesel (1928-2016), Schriftsteller und Hochschullehrer

[71] Art Garfunkel, * 1941, amerikanischer Sänger und Schauspieler. wurde bekannt zusammen mit Paul Simon als Duo Simon & Garfunkel.

Überlebenden das Land verlassen. Bis heute ist die Zahl der Juden auf knapp 12.000 gesunken.
Vasile Dub, der Präsident der Jüdischen Gemeinschaft in Neumarkt am Mieresch, macht sich keine großen Illusionen. Das jüdische Leben spielt sich vor allem in der Hauptstadt Bukarest ab, wo es ein jüdisches Verlagshaus gibt und viele koschere Läden. Dort leben die Hälfte der rumänischen Juden und die beiden einzigen Rabbiner des Landes. Im Westen Rumäniens gelten Temeschwar und Arad als jüdische Zentren, dort existieren sogar jüdische Altersheime. Es gibt zwar noch jüdische Folklore- und Gesangsgruppen, doch die treten heutzutage meist vor einem nichtjüdischen Publikum auf. Im Nordosten findet in der Stadt Iași[72] jedes Jahr ein jiddisches Theaterfestival statt.
Vasile Dub erzählt, dass es in Neumarkt noch eine zweite jüdische Gemeinde gibt. „Orthodoxe Juden, die nichts mit uns zu tun haben wollen. Aber sogar an den Festtagen kommen kaum Leute zu denen. Wir sind ein bisschen fortschrittlicher, trotzdem haben auch wir mit dem Rückgang der Besucherzahlen zu kämpfen."
„Zwei leere Synagogen sind besser als keine", sag ich.
Da muss er lachen, der Herr Dub. Er geht schon auf die siebzig zu, wirkt flink und beweglich. Das dottergelbe Poloshirt steht ihm gut, so braungebrannt wie er ist. Er war gerade erst zwei Wochen im Urlaub auf Mallorca.

Der Schriftsteller Eginald Schlattner hat mir erzählt, dass es in Neumarkt am Mieresch eine deutsche Schule gibt, in der die Schüler sogar in der Pause Deutsch sprechen *müssen*.
Am Abend treffen wir die Lehrerin Anka Ormenisan. Sie arbeitet in dieser Schule und

[72] Iași, deutsch Jassy, ungarisch Jászvásár, Region Moldau. Rund 290.000 Einw., viertgrößte Stadt in Rumänien. Vgl. Anhang, Anm. 6

kann das bestätigen. „Ja, in unserer Schule nehmen wir die deutsche Sprache ernst und versuchen die Schüler anzuhalten, sich auch im Schulalltag entsprechend auszudrücken. Zu uns kommen Kinder, deren Eltern Wert darauf legen, dass sie im Leben vorwärtskommen.“

Anka Ormenisans Schule pflegt regen Austausch mit dem Bayerischen Lehrer- und Lehrerinnen-Verband BLLV, insbesondere mit einer Partnerschule aus der oberpfälzischen Stadt Vilseck. Die Arbeit an der Schule, in die im Wesentlichen Mittelschichtkinder gehen, sei nicht gerade einfach, betont sie. Es fehle an finanziellen Mitteln. Deshalb sei sie sehr dankbar für die Unterstützung durch die Oberpfälzer. Es sei nicht einfach, hier zu arbeiten, denn auch die Bezahlung der Lehrer in Rumänien lasse sehr zu wünschen übrig.

Während der Durchquerungen der Stadt habe ich öfters Werbetafeln der Firma PROMEDICA24 gesehen. Sie sprechen in ihrer Internetseite davon davon, dass sie Pflegekräfte für häusliche Pflege in Deutschland „rekrutieren“[73].

Transsilvanische Gruselgeschichten

Weiter durchs Hügelland Richtung Süden. Ich unternehme einen ausgiebigen Spaziergang durch das Vorzeige-Städtchen Schäßburg[74] an der Großen Kokel[75]. Eine Stadt wie ein Museum, wie ein Bühnenbild oder eine Filmkulisse: Malerische Häuser und Gassen. Die Fassaden blau, orange, rot, gelb, keine schreienden Farben, alles eher gedämpft, miteinander harmonierend. Eine vergangene Welt, einzigartig, authentisch, 1999 versehen mit dem Prädikat UNESCO-Weltkulturerbe. Der Tourismus blüht. Ob die Stadt jemals so schön ausgeschaut hat wie heute, ist eine andere Frage.

In der Schlacht von Schäßburg fiel 1849 der ungarische Dichter Sándor Petőfi[76] im Freiheitskampf gegen die Habsburger. Natürlich wurde ihm in der Stadt

[73] PROMEDICA24, vgl. Anhang, Anm. 7

[74] Schäßburg, ung. Segesvár, rum. Sighişoara, 30.000 Einw.

[75] Große Kokel, rum. Târnava Mare, ung. Nagy-Küküllő, Nebenfluss des Mieresch, 250 km lang, entspringt in den Ostkarpaten.

[76] Sándor Petőfi (1823-1849), Dichter und Freiheitskämpfer, setzte sich für einen unabhängigen ungarischen Nationalstaat ein.

ein Denkmal errichtet. Erinnerungen an die Denkmäler der dichtenden Freiheitshelden Bulgariens werden wach. Die meisten Besucher wollen allerdings nur das Geburtshaus eines gewissen Grafen Dracula sehen. Mühsam buchstabiere ich den Text einer Tafel an der Fassade: *In această a locuit / intre anii 1431–1435 / domnitorul Țării Românești / VLAD DRACUL / fiul lui / Mircea cel Bătrin.* Da wird also behauptet, Vlad III. Drăculea, der Pfähler, alias Graf Dracula (d. h. Sohn des Drachen) sei hier zur Welt gekommen. Und dieser Woiwode des Fürstentums Walachei wiederum ist – kein Witz, es gilt als historisch belegt – ein Vorfahre von Prinz Charles, das hat dessen Pressebüro offiziell bestätigt. So kommt nach dem bulgarischen König Simeon Borissov Sakskoburggotski und Florin Cioabă, dem selbsternannten „Internationalen König der Roma", mit Prinz Charles und Vlad, dem Pfähler, eine weitere merkwürdige Königsgeschichte ins Spiel.

Was für den englischen Prinzen, der selbst mehrere Anwesen in Rumänien besitzt, aus Publicity-Gründen interessant ist, empfinden die Einheimischen eher als lästig. Sie mögen es nicht, wenn ihre Heimatregion ausschließlich mit Dracula, dem Gruselprotagonisten aus Literatur und Film, in Verbindung gebracht

wird. Kein Wunder, dass hierzulande harsche Kritik laut wurde, als man Wind bekam von den Plänen der Errichtung eines „Dracula-Freizeitparkes“ , noch dazu inmitten eines Naturschutzgebietes mit uralten Eichen.
Ich will einen Überblick über die Stadt bekommen und steige den Schulberg zum deutschen Josef-Haltrich-Gymnasium und zur gotischen Bergkirche hinauf, dem Wahrzeichen der Stadt. Von dort aus erhoffe ich mir den besten Blick auf die Umgebung und den Verlauf des Weges, der vor mir liegt. Viel zum Schauen komme ich nicht, denn ich begegne dem schwarzhaarigen Wuschelkopf Ovidiu. Er ist Student, macht gerade Ferien bei den Eltern. Der Vorname passt zu ihm. Er schaut aus, wie man sich einen Römer vorstellt. Und Zeit hat er. Und gesprächig ist er auch.
„Dracula hin, Dracula her, der ist nicht unser Problem“, sagt er, „es ist eher der unterschwellige Rassismus, dem viele hier anhängen. Da geht es nicht nur um die Roma. Im März 1990 haben sich in Târgu Mureş Tausende von Ungarn und Rumänen miteinander geprügelt. Ein paar Rumänen passte die ungarische Beschriftung einer Apotheke nicht. In kürzester Zeit eskalierte der Streit. Die Auseinandersetzungen dauerten mehrere Tage. Sie wurden mit Knüppeln, Heugabeln, Sensen und Äxten ausgetragen. Die Ungarn bestanden auf der Ausweitung ihrer Minderheitenrechte. Das passte den Rumänen nicht. Ungarischsprachige Roma aus Valea Rece und Bauern aus dem Széklerland beteiligten sich ebenso wie Rumänen, die aus dem Umland hingekarrt wurden. Die Regierung hat viel zu spät eingegriffen! Fünf Tote gab es damals und jede Menge Verletzte.“
Einfacher wird das Leben nicht, wenn in einem Land nebeneinander so viele Ethnien und Parallelgesellschaften existieren. Trotzdem: Ich mag ja auch sonst die einfachen Wege nicht. Jede Kultur könnte der anderen etwas geben. Kann sein, dass ich zu blauäugig bin.
Ovidiu würde auch gern mehr reisen. „Das stelle ich mir großartig vor, drei Monate unterwegs sein, fremde Länder und Menschen kennenlernen. Woher nimmst du das Geld?“
„Ich arbeite fürs Radio und schreibe über die Reise ein Buch, aber ehrlich gesagt reicht das nicht, Radiosendungen und Buch decken nur gut die Hälfte der Kosten.“
„Und die andere Hälfte?“
„Ich hab lange drauf gespart, brauch unterwegs nicht viel.“

Rumänische Flussnamen: Schnelle Kreisch, Mieresch, Kleiner Somesch, Große Kokel – Flussnamen wie es sie sonst nur in Märchen gibt. Flussnamen können die Fantasie anregen. Ich glaube, heute Nacht werde ich im Schlaf durchs Land schwimmen und Flussnamen träumen.

Was tun gegen die Armutsfalle der Roma?

Nachtrag zu meinem Besuch bei Eginald Schlattner in Rothberg: Hab heute eine Mail vom Stadtplaner und Architekten Klaus J. Schulz erhalten. Er ist Schülervater an der Rudolf-Steiner-Schule in München und schreibt: *Die Schule engagiert sich seit 1998 mit einem Alphabetisierungsprogramm für Roma-Kinder. Seit 2002 reisen Schüler/innen der 11. Klassen ins Dorf, um den bedürftigsten Familien zu helfen, die baufälligen Wohnhütten zu reparieren. Mittlerweile wurden durch Spenden eine Schule, ein Kindergarten und eine Mensa gebaut, damit die Kinder wenigstens einmal am Tag eine warme Mahlzeit erhalten.*
Ist das nicht genau der Ansatz, auf den mich bereits Nora Tar und Maria Koreck hingewiesen haben? Es geht nicht darum, abstrakte, großräumige Lösungen herbeizuführen, sondern um Hilfe in überschaubaren, kleinen Bezugsräumen. Klaus J. Schulz erläutert das Projekt „Integrierte Dorfentwicklung Roșia" weiter: *Nachdem die Deutschen den Ort verlassen hatten, sind Rumänen und Roma nachgezogen. Die Roma-Familien leben dort, wie Sie sicher beobachtet haben, in baufälligen Hütten, auf Lehmböden, ohne sauberes Trinkwasser, ohne Kanalisation. Sie sind meist arbeitslos und haben nur das Kindergeld zur Verfügung. Die Schüler/innen befragten die Bewohner, um ein Bild der Lebens- und Arbeitsbedingungen zu erhalten. Sie erstellten Bestandspläne zum Zustand der Gebäude und zeichneten einen Gesamtplan von Rothberg. Außerdem erfassten sie den Zustand der Straßen und Wege, der Wasser- und Energieversorgung sowie den Stand der medizinischen Betreuung. Unser wichtigster Ansatz ist, Arbeitsplätze zu schaffen, damit die Menschen nicht gezwungen sind, ihre Existenz durch Betteln zu sichern. Zusammen mit dem Verein ‚proroșia' will die Schule nachhaltige Sanierungsmaßnahmen realisieren. Wir wollen dauerhaft Hilfe zur Selbsthilfe leisten. Das Dorf kann nur vorangebracht werden, wenn die Menschen gerne darin leben und bei der Lösung der Aufgaben mithelfen. Dabei wollen wir sie fachlich begleiten. Allen ist klar: Äcker und Wiesen müssen wieder von Einheimischen erworben und bewirtschaftet werden.*

Es geht darum, umweltverträgliche Lebensweisen und Produktionsverfahren einzuführen. Ein Miteinander von Rumänen, Roma und der wenigen Deutschen muss aufgebaut werden. Die Gemeinschaft kann die Ziele nur erreichen, wenn die Wirtschaft im Dorf funktioniert. 2015 startete eine Schulwerkstatt für Metallberufe, für die aus der Schweiz Personal, Maschinen und ein Gebäude gestiftet wurden. Neben allem persönlichen Engagement muss die Planung weiter finanziert werden. Bis 2030 sollen eine Reihe kultureller, sozialer, ökologischer und ökonomischer, aber auch baulich-räumlicher Ziele umgesetzt sein. Ich gebe die Hoffnung nicht auf, Interessierte zu finden, die das Modellprojekt wirtschaftlich unterstützen werden.

Spätsommer zwischen Mieresch und Olt

Während der folgenden Tage fahre ich kreuz und quer auf kurvigen, schmalen Straßen durch verstreute Dörfer. Zwischendurch geht mir das Zeitgefühl verloren. Ab und zu versuche ich mich radebrechend mit den Leuten zu verständigen: Hirten, die mit ihrer Schafherde die Straße versperren, Männer, die das Gras am Straßenrand mähen, Frauen, die mir im Kramerladen Wasser und Kekse verkaufen, Buben, die auf einer holprigen Wiese Fußball spielen, eine in sich geschlossene intakte Welt, so scheint es zumindest von außen. Ich fühle mich aber die meiste Zeit irgendwie angenommen.

Gut, dass ich nicht als Tourist verkleidet bin. Ich unterscheide mich äußerlich kaum von den Leuten hier auf dem Land. Gestern habe ich eine meiner beiden Jeans entsorgt. Die kleineren Einrisse und Löcher wären ja nicht so schlimm gewesen, so was ist heutzutage sogar modern. Aber auf einmal war mein Hosenboden ein einziges Loch. Nur der Hosenbund hielt die beiden Hosenbeine noch zusammen.

Die Sonnenblumen sind verblüht. Mit hängenden schwarzen Köpfen stehen sie auf dem Feld. Traurig schauen sie aus, das ist normal bei Sonnenblumen im Herbst.
Was anderes schmerzt: Wiederholt erlebe ich, wie Pferde und Esel geschunden und geschlagen werden, klapperdürre, ausgemergelte Tiere am Rande ihrer Kräfte, die allerletzten in der Rangordnung der Lebewesen im Balkan. Einmal bleibe ich mit dem Auto stehen, versuche mit Handbewegungen einem Mann, der auf sein Pferd eindrischt, zu vermitteln: „Stopp! Hör auf!" Er wendet sich einfach ab und würdigt mich keines Blickes.
Zu meiner Ohnmacht passt die Musik von Julie Dawsons Mann, des Sängers und Bassisten Benjy Fox-Rosen. Ich hab ihm eine CD abgekauft, eine andere hat er mir geschenkt, meine Begleitmusik für die nächsten Tage: stille und eindringliche Lieder, ab und zu auch fröhlich ausgelassen, aber immer mit einem melancholischen Nachhall, gesungen in jiddischer Sprache, wie sie bis in die 1930er Jahre hier daheim war. *S'iz git!* Ich ertappe mich dabei, als ich den Refrain auf Jiddisch mitsinge: „*S'iz git, s'iz git, s'iz git!* Es is gut, es is gut, es is gut!"

Schließlich begegne ich Väterchen Olt wieder. Auf Deutsch heißt er Alt, aber hier ist er noch jung. Er hat er noch gut 500 Kilometer bis zur Donau vor sich. Seine Quelle befindet sich den östlichen Karpaten, nicht allzu weit von der Stelle, wo der Mieresch entspringt, der dann Richtung Westen nach Arad und Ungarn zur Theiß fließt.
Der Olt wird bei Hermannstadt den Weg nach Süden einschlagen, dorthin, wo ich von Bulgarien hergekommen bin. Er wird die Karpaten durchbrechen, durch Oltenien fließen, um sich danach mit der Donau zu verbünden.
Begleitet von einem Schwarm von Zugvögeln fahre ich eine Stunde geduldig neben ihm her, bevor ich ihn auf einer schmalen, baufälligen Brücke überqueren kann. Gleich danach ein Bahnübergang. Die Warnlichter blinken. Die Bahnschranke geht herunter. Ich stelle den Motor ab und warte. In der Ferne

das Signal einer Lok. Nach kurzer Wartezeit fährt ein schwer beladener Zug vorbei. Richtung Osten geht's. Militärlastwagen und Panzer, Panzer, Panzer. In der Mitte zwei Waggons mit Soldaten. Mir wird bewusst, wie nah die Grenzen zur Moldau-Republik und zur Ukraine sind. Die Situation ist brisant. Krieg in der Ostukraine, Besetzung der Krim durch die Russen… Die Nato zeigt Präsenz, dass es mir kalt über den Buckel läuft. Dann geht die Schranke wieder hoch. Ich fahre weiter in Richtung Große Walachei und Bukarest.

sonnenblumenfeld ende september

haben sie im frühjahr
in reih und glied aufstellung genommen
um geradezustehen für die königin
verharren sie jetzt mit hängenden köpfen
vor der abendsonne

eine geschlagene armee
sie reicht bis hinter den horizont
bald wird sie das feld räumen

die welken hüllblätter
leuchten ein letztes mal auf

die litzen der krägen
die goldenen zacken von kronen

Der Wolfsforscher von Neu-Schenk

Mich zieht es weiter nach Süden in die Berge zu den Bären und Wölfen, hinein in die Welt der Karpaten. Hinter den ersten bewaldeten Hügeln liegt Neu-Schenk[77], wo der Wildbiologe Christoph Promberger auf mich wartet. In der Mitte des langgezogenen Orts bleibe ich vor dem Schulhaus stehen. Der Unterricht ist längst vorbei, die Sonne wird gleich untergehen. Ein alter Mann sitzt auf der Bank vor seinem Haus und tut so, als schliefe er. Aber ich weiß genau, dass er mich beobachtet. Ich stell mich neben ihn: „*Bună!* Guten Tag!" Dann probier ich ein italienisches Wort aus, manchmal funktioniert das in Rumänien: „*Casa! Casa di Promberger?*" Keine Reaktion! Da springen mir aus lauter Verzweiflung noch bayerische Brocken auf die Zunge. „*Casa di Promberger taat i suacha!*" Während ich spreche, deute ich in verschiedene Richtungen, wie ich es immer mache, wenn ich zeigen will, dass ich etwas suche und den Weg wissen will. Der Mann schaut mich mit großen Augen an, zuckt mit den Achseln. Ich versuch es mit dem Vornamen: „Christoph! Di Germania!" Jetzt geht ihm ein Licht auf. „Ah, Christoph!" Er steht auf, geht mit mir bis zur nächsten Abzweigung, deutet auf einen holprigen Weg und sagt: „Christoph! Christoph!" Und ich sag: „*Merci mulț!*", was in meinem Kauderwelsch heißen soll *mulțumesc*: „vielen Dank".

Christoph Promberger ist im Bayerischen Wald aufgewachsen. Seit 1993 lebt er mit seiner Frau Barbara in Rumänien. Während der ersten zehn Jahre leitete er das größte Forschungsprogramm für Großraubtiere Osteuropas, „Ursprünglich war es ein reines Wolfsprojekt", erzählt er. „Ich wollte zusammen mit meiner Frau, die ich während dieser Arbeit kennenlernte, und mit rumänischen Fachkollegen so viel wie möglich über das Leben der Wölfe und ihrer Beutetiere herausbekommen. Es ging darum, zu erforschen, wie sich das Zusammenleben von Men-

[77] Neu-Schenk, rum. Şinca Nouă, ung. Újsinka, ca. 1.500 Einw.

schen und Wölfen am besten vereinbaren lässt. 1996 wurde das Projekt auf die Bären und 1998 dann auch auf die Luchse ausgeweitet. Nach zehn Jahren endete das Projekt. Zurückblickend denke ich: Wir haben mehr erreicht, als wir erwartet hatten. Es war nicht einfach, aber insgesamt haben wir in diesem großen Raum und zusammen mit vielen Menschen, die dabei mitgewirkt haben, etwas geschaffen, das einen bedeutenden Einfluss hat – weit über die Landesgrenzen hinaus."

Heute betreut Christoph immer noch zwei große Naturschutzprogramme in den Karpaten und im transsilvanischen Hügelland. Den Lebensmittelpunkt der Familie bildet die Reiterpension Equus Silvania. „Wir bieten klassische Reitertouren an. Bei uns kann man reiten, wohin man will, selten versperren Zäune den Weg. Es gibt viele Angebote für Familien, einen Streichelzoo, Hunde, Katzen, Enten, Gänse, Kaninchen, Schweine, Pferde, Ponys, alles, was man sich an Haustieren vorstellen kann. Wer Lust hat, kann Bogenschießen, wandern oder abends zum Bärenbeobachten in den Wald gehen. Das können wir organisieren. Wir bieten auch eine gehobene Küche an, mit Bioprodukten hier aus dem Dorf, aus dem eigenen Garten, von unseren eigenen Tieren, die alle viel Platz haben und frei rumlaufen können. Kurz: Aus dem früheren Reitstall ist ein großer Ferienbetrieb geworden."

Urlaub, gut und schön, aber muss man da gleich mit der ganzen Familie nach Rumänen übersiedeln? Und was ist mit den schulpflichtigen Kindern?

„Unsere beiden Töchter waren nur kurz in der Dorfschule, aber das war nix!", sagt der Christoph Promberger. „Wir haben sie wieder herausgenommen und unterrichten sie zu Hause. Da gibt's ein Institut, das vom deutschen Staat akkreditiert ist. Die schicken uns die Schulmaterialien. So können unsere Kinder das daheim machen. Zwischendrin gehen sie in der Pause in den Reitstall, setzen sich auf ein Pferd und reiten eine halbe Stunde draußen rum. Das ist ein traumhaftes Leben für ein Kind, und für uns ist es auch super, weil wir nicht an bestimmte Ferienzeiten gebunden sind."

In der Pension gibt es gemeinsame Essenszeiten. Man kommt miteinander schon beim Frühstück ins Gespräch. Danach geht jeder seiner Wege. Die einen reiten aus, die anderen wandern. Ich mach mich allein auf den Weg. Beim Spazierengehen lerne ich schnell: Dieses Naturparadies kann ich als Kurzbesucher nur am Rande beanspruchen. Unwegsames Gelände. Vor den kläffenden Hütehunden hat mich der Christoph besonders gewarnt. Mit denen sei nicht zu

spaßen, sie seien darauf abgerichtet, die Herden zu verteidigen. „Die sind gefährlicher als die Bären!", hat er gesagt, „denen ist es egal, ob die Eindringlinge wilde Tiere oder Menschen sind."
Ab und zu verdächtiges Rascheln im Unterholz. Ich stoße auf Kühe, die in aller Ruhe durch den Laubwald streunen und nach Futter suchen. Allmählich lerne ich verschiedene Formen des Raschelns zu unterscheiden: das gemächliche, das sich in gleichbleibendem Tempo fortsetzt, oder ein einmaliges kurzes Rascheln, ein plötzliches Knacken von Ästen und danach Stille … Selbst den Kot von Tieren lerne ich auseinanderzuhalten. Unter einem wilden Apfelbaum liegt verstreut das Fallobst. Daneben, das müsste Bärenlosung sein. Bis heute kannte ich Bärendreck nur aus meiner Kindheit. Wenn wir am Kiosk Lakritzrollen gekauft haben, verlangten wir „um a Zehnerl an Bärendreck!"
Fällt einem so was ein, wenn man Angst hat? Zur Ablenkung?
„Ruhig bleiben, wenn ein Bär auftaucht", hat der Christoph gesagt. Ich bleibe also ruhig. Ganz wohl ist mir dabei nicht.

Nicht die Vertreibung aus dem Paradies droht, es ist die Zerstörung des Paradieses

Abends sitzen wir im Garten und sprechen über die großen Probleme der Karpaten. Was Christoph am meisten Sorgen macht, ist der Raubbau in den Wäldern. Er beobachtet die Szene seit Jahren.
„Die Kahlschläge in den Karpaten haben massiv zugenommen, insbesondere auf der Südseite, wo Tausende von Kubikmetern geschlagen wurden, einfach weil dafür ein Markt vorhanden ist. Unternehmen aus Österreich tun sich dabei besonders hervor. Eines davon ist die Firma Schweighofer, die zurzeit ganz massiv in der Kritik steht. Man konnte nachweisen, dass sie illegal geschlagenes Holz aus den Nationalparken gekauft und sogar Prämien dafür gezahlt hat. Schweighofer hat inzwischen eine ganze Reihe von großen Sägewerken mit einer Kapazität von über vier Millionen Kubikmetern pro Jahr. Dann gibt's noch

zwei andere, zum Beispiel Egger und Kronospan, die immer größer werden. Diese drei Firmen teilen unter sich fast den kompletten rumänischen Wald auf. Vor zehn, fünfzehn Jahren waren hier nur kleine Sägewerke, die lokal operiert haben. Die hatten gar nicht die Möglichkeit, einen so großen Kahlschlag zu verarbeiten, und sie hatten auch kein Interesse daran, weil sie ja in zwanzig Jahren auch noch leben wollten. Aber so ein großes Sägewerk holt sich das Holz aus 200 oder 500 Kilometern Entfernung, wenn es in der nächsten Umgebung keines mehr gibt. In der Folge sind in Rumänien große Holzfabriken entstanden, weil die Arbeitskräfte billig sind und vor allem, weil die Ressource da ist. Das ist momentan ein großes ökologisches Problem."

Christoph Promberger spricht schneller. Ich spüre, die Machenschaften in Rumänien gehen ihm durch und durch. Er weiß, wovon er spricht. „Dieses Holz ist fast ausschließlich für den Export bestimmt. Der Großteil geht nach Japan. Die Firma Kronospan hat sogar eine eigene Abteilung im Hafen von Constanța, von wo aus das Holz vor allem nach Asien geht. Die produzieren Spanplatten und diese Verbundplatten, die dann am Bau verwendet werden. Schweighofer macht in erster Linie Sägeholz, also Bretter und Balken. "

„Es geht also nur darum, Holz zu ernten auf Teufel-komm-raus", stelle ich lapidar fest. „Und wie steht es um die Wildtiere?"

„Das alles ist nicht nur ein Angriff auf charismatische Tiere, wie Wölfe, Bären, Luchse, Gämsen oder Hirsche, sondern es ist auch ein ganz massiver Eingriff für die kleinen Welten der Insekten, der Pilze. Wenn ein Wald, der an die 150 Jahre alt ist, kahlgeschlagen wird, wenn die Sonne auf die Hänge brennt und die großen Traktoren Spuren in diesen Hang hineingeschnitten haben, entstehen beim nächsten Starkregen Erosionsrinnen, die zum Teil drei, vier Meter tief sind. Wir sprechen von der brutalen Zerstörung eines unglaublich schönen Ökosystems. Diese Firmen kaufen die Waldflächen nicht, das wäre ihnen viel zu teuer, sie kaufen nur die Holzmasse. Sie sagen zwar, dass sie Kontrollsysteme haben, um sicherzustellen, dass das nicht illegal geschlagenes Holz ist, aber es gibt eine Reihe von Naturschutzorganisationen, die nachweisen konnten, dass sie sehr wohl illegal geschlagenes Holz kaufen. Das hat viel mit Korruption zu tun. Da werden die Leute von der Forstaufsichtsbehörde entsprechend bedacht, dass die nicht vorbeikommen und woanders hinschauen. Das ganze Holz geht dann innerhalb eines Sommers komplett in die großen Sägewerke. Hinterher sind die Wälder verschwunden, und keiner weiß offiziell, was da passiert ist."

„Hat nicht die rumänische Regierung nach der Revolution ein Gesetz erlassen, dass alle Wälder, die während der kommunistischen Zeit verstaatlicht worden sind, wieder zurückgegeben werden müssen? Das sind doch relativ kleine Grundstücke. Wie kommt es dann zu diesen großen Kahlschlägen?"
„Die Erben haben zu den paar Hektar Wald ihrer Vorfahren keinen Bezug mehr. Die wollen das Ganze lieber *cash* haben. Die verkaufen das Holzrecht *tutti completti.*"
„Gibt es denn niemanden, der dagegen etwas unternimmt?"
„2005 haben wir uns überlegt, was man da machen kann. Wir haben ja ganz in der Nähe den Königstein-Nationalpark. Sogar dort wurden die Flächen wieder an die Privatleute zurückgegeben, und im Nationalpark ging es dann mit den Kahlschlägen los. Völlig illegal, aber die Nationalparkverwaltung konnte nichts dagegen tun, weil die Justiz jegliche gesetzliche Verfolgung abgeblockt hat. Wir haben diesen Nationalpark in der Zeit, als wir unser Forschungs- und Schutzprojekt für Großtiere hatten, sehr unterstützt. Von da her hat es uns natürlich besonders wehgetan zu sehen, wie das Gebiet vor die Hunde geht. Wir haben schließlich eine begüterte Schweizer Familie gefunden, die im Naturschutz sehr aktiv ist. Sie war bereit uns zu helfen, die Flächen aufzukaufen, die an die Privatleute zurückgegeben wurden. Die Einheimischen wollten ja nur das Geld haben, denen war es egal, ob ihr Grund an die Holzfirma geht oder an eine Naturschutzorganisation. Wir haben eine Stiftung gegründet und über sie inzwischen insgesamt 16.000 Hektar aufgekauft. Das ist eine Fläche, die fast so groß ist wie der Nationalpark Bayerischer Wald. Und wir wollen noch mehr kaufen, mit dem Hintergedanken, einen sehr großen Nationalpark zu schaffen, der überregionale Bedeutung hat, so etwas wie einen europäischen Yellowstone-Park, denn heutzutage geht es nicht um die Vertreibung aus dem Paradies, sondern um die Zerstörung des Paradieses.."
Christoph Promberger steht in Kontakt mit Prinz Charles, der in Rumänien Anwesen gekauft und renoviert hat. Er bietet, ähnlich wie die Prombergers, Gästezimmer an, Öko-Ferien für Wanderungen durch Wildblumengebiete oder zum Bärenbeobachten, für Exkursionen zu Pferd oder mit Kutsche, Dabei geht es vor allem darum, Menschen das Gespür für ein Leben im Einklang mit der Natur zu vermitteln.
„Die Holzmafia ist nicht das einzige Problem", betont Christoph, „die gut gemeinte Förderung von Seiten der EU ist im Prinzip ein Desaster für die Natur.

Da gibt es Gelder für Regionalentwicklung. Die Straße zu uns herauf soll jetzt mit EU-Geldern asphaltiert werden. Der Bürgermeister freut sich natürlich, denn in der Regel ist es so, dass er bei solchen Projekten einen gewissen Anteil abkriegt. Das ist hier ein ungeschriebenes Gesetz. Die Politiker verlangen das, und die Baufirmen zahlen. Am Ende haben wir jede Menge Asphaltstraßen, die kein Mensch braucht. Bei uns fährt ja nur ab und zu ein Bulldog oder ein Pferdefuhrwerk vorbei. In der Früh und abends marschieren die Kühe entlang und die Wasserbüffel. Die sollen eine gute Schotterstraße bauen, da hab ich überhaupt nichts dagegen. Ein brauchbares Konzept, das für den regionalen Raum notwendig wäre, haben die Leute hierzulande nicht, die Politiker sowieso nicht, da geht's nur um Investitionen. Das ist alles total hirnrissig."

Von Neu-Schenk durch die Täler des Hochgebirges Richtung Bukarest

Bis Bukarest sind es noch rund 200 Kilometer, immer in südlicher Richtung. Unterwegs geht es auf einmal steil bergauf. Bei einem Berggasthof am Ende eines Tales mache ich nach einer guten Stunde Fahrt Halt, trinke Kaffee ohne Milch und ohne Zucker, dafür mit weitreichender Aussicht. Einige Berggipfel ragen über die Baumgrenze hinaus. Vor mir ein Schilift mit rostigen Sommersprossen, daneben die Abfahrtsschneise.

Weiter geht's in engen Kurven wieder bergab in ein enges schattiges Tal. Zum ersten Mal, seit ich unterwegs bin, bekomme ich die höchsten Berge der Karpaten zu Gesicht. Zu Füßen der Bucegi-Berge, deutsch Butschetsch-Gebirge, werde ich zum Zwerg, nein, zur Ameise, nein, noch winziger... Ich kann es nicht fassen, dass ich diese Bergriesen nicht schon von fern habe sehen können. Auf einen Schlag stehen sie da. Wie hergezaubert. Der höchste Berg ist die Omu-Spitze mit über 2.500 Metern Höhe. In Bușteni, im Tal des Prahova-Flüsschens, lege ich eine ausgiebige Pause ein.. Die Felswände steigen über der kleinen Stadt bedrohlich steil auf. Das da oben ist eine Welt für sich, erschlossen mit Seilbahnen und Sesselliften. Viele Leute sind mit Wanderstiefeln und Rucksack unterwegs. Manche fahren auf ihren Autos Mountainbikes spazieren. WELCOME IN MY BRAIN ist eine Ausstellung überschrieben, die im Schloss Cantacuzino angeboten wird: Es geht um die Arbeit von Salvador Dalí und die Weltliteratur. Der Titel gefällt mir. Ich stelle mir vor, ich gehe eine Stiege hinauf, öffne eine Tür, trete ein ins Oberstübchen eines Menschen und inhaliere den Geruch einer fremden Wohnung.

Im Bahnhof steht ein Güterzug, schwer beladen mit Baumstämmen.

„Siehst du, das ist die Realität!“, sagt der Christoph Promberger in meinem Kopf.

Stichwort Heldendenkmäler: vor dem Bahnhof ein Monument aus dem Jahr 1928 – *Ultima Grenadă*, die letzte Granate, die Bronzestatue eines verwundeten Soldaten, der trotz seiner Verletzungen nicht aufgeben will und weit ausholt zum Wurf einer Granate. Es ist dem patriotischen Korporal namens Vasile Muşat gewidmet.

Auf der Spitze des Caraiman, auf einer Höhe von 2.291 Metern, weithin sichtbar, ein weiteres Denkmal aus der gleichen Zeit, ein Heldenkreuz zur Erinnerung an die Gefallenen des Ersten Weltkriegs. Die rumänische Königin Maria Alexandra Victoria von Edinburgh finanzierte es mit einer Sammelbüchsenaktion. Da deutet sich schon wieder eine Königsgeschichte an, die Königinnen-Geschichte einer Engländerin, die zur glühenden rumänischen Patriotin wird …

Zeit, sich noch einmal die rumänische Geschichte seit dem 19. Jahrhundert anzuschauen. Da wird der Mythos des Deutschen verklärt. Carol I.[78], ein deutscher Fürst aus dem Haus von Hohenzollern-Sigmaringen übernahm 1866 die Regierung der vereinigten rumänischen Donaufürstentümer. 1881 wurde er zum ersten rumänischen König gekrönt. Er regierte fast ein halbes Jahrhundert. In dieser Zeit, die von der Mehrheit der Rumänen als goldenes Zeitalter bezeichnet wird, erlangte Rumäniens Altreich, bestehend aus Moldava sowie Kleiner und Großer Walachei, seine Unabhängigkeit und wurde zu einem modernen Staat. Im rumänischen Unabhängigkeitskrieg kämpfte Rumänien mit dem Russischen Zarenreich gegen die Osmanen. 1878 bestätigte der Berliner Kongress die Unabhängigkeit Rumäniens und sprach dem jungen Staat die Do-

[78] König Carol I. von Rumänien, Karl Eitel Friedrich Zephyrinus Ludwig von Hohenzollern-Sigmaringen, * 1839 Sigmaringen, † 1914 Sinaia

brudscha und den Süden Bessarabiens zu. Nach dem Ersten Weltkrieg musste der Kriegsverlierer Ungarn Transsilvanien an Rumänien abtreten. Da regierte bereits der Neffe des kinderlos verstorbenen Carol I., der deutsche Ferdinand von Hohenzollern-Sigmaringen, König Ferdinand I.[79]. Der wiederum hatte 1883 die bereits erwähnte englische Prinzessin Marie von Edinburgh geheiratet, eine geborene Prinzessin von Sachsen-Coburg und Gotha und Enkelin der britischen Königin Victoria. Mütterlicherseits war Zar Alexander II. von Russland ihr Großvater.

„Vornehm geht die Welt zugrunde!", pflegte meine schlesische Großmutter Helene zu sagen. Und die musste es ja wissen, als junges Dienstmädchen war sie in Breslau für ein paar Jahre den „Herrschaften", wie sie zu sagen pflegte, viel zu nah. Wie es auch sein mag, es kommt mir auf einmal so vor, als läge für mich Rumänien viel näher an Deutschland als vorher. Merkwürdig ist es aber schon, dass bis in die Gegenwart hinein wichtige rumänische Regierungsämter wiederholt von Deutschen eingenommen wurden.

Klaus Johannis[80], der ehemaligen Bürgermeister von Hermannstadt ist zwar kein Adeliger, trotzdem wählten ihn die Rumänen 2014 zum Präsidenten – ausgerechnet einen Vertreter der so arg geschrumpften deutschen Minderheit. Johannis verkörpert für sie das Bild des fleißigen zupackenden Deutschen. Im Unterschied zu den gaunerhaften Populisten und Schwätzern der rumänischen Politik schweigt er und handelt. Die schroffen, nackten Gipfel der Politik und des Hochgebirges im Rücken, verlasse ich die Karpaten zusammen mit dem Fluss Prahova[81], fahre hinaus ins offene Land der Großen Walachei. An einem Straßencafé halte ich an, daneben führt eine abenteuerliche Hängebrücke über die Prahova. Ich traue mich nicht, sie ganz zu überqueren,

[79] König Ferdinand von Rumänien, Ferdinand von Hohenzollern-Sigmaringen, * 1865 Sigmaringen, † 1927 Sinaia

[80] Klaus Johannis, siehe S. 13, Fußnote 9

[81] Prahova, Fluss in der Walachei, Länge ca. 180 km

und steige stattdessen hinunter zum Flussbett. Dort entdecke ich jede Menge weißgebänderte Kiesel. Ein paar dieser kleingeschliffenen Karpatenmuster nehme ich mit. Als ich die kleine Stadt Ciolpani[82] durchquere, gerate ich in einen Stau. Die Leute in den Autos vor mir steigen aus. Ich tu's ihnen gleich. Neben mir an einem Südhang ein luxuriöses Einfamilienhaus, umgeben von einem aufwändig gestalteten Garten. In Rumänien nennt man solche protzigen Häuser „Villa Schmiergeld".

Immer wieder Hochzeiten – Musik und Zuversicht

Stau! Irgendwo vorn auf der Straße Musik. Laute Blasmusik. Vermutlich wieder einmal eine Hochzeit. Wie viele Hochzeiten ich hier auf dem Balkan schon mitbekommen habe! So viele unbefangene Neuanfänge. Wer heiratet, setzt auf die Zukunft. Trotz der Armut im Land ist bei vielen Menschen Zuversicht und Optimismus spürbar. Eine unübersichtliche Menschenansammlung blockiert die Straße. Ich stelle mich auf eine längere Wartezeit ein. Macht ja nix, hör ich mir eben die Musik an. Während man sich in tschechischen, slowakischen oder ungarischen Lokalen an der westlichen Pop- und Rock-Musik erfreut, herrscht hierzulande der Manele-Pop. Dieser Sound sickert, dröhnt, hämmert aus allen Autoradios und bestimmt die Fernsehshows. Es gibt sogar Privatsender, die sich ausschließlich dieser pappig poppigen Manele-Musik verschrieben haben. Kaum ein Geburtstagsfest, kaum eine Hochzeitsfeier ist ohne sie denkbar. Auch wer in ein Restaurant geht oder ein Café betritt, kann dem geballten Elektro-Sound der Synthesizer, Akkordeons, Posaunen, Elektrogitarren, Klarinetten und Saxofone nur selten entrinnen. Manele ist verwandt mit dem Chalga in Bulgarien und mit den orientalischen Rhythmen des türkischen Kulturkreises. Dieser Balkan-Stil der Popmusik ist heute in den Metropolen ebenso zu Hause wie in den Dörfern. Inhaltlich geht es auf primitivster Ebene stets um Geld, um Liebe, um die Sorgen und Freuden des Lebens. Vorbilder sind

[82] Ciolpani, 40 km nördlich von Bukarest, ca. 5.000 Einw.

die Protagonisten der Fernsehshows, die sich mit gelverklebten Frisuren, mit Schockfarben-Glitter-Kleidung, mit banalen Texten à la „ich liebe dich, weil ich dich liebe“ kitschig, süßlich, anzüglich, vulgär beim Publikum anbiedern. Die Schmecher, wie in Rumänien solche coolen Typen genannt werden, fahren fette Autos, scharen schöne Frauen um sich und brüsten sich damit, Feinde zu haben. So hat sich überall im Balkan explosionsartig ein anspruchsloses, konsumorientiertes Show- und Disko-Sound-Business entwickelt, das die Sehnsüchte vieler junger Rumänen spiegelt. Sogar in den betulich biederen Volksmusik-Fernsehsendungen, in denen Männer und Frauen im Trachtengewand und vor ländlicher Kulisse auftreten, halten die Manele-Klänge Einzug. Freilich gibt es Mahner, die von Volksverdummung sprechen, vom Untergang der anspruchsvollen Kultur. Aber private wie staatliche Fernsehsender haben vor allem die Einschaltquoten im Blick. Ansonsten gibt es für die Heranwachsenden neben den ständig wiederholten Zeichentrickfilmen wenig Verlockendes. Literatur vielleicht? Von wegen, die staatlichen Radiosender vertonen nur die alten belehrenden Geschichten, die seit der Revolution in der Schule als Pflichtlektüre durchgekaut werden. Damit verglichen ist der eingängige Manele-Pop eine Explosion von Gefühlen und ein moralischer Befreiungsschlag. Hinzu kommt der verführerische Glanz der westeuropäisch geprägten Werbesendungen mit ihren Kaufanreizen. Ich bekomme das oft genug im Autoradio mit: Die Werbung unterscheidet sich überhaupt nicht von der daheim. Sogar die englischen Ausdrücke und die Namen der Produkte kommen mir bekannt vor. Ein Wunder ist das nicht, denn die Großunternehmungen, die in Westeuropa Bedürfnisse wecken, haben sich längst auch hierzulande breitgemacht.

Dabei ist die Manea vom Wortursprung her nichts anderes als ein orientalisches Liebeslied, das im 15. Jahrhundert mit der türkischen Besatzung in der Dobrudscha und der Großen Walachei Einzug gehalten hat. In der ersten Hälfte des 20. Jahrhunderts machten Stars wie Maria Tănase[83] solche Lieder in weiten Kreisen populär. Während der kommunistischen Zeit haben einige Zigeunerkapellen den verpönten Manele-Stil gepflegt, ihn mit ihrer eigenen Musik vermischt und ihm nach der politischen Wende zum Durchbruch verholfen.

Die Roma-Musiker, die Lăutari, sind eine von diversen Roma-Gruppierungen, die nach ihren Handwerksberufen benannt werden, wie die Argintari und die

[83] Maria Tănase (1913-1963) wurde bekannt durch ihre Interpretationen rumänischer Volkslieder und wird noch heute in ganz Rumänien verehrt.

Aurari, die Silber- und Goldschmiede, oder die Kalderasch, die Kesselflicker, oder die Holzlöffelschnitzer, genannt Linguari, oder die Ursari, die Bärenzähmer, aus deren Reihen Ursari-Straßensänger stammten.
Bis ins 19. Jahrhundert spielten die Lăutari an Adelshöfen oder zogen durch die Gegend mit Geige, Bass und Zymbal. Früher spielten diese Zigeunermusiker regelmäßig in den Gartenlokalen der Bukarester Vorstädte. Heute gibt es nur noch wenige Restaurants, die gute „Zigeunerkapellen" engagieren. Wer will jungen Musikern, die in dieser Tradition stehen, vorwerfen, dass sie Geld verdienen wollen und zum Manele-Pop überlaufen?
Andererseits haben sich auch die traditionellen, virtuos aufspielenden Roma-Musiker weiterentwickelt. *Taraf De Haïdouks*[84], *Mahala Rai Banda*[85] oder *Fanfare Ciocărlia*[86] sind durch ihre Tourneen weltweit bekannt geworden und stehen der Tradition der anspruchsvolleren rumänischen Lăutari näher. In Rumänien selbst werden sie vergleichsweise zurückhaltend aufgenommen.
Diese hochmusikalischen Gruppen sind gegenwärtig eher im Ethno-Jazz oder der „Weltmusik" zu Hause als in der Popmusik. Es gibt ständig neue Entwicklungen, die den Pessimismus gegenüber der Musikkultur vergessen lassen. Ein paar Tage später werde ich noch auf eine sehr interessante Musikgruppe aufmerksam, das *Shukar Collective*[87]. Verschiedene Musikergenerationen mischen traditionelle rumänische Musik und Roma-Musik mit einer eklektischen Mixtur aus Klängen, erzeugt von Geige, Akkordeon, Bass, Löffeln, Holzfässern, Stimmen, Samples, Loops und Beats. In ihren Stücken finden zwei Welten zusammen: die Stadt-Musiker und die ländlichen Ursari-Sänger, zum Teil ältere Männer, die da begeistert mitmischen.
So begleitet mich unterwegs ältere und neuere rumänische Musik, ergänzt von Benjys jiddischen Stücken, im Kopf, im Radio und auf CD, beim Spazierengehen, im Auto oder abends vor dem Einschlafen. Zusammen mit dem Klang der Sprachenvielfalt, den Bauernhofgeräuschen, dem Pferdewiehern und Hundebellen bildet sie für mich ein ganz persönliches Balkan-Klangbild.
Während ich das notiere, fällt mir Bruce Chatwins Reisebuch über die „*Song-*

---

[84] Taraf De Haïdouks, deutsch: Heiduckenorchester: 13 Roma-Musiker aus Clejani, Große Walachei

[85] Mahala Rai Banda, Roma-Musiker aus Clejani und Zece Prajini

[86] Fanfare Ciocărlia, deutsch: Lerche: 12 Roma-Musiker aus Zece Prăjini, Region Moldova. Pioniere der Balkan-Beats und des Balkan-Brass

[87] Shukar Collective: Bukarester Musikerkollektiv, vgl. Anhang, Anm. 8

lines“[88] der Aborigines in Australien ein: Lieder, Sagen, Mythen, die sich wie ein Netz über den Kontinent spannen, eine Kopf- und Seelenkartierung, eine Verortung, welche die Orientierung in Geografie, Geschichte, Mythen und Religion der Einzelnen und eines ganzen Volkes gleichermaßen umfasst. Ich lade das Wort *Songline* mit einer eigenen Vorstellung auf. Meine *Songlines* sind die Klangpfade meiner Reisen. So werden Klänge zu Wegmarkierungen an meinem Lebensweg. Musikstücke, Lieder und Klangstrukturen verbunden mit Erinnerungen an Gefühle, die ins Unbewusste reichen, wo sie verknüpft sind mit Gerüchen und Bildern. Ich werde von dieser Reise eigene *Songlines* heimbringen. Darin werde ich meine Balkanreise-Gefühle aufbewahren und sie mit meinem vergangenen und künftigen Leben verweben. Werde ich später so eine Musik wieder hören, legt sie mir Gedankenfährten in eine andere Gegend oder in eine andere Zeit. Da gibt es Bachs Cellosonaten, die in mir für die erste Hälfte der 1980er Jahre stehen, oder Klaviersonaten von Mozart und Schubertlieder, die mich in den Herbst 1978 zurückholen, oder die Lieder von Bob Dylan oder Lou Reed, der Beatles oder der Rolling Stones, Musik vom Ende der 1960er Jahre. In jüngster Zeit trägt mich daheim vor allem die Grundstimmung des *Duo de Clarinettes-Basses* mit der Musik meiner Freunde Norbert und Mike[89], beides begnadete Musiker. Auch ihre Kompositionen, Interpretationen, Improvisationen setzen Markierungen, die mir helfen bei der Kartierung meiner Welt.
Als ich vorgestern in Schloss Cantacuzino die Ausstellung WELCOME IN MY BRAIN besuchte, staunte ich über die reiche Ausstattung des Schlosses. Ein elegant gekleideter Besucher, ein gesetzter Herr, erkannte mein Staunen, hob den Zeigefinger und sagte: „Wenn man mit Arbeit reich werden könnte, dann müssten die Mühlen den Eseln gehören“, dabei zwinkerte er mir zu, um anzudeuten, dass er über der Sache stehe. Über welcher Sache eigentlich?
Einen Tag bevor ich die rumänische Hauptstadt erreiche, lese ich in der *ADZ*, der *Allgemeinen Deutschen Zeitung für Rumänien*: Bukarester Oberbürgermeister wegen Großkorruption inhaftiert / Sorin Oprescu bei Bestechungsannahme in flagranti ertappt / Erdbeben in der Bukarester Stadtverwaltung[90]

---

[88] Bruce Chatwin (1940-1989) englischer Schriftsteller, veröffentlichte u. a. 1987 den Reiseroman *The Songlines*, deutsch: „Traumpfade“ (1990)

[89] Mike Reisinger und Norbert Vollath, Auftritte seit 1997 als Duo de Clarinettes-Basses

[90] *Allgemeine Deutsche Zeitung für Rumänien*, 7. September 2015

Die Anti-Korruptions-Kommission, die *Direcția Națională Anticorupție (DNA)*, kann unabhängig agieren, sie hat neben eigenen Staatsanwälten auch eigene Polizisten. die keinem Ministerium unterstehen. Und sie greift durch. Der Oberbürgermeister sitzt in Untersuchungshaft, nachdem er in der Nacht auf Sonntag Bestechungsgelder von 25.000 Euro entgegengenommen hat. Der 63-jährige Politiker und studierte Chirurg soll sich in den letzten drei Jahren „an einem kriminellen Netzwerk" innerhalb des Rathauses beteiligt und alle Unternehmen, die sich um Aufträge der Stadtverwaltung bewarben, nach Strich und Faden geschröpft haben. Der *DNA* zufolge durften die Unternehmen nur etwa 30 Prozent ihres Gewinns behalten, 70 Prozent mussten sie an die Rathaus-Bande abtreten. 10 Prozent gingen an Oprescu, der sein Schmiergeld nur in Euro und stets daheim in seiner Prunkvilla in Ciolpani kassierte. Der Rest wurde unter den anderen Beamten aufgeteilt, heißt es im Haftbefehl.
Das passt zu dem, was mir Christoph Promberger über seinen Dorfbürgermeister erzählt hat. Die Rumänen setzen inzwischen mehr Vertrauen in die Ermittler der Anti-Korruptions-Behörde als in die Arbeit der Volksvertreter. Der rumänische Journalist Cristian Ghinea hat sich intensiv mit der Anti-Korruptions-Kommission befasst.[91] Er meint: „Die *DNA* wurde in den Städten inzwischen zum Mythos. Die Fans rufen in den Stadien, dass die Sonderermittler kommen sollen, um die korrupten Fußballchefs zu verhaften. In Fernsehshows drohen sich Politiker gegenseitig damit, den anderen vor die DNA zu bringen. Die Behörde ist zu einer Art Schwarzem Mann geworden, nach dem Motto, wenn du das Gesetz verletzt, kommt er und verhaftet dich."
Warum steht mir ständig der Andreas Moser vor Augen, den ich in Neumarkt am Mieresch kennengelernt habe? Er könnte mit seiner Intelligenz, seinem Wissen, seinen Erfahrungen, die er als Anwalt gemacht hat, Geld machen wie Heu. Und was tut er? Er führt ein bescheidenes Leben, reist durch die Welt, sucht etwas, das sich nicht so einfach beschreiben lässt, etwas, das insgeheim vielleicht alle suchen. Es ist wie im Märchen: Wer es benennen will, festhalten, der hat es schon verloren. Es gibt eben auch andere Werte. Der Andreas hat es nicht nötig, irgendwelche Bescheißereien einzufädeln, nur damit er reich wird, es interessiert ihn einfach nicht. Der bayerische Pazifist, Weltbürger und

[91] Cristian Ghinea: *Ich wähle DNA! Warum lohnt es sich, Anti-Korruptions-Institutionen zu verteidigen*

Schriftsteller Oskar Maria Graf hat es so umschrieben: *Leben, leben muss man, meine ich, leben und sonst nichts. So einfach klingt das, und keiner kann's!* [92]

Schon wieder ein König – Der König Midas von Rumänien!

Mit Bukarest habe ich die zweite Millionenmetropole meiner Reise erreicht. Pferdefuhrwerke und Eselskarren sind in Bukarest rar. Nach dem verträumten Dorf Neu-Schenk ist die Hektik der Millionenstadt für mich Abwechslung und Schock zugleich. Ich nehme mir vorerst für zwei Nächte ein Zimmer in einem der oberen Stockwerke eines Hotelhochhauses am Nordrand der Stadt, um vom Fenster aus einen Überblick über die Ausmaße der Metropole zu bekommen. Später will ich mit Hilfe eines Stadtplans das Geflecht der Metro- und Buslinien entwirren, bis ich problemlos von einem in den anderen Stadtteil wechseln kann. Für heute reicht mir ein Spaziergang durch die nähere Umgebung.

[92] Oskar Maria Graf (1894-1967), Zitat aus einem Brief vom 3. Mai 1959 an das aus Brünn stammende Textilfabrikantenpaar Else und Gustav Fischer

Wie schon in den anderen Großstädten, die ich während der Reise besucht habe, jede Menge bekannter Firmenschilder: Raiffeisenbank, Metro, Lidl, Vodafone, E.ON, Siemens, L'ORÉAL, Porsche …
Auf den Gebäuden eines Autohändlers steht mehrmals in großen Lettern ȚIRIAC AUTO. Große Schaufenster mit funkelnden Nobelkarossen! Ion Țiriac ist 1939 in Kronstadt zur Welt gekommen. In Deutschland ist er vor allem als Manager und Trainer des Tennisstars Boris Becker bekannt geworden. Heute gehört er zu den reichsten Männern Rumäniens. Sein Erfolg wird hierzulande bislang von niemandem auf Korruption zurückgeführt. Er gilt einfach als erfolgreicher Unternehmer. Für viele Rumänen ist er sogar ein Volksheld. Die verschiedenen erfolgreichen Karrieren verleihen seinem Ansehen den Glanz der Extraklasse. 1964 trat er bei den Olympischen Spielen in Innsbruck als Eishockeyspieler im Team der rumänischen Nationalmannschaft an. In den 1970er Jahren avancierte er zum erfolgreichen Tennisspieler und erreichte einige Male das Davis-Cup-Finale. Als er für den Profisport zu alt war, managte er junge Spitzenspieler. Ein Jahr nach der Revolution gründete er eine der ersten rumänischen Privatbanken, die Banca Comerciala Ion Țiriac, dann die Krankenversicherung Asigurări Ion Țiriac, die Fluggesellschaft ȚIRIAC AIR, und seit 2002 importiert er mit seinen diversen Autofirmen Automobile wie Chrysler, Jaguar, Land Rover, Smart, Hyundai, Ford … Daneben betreibt der Stratege und Großunternehmer noch einige andere Geschäfte, von der Security-Firma über ein Reiseunternehmen bis zur Stör-Zucht, die Voraussetzung ist für den

Kaviarhandel. Er plant sogar die Gründung einer Universität. So etwas wie Innehalten scheint er nicht zu kennen. Er sagt von sich selbst: „Ich lebe in einem Flugzeug."

Also schon wieder eine Königsgeschichte! Ion Ţiriac gehört zum Geldadel. Er ist ein König Midas, dem alles, was er anpackt, zu Gold wird, einer, der sich nach der Revolution nicht wie Prinz Paul von Rumänien an krummen Dingern beteiligen musste, um reich zu werden. Seit 2007 lädt Ţiriac Freunde in sein Jagdrevier nördlich von Oradea zu feudalen Prominenten-Jagden ein. Sie sind dem begeisterten Jäger Mittel zum Zweck und dienen der Vernetzung der reichsten Männer Europas. Sein Leitspruch: „Bei Tennis, Golf und bei der Jagd macht man die besten Geschäfte."

Besuch einer armenischen Insel in Rumänien

Die Armenier bilden eine kleine, aber einflussreiche Minderheit in Rumänien. Ich habe ein Treffen mit Varujan Vosganian, dem Präsidenten ihrer Vereinigung, vereinbart. Schnell identifiziere ich das armenische Zentrum am Bulevard Caroli I. am unverwechselbaren Baustil der armenischen Kirche.

Ich will durchs Tor, da kommt ein Uniformierter aus der Wachbaracke. Was ich wolle. Nein, Herr Vosganian sei noch nicht da, das könne noch eine halbe Stunde dauern. Ich vertreibe mir die Zeit, betrachte die Plakate am Zaun des Geländes: bedeutende Armenier, Wissenschaftler und Künstler wie Charles Aznavour und Cherilyn Sarkisian, die amerikanische Sängerin und Schauspielerin Cher. Dann setze ich mich auf eine schattige Bank gegenüber der Straßenbahnhaltestelle. Viel los hier, ein ständiges Einsteigen, Aussteigen, die meisten verschwinden zielstrebig und so schnell, wie sie gekommen sind.

Varujan Vosganian ist auch ein bekannter rumänischer Schriftsteller. Er schrieb Essays, Gedichte und Erzählungen. Er kam 1958 in Craiova in der Kleinen Walachei als Nachfahre armenischer Flüchtlinge zur Welt. *In meiner Kindheit lebte ich in einer Welt des Flüsterns. Man sprach bedacht. Erst später habe ich erfahren, dass Flüstern auch andere Bedeutungen hat, etwa Zärtlichkeit oder Gebet. Es gab aber auch Dinge, die man rücksichtslos aussprach. Sogar über den Zaun hinweg, beispielsweise, dass das Auto mit dem Brot auf Bezugsscheine angekommen ist. Andere Sachen sagte man nur bei geschlossenem Fenster. Oder auf der Bank mitten im Hof, wenn niemand auf der Straße vorüberging. Und selbst dann sprach man mit gedämpfter Stimme, als hätte es da noch ein paar Fenster gegeben, die man nicht schließen, oder Passanten, die man nicht sehen konnte. […] Keiner erzählte von sich selbst. Jeder wurde zu einer Figur in der Erzählung eines anderen, und so musste man fortwährend bei diesem und jenem aufpassen, wenn man die Fortsetzung verstehen wollte. Deshalb ist die Geschichte der Armenier meiner Kindheit eine endlose Geschichte.* [93]

Der in mehr als zwanzig Sprachen übersetzte Roman *Buch des Flüsterns* ist eine Hommage an das armenische Volk und die Opfer des Völkermordes an den Armeniern im Jahre 1915 [94]. Für dieses Buch wurde er vom rumänischen und vom armenischen Schriftstellerverband für den Literaturnobelpreis vorgeschlagen.

Was weiß ich sonst noch über Varujan Vosganian? Er ist studierter Mathematiker und Wirtschaftsökonom. Nach der Revolution saß er sechs Jahre lang als Repräsentant der armenischen Minderheit in der Abgeordnetenkammer. Danach war er Senator für die nationalliberale Partei und schließlich Finanz- und Wirtschaftsminister. In der Politik hat er jede Menge Gegner oder gar Feinde. Einmal hieß es, er sei ein Spitzel der Securitate gewesen, dann geriet er in den Korruptionsstrudel. Es wurde behauptet, er stehe bestimmten multinationalen Unternehmen zu nah. Sicher ist, dass der Unternehmer Ioan Niculae [95] mehrmals damit drohte, seine sechs Chemiewerke wegen zu hoher Erdgaspreise stillzulegen. Mit der Androhung der Entlassung von rund sechstausend Werksmitarbeitern wollte er bei der Regierung Preisnachlässe erzwingen. War Vosganian als Wirtschaftsminister in einen Gewissenskonflikt geraten? Ich kann das nicht

---

[93] Varujan Vosganian. *Buch des Flüsterns*, S. 30 f

[94] Völkermord an den Armeniern, vgl. Anhang, Anm. 9, 10, 11 und Talât Pasha, Anm. 11

[95] Ioan Niculae, vgl. Anhang, Anm. 12

beurteilen. Offensichtlich war ihm keinerlei Schuld nachzuweisen, sonst hätte man ihn schon aus dem Amt entfernt wie so viele andere. In der Medienlandschaft wird oft aus politischem Kalkül ein Verwirrspiel in Gang gebracht, das kaum jemand durchschauen kann. Im Mittelpunkt unseres Gespräches sollen heute vor allem seine armenische Herkunft und seine Arbeit als Schriftsteller stehen …

Da reißt mich der Ruf des Pförtners aus meinen Gedanken. Neben ihm steht eine junge schwarzhaarige Frau. In ihrem dunkelblauen Kostüm schaut sie aus wie eine Stewardess. Sie führt mich über eine knarzende Holzstiege in den ersten Stock. Varujan Vosganian kommt mir entgegen, Anzug und Krawatte, grau das spärliche Haar und der Bart, der seinen Mund umrahmt. Er schüttelt mir die Hand, führt mich in sein Büro, bietet mir den Platz ihm gegenüber am Schreibtisch an und schenkt mir ein Glas Wasser ein. Ich bitte ihn, die Handlung des Romans *Buch des Flüsterns* kurz zusammenzufassen. Er streicht sich nachdenklich über den Kopf und holt aus zu erzählen: „Die Geschichte beginnt am Ende des 19. Jahrhunderts und endet 1968 mit dem Tod meines Großvaters. Ein großer Teil der Handlung spielt in Rumänien während des Übergangs der demokratischen Gesellschaft zur schlimmsten kommunistischen Diktatur. Es ist ein Buch ohne Anfang und ohne Ende. Sie sind der Autor der Fortsetzung. Sie können auf jeder Seite anfangen zu lesen und auf jeder Seite aufhören. Deshalb hat man in Armenien den Titel so ähnlich übersetzt wie ‚*Bibel des Flüsterns*' – ein Buch wie ein Fluss ohne Quelle und ohne Mündung."

Varujan Vosganian betont, dass er mit diesem Roman keine Autobiografie geschrieben habe. Die Erinnerungen gehören seinen Großvätern und den Großvätern seiner Großväter. Die alten Armenier seiner Kindheit erzählten diese Geschichten. Beim Lesen des Buches bekam ich den Eindruck, es würde jemand den Spuren seiner Kindheit folgen, immer weiter, bis in die feinsten Wurzeln, und am Ende an die Stelle gelangen, wo sich diese Wurzeln so fein auffächern, dass die Geschichte eines ganzen Volkes sichtbar wird.

„Ich kann mich gut erinnern", sagt er, „wenn die Alten beisammen saßen, hörte man immer die Ermahnungen: Sprecht leiser! Die Kinder! Bringt doch die Kinder weg!"

Im Jahr 2003 hat Vosganian mit dem Roman begonnen. Beendet hat er ihn 2006. Zu dieser Zeit wurde er Minister für Wirtschaft und Finanzen und einigte sich mit dem Premierminister, das Erscheinen des Buches erst einmal aufzuschieben. Drei Jahre später verlor seine Partei die Wahlen, und es konnte herauskommen.

Er ist der Meinung, die Wartezeit habe dem Buch gutgetan. „Während meiner Zeit als Minister hatte ich Gelegenheit, es wieder und wieder zu lesen und über den Inhalt nachzudenken. Als Finanzminister hatte ich Übung mit Kürzungen. Das war ein Segen für das Buch. Es ist 2013 auf Deutsch herausgekommen – zum 70. Jahrestag von Franz Werfels Armenien-Roman *Die vierzig Tage des Musa Dagh*, der erstmals 1933 in Berlin erschienen war.

Varujan Vosganian kennt natürlich auch den deutschen Schriftsteller Armin T. Wegner[96], der sich zur Zeit des Genozids als deutscher Sanitätsoffizier im östlichen Anatolien aufhielt. Viele Fotos der Opfer des Völkermords stammen von Wegner. Sie sind unwiderlegbare Bildbeweise.

„Zusammen mit Franz Werfel und Johannes Lepsius[97] ist Wegner mit seinen Aufzeichnungen ein wichtiger Autor für uns Armenier und die Geschichte unseres Volkes! Er hat den Genozid in der ganzen Welt bekannt gemacht. Wir haben also einerseits deutsche Soldaten, die die türkischen Truppen damals unterstützt haben, und andererseits Deutsche wie Armin Wegner, die das armenische Volk unterstützten. Abgesehen davon, dass mein Roman eine erfundene Geschichte ist, haben alle Helden in dem Buch wirklich gelebt und alle Ereignisse stattgefunden. Warum ist es trotzdem eine Fiktion? Weil ich der Geschichte Bilder und Symbole über mein Volk hinzufüge. Ich bin ein hundertprozentiger Armenier. Meine Großeltern kamen aus Anatolien. Sie entkamen dem Genozid von 1915. Viele der Überlebenden wurden von der rumänischen Regierung nach dem Ersten Weltkrieg aufgenommen. So ist es auch ein Buch, das zum Ausdruck bringt, was das ist, die Identität des armenischen Volkes. Man kann alles darin finden, was die Einheit und Einzigartigkeit eines Volkes ausmacht: Küche, Glauben, Musik, Helden, Leiden, Erwartungen, Melancholie.

---

[96] Armin T. Wegner, vgl Anhang, Anm. 10 und Talât Pasha, Anm. 11

[97] Johannes Lepsius, vgl. Anhang, Anm. 11

Alles! Wenn ich auf diese Weise ein Volk als Ganzes beschreibe, beschreibe ich damit gleichzeitig die Welt. Damit ist das Buch auch eine Biografie des vergangenen Jahrhunderts."

„Wie hat man in der Türkei auf diesen Roman reagiert?", frage ich ihn, „die türkische Regierung bestreitet ja den Genozid an den Armeniern bis heute. Auch wenn der Roman nicht als Anklageschrift formuliert ist, so ist er doch eine Provokation."

„Das Buch ist Zeuge, kein Ankläger, kein Richter", stellt Varujan Vosganian fest und fügt leise hinzu: „Wenn man als Autor die Schlüsse selbst zieht, braucht man keinen Leser. Das *Buch des Flüsterns* bietet grundsätzliche Alternativen zwischen Vergessen, Rache und Vergebung. Es gibt Helden im Buch, die glauben, es sei besser zu vergessen, und andere, die versuchen, sich zu rächen. Und es gibt Leute wie meinen Großvater, die glauben, dass man vergeben muss. Aber um zu vergeben, braucht man jemanden, der das annimmt. Vergessen ist ein Monolog, Vergeben ist ein Dialog."

Am Ende unseres Gesprächs provoziere ich Varujan Vosganian ein bisschen. Ich will wissen, ob er denn selbst überhaupt noch Armenisch spreche? Und obwohl er schon mehrmals unruhig auf die Uhr gedeutet hat, lässt er es sich nicht nehmen, auswendig ein armenisches Gedicht zu rezitieren. Ich verstehe kein Wort, aber die Melodie dieser Sprache birgt einen Zauber, der sich mir einprägt.

„Jetzt würde ich noch gern ein Foto von Ihnen machen", sage ich, als ich mein Aufnahmegerät im Rucksack verstaue.

„Natürlich gern", erwidert er, „am besten draußen im Gang vor den Fahnen!"

Er wird sich vielleicht denken: ‚Dann hab ich den Quälgeist zumindest aus dem Büro in den Gang gelotst.' Ist auch gut so. Ich hab mir ja für heute noch einiges vorgenommen.

Das Wohnen in Bukarest ist für die meisten zu teuer

Arbeitsplätze für Wachpersonal scheint es in Hülle und Fülle zu geben. In jedem Haus, das ich aufsuche, werde ich am Eingang vom Sicherheitsdienst aufgehalten. Auch ins Büro von Nicol Grama, einer ehemaligen Reiseleiterin, die in Bukarest an verschiedenen deutsch-rumänischen Kooperationsprojekten arbeitet, darf ich erst nach einer kurzen Befragung. „Zu wem? Angemeldet?"

Nicol Grama erzählt, dass sie in Bukarest aufgewachsen ist. „Ich hatte das Glück, dass meine Eltern mich in die deutsche Schule geschickt haben – auch das Glück, dass sie das überhaupt machen durften. Meinen beiden älteren Brüdern war das nicht möglich, weil wir niemanden mit deutscher Abstammung in der Familie haben. Früher war das die offizielle Bedingung. Die nicht offizielle Bedingung war, dass man den halben Preis eines Autos bezahlen musste, um reinzukommen. Das konnten sich meine Eltern nicht leisten. Nach der Revolution musste man diese Bedingungen nicht mehr erfüllen. Ich bin meiner Mutter sehr dankbar, dass sie darauf bestanden hat, dass ich Deutsch lerne. Das hat mir viele Türen geöffnet. Ich habe nicht nur das rumänische, sondern auch das deutsche Abitur. Das war noch vor dem EU-Beitritt. In meiner Schule haben wir nach deutschen Lehrbüchern gelernt."

Zeit, sich noch einmal mit dem Aufbau des rumänischen Schulsystems zu befassen. Nicol Grama gibt mir einen knappen Überblick: „Nach dem freiwilligen Besuch des Kindergartens beginnt mit sieben Jahren die Schulpflicht. Nach vier Jahren Grundschule folgt nach vier Jahren Sekundarschule die erste wichtige Prüfung. Wer am Ende der achten Klasse sehr gute oder gute Ergebnisse erzielt, geht noch vier Jahre weiter aufs Gymnasium. Nach der zwölften Klasse ist Abitur. Danach steht den Schülern mit guten oder sehr guten Zeugnissen die Universität offen. Alle, die durchschnittliche oder ausreichende Ergebnisse erzielen, gehen dann in eine dreijährige Ganztagsberufsschule. In Rumänien gibt es weder Realschulen noch eine duale Berufsausbildung, die parallel in der Schule und im Betrieb stattfindet. Mit achtzehn endet die Schulpflicht, dann beginnt entweder das Berufsleben oder das Studium an einer Universität."

„Wie geht es weiter, wenn Jugendliche die Schule nach der achten Klasse beenden?"

„Dann haben sie Probleme, eine Arbeit zu finden. Heutzutage bieten einige Unternehmen mit Unterstützung der deutschen und österreichischen Handelskammer den Jugendlichen, die sich für einen bestimmten Bereich spezialisieren wollen, Jobs an. Das hat es früher nicht gegeben."

Nicol Grama weist auch darauf hin, dass es in Rumänien private Unis gibt. „Sie haben nicht den besten Ruf. Es ist ein Riesengeschäft. Das Niveau ist so was von katastrophal, da kann man wirklich nichts damit anfangen. Ich denke insgesamt, eine gute Ausbildung ist in Rumänien eine Kostenfrage."

Das kann ich nachvollziehen. Zum Beispiel gibt es staatliche deutsche Schulen vorwiegend in Städten. Die Ärmeren sind benachteiligt, weil sie keine Zugänge zu den entscheidenden Informationen haben. Das ist auf dem Land ein großes Problem. Wen wundert es da, dass so viele Leute in die großen Städte ziehen wollen, oder wenigstens in deren Vororte.

„Andererseits wollen auch viele Leute raus aus Bukarest aufs Land", gibt Nicol Grama zu bedenken, „sie wollen im Grünen leben, wollen Spielplätze für ihre Kinder. In der Peripherie werden viele neue Siedlungen gebaut. Nur fehlt dort die Infrastruktur, fehlen Supermärkte, Kindergärten und Schulen. Ich habe viele Bekannte, die gehen erst aufs Land und dann, wenn die Kinder in die Schule müssen, kommen sie wieder zurück nach Bukarest. Die Infrastruktur ist überall im Land ein großes Problem."

Während unseres Gespräches kommen wir immer wieder auf die zentrale Bedeutung der deutschen Schulen in Rumänien zu sprechen. Ihre Bedeutung sollte nicht unterschätzt werden. Alle Absolventen haben Zugang zur deutschen Kultur und, was für sie noch wichtiger ist: Deutsche Betriebe stehen ihnen offen. Dort können sie mit höheren Einkommen rechnen. Ich sehe das zunächst positiv, doch Nicol Grama schüttelt den Kopf.

„Alles recht und schön. Nur: Die Deutschlehrer werden immer weniger. Lehrer verdienen am Beginn ihrer Laufbahn nur rund 200 Euro im Monat. Ebenso die Ärzte. Die Folge ist Korruption. Da wird so ein ‚Selbstfinanzierungssystem' für die Gesellschaft fast unerlässlich, sonst gäbe es nicht einmal mehr diese paar Ärzte. Die Grundvoraussetzungen müssten stimmen. Ein Lehrer oder Arzt müsste ja in Rumänien nicht 3.000 Euro verdienen, nur zumindest so viel, dass er die Wohnung und die Versorgung für die Familie bezahlen kann und dann noch ein bisschen übrig bleibt. Das Leben in Bukarest ist teuer. Wenn man heute aus Temeschwar oder Klausenburg kommt, um in Bukarest zu studieren, überlegt man sich, ob man nicht gleich nach Berlin oder Wien gehen soll. Eine 43-qm-Wohnung – ein Zimmer, Küche und Bad – kostet so um die 200 Euro kalt. Und das nicht einmal in zentraler Lage. Das passt einfach nicht zusammen. Man kann doch nicht sagen, der eine oder andere sei korrupt, und auf der anderen Seite sind die offiziellen Gehälter genauso hoch wie die Miete. Meine frühere, österreichische Chefin vom Touristenbüro in Bukarest hat gesagt, die Preise beim Einkaufen seien hier genauso wie in Wien. Ausnahmen sind die Dienstleistungen, also wenn man abends ausgeht, spürt man tatsächlich große Unterschiede."

„In welchen Bereichen verdient man denn so viel, dass man sich ein angenehmes Leben in Bukarest leisten kann? Die bestbezahlten Jobs gibt es vermutlich in der Informationstechnik."

Nicol Grama stimmt mir zu. „Es gibt zum Beispiel neue Gesetze, die besagen: Man muss keine Einkommensteuer zahlen, wenn man im IT-Bereich in einer Firma ab einem bestimmten Umsatz tätig ist. Das bedeutet für den Einzelnen eine Gehaltserhöhung von 16 Prozent. Man möchte die hellen Köpfe in diesem Bereich motivieren, hierzubleiben oder zurückzukommen in unser Land".

Nicol hatte Eltern, die sich um sie kümmerten. Es schmerzt sie, dass es viele Eltern gibt, die zwar nicht auswandern, aber doch die meiste Zeit des Jahres nicht da sind, weil sie im Ausland arbeiten, um dort mehr Geld zu verdienen. Ihre Kinder lassen sie bei den Großeltern oder bei Verwandten. „Das geht durch alle Bevölkerungsgruppen", sagt sie. „Sogar Eltern, die Kinder auf der privaten deutschen Schule haben, sind oft das ganze Jahr im Ausland. Bei den weniger Bemittelten versteh ich's noch, bei den Reichen nicht. Seit 1990 haben drei Millionen Rumänen das Land verlassen, das sind 15 Prozent der Gesamtbevölkerung. Es ist schlimm, dass so viele intelligente Menschen abwandern, die fehlen ja hier! In der deutschen Schule in Bukarest waren wir fünfzig, die das deutsche Abi gemacht haben – da sind vielleicht noch fünf oder sechs in Rumänien, der Rest in Deutschland oder Österreich. Das ist ein Teufelskreis. Wenn man das stoppen wollte, müssten die Leute ordentlich bezahlt werden, gleichzeitig ist es eine wichtige Aufgabe, die Korruption zu bekämpfen, und zwar in allen Bereichen, von oben nach unten. Ein Anfang ist ja mit der Anti-Korruptions-Behörde gemacht."

Nicol Grama arbeitet zurzeit mit der bayerischen Hanns-Seidl-Stiftung an einem Anti-Korruptions-Projekt.

„Wir versuchen die Korruption zurückzudrängen, auf jeder Ebene, bei der Dame am Schalter, wenn man einen Ausweis braucht, oder bei den Politessen. Ich bin der Meinung, Korruption auf höchster Ebene wird's immer geben, in der Politik oder in großen Unternehmen wie Siemens, aber die Korruption im Alltag müsste man zuerst abschaffen. Ich bin sicher, unsere Aktivitäten werden in den nächsten Jahren Wirkung zeigen. Da gibt es zum Beispiel das Korruptionslabyrinth, eine Kampagne, die wir zusammen mit der Anti-Korruptions-Behörde gestartet haben und die den Normalbürgern vermitteln soll: Ihr werdet nicht allein gelassen, es gibt eine Telefonnummer, bei der man Korruptionsfälle melden und mit jemandem darüber sprechen kann."

Ob sie das Gefühl habe, dass es insgesamt aufwärts gehe mit Rumänien, will ich wissen.

Nicol ist optimistisch. „Sonst wär ich nicht zurückgekommen. Ich hab meinen Masterstudiengang in Wien gemacht und war zudem längere Zeit in Deutschland. Natürlich gibt es Bereiche, wo's mir zu langsam geht. Trotzdem: Ich denke, hier tut sich was."

Umzug von der Peripherie in die Altstadt

In einem Café an der Piața Charles de Gaulle bin ich mit dem Journalisten Herbert Gruenwald verabredet. Nein, sagt er, interviewt wolle er nicht werden, er sei, obwohl Siebenbürger Sachse, kein typischer Minderheitler, er werde sich trotzdem gern mit mir zu einem Hintergrundgespräch treffen und sich im Gegenzug etwas über meine Reise erzählen lassen. Das Treffen mit Herbert Gruenwald ist ein Glücksfall. Er verfügt über eine solche Fülle von Informationen und Kontaktadressen, dass ich mit dem Schreiben kaum mitkomme. Er weiß so viel, dass mir bewusst wird, wie wenig ich weiß.

„Übrigens", fragt er, als ich gerade mein Notizbuch schließen will, „kennen Sie eigentlich die Momârlani?"

„Die was?"

„Die Momârlani! Das ist eine so kleine Minderheit, dass es nicht einmal eine deutsche Form ihres lustigen Namens gibt. Ich würde sie ‚Momarlanen' nennen…"

Momârlani: Abends schaue ich im Internet nach. Auskünfte gibt es dort nur auf Rumänisch. ‚Kein Problem', denke ich, ‚es gibt ja eine Übersetzungsfunktion!'
… eine Bevölkerung, die angeblich Nachkommen zu sein Dacian in sitzen Jiu-Tal … Argumenten und Dokumentation beweist, dass Name momârlan ist älter als die Zeit der österreichisch-ungarischen Herrschaft der italienischen Arbeiter oder nur von Minen im Jiu-Tal kommen … Es reicht! Nachdem ich

mehrere derart verdrehte Übersetzungen durchforstet habe, interpretiere ich die Auskünfte so: Die Momârlani sind eine dakoromanische Volksgruppe von höchstens zwanzigtausend Mitgliedern im Südwesten Rumäniens, von Bukarest aus gesehen in Richtung Reschitza. Sie haben mit Bergbau zu tun und leben im Jui-Tal. Die habe ich leider verpasst. Ich schreibe mir eine Notiz, dass ich darüber Informationen sammeln will, wenn ich wieder daheim bin.
Ciao, Momârlani! Jetzt hat Bukarest den Vorrang.

Versehen mit Herbert Gruenwalds Informationen, will ich am Tag drauf in eine Ferienwohnung im Zentrum umziehen. Dabei hilft mir das Internet auf Englisch weiter. Als ich die angegebene Adresse *„in the very heart of Bucharest"* aufsuche, lande ich in einem verdreckten Hinterhof zwischen Mülltonnen und einem modrigen Lagerhaus. Ich vermute, dass man mich mit dem Hotelnamen „Royal Accomodation" gelinkt hat. Da hat einer eine Geschäftsidee gehabt, sich ein paar Wohnungen im Zentrum unter den Nagel gerissen und erzielt, indem

er sie als Ferienwohnungen vermietet, ein Mehrfaches an Mieteinnahmen. Und das für Wohnungen, die für die Einheimischen in Bukarest zum Normalpreis schon kaum erschwinglich sind.
Nach einer Viertelstunde erscheint endlich ein Mann, ein flotter Typ mit Lederjacke und Sturmfrisur, der mir erklärt, dass in Kürze eine Frau kommen werde, die mich zu meinem Appartement bringe.
„Wo soll das sein? Hier?", frage ich grantig.
Er lacht und versucht mich zu beruhigen.
„Natürlich nicht hier! In einem Viertel der Altstadt!"
Tatsächlich kommt gleich drauf die Frau, die er angekündigt hat. Sie wird um die zwanzig sein, wirkt gehetzt, vielleicht eine Studentin im Nebenjob. Sie streicht sich ununterbrochen die blonde Mähne aus dem Gesicht, meint, sie habe es eilig, ich solle ihr einfach hinterherfahren, fuchtelt mit den Händen herum, dass ihre lackierten Fingernägel wie lila Blitze durch die Luft zucken.

Wir umkreisen ein paarmal die Wohnblocks an der Strada Domniţa Anastasia und der Strada Eforiei im Zentrum der Altstadt. Dabei wischt sie wieder und wieder knapp an Blechschäden vorbei. Einmal entkommt ihr in letzter Sekunde eine alte Frau, es hätte nicht viel gefehlt, und die wäre auf der Kühlerhaube gesessen. Endlich ein Parkplatz! Sie parkt ihr Auto in zweiter Reihe. Die Ferienwohnung befindet sich im vierten Stock eines in die Jahre gekommenen Wohnhauses. Sie will das Geld cash. Gut, soll sie haben, ich seh's ja, sie haben tapeziert, ein Bad eingebaut und ein paar neue Möbel aufgestellt. Die Küche befindet sich zwar noch im Umbruch, sprich, sie ist eine Rumpelkammer: Zwei Kühlschränke! Einer steht so sperrig mitten in dem winzigen Raum, dass ich an den anderen, der in der Küchenzeile eingebaut ist, gar nicht rankomme. Es stellt sich aber bald raus, dass beide nicht funktionieren.
Die Wohnung liegt wirklich günstig, keine fünf Minuten entfernt von der Metrostation „Universität" und dem Parcul Cişmigiu. Der Eingang zu diesem Park liegt am Bulevardul Regina Elisabeta, einer der Hauptverkehrsachsen der Innenstadt. Dort wartet schon die Medienkünstlerin Laura Lăzărescu-Thois. Sie ist 1985 in Kronstadt[98], rumänisch Braşov, geboren, fünfzig Kilometer östlich von Barbara und Christoph Prombergers Heimatdorf Neu-Schenk. Laura hat wie Nicol Grama in Bukarest das deutsche Abitur abgelegt. Die Voraussetzungen waren gut: Ihre Eltern arbeiten als Germanisten an der Bukarester Universität. Ihr Mann ist Siebenbürger Sachse.

Laura mag das Leben in der Großstadt und könnte sich nicht vorstellen, in einem Dorf zu leben. Nach dem Abitur hat sie an der Universität für Theater- und Filmkunst in Bukarest Ton und Schnitt studiert und sammelte danach zehn Jahre lang praktische Erfahrungen in der Filmbranche im Ton- und Bildschnitt von Spielfilmen. Einige dieser Filme haben internationale Preise geholt. Sie hat sich vor allem mit amerikanischer Filmästhetik beschäftigt und darüber

[98] Kronstadt, rum. Braşov, ca. 250.000 Einw.

ihre Doktorarbeit geschrieben. Eineinhalb Jahre besuchte sie die Hochschule für Film und Fernsehen in Potsdam Babelsberg. Ihr Buch *Sound Design in the American Animated Film*[99] ist in Deutschland und Rumänien veröffentlicht worden. Außerdem arbeitet sie als Universitätsdozentin und unterrichtet „Ton" an der Filmhochschule in Bukarest. Eine Traumkarriere. Auch das gibt es in Rumänien.

„Kann man heute in Rumänien leben, wenn man Filme dreht?"

„Es ist schwer, Geld zu bekommen. Für die Beantragung staatlicher Mittel sind als Legitimation erst einmal Preise vorzuweisen. Woher nehmen? Das ist am Anfang ziemlich schwierig. Die Jungen haben kaum Chancen. Es dauert mindestens fünf Jahre, bis man einen Film verwirklichen kann. Filmschaffende leben meistens davon, dass sie nebenbei Jobs aus der Werbung annehmen. Manchmal führe ich Regie bei Kurzfilmen oder für experimentelle Fashion- und Präsentationsclips. Na ja, das ist nicht mein erlernter Beruf", sagt sie verlegen. Dabei spricht es doch für sie, wenn sie so flexibel ist und die Grenzen ihres erlernten Berufes überschreitet.

Viele Menschen gehen fort von hier, warum ist Laura Lăzărescu-Thois hiergeblieben?

Sie schaut mich mit großen Augen an, verwundert darüber, dass ich ihr Fortgehen überhaupt in Erwägung ziehe. „In den letzten Jahren hat sich viel getan", meint sie „Rumänien ist moderner und weltoffener geworden. Das ist gerade im Bereich Film und Theater spürbar. Dort sieht man nicht nur alte Leute wie früher, sondern auch viele Jugendliche. Es gibt eine Reihe von Festivals. Und: Es gibt im rumänischen Film einen eigenen Weg. Seit dem rumänischen Spielfilm *Der Tod des Herrn Lazarescu*[100] kann man feststellen, dass sich bei uns eine eigene Filmästhetik entwickelt hat. Mit einer objektiven Darstellungsweise, nah am Dokumentarfilm, feiern rumänische Filme internationale Erfolge."

Laura runzelt die Stirn, scheint nachzudenken. Auf einmal fügt sie hinzu: „Es gibt in jedem Beruf gute Momente und schlechte. Man wartet manchmal auf Projekte, die kommen dann nicht oder sind nicht so gut bezahlt, aber wenn man dann ein Angebot bekommt und man weiß gleich, wow, das ist so schön und man kann einen Teil von sich selbst in die Arbeit einbringen, das ist die größte Belohnung."

---

[99] Laura Lăzărescu: *Sound Design in the American Animated Film*

[100] *Der Tod des Herrn Lazarescu*, rum. Spielfilm 2005, vgl. Anhang, Anm. 13

Noch ein Kratzer im Glanzlack der Minderheitenidylle

Eine Mail von Herbert Gruenwald: Protest gegen geplante Moschee in Bukarest geht weiter: Catalin Berenghi, ein zum Geschäftsmann gewandelter ehemaliger Angehöriger der Fremdenlegion, setzte seinen Protest fort, indem er ein altes orthodoxes Steinkreuz auf dem für die Errichtung der Moschee vorgesehenen Baugrund aufstellte. Vorher hatte Berenghi bereits, der rumänischen Trikolore entsprechend, rot-gelb-blau gefärbte Schweine dort weiden lassen und sogar Schweinekadaver vergraben. Die Moschee soll im Norden Bukarests entstehen. Das von Istanbul geförderte Projekt wurde in Gang gebracht, als Victor Ponta sich in der Türkei an seinem kranken Knie operieren ließ, während ihn zu Hause die Anti-Korruptions-Staatsanwälte suchten. Darum verspottet Catalin Berenghi seinen Premierminister auch als *Ponta Turcitul*, Ponta der Getürkte, und vermutet einen schmutzigen Deal im Hintergrund des Projekts.

Verwunderlich, dass es in Bukarest so einen starken Widerstand gegen den Bau einer Moschee gibt. Die Minderheiten in Rumänien leben doch relativ friedlich zusammen. In Gesprächen mit Bukarester Bürgern heißt es meist: „Es gibt hier nicht so viele Moslems, die meisten rumänischen Moslems leben zum Schwarzen Meer hin, in der Dobrudscha." Und wenn ich genauer nachfrage, stellt sich heraus, dass die Moslems in Rumänien allgemein nicht so beliebt sind. Ist es das Fremde wie bei den Roma?

Ich erinnere mich, dass mir Nicol Grama einen „Witz" erzählte, der zu dieser Geschichte passt: „Die Deutschen fragen manchmal: ‚Wie habt ihr es geschafft, die Moslems wegzubringen?' Dann sagen wir: ‚Es hat ihnen in Deutschland besser gefallen!'" Aber sie fügte sofort hinzu, dass es auch wegen des Baus der großen orthodoxen Kathedralen jede Menge Kritiker gibt. „Viele der Jüngeren sehen keinen Sinn darin, derartig riesige prachtvolle Kirchen und Moscheen zu bauen. Es haben sich auch gegen diese Prunkbauten Bürgerinitiativen gebildet."

„Das habe ich unterwegs öfters gehört", stimmte ich ihr zu, „dass sich Leute wegen der teuren neuen Kirchenbauten aufregen."

„Andererseits", meinte sie, „spenden viele für solche Bauten, weil sie denken, die Glaubensgemeinschaften brauchen eine Möglichkeit zum Repräsentieren und um sich zu zeigen. „Manche fragen: ‚Warum baut ihr Kirchen und keine Krankenhäuser?' Das ist berechtigt. Manchmal gibt's Mittel für beides. Allerdings bekommt die Kirche am meisten Geld, weil sie die EU am besten von der Qualität ihrer Projekte überzeugen kann. Die Betreiber der Krankenhäuser sind oft unglaubwürdig, weil sie zu sehr von der Politik abhängig sind. Wenn kein Geld da ist, das man in die eigene Tasche stecken kann, haben viele kein großes Interesse. Darüber hinaus nutzt die orthodoxe Kirche die EU-Mittel überaus sinnvoll. Man darf nicht übersehen, dass sie ein gut funktionierendes Netzwerk hat. Bei Überschwemmungen überflügelt sie alle anderen, wenn es um die schnelle Verteilung der Güter geht. Es gibt Klöster, die den Menschen am Sonntag nach dem Gottesdienst zu essen geben. Darüber spricht man nicht. Die Medien berichten nur die negativen Fälle."

Zweiter Anlauf zu einem Gespräch mit Mircea Dinescu. Bei Beginn meiner Reise habe ich den Dichter und Bürgerrechtler in dem von ihm geschaffenen Kulturhafen, in seinem Port Cultural Cetate an der Donau verfehlt. Ich hoffe, dass ich ihn heute in Bukarest treffen kann. Wie vereinbart, rufe ich seine Frau Masha wegen eines Termins an. Ob ich einen Dolmetscher habe, will sie wissen. Ja, natürlich, Herbert Gruenwald hat mir Marius P. Weber empfohlen. Gut, ich solle später noch einmal anrufen, damit wir einen Zeitpunkt ausmachen können. Ich rufe also später noch einmal an. Gut, das Treffen könne morgen Nachmittag stattfinden, aber ich solle abends noch einmal anrufen. Ich teile Marius den Termin mit. Abends rufe ich noch einmal bei Masha an. So ein Schlamassel! Es tue ihr leid, Mircea sei zu erschöpft von der Weinlese.
Dieser Poet zwischen rumänischer Revolution und rumänischer Küche macht mich mit seiner Unnahbarkeit nur noch neugieriger. Er war es, der im rumänischen Fernsehen am 22. Dezember 1989 inmitten einer Gruppe von Mitkämpfern den Sieg der Revolution verkündet hat, mit den Worten: „Der Diktator ist gestürzt! Das Volk hat gesiegt! Rumänien ist unser! Gott hat uns geholfen!"
Ob es stimmt, dass er jetzt keine Gedichte mehr schreibt, dass er nur noch als Wirt und Koch arbeitet? Ich werde auf meiner Heimreise noch einmal durch Cetate fahren. Masha meinte, das sei eine gute Idee. Gute Idee? Aber was heißt das schon …

Nächtliche Besichtigung einer Hauptstadt

Abendlicher Treff mit Marius P. Weber. Er ist deutschsprachiger Fotograf, Hörspielautor, Mediengestalter, Ende vierzig, mit ergrautem Pilzkopf, der sich selbst als Trendscout, Vampirforscher, Verlagslektor und Zeitschriftenmacher bezeichnet. Er sollte eigentlich mein Gespräch mit Dinescu dolmetschen. Daraus wird ja leider nichts?

„Egal", meint er, „dann zeig ich dir einfach das Zentrum von Bukarest."

Ich habe ihn mir als quirligen hektischen Denker vorgestellt und bin erstaunt, als ich neben einem bedächtigen, weltoffenen Zeitgenossen hergehe. Wir spazieren über den verkehrsreichen Bulevardul Elisabeta. Nicht nur wegen der großzügigen Boulevards galt die Stadt einmal als Paris des Ostens. Man spürt es heute noch, sie muss ein gewisses nobles Flair gehabt haben. Bei der Universität biegen wir nach Süden ab zum Altstadtviertel Lipscani. Es ist nach der Stadt Leipzig benannt. Von dort kam früher die Mehrzahl der Händler, die ihre Sachen an der Hauptstraße anboten: Sattler, Schuster, Färber, Hutmacher, Goldschmiede. Heute ist das Viertel eine Amüsiermeile, vor allem für Touristen. Ein Lokal neben dem anderen. Es ist noch angenehm warm. Viele Leute sitzen vor den Restaurants, essen, trinken, unterhalten sich. In der Sepcari 16 werfen wir einen Blick in das Lokal Lacrimi si Sfinti des Dichters Mircea Dinescu: helle Räume, gemütliche Atmosphäre: blanke Tische, rustikaler Backstein, Hauswein aus dem eigenen Weingarten, serviert im Tonkrug. Daneben wie selbstverständlich avantgardistische Dekorationen aus Legosteinen!

Während der kommunistischen Zeit gab es Pläne für den Abriss dieses Altstadtviertels. Sie konnten nicht bis zum bitteren Ende ausgeführt werden. Die Revolution kam dazwischen. Unvermittelt stehen wir an einem weiteren breiten Boulevard und stehen bald drauf an einer großen Kreuzung: Piața Unirii, Platz der Einheit, Lichtreklamen, das Cocor-Kaufhaus und das Unirea Shopping

Center. Im Zentrum des Platzes eine Grünanlage, wo der Fluss Dâmbovița[101] kurz aus seinem Betonkorsett schlüpfen darf und sich in einem Springbrunnen austoben kann.
Im 19. Jahrhundert hatte sich dieser Platz am damaligen Stadtrand zum Marktviertel entwickelt. Anfangs versammelten sich hier ein paar Händler aus der Walachei, um ihre Waren anzubieten. Mit der Zeit dehnte sich Bukarest nach Süden über die Dâmbovița hinweg aus. Es entstand die Piața Mare, der große Marktplatz. Er war bald so beliebt, dass Händler bis aus der Moldau, Siebenbürgen und Bulgarien anreisten. Um die Übersicht zu bewahren, baute man Hallen für die verschiedenen Warengruppen: die *Hala Mare* für Fleischprodukte, die *Hala de păsări* für den Geflügelmarkt, die *Hala de pește* für den Fischmarkt, die *Piața Bibescu* für Gemüse aller Art, die *Hala de fructe* fürs Obst und für den Blumenmarkt die *Hala de flori.*
„Mit dem Abriss der Hallen wurde Anfang der 1960er Jahre begonnen. Als letzte musste 1985 die Hala Mare dran glauben", sagt Marius und zeigt nach links, zeigt nach rechts, „heute sehen wir hier die Piața Unirii ein Stück des drei Kilometer langen Bulevardul Unirii! Zu Ceaușescus Zeiten war das der Boulevard des Sieges des Sozialismus. Er endet am Casa Poporului. Dieses „Haus des Volkes" gehört von der Nutzfläche her zu den größten Gebäuden der Welt. Seit 1991 heißt es „Palast des Parlaments. Jetzt sind darin unter anderem die Abgeordnetenkammer, ein Konferenzzentrum und der Senat untergebracht."
Marius erzählt, dass Securitate-Leute unter Ceaușescu extra darauf zu achten hatten, dass niemand unerlaubt den über 200 Meter breiten Boulevard überquerte. Allmählich wird mir bewusst, dass ich durchs Machtzentrum der Ceaușescu-Regierung spaziere. Mir kommen diese mehrspurigen Prachtstraßen in der Stadt vor wie Reißverschlüsse. Der Bulevardul Unirii übertrifft sie alle an Länge und Breite. Was käme zum Vorschein, wenn man diesen Reißverschluss aufzöge?
„Dem Bau dieses Boulevards der Einheit und des Palastes fielen mehr als zwanzig Prozent der Altstadt zum Opfer, neben den Resten des großen Marktplatzes das historische Uranus-Viertel, Kirchen, Synagogen, Theater, Kinos. Andererseits", meint Marius sarkastisch, „wenn man genau hinschaut, sind nach der Revolution wesentlich mehr Gebäude abgerissen worden als vorher."

[101] Dâmbovița, linker Nebenfluss des Argeș, Länge ca. 240 km, entspringt im Făgăraș-Gebirge

„Die Maske der Revolution"

In Bukarest lebt der Dichter Mircea Cărtărescu, einer der wichtigsten Autoren der rumänischen Gegenwartsliteratur, der bereits mehrmals auf der Liste der Kandidaten für den Literaturnobelpreis stand. Er kam 1956 in der Hauptstadt zur Welt. Die Familie seiner Mutter hat bulgarische Wurzeln, die des Vaters polnische. Mircea Cărtărescu hat Romane geschrieben, Gedicht- und Erzählbände. Auch ein Kinderbuch mit dem Titel *Die Enzyklopädie der Drachen* sowie Übersetzungen von Bob-Dylan-Texten ins Rumänische stammen aus seiner Feder. Auf die Zeit des Aufstands gegen das Ceauşescu-Regime geht Mircea Cărtărescu ausführlich im dritten Band seiner Romantrilogie *Orbitor* ein:

Komm, Liebes, schau mal, da gibt's Revolution im Fernsehen!", sagt die Mutter, sobald ich zur Tür hereinkomme, spätabends, nachdem ich von der Kundgebung weggegangen („Liebe Leute, eine Panzerkolonne aus Ploieşti[102] *rollt auf uns zu!", hatte jemand vom Balkon ins Sprachrohr geschrien, und die Menschen waren auseinandergestoben, wie damals, als sie erfahren hatten, dass es in der Verkaufsstelle kein Brot mehr gab) und durch die Straßen der Stadt hin und her gewandert bin, zwischen Gruppen von Menschen, die gleichzeitig sprachen, dann in stillen Straßen, zwischen vergilbten und widersinnig verzierten Häusern, bei denen die Kanten der Simse und die Schöpfe der zersplitterten Engelchen noch von einer fingerbreiten Schicht schmutzigen Schnees bedeckt sind.*[103]

Während einer Begegnung mit Mircea Cărtărescu und seinem Übersetzer Ernest Wichner[104] sprechen wir über die rumänische Revolution von 1989. In Rumänien gab es tatsächlich einen Umsturz, anders als in Bulgarien, wo die kommunistische Partei ihren Vorsitzenden Schivkov abgewählt und danach weiterregiert hat. Mircea Cărtărescu verwendet in seinem Roman den Begriff „Maske der Revolution". Ich kann mir darunter nichts vorstellen.

Er betont, dass er schon oft darauf angesprochen worden sei. Trotzdem zeigt er Geduld, erklärt mir langsam und eindringlich die Zusammenhänge: „Das war die politische Maske für das, was wirklich stattgefunden hat: ein Putsch. Im

[102] Ploieşti, rund 60 km nördlich von Bukarest, ca. 200.000 Einw.

[103] Aus: *Die Flügel*, Orbitor Trilogie, Bd. 3, S. 297

[104] Ernest Wichner, deutscher Schriftsteller und Übersetzer. * 1952 in Guttenbrunn im Banat (siehe auch S. 28: Balthasar Waitz, Guttenbrunner Literaturkreis in Temeschwar)

Falle unserer Revolution hat man deutlich eine Zweigleisigkeit feststellen können. Niemand kann den Überschwang und den Heldenmut der jungen Leute leugnen, die schon in der ersten Nacht auf die Straße gegangen sind, trotzdem waren gerade sie es, die sich anschließend als Betrogene empfunden haben. Sie mussten erkennen, dass ihnen ihr Enthusiasmus gestohlen wurde – von zynischen Gestalten, die das Geschehen manipuliert hatten. Aus einer wunderbaren Freiheitsbewegung, aus einer wunderbaren Bewegung gegen die Tyrannei, aus einer schönen Selbstbefreiung wurde eine furchtbare Inszenierung. Das war so, als hätte es mit Beteiligung der Gestapo und der Obersten Heeresleitung eine Erhebung gegen Hitler gegeben, um unter dem Vorwand, einen Nationalsozialismus mit menschlichem Antlitz zu verwirklichen."

Mircea versteht zwar recht gut Deutsch, aber er tut sich hart im Formulieren. Deshalb ist er dankbar, dass ihn sein Übersetzer Ernest Wichner im Gespräch unterstützt. Der ist selber Schriftsteller und im Banat aufgewachsen. Er kennt Mirceas Literatur ebenso gut wie die Hintergründe der revolutionären Ereignisse 1989 und ergänzt seine Antwort: „Die zweite Riege der Partei hat einen Aufstand provoziert. Es begann mit einer Volkserhebung in Temeschwar, und die schwappte dann über auf Bukarest. Gleichzeitig hat man den Putsch gegen Ceaușescu inszeniert. Man erfand Terroristen und sorgte für Blut und Leichen, um dem Ganzen den Anschein einer erkämpften Revolution zu geben."

Ich versuche die Ereignisse nachzuvollziehen. „Gehört denn das auch dazu, dass damals in mehreren deutschen Zeitungen stand, dass man in Temeschwar Journalisten an ein offenes Massengrab geführt hatte, in dem ermordete Säuglinge und zu Tode gefolterte Menschen lagen? Später stellte sich heraus, dass es Tote aus der Leichenkammer des Krankenhauses waren, die man als Folteropfer ausgegeben hatte." [105]

„Genau so etwas gehört zu diesen Absurditäten", sagt Ernest Wichner, „auch

[105] DIE ZEIT, 22. Juni 1990, vgl. Anhang, Anm. 14

das Gerücht, es habe in Temeschwar Zehntausende von Toten gegeben. Das sind alles Sachen gewesen, die von den beteiligten Desinformationsabteilungen des Geheimdienstes in die Welt gesetzt wurden, um diesem Staatsstreich in der Bevölkerung eine größere Legitimation zu geben."

„Aber als Konsumenten von Nachrichten sind wir hilflos", wende ich ein, „wir werden mit Informationen überfüttert, die wir nicht gewichten können, weil wir keine Ahnung haben, wer sie gestreut hat. Dafür gibt es ja neuerdings den Begriff *Fake-News*."

Ernest Wichner lässt meinen Einwand nicht gelten.

„Wir haben ja Geschichtskenntnisse, die sich von der *Odyssee* bis zum Maidan in Kiew erstrecken. Wir können doch unser Hirn einschalten!"

Natürlich hat er recht, da muss ich nicht weiter nachhaken, also wechsle ich das Thema und wende mich wieder an Mircea. „Es gibt in Rumänien viele Minderheiten, man kann sagen, das rumänische Volk spricht mit vielen Zungen. Gibt es denn in der rumänischen Sprache auch Dialekte? Und – verwenden Sie solche Dialekte in Ihrer Literatur? Die sind doch in den meisten Sprachen sinnlich und anschaulich und bringen zudem Farbe in die Sprache."

„In der Parodie der Diskurse im dritten Band meiner Trilogie, wo auch das Volk zur Sprache kommt, tauchen die rumänischen Dialekte auf: Moldauisch und Oltenisch, die Sprache des Altreichs."

„Ceaușescu sprach Dialekt", fügt Ernest Wichner hinzu, „er beherrschte das Hochrumänische nicht. Das irritierte die Leute, wenn sie ihn reden hörten, denn er sprach wie ein ungebildeter Mensch."

Auf dem Weg zu meiner Wohnung komme ich an der Notaufnahme eines Krankenhauses vorbei und verfolge die Auseinandersetzung von sieben Roma mit einem Mann des Sicherheitsdienstes, der hier Wache schiebt. Eine uralte Großmutter mit Kopftuch und bunt gemusterter Jacke mit ihrem vertrockneten, kleinwüchsigen Mann im dunklen, abgetragenen Anzug. Dann eine stäm-

mige Frau mittleren Alters mit langen schwarzen Haaren und der lautesten Stimme von allen. Sie trägt ein smaragdfarbenes, wallendes Kleid. Der korpulente Typ neben ihr, vermutlich ihr Mann, ein Mordsprackl Mannsbild, ist eher schweigsam. Nur ab und zu pulvert er ein paar Wortbrocken dazwischen. Etwas verloren stehen daneben der etwa zwölfjährige Sohn und zwei halbwüchsige Töchter. Sie wollen alle miteinander ins Krankenhaus. Hauptperson ist ein Bub im Vorschulalter in kurzer Hose und mit einem dicken Kopfverband, der offensichtlich einen Arzt braucht. Nein, sie lassen sich nicht abwimmeln. Sie bestehen darauf: Alle oder keiner!
Ich höre den Nachhall der Stimme Petru Ducas, des Funktionärs der Roma-Partei in Hermannstadt. „Wir lassen unsere Kinder nicht allein, bei uns geht immer die ganze Familie“, hat er gesagt. So scheint es bei intakten Roma-Familien tatsächlich zu sein, die halten zusammen, die lassen nicht locker, fordern lautstark Einlass für alle zusammen. Da kommen zwei Ärzte oder Pfleger in weißen Kitteln aus dem Krankenhaus und wollen wissen, was da los sei. Der Wachmann ruft lauthals nach der Polizei, läuft zum Telefon ins Wachhäuschen und zetert: *„Poliție! Poliție!“* Unterdessen marschiert der Roma-Trupp einfach laut gestikulierend an den Weißkitteln vorbei ins Gebäude. Ein Arzt will ihnen noch den Weg verstellen. Hilft nix. Sie sind im Augenblick nur da für ihren fröstelnden kleinen Buben. Er scheint Fieber zu haben. Ich verstehe die Leute nicht, aber ich gebe ihrem Schimpfen in meiner Fantasie einen Inhalt: Habt uns doch gern, hol euch der Teufel, euch lausige Geldraffer, Besserwisser in Angeber-Uniformen, Köpfe wie Zierkürbisse, ach, ihr Seelenverkäufer, eure Seelen sind ja selbst dem Teufel zu schlecht. Ihr habt niemandem was zu bieten, was führt ihr euch denn so auf. Ja, es stimmt, wir verkaufen unsere Seele auch – aber nur um unser Kind zu retten.

Mihaela – eine junge Roma-Frau beißt sich durch

Noch einmal das Roma-Thema: Herbert Gruenwald hat mir den Kontakt zu Mihaela Drăgan vermittelt. „Eine Roma, die die Kurve gekriegt hat!“, meinte er. Ich erhoffe mir den Einblick in einen positiven Lebensentwurf und habe mich mit Mihaela an der Metro-Station Universität verabredet.
Da schickt mir ihr Freund eine SMS, *Mihaela arrives later, but I’ll come!* Als Smartphone-Banause komme ich mit den versierten jugendlichen Simsern

nicht so ohne weiteres zurecht. Er will wissen, wie er mich erkennen kann. Mühsam tippe auch ich eine SMS ins Handy: *I have a black backpack*, am schwarzen Rucksack könne er mich erkennen. Leider scheint mein Handy kein Englisch zu verstehen. Schlimmer noch, es verbessert meine englischen Wörter ins Deutsche – ich seh es erst, als meine SMS schon weg ist. Die Höllenmaschine hat aus meinem *Backpack* das Wort *Backpulver* gemacht. Am schwarzen *Backpulver* könne er mich erkennen. Der wird denken, ich habe einen Schlag. Wir finden uns dann trotzdem. Er lässt sich nichts anmerken, und wir gehen zur gemeinsamen Wohnung der beiden.

Mihaela wartet schon. Wir setzen uns ins Wohnzimmer, und sie beginnt ohne Umschweife zu erzählen: „Ich stamme aus einer Familie der Lăutari, das ist eine Roma-Gemeinschaft, die schon vor Jahrhunderten mit Musikgruppen durch Europa zog. Als ich nach der Schule in die Universität nach Constanţa kam, traf ich dort auf viele andere Minderheiten: Tataren, Lipowaner, Mazedonier, und ich erinnere mich, dass ich dort das erste Mal das Gefühl hatte, dass ich meine ethnische Herkunft verheimlichen muss, weil ich sah, dass alle eine schlechte Meinung von den Roma hatten. Die anderen hatten diese Probleme nicht. Bis dahin hatte ich nie bemerkt, dass ich eine Zigeunerin bin, eine Gipsy. Ich versuchte, die Beste zu sein, nur um allen zu demonstrieren: ‚Ich bin Zigeunerin, trotzdem kann ich was leisten.' Und als das nicht funktionierte, dachte ich mir: ‚Mein Vater ist Rumäne, meine Mutter ist Roma, okay, dann bist du eben Rumänin.' Als ich nach der Uni nach Bukarest kam, wollte ich in die Schauspielschule, aber ich bekam keine Zulassung. Da hörte ich, dass für Roma kostenfreie Plätze reserviert seien. Ich wollte unbedingt hin und sagte mir: ‚Gut, bekenne ich mich eben zu meiner Roma-Herkunft, ich hatte ja kein Geld, um diese Schule zu bezahlen. Ich bewarb mich also, und sie nahmen mich. Was dann an dieser Schauspielschule passierte, war so schlimm für mich, dass ich nach dem ersten Jahr aufgab. Ich verstand zum ersten Mal, was es bedeutet, nicht nur eine dunklere Hautfarbe zu haben, sondern Roma zu sein und das öffentlich zu bekennen. Nur ein Beispiel: Der Professor hatte Vorurteile mir gegenüber. Er sagte: ‚Du bist Zigeunerin, komm, sing für uns!' Okay, ich bin Roma, aber ich kann nicht singen. Nicht alle Roma singen und tanzen gern. Sie dachten, wenn ich Roma bin, bin ich automatisch ein Teil der traditionellen Roma-Kultur. So wechselte ich zur Uni nach Klausenburg. Die hatten andere Arbeitsmethoden als die Lehrer an der Uni in Bukarest. Sie sind dort alle ein

bisschen verrückt. Im ersten Semester sagten sie: Zieh dich aus, leg deine Hemmungen ab! Darauf war ich nicht vorbereitet. Das war mir zu aggressiv."
Mihaela begann Fragen zu stellen: Wie definiere ich mich? Wer bin ich? Akzeptiere ich die Vorurteile oder verheimliche ich, dass ich eine Roma bin? Oder will ich dazu stehen und dafür kämpfen? Sie ging wieder nach Bukarest und wollte mehr über die Identität der Roma erfahren, denn bis dahin hatte sie ja nie in Roma-Gemeinschaften gelebt.
„An der Uni in Bukarest haben wir eine Abteilung, wo man die Roma-Sprache lernen kann. Da wollte ich hin. Mein ganzes Leben änderte sich. Ich wollte kämpfen und wurde zur Aktivistin. Ich lernte viel über Roma-Kultur und Roma-Geschichte. Niemand hatte mir je gesagt, dass die Roma früher in Rumänien Sklaven waren. Ich bekam immer mehr Kontakte zu Roma-Leuten, und ich lernte zu akzeptieren, wer ich bin. Ich war frei. Ich konnte jedem sagen, dass ich Roma bin. Ich muss nichts mehr verheimlichen. Mir geht es gut dabei, Roma zu sein, ich bin stolz darauf. Ich habe keinen Grund, mich zu schämen."

Mihaela kann jetzt offen darüber reden, was es für sie bedeutet, eine Roma zu sein. Genauso offen entfaltet sie auf der Bühne die Gedankenwelt der Roma, denen sie mit ihrer Theaterkunst eine Stimme geben will. Eines ihrer Vorbilder ist der brasilianische Theaterregisseur Augusto Boal und seine Theorie vom „Theater der Unterdrückten". Zurzeit arbeitet sie mit drei jungen Roma-Frauen zusammen und ermutigt sie, über sich zu sprechen, über ihre Träume, über ihren Zorn. „Es sind Frauen, die leben wie im letzten Jahrhundert, ohne elektrischen Strom, ohne Wasser, das ist kein einfaches Leben", erzählt sie. „Ich wüsste nicht, was diese Frauen von mir lernen könnten. Also sage ich: ‚Kommt, wir machen so etwas wie eine Show, und ihr habt jetzt die Gelegenheit zu sagen, was ihr wollt, was ihr denkt, niemand kann es euch verbieten. Wenn wir das eingeübt haben, holen wir die Öffentlichkeit dazu, und die Leute können das Gehörte mit der politischen Wirklichkeit vergleichen.'"
Das hat die Aufmerksamkeit eines Nachbardorfes erregt. Frauen, die man mit

ihren Kindern aus ihren Häusern vertrieben hatte, wollten, dass Mihaela auch mit ihnen so eine Vorstellung einübt. Daraus ist ein Stück über Zwangsräumungen geworden. Natürlich schimpfen die Leute über die Politiker, wenn sie unter sich sind, und tauschen ihre Meinung aus, trotzdem ist es etwas anderes, wenn sie auf die Bühne steigen und ihre Situation in die Öffentlichkeit tragen. Dabei geht es nicht nur darum, sich zu beklagen, sondern eine eigene Stimme zu finden und sich ihrer bewusst zu werden. Wenn Mihaela bei den Frauen einen Bewusstwerdungsprozess anstößt, lernt sie ständig von ihnen, sagt sie, denn sie stecken tiefer in der Roma-Identität und können das auch besser ausdrücken.

2014 hat sie mit professionellen Schauspielerinnen die gesellschaftskritische *Giuvlipen Theatre Company* gegründet, eine feministische Roma-Theatergruppe, die in ihren Aufführungen Theater, Tanz und Akrobatik verbindet. Immer geht es dabei um das Leben der Roma-Frauen, um Rassismus, Diskriminierung und soziale Ungerechtigkeit.

Darüber hinaus arbeitete Mihaela eine Zeit lang mit dem nationalen rumänischen Fernsehsender zusammen und produzierte sechs Folgen einer Gesprächssendung über die Roma-Minderheit. Zunächst gab man ihr einfach keinen Vertrag und danach auch kein Geld. Dann erhielt sie zwar einen Vertrag über hundert Euro pro Monat, doch sie zahlten trotzdem nicht. Die Fernsehleute warfen ihr vor, dass sie die Sendungen zu aggressiv gestalte, weil der Sender schließlich nicht nur Roma, sondern auch Rumänen als Zuschauer habe. Mihaela ließ sich nicht einschüchtern. Sie verklagte das öffentlich-rechtliche Fernsehen Rumäniens wegen Diskriminierung und Rassismus. Das gab es noch nie! Nur knapp vor der Revolution zur Welt gekommen, erweist sie sich als eine wache, mündige Staatsbürgerin, die ihre Rechte kennt und wahrnimmt und fordert unmissverständlich: „Sendungen über die Roma-Minderheit müssen auch von Roma produziert werden, damit deren Sorgen frei von Klischees zur Diskussion gestellt werden."

Mihaelas großes Ziel ist ein eigenes und unabhängiges Theater für Roma. Ihr Freund unterstützt sie dabei, und seine Argumentation klingt durchaus plausibel: „Es gibt Minoritäten-Theater für Deutsche, für Ungarn, die staatlich unterstützt werden, das wollen wir auch für die Roma!"

Wie viel Leidenschaft und Begeisterung sie in ihre Arbeit investiert! Was für ein Unterschied, wenn man ihren Werdegang mit dem der jungen Roma-Frau-

en in den Ghettos vergleicht. Und doch wird durch sie ein Weg sichtbar, ähnlich dem, den die Rothberger „Zigeuner-Mädchen“ begehen, denen es Eginald Schlattner ermöglicht hat, das Gymnasium zu besuchen.
Auf dem Rückweg beginnt es heftig zu regnen. Muss mich immer wieder unter Vordächer stellen. Übrigens, während der Unterhaltung vorhin kam ich auf meine Hilflosigkeit im Umgang mit dem Handy zu sprechen, das meine englische SMS-Eingabe *backpack* ins deutsche „Backpulver“ verbessert hatte. Dabei wäre es so einfach gewesen, klärte mich Mihaela auf. „In Rumänien heißt Rucksack wie im Deutschen einfach *rucsac*.“

Wohin jetzt? Zurück an die Donau nach Bulgarien!

Alle Türen weit aufgerissen. Blauer Himmel, ich spaziere hinein in den offenen Tag. Wie steht es eigentlich um die beiden großen Klischees über Rumänien, die durch die Welt geistern: Straßenhunde und Straßenkinder? Versteckte Menschen – versteckte Geschichten.
Ja, ich habe Straßenhunde gesehen, meistens auf den Parkplätzen der Überlandstraßen, hier in der Stadt ganz selten, es heißt, dass man sie wegfängt und sterilisiert. Bei Giurgiu an der Donau ist extra für diese Hunde ein weitflächiges Terrain umzäunt worden.
Vor einigen Monaten sollen in Bukarest zwei Bullterrier einen Neunjährigen totgebissen haben. In der Presse ist viel drüber geschrieben worden, immer mit dem Hinweis, dass zwar schon eine Menge gegen die Straßenköter unternommen worden sei, dass dies aber offensichtlich noch nicht ausreiche. Christoph Promberger aber hat mir erzählt, es habe sich herausgestellt, dass das keine Straßenhunde, sondern die Bluthunde eines Mafioso gewesen seien.
Mir fallen in Bukarest vor allem die verhätschelten Schoßhündchen auf, die von elegant gekleideten Damen über die Straße getragen werden. Hin und wieder sehe ich auch Männer, die mit Hunden Gassi gehen. Gestern zum Beispiel beobachtete ich zwei Glatzköpfe in schwarzen Lederjacken, die ausschauten wie Bodyguards. Die hatten wohl dafür zu sorgen, dass die beiden riesigen Dobermann-Hunde ihres Chefs im Park Auslauf bekamen.
Und Straßenkinder? Auf die stößt man in Bukarest am ehesten in der Nähe des Nordbahnhofs, Gara de Nord. Auf dem Weg zum Bahnhof sehe ich fünf hagere Kindergestalten, die sich an der Dâmbovița den Grind aus den Gesichtern

waschen. Zwölf, dreizehn Jahre alt werden sie sein, zaundürre Bürscherl. In der verzweigten Kanalisation unter dem Bahnhof sind die Rohre der Fernheizung verlegt, dort ist es auch im Winter warm. In diesen Katakomben übernachten rund 5.000 Menschen, darunter viele Straßenkinder, heißt es. Tagsüber gehen sie betteln. Gegen die Angst vor Ratten und die traurigen Gedanken hilft vorübergehend das Schnüffeln des Billig-Halluzinogens Aurolac. Dieses Farb-Verdünnungsmittel verätzt die Lunge, lässt die Stimme brüchig werden und zerfrisst das Hirn. Unsicher mache ich einen Bogen um den nächsten Kanaldeckel.

„Mit dem Zug fahren bei uns nur Abenteurer!“, sagte Cristian Muntean in Temeschwar. Das scheint tatsächlich für ganz Rumänien zu gelten. Von Bukarest nach Russe an die Donau sind es nur rund achtzig Kilometer. Mit dem Bus oder mit dem Taxi dauert es höchstens eine Stunde. Der Zug braucht vom Nordbahnhof bis zum Bahnhof von Russe drei Stunden. Zuerst fährt er nach Westen bis Videle und schlägt dann erst einen Haken nach Südosten zur Donau. Warum der weite Umweg? Vielleicht gibt es keine durchgehend elektrifizierte Strecke. Keine Ahnung. Ist jetzt eh wurscht. Während der Zugfahrt schotte ich mich ab, versuche das Rattern und Klopfen zu überhören, bemühe mich, das Holpern mit Gedankensprüngen abzufangen, durchforste mein Notizbuch, versuche, meine Informationen über die rumänische Revolution zu ordnen.

Tatsache ist: Mitte Dezember 1989 herrschten in Rumänien bürgerkriegsähnliche Unruhen. Am 22. Dezember 1989, 10.00 Uhr, rief Nicolae Ceaușescu den Notstand aus. Eine halbe Stunde später wollte er die Bevölkerung mit einer öffentlichen Rede beruhigen, aber da stürmten die aufgebrachten Menschen bereits das Erdgeschoß des Zentralkomitees. Um 12.00 Uhr floh das Diktatorenehepaar mit einem Hubschrauber vom Dach des Zentralkomitees. Um 13.00 Uhr besetzten die Aufständischen die Fernsehstation. Der Dichter Mircea Dinescu, den man aus dem Hausarrest befreit hatte, verkündete den Sieg der Revolution. Der Hubschrauberpilot landete nördlich von Bukarest neben der Straße, auf der ich vor einigen Tagen aus den Karpaten nach Bukarest gefahren bin. Man hatte ihm über Funk gedroht, er würde sonst abgeschossen. Nicolae Ceaușescu und seine Frau Elena versuchten danach per Anhalter zu entkommen. Soldaten der rumänischen Armee nahmen das Ehepaar bei Târgoviște fest und stellten es vor ein Militärgericht. Nach einer Stunde wurde das Todes-

urteil verkündet. Die Hinrichtung erfolgte am ersten Weihnachtsfeiertag 1989. Unter den Leuten im Land machte ein neuer Abschiedsgruß die Runde: „*Ciao Ceşcu*".
Soweit sind mir die Ereignisse an den entscheidenden Tagen der Revolution nun bekannt. Wie kompliziert die Zusammenhänge im Hintergrund sind, kann ich nach dem Gespräch, das ich vorgestern mit Mircea Cărtărescu und Ernest Wichner führte, wenigstens erahnen.
„Die Ankläger erhoben den Vorwurf des Genozids von 60.000 Opfern im Laufe der letzten Tage der Revolution", berichtete Ernest Wichner, „in Wirklichkeit hat es bei den Schießereien im ganzen Land ungefähr 1.500 Opfer gegeben. Es ist bis heute nicht restlos geklärt, ob es sich in Bukarest um eine Palastrevolte handelte oder um eine Revolution, die von Putschisten der Regierung zum Schein inszeniert wurde. Auch soll die Diktatorenfamilie eine Milliarde Dollar außer Landes geschafft haben. Von dem sagenhaften Reichtum der Ceauşescus auf ausländischen Bankkonten hat man später nie mehr etwas gehört. Der Diktator hatte sein Volk rücksichtslos ausgebeutet, hat die Menschen hungern und frieren lassen, um die Auslandsschulden abzuzahlen. Der Anführer der Putschisten war ein in Ungnade gefallener Mann des Apparats. Er rief die Auflösung und das Verbot der kommunistischen Partei aus. Zweimal hat der scheindemokratische Präsident Ion Iliescu [106] aus Machtkalkül einen Teil der traumatisierten Bevölkerung auf den anderen gehetzt. Die Bergleute standen in den folgenden Monaten auf der Seite des neuen Regimes. Im Juni 1990 kamen sie mit Zügen aus dem Schil-Tal und schlugen alle nieder, die vornehmer angezogen waren als einfache Leute. In ihren Augen war jeder, der besser gekleidet war, oder auch jeder, der aussah wie ein Intellektueller, etwa weil er eine Brille trug, ein Staatsfeind."
Schil-Tal? Handelt es sich bei den Bergarbeitern etwa um die Momârlani, von denen Herbert Gruenwald gesprochen hat? Wie auch immer, ich habe wirklich nichts übrig für die Ceauşescus, doch die Art und Weise, wie man die beiden beseitigt hat, lässt mich erschauern. Heute befindet sich in der Kaserne, in der sich das Ganze abspielte, ein Museum, das Touristen anzieht wie ein mit Sirup bestrichener Papierstreifen die Fliegen.
Die Landschaft der Walachei ist flach und eintönig. Gut, dass ich ausreichend

[106] Ion Iliescu, vgl. Anhang, Anm. 15

Lesestoff dabei habe. Wie schon in Bulgarien habe ich mir auch in Bukarest eine Erstlesefibel [107] gekauft. Darin entdecke ich ein Wort, das mir schon im Titel eines Bandes mit Erzählungen von Luminiţa Mihai Ciobă, der Schwester des Roma-Königs Florin Ciobă aufgefallen ist: „*Ţara pierdută*", „das verlorene Land".

Am Ende der Lesefibel steht das Kapitel: *Ţara mea*, mein Land: *Omul cara nu are patrie e ca puiul care nu are mama.* - Der Mensch, der kein Vaterland hat, ist wie ein Küken ohne Mama.

Dann geht es weiter, gerade so wie ich es in Bulgarien wahrgenommen habe. In der zweiten Hälfte des ersten Schuljahres werden die Kinder auf Nationalgefühle eingestimmt und lernen den walachischen Heiducken Iancu Jianu [108] kennen, einen Freiheitshelden, der hervorragend mit Schießprügeln umgehen konnte und sich kompromisslos für Volk und Vaterland einsetzte. Er nimmt die Kinder quasi bei der Hand, mit ihm können sie das „I" und das „J" lesen und schreiben lernen.

Iancu Jianu era iubit pentru curajul lui. - Iancu Jianu war beliebt wegen seines Mutes.

Und am Ende des Schuljahres kommt Stefan der Große mit seinem Schwert. Stefan cel Mare [109] bringt den Kindern das „f" mit.

Donaustadt Russe – welches Schiff nimmt mich mit zu einem ukrainischen Hafen

Der Zug rumpelt über die „Brücke der Freundschaft" von Rumänien nach Bulgarien. Sie war, bis 2013 die „Donaubrücke 2" zwischen Vidin und Calafat im Westen Bulgariens eröffnet wurde, die einzige Verbindung beider Länder auf rund 500 Kilometern gemeinsamer Donaugrenze.

Mit mir steigen an die dreißig Leute aus. Sie haben sich nach wenigen Minuten in Luft aufgelöst.

---

[107] ABECEDAR, manual pentru clasa 1, Erstlesefibel, S 78, 85 und 102

[108] Jancu Jianu, siehe S. 113, Fußnote 43

[109] Stefan der Große, Ştefan cel Mare (1433-1504), moldauischer Woivode, gehörte zu den wichtigsten Herrschern der Vorläuferstaaten des heutigen Rumänien. Er wird auch in der Republik Moldau verehrt. In der Sendereihe Mari Români (Große Rumänen), des rumänischen Fernsehens wählte man ihn zum größten Rumänen aller Zeiten.

Ich muss heute herausbringen, ob es ein Frachtschiff gibt, das mich von Russe [110] aus auf der Donau bis zur ukrainischen Hafenstadt Ismajil mitnimmt. Will am Nachmittag Nikolai Gentschev treffen, er sei Schiffsingenieur von Beruf, hat man mir gesagt. Er kann mir vielleicht helfen.

Ich schlendere durch die Innenstadt Richtung Donau. Eine Moschee fällt mir auf. Daneben ein türkisches Gymnasium, auf einem Schild steht: RUSÇUK İLAHİYAT LİSESİ – kein Kyrillisch – trotzdem schwer zu lesen. Wie machen das die ethnischen Türken in Bulgarien? Sie sprechen ja nicht nur zwei verschiedene Sprachen, sondern lesen und schreiben auch zwei verschiedene Schriften. Viele der ein- bis zweistöckigen Häuser stammen aus der Zeit um 1900, der

bulgarischen Renaissance, einer Blütezeit des Landes. Endlich steh ich an der Donau und erkenne schon von weitem flussabwärts das Hotel Riga. 22 Stockwerke! So unansehnlich die einstigen kommunistischen Interhotels von außen sein mögen, wenn ich drin wohne, muss ich sie ja nicht anschauen. Also hab ich wieder meiner Schwäche für Hotelhochhäuser nachgegeben. Die Aussicht vom 11. Stock lässt mich eine Weile fast andächtig werden. Russe hat einen wichtigen Donauhafen. Der Blick reicht nach Westen über die Stadt, zu den Verladekränen und noch weiter ein paar Kilometer donauaufwärts und hinüber nach Rumänien in die Walachische Tiefebene. In kurzer Zeit fahren drei große Schubverbände und ein

[110] Russe / Русе, deutsch: Rustschuk, türk. Rusçuk, ca. 150.000 Einw.

Kreuzfahrtschiff vorbei. Da wird sich doch jemand finden, der mich mitnimmt. Wie breit mag die Donau hier sein? Der Portier meinte vier Kilometer. Das kann unmöglich stimmen, weil die „Freundschaftsbrücke" von Giurgiu nach Russe insgesamt nur 2,8 Kilometer lang ist.

Wie viel Wasser stammt da noch aus unserer schmalen bayerischen Donau? Sie hat bis hierher eine ganze Reihe von starken Nebenflüssen verschlungen. Ich schau auf der Landkarte nach, und angesichts des Sammelsuriums ihrer Namen kommt mir die Donau bei Russe gleich noch fremder vor: *Raba, Vah, Ipel, Hron, Drau, Tisza, Save, Tamiš, Morava, Timok, Iju, Iskar, Olt, Jantra, Lom* ... Das Wasser fließt weiter, die Länder bleiben, wo sie sind. Die Menschen nicht. Die einen schwimmen mit, die anderen gegen den Strom. Einige bleiben einfach da. Da unten zum Beispiel, die beiden Schachspieler in der Grünanlage an der Donaupromenade scheinen angewachsen zu sein. Sie sind umringt von mindestens zehn Zuschauern. Ein bunt gewürfelter Haufen, Trainingsanzüge, Strickjacken, Baseballkappen, Badehosen, lauter Männer und ein weißer Pudel, die einen auf abenteuerlichen Sitzgelegenheiten wie Bierträgern oder Koffern, die anderen stehen, und der Pudel umkreist sie alle, als wären sie eine Schafherde und er der Hütehund. Alle folgen schweigend der Gedankenakrobatik der beiden Akteure auf dem Schachbrett. Frauen sind nicht einmal unter den Zuschauern.

Um zwei Uhr nachmittags habe ich mich mit Nikolai Gentschev auf der Hotelterrasse zusammenbestellt. Ein rüstiger Ruheständler sitzt mir gegenüber, grauhaarig, braungebrannt, kaum Falten, geschätzte 65 Jahre alt, Großvater sei er und habe am Vormittag auf seinen Enkel aufpassen müssen. Es ehrt ihn, dass er nicht gleich von sich erzählt, sondern zuerst von seiner Frau Penka Bachtschevanova. Sie ist Ärztin und Direktorin des Rettungsdienstzentrums der Region Russe. Er ist stolz auf sie und das, was sie leistet. Damit ich die Dimension ihres Verantwortungsbereiches verstehe und das Vertrauen, das sie auch im Ausland genießt, erzählt er mir, dass das Land Nordrhein-Westfalen dem Rettungsdienstzentrum 23 Rettungswagen und fünf Gebäude gestiftet hat.

Ich betrachte seine Visitenkarte. Er war als Leiter der „Abteilung für Technische Versorgung" in der Reederei Bulgarische Flussschifffahrt tätig. Ob er noch Leute dort kennt? Ob er mir eine Fahrt auf einem bulgarischen Schubverband nach Ismajil vermitteln kann? Ich habe ihn schon per Mail gefragt, wage aber vorerst nicht, ihn darauf anzusprechen, will nicht mit der Tür ins Haus fallen, bitte ihn, mir etwas von sich zu erzählen.
Die Flussschifffahrt prägte sein Leben und das Leben von elf Mitgliedern seiner Familie: Großvater, Vater, Mutter, Tochter, Sohn, Cousin … Alle haben oder hatten mit der Binnenschifffahrt zu tun. Nikolai ist bereits in kommunistischer Zeit viel gereist, natürlich immer in Donauländer. Der Strom war sein Lebensfaden. Er schenkt mir ein Buch über die Donaustädte, für das er die Fotos beigesteuert hat [111]. Es ist zwar kyrillisch gedruckt, aber mit Hilfe der Abbildungen finde ich mich relativ schnell zurecht. Nachdem wir uns eine Weile unterhalten haben, wage ich ihn endlich zu fragen, ob er denn herausbekommen habe, ob es eine Möglichkeit für mich gäbe, mit dem Kapitän eines Frachtschiffs Kontakt aufzunehmen? Tja, er hat sich bei Kollegen der Reederei erkundigt. Es sei sehr schwierig. Die Frachtschiffkapitäne befürchten Komplikationen an der Grenze, weil ich nicht auf der Passagierliste stehe.
„Ja, aber wenn sie mich einfach auf die Liste setzen?"
„Das ist nicht so einfach."
Wir schweigen eine Weile, endlich sage ich, einfach nur um etwas zu sagen: „Gut, dann muss ich eben umdenken."
Er spürt, dass ich enttäuscht bin. Vielleicht ergebe sich im Delta nahe an der Grenze eine Möglichkeit, meint er beschwichtigend. Worauf soll ich sonst hoffen? Dass mir jemand eine Fährlinie von Constanța nach Odessa aus dem Hut zaubert? Um mir meinen Frust nicht zu sehr raushängen zu lassen, wechsle ich das Thema.

[111] Dojkov, Basil - Gentschev, Nikolai: *Donau*

„Warum hat Ihrer Meinung nach Bulgarien eigentlich nicht zum Habsburger Reich gehört, zur Donau-Monarchie?"
„Bulgarien ist erst 1878 von den Türken befreit worden", gibt er zu bedenken, „vorher war das Osmanische Reich ein zu starker Gegner für die österreichisch-ungarische Doppelmonarchie. Und nach der Befreiung war es zu spät. Das 19. Jahrhundert war überall in Europa die Zeit der Befreiung und der Nationalbewegungen."
Nikolai Gentschev ist überaus freundlich, will mich wohl aufmuntern, lädt mich für den Abend „in ein typisches bulgarisches Restaurant" ein. Dort gibt er mir Unterricht in Volkskunde. Als Erstes bringt er mir bei, dass man in Bulgarien den Schnaps vor dem Essen trinkt. Zum Salat gibt's fünf oder zehn Deka, also ein Wasserglas halb voll oder voll. Als Nächstes der Umgang mit *Scharena Sol*, mit dem „bunten Salz". Da ist Bohnenkraut drin, Basilikum, Bockshornklee, Liebstöckel, Majoran, Melisse, Minze, Oregano, Salbei, Thymian, Sellerie, Paprika, Zwiebel und Knoblauch, einfach alles, was man sich an Gewürzen vorstellen kann. Es wird in Bulgarien zu jedem Essen gereicht.
Im Lokal gibt es Live-Musik. Ein Geiger mit einer weißen, elektrisch verstärkten Geige geht von Tisch zu Tisch und bespielt die Besucher. Begleitet wird er von einer Sängerin, die über eine Verstärkeranlage orientalisch angehauchte Gesänge von sich gibt. Einige Leute beginnen zu tanzen, trippeln ganz selbstverständlich, ohne die geringste Anstrengung, mit komplizierten Volkstanzschritten quer durch alle Räume des Lokals, dass mir Hören und Sehen vergeht. Es ist ja nicht so, dass die alle besoffen sind. Ich habe den Verdacht, das könnte einfach nur Lebensfreude sein, ein paar Stunden Ausgelassenheit in einem der ärmsten Länder Europas.
„Kennen sich die Leute untereinander, die sich da bei den Händen gefasst haben?", frage ich Nikolai.
Er lacht und meint: „Ach wo, das sind irgendwelche Besucher, die gerade Lust haben, sich im Rhythmus der Musik zu bewegen. Diese Kreistänze nennt man *Choro.*[112] Solche Volkstänze haben wir schon in der Schule gelernt." Er selbst kennt mehr als zehn verschiedene Arten. „Schauen Sie, jetzt tanzen sie gerade einen *Pantòna*, ein raffinierter Tanz, schauen Sie nur, die Wechselschritte!"

[112] *Choro* – in Rumänien und der Moldau-Republik: *Horă*. Der Begriff lässt sich ableiten von der *choreia* / χορεία, dem altgriechischen Reigentanz.

Meiner Erfahrung nach wäre das in Deutschland nicht so ohne Weiteres denkbar. Da macht mich Nikolai auf den Text eines Liedes aufmerksam. „Das ist ein serbisches Lied, es handelt von einem jungen Burschen, der singt, dass er an der Donau geboren ist und die Donau liebt und immer wieder zur Donau zurückkommen wird …" Egal ob es sentimental ist, Nikolai mag die Melodie seit vielen Jahren, er bezieht das Lied auf sich, weil er ja auch an der Donau aufgewachsen ist. Sie hat sein Leben bestimmt. Er kennt sie und die Städte an ihren Ufern.

Von Russe durch die Dobrudscha nach Odessa – eine Hängepartie

Russe – Bukarest – Sintești – Cernavodă – Constanța – Babadag – Tulcea – Ismajil – Odessa

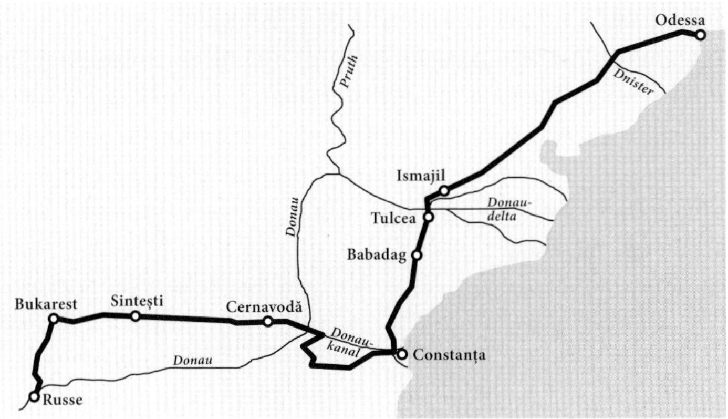

Zurück nach Bukarest – im Blick: die Republik Moldau und die Ukraine

Es ist spät geworden gestern. Drückende Schwüle. Ich stehe an der Bushaltestelle. Mit mir warten zehn, zwölf Leute, aber als der Bus kommt, bin ich der Einzige, der einsteigt. Ich fahre bis zum Bahnhof, der ist wie ausgestorben. Auf Bahnsteig 4 lehnt sich ein braungebrannter Lokführer im Unterhemd aus dem Fenster seiner riesigen roten Diesellok. Gelangweilt schaut er einem Rangierer zu, der auf dem Bahnsteig hockt und gebannt aufs Display seines Handys starrt. Sie warten und scheinen nicht zu wissen worauf. Ich weiß schon, worauf ich warte: auf den Zug nach Bukarest. Ich erkundige mich beim Rangierer. Der schaut kurz vom Handy auf und meint müde:

„Heut geht keiner mehr“,

„Aber laut Fahrplan sollte doch …

„Heut ist Sonntag! Nimm ein Taxi oder den Bus, das geht sowieso schneller.“

Ich entscheide mich für den Bus. Bin hundemüde. Werde noch einen Tag in Bukarest bleiben. Hab die Adressen des Betreibers eines Szenelokals und einer Schriftstellerin, beide stammen aus der Republik Moldau. Mit denen will ich mich unterhalten.

Meine Wohnung in Bukarest war einen Tag lang verwaist. Bin eh nur zum Schlafen dort gewesen. Die Küche kann ich fast nicht benützen, weil alles zugestellt ist. Vom Balkon aus sehe ich ringsum alte und moderne ineinander verschachtelte Gebäudekomplexe. Die Gegenwart verwächst mit der Vergangenheit. Viele Bruchstücke, Nischen, dazwischen, Höhlen, Kaputtes, Rätselhaftes, Unfertiges ... Das macht mir das Viertel sympathisch.
In der Nähe vom Parcul Cişmigiu, keine 200 Meter vom Eingang des Parks entfernt, eröffnete Vlad Bolocan in Kellerräumen eines alten Hauses vor ein paar Jahren das Studentenlokal *Londophone*. Dort organisiert er Buchpräsentationen, Lesungen, Poetry-Slams und Konzerte mit elektronischer Musik. Seit 2002 hat er neben seinem moldawischen auch einen rumänischen Pass. Damit ist er gleichzeitig EU-Bürger geworden.

Obwohl in Moldawien Rumänisch gesprochen wird, stelle ich mir vor, dass es für einen Moldawier von Gesetzes wegen gar nicht so einfach ist, rumänischer Staatsbürger zu werden.
Vlad meint, das ändere sich von Zeit zu Zeit. Als er die Staatsbürgerschaft bekommen hat, war es relativ einfach. „Es dauerte ungefähr ein Jahr. Als die sozialistische Partei in Rumänien an die Macht kam, erschwerte sie die Prozedur gewaltig. Und als die Demokraten zurückkamen, war es wieder einfacher. Jetzt gerade ist es wieder einfach, glaube ich."
Und was hat ihn ausgerechnet nach Bukarest gelockt?
„Ich dachte, da Bukarest die größte Stadt ist, in der meine Sprache gesprochen wird, ist das der Ort, wo ich wahrscheinlich die meisten Möglichkeiten habe. Ich hätte gern bei einem Fernsehsender gearbeitet. Dort habe ich leider keine Stelle bekommen. Was Bukarest für mich angenehm macht, ist die Tatsache, dass es hier nicht viele Touristen gibt. Du kannst ein normales Leben führen. Sie kommen nicht in Scharen, weil es hier nichts zu sehen gibt, höchstens den monströsen Präsidentenpalast und zwei, drei andere Sachen. Das erlaubt es Bukarest im Schatten zu stehen und eine wirklich interessante Umgebung zu entwickeln. Einer meiner Besucher umschrieb das so: ‚In Städten, wo alles funkti-

oniert, wo alles seinen Platz hat, kannst du nicht kommunizieren, da fehlt dir die Luft zu atmen, dort gibt es keine Notwendigkeit zu sprechen. Bukarest lässt dir Luft, Bukarest erlaubt dir zu atmen.' Während in anderen Metropolen der Welt alles durchorganisiert und damit auch festgelegt ist, hat man in dieser Stadt die Möglichkeit etwas zu gestalten. So viel Improvisation ist selten wo möglich! Das macht Bukarest zu einer jungen Stadt. Sie lockt junge Menschen an, die etwas gestalten wollen. Und dafür haben sie hier genug Spielraum."

„Apropos Spielraum: Den gibt's ja auch bei der Bezeichnung deines Heimatlandes. Die einen sagen Republik Moldau, die anderen Bessarabien, was stimmt jetzt?"

„Ich verwende beide Begriffe", meint er zögernd, „trotzdem sage ich vielleicht eher Bessarabien, wenn ich speziell Ostmoldawien meine."

Wir schauen uns die Landkarte an. Die Republik Moldau ist das Land zwischen den Flüssen Pruth im Westen und dem Dnister im Osten, liegt also zwischen den rumänischen Karpaten und der osteuropäischen Steppe. Im Norden und Südosten grenzt sie an die Ukraine.

„Es gibt dort viele, die Rumänisch als Muttersprache haben, und andrerseits eine ganze Reihe von Bürgern, die russisch sprechen. Wenn die ins Ausland gehen und Arbeit suchen, wer zieht Russland vor und wer eher in die EU-Staaten?"

Vlad ist sich sicher, dass nicht die ethnische Herkunft sie dazu bringt, nach Russland oder in die EU zu gehen.

„Es ist eine Frage der Bildung und der Erziehung. Die Leute mit besserer Bildung gehen in die EU, die Leute, die Angst davor haben, eine neue Sprache lernen zu müssen, gehen nach Russland. Es ist auch viel einfacher für sie, denn sie brauchen dort keine Arbeitserlaubnis."

„Und was machen die Leute, die Kinder haben?"

Vlad schließt kurz die Augen, dann schaut er mich ernst an und sagt nachdenklich: „Da gibt es schlimme Probleme. Diese Kinder leben bei den Großeltern oder bei Verwandten, oder sie bleiben sich selbst überlassen. Sie haben mehr Geld als die Kinder, deren Eltern daheim bleiben. Daraus ergibt sich die nächste Frage. Wenn du fort bist und das Geld ist da, wie erklärst du deinen Kindern, dass man dafür hart arbeiten muss? Das Durchschnittseinkommen in der Moldau-Republik beträgt etwa 180 Euro im Monat. Die Geldsumme, die insgesamt im Ausland erwirtschaftet wird, übersteigt den moldawischen Staatshaushalt.

Die meisten, die keine rumänische Staatsbürgerschaft haben, leben illegal im Ausland, das heißt, es ist schwierig bis unmöglich, Heimatbesuche zu machen. Es gibt Zehntausende von Kindern und Jugendlichen in der Moldau-Republik, die als Sozialwaisen zurückbleiben. Sie haben zwar Geld, aber es fehlt ihnen Bildung, es fehlt auch an der Vermittlung moralischer Werte, ach, es fehlt ihnen so viel! Wir haben es in der Moldau-Republik mit einer entfremdeten Generation zu tun. Die Reportagen der internationalen Presse informieren regelmäßig über die Folgen: Menschenhandel, Prostitution, illegaler Organhandel. Für eine Niere bekommst du zwischen 1.000 und 3.000 Dollar. Im Dorf Mingir zum Beispiel leben dreißig Leute, die nur noch eine Niere haben. Das ist nur ein Dorf von vielen. Dabei war das Land mit seinen Wein- und Obstgärten einst eine Art Arkadien und gehörte zu den wohlhabendsten Sowjetrepubliken."

Und noch einmal die Euro-Waisen

Am nächsten Morgen kaufe ich mir im Haus gegenüber, in der *Cofeteria Nicolet*, einen Kaffee und drei rumänische Walnusskipferln. Das Auto will ich noch bis zum späten Vormittag auf dem Parkplatz stehen lassen, erst dann werde ich meine Zelte in Bukarest abbrechen. Das vorerst letzte Gespräch, das ich hier anpeile, habe ich mit der Schriftstellerin Liliana Corobca vereinbart. Bin mit ihr am Eingang der Universität verabredet.

Weiß nicht, verfolgt mich das Thema der „EU-Waisen", oder will ich es einfach nicht loslassen? Auf dem Weg durch die Regina Elisabeta fallen mir zwei Kindergruppen mit acht bis zehn Kindern auf, die von älteren Leuten begleitet werden. Sind das Kinder, die von Großeltern oder Nachbarn betreut werden, die sie zum Kindergarten oder zur Grundschule begleiten?

Liliana Corobca ist jung, sie ist hübsch, hat lange schwarze Haare. Sie spricht erstaunlich gut Deutsch. Zwischendurch, wenn sie von sich erzählt, bekommt sie einen fröhlichen, spitzbübischen Gesichtsausdruck. Wie Vlad stammt sie aus der Moldau-Republik. Ihre Kindheit verbrachte sie im Dorf Săseni, gut 70 Kilometer nördlich der Hauptstadt Chişinău.

„Viele Leute dort sind noch zu Zeiten der Sowjetunion geboren, erzählt sie, „für die ist es in Russland sehr leicht. Früher war ja Russisch die offizielle Sprache. Also wenn wir nach Russland fahren, haben wir keine Probleme. Das gilt auch für Italien – das Italienische ist ja dem Rumänischen sehr ähnlich. Es gibt keine eigene moldawische Sprache. In der Republik Moldau wurden unter russischer Herrschaft lediglich eine Reihe von russischen Wörtern übernommen, auch ein paar Eigenheiten im Sprachstil. Vielleicht erkennt der eine oder andere einen Bessarabier am Akzent. Ähnliches gibt es auch in Transsilvanien oder in der Walachei. Heute lernen die Kinder eher Englisch als Russisch. Im städtischen Umfeld kann man allerdings die russische Minderheit nicht übersehen. Und in der Bibliothek gibt es auch russische Bücher."

Liliana arbeitet seit 1997 als Literaturwissenschaftlerin an der Universität in Bukarest und hat hier ihre Doktorarbeit geschrieben. Ihr Arbeitsgebiet ist die rumänische Literatur aus der Zeit zwischen den beiden Weltkriegen. Da geht es unter anderem um Panait Istrati [114], einen französischsprachigen Schriftsteller rumänischer Herkunft.

„Seine Mutter war Wäscherin, sein Vater ein griechischer Schmuggler", sagt sie und ich spüre, dass sie große Sympathie für Menschen hat, die in bescheidenen Verhältnissen leben. In ihrem Roman *Der erste Horizont meines Lebens* erzählt Liliana die Geschichte dreier moldawischer Kinder, des zwölfjährigen Mädchens Cristina und ihrer beiden kleinen Brüder. Sie wachsen in einem kleinen Dorf der Republik Moldau auf und sind die meiste Zeit auf sich selbst gestellt.

„Wenn unsere Leute ins Ausland gehen, tun sie das meistens illegal", sagt sie, „da kann man seine Kinder nicht mitnehmen. Der Vater arbeitet in Sibirien, und die Mutter passt in Italien auf fremde Kinder auf. Die Cristina in meinem

[114] Panait Istrati (1884-1935)

Roman kocht, putzt, kümmert sich um ihre kleinen Brüder, versorgt die Hühner und Schweine. Dabei ist sie verliebt in ihren Cousin und träumt von einem selbstbestimmten Leben."

Aber die Zeit scheint stehen zu bleiben – *„das Warten ist wie ein kleines Tier, weder ein Haustier noch ein wildes Tier, mal brav und schläfrig, mal böse und entfesselt [...]. Unser Warten, wie eine unterdrückte Krankheit, ein beharrliches Virus, das nur in der Nähe der Eltern verschwindet"* [115], schreibt Liliana Corobca.

Sie erzählt ihren Roman aus der Sicht der Kinder und betont, dass sie für ihre Charaktere authentische Vorbilder ausgewählt hat. Ihre Eltern sind Lehrer, sie haben in der Schule ihres Heimatdorfes gearbeitet. Und sie haben ihr solche Geschichten erzählt.

„Zuerst habe ich allerdings nicht vorgehabt, das aufzuschreiben. Ich hatte die Vorstellung: Ich muss selbst Kinder haben, erst dann kann ich über Kinder schreiben. Je mehr ich erfahren habe über die Kinder im Dorf, desto mehr ist das Gefühl gewachsen: Darüber kann ich schreiben. Am Anfang entwarf ich einen Dialog zwischen Mutter und Kindern, erst später habe ich mich auf die Kinderperspektive konzentriert. Die Mutter kommt fast nicht vor. Die Kinder sind allein. Es gibt nur ihre Erinnerung an die Mutter."

„Die Geschichte hat mich sehr bewegt", sage ich. „Eines Tages werden viele dieser Kinder selbst Eltern. Und weil solche Schicksale hierzulande keine Einzelfälle sind, könnten sie ja die Zukunft eines ganzen Volkes prägen. Wie wird das weitergehen? Hat Sie das Schreiben nicht seelisch sehr belastet? Cristina findet am Ende Zuflucht in der Natur. Haben Sie Angst gehabt, die Leser zu deprimieren?"

„Was mir wichtig war – ich wollte mich auch an junge Leser, so im Alter von fünfzehn oder sechzehn wenden. Die darf ich nicht deprimieren", sagt Liliana trotzig, „die möchte ich ermutigen! So habe ich mich in die Kinder hineinversetzt und geschaut, was es Schönes gibt in ihrer Umgebung: die Tiere, den wilden Garten, die Freiheit, mit anderen Kindern zu spielen, die Möglichkeit, mit den Brüdern Familie zu spielen. Das Motiv ist tragisch, aber ich präsentiere keine traurige Geschichte. Ich will die Leser nicht zum Weinen bringen. Niemandem wäre damit geholfen. Deshalb ist das eine Geschichte mit Happy End."

---

[115] Liliana Corobca: *Der erste Horizont meines Lebens*, S. 180 f

Obwohl Liliana so überaus sympathisch und optimistisch auf mich gewirkt hat, bin ich bedrückt. Jedes Mal, wenn ich Kinder auf der Straße sehe, denke ich daran, wie es weitergehen wird mit den Menschen hierzulande. Wie sollen sie denn Vertrauen in die Welt entwickeln? Wie werden sie mit ihren eigenen Kindern umgehen? Wie werden die Folgegenerationen miteinander umgehen? Da sind einerseits die entwurzelten Roma, die seit mehreren Generationen in den Slums leben, und auf keinen grünen Zweig kommen und andererseits die Menschen, die sich mit den eisernen Ellenbogen nach oben arbeiten. Gleichzeitig gibt es immer mehr, die von Verlustängsten getrieben in ihrer Nation eine große Ersatzfamilie sehen, die sie schützen soll vor allem Fremden. Was wird das für Auswirkungen auf ein gemeinsames Europa haben?

Aufbruch Richtung Schwarzes Meer!

Vor der Abfahrt das übliche Ritual: Die Flüssigkeit der Servolenkung überprüfen – eine Fingerbreite nachfüllen! Plattenbauten säumen die mehrspurige Ausfallstraße nach Süden in Richtung Giurgiu. Auf den Straßen tummeln sich Schulkinder. Ihre dunkelblauen Schuluniformen kommen mir vor wie Festtagskleidung. Bald werden die Häuser niedriger. Auf einmal ist mir, als würde ich durch einen Straßenmarkt fahren: ein kleiner Laden neben dem anderen, manche nur Holzverschläge mit Vordach, davor Säcke mit Nüssen, getrockneten Bohnen oder Erbsen. Immer wieder kündigen große Ladenschilder gebrauchte Möbel aus Deutschland und Holland an: *Secondhand – Mobila Import Germania – Olanda.*

Als ich dem Herbert Gruenwald von den Roma-Schlössern in Huedin bei Klausenburg erzählt habe, meinte er: „Du musst dringend durch Sinteşti fahren, da stehen auch solche Villen!"

Moment! Hab ich nicht gerade eine Brücke überquert? Wenn das gerade der Argeş-Fluss war, habe ich die Abzweigung Richtung Osten nach Sinteşti übersehen. Also umdrehen! Zurück, vorbei an einem hohen Friedhofstor, dann wieder die vielen kleinen Läden. Ich suche vergeblich nach einem Schild, das auf dieses Sinteşti hinweist. Schließlich bleibt nur eine einzige unscheinbare Abzweigung übrig. Die muss es sein.

Tatsächlich tauchen nach zehn Minuten die ersten Roma-Prunkvillen auf. Sie schauen ungepflegter aus als die in Huedin: wettergegerbte, aufgeblasene,

palastartige Kulissen zwischen armseligen kleinen Häuschen. Eine graue Patina aus Staub und Dreck nimmt ihnen alle Exklusivität. Nur die Frauen, die in ihren leuchtend bunten Kleidern die Straßenränder bevölkern, bringen Farbe ins Dorf. Eine hält ein Baby im Arm und stillt es. Andere unterhalten sich, rudern mit den Armen, beschreiben einander mit großen Gesten ihre kleine große Welt.
Ich drossle meine Geschwindigkeit.
„Vorsicht! Nicht aussteigen!", hat mich Herbert Gruenwald gewarnt. Und tatsächlich kommen mehrere Männer aus den Gärten auf die Straße. Die haben es eindeutig auf mich abgesehen. Ich weiche ihnen aus, beschleunige, höre sie hinter mir her schimpfen. Was wäre passiert, wenn ich angehalten hätte? Was können die schon gegen mich haben? Haben sie was zu verbergen? Es heißt, sie machen aus Eisen Gold. Kann man mit Alteisen wirklich so viel Geld machen, dass man reich wird? Eines ist sicher, mit den Steuern nehmen sie es nicht so genau, sie schließen und eröffnen Betriebe in schneller Aufeinanderfolge, heißt es. Da blicken die Behörden kaum noch durch. Und ob sich die Polizei ins Dorf wagt, ist äußerst fraglich.

Weiter auf der Autobahn in östlicher Richtung. Bei Cernavodă überquere ich die Donau. Hier bildet sie nicht mehr die Grenze zu Bulgarien, sondern trennt nur innerhalb Rumäniens die Große Walachei im Westen von der Dobrudscha im Osten. In Cernavodă steht das einzige Atomkraftwerk des Landes. Selbst unter den idyllischen Schäfchenwolken des tiefblauen Spätsommerhimmels mag die Silhouette der Kraftwerksbauten ums Verrecken nicht harmlos ausschauen. Ich biege ab auf eine Nebenstraße und steige aus. An einer betonierten Ufermauer steht ein Angler.
„Ist das ein Seitenarm der Donau?", frage ich ihn.
„Nein, der Donau-Schwarzmeer-Kanal. Auf dem können die Frachtschiffe den Weg zum Schwarzen Meer abkürzen und müssen nicht hinauf zur Donaumündung. Es sind hier von der Donau zum Schwarzen Meer nur noch an die sechzig Kilometer"

„Ganz schön teuer so ein Bauwerk!“, werfe ich ein.
„Nach dem Zweiten Weltkrieg mussten politische Gefangene und deutsche Zwangsarbeiter den Bau vorantreiben. Es gab viele Unterbrechungen, dauernd fehlte es an Geld. Erst Ende der 1980er Jahre ist er fertig geworden. Am Ende war mehr Erdmaterial bewegt worden als beim Bau des Panamakanals. Der Kanal war ein rumänisches Prestigeprojekt, bei dem die Sowjetunion keinen Einfluss hatte. Diese Wasserstraße untersteht allein dem rumänischen Staat, im Gegensatz zur Donau, die untersteht der Kontrolle aller Anliegerstaaten.“
Ich schau mir den Verlauf des Kanals auf der Landkarte an. Der Donau-Schwarzmeer-Kanal fließt direkt nach Osten, teilt sich vor Constanțas, mündet nördlich und südlich der Stadt mit zwei Armen ins Schwarze Meer.

Zwei gute Taten: eine nussige und eine schildkrötige

Schon bald verlasse ich die Fernstraße und die Route des Kanals. Weiter geht's auf schmalen kurvigen Straßen durchs sanft hügelige Agrarland der Dobrudscha. Erstaunlicherweise kaum Schlaglöcher! An den Straßenrändern schlagen Männer, Frauen, Kinder mit langen Stangen die Walnüsse von den Bäumen, die kilometerweit meinen Weg säumen. Wieder und wieder grünes Laub und abgebrochene Äste auf der Fahrbahn.
Nach einer langgezogenen Kurve steht vor der Einfahrt zu einem Parkplatz ein dunkelhäutiger Roma-Bub, sechs, sieben Jahre wird er alt sein. Er hebt einen Kübel hoch, der bis zum Rand mit Walnüssen gefüllt ist. Ich halte an, weniger wegen der Nüsse, mehr wegen seines Lachens. Diese strahlend weißen Zähne im tiefbraunen Gesicht! Und das Aufleuchten der Augen, als ich stehen bleibe. Ich frage nach dem Preis. Er fährt sich aufgeregt durch sein kurzgeschnittenes schwarzes Haar, zeigt mir fünf Finger. Fünf Lei. Meine Güte, gut einen Euro für ein paar Kilo Nüsse. Ich zähl ihm das Geld auf die Hand, hole eine leere Stofftasche vom Rücksitz, und er darf sie auffüllen. Als die Tasche halb voll ist, winke ich ab. Er schaut mich erstaunt an, will den Rest nachschütten. Ich schüttle den Kopf und bedanke mich. Er soll sie behalten, ich brauche nicht mehr. Er grinst ungläubig, gleich drauf weitet sich sein Mund zu einem breiten Lachen. So eine Freude! Seine Mundwinkel reichen schier von einem Ohr zum anderen. Ich fahre weiter, und er winkt und winkt, noch im Rückspiegel sehe ich ihn winken.

Während es mir daheim beim Autofahren oft vorkommt, als wäre der Kühler ein gieriges Maul und fräße unaufhörlich die Straßenmarkierung in sich hinein, will dieses Gefühl hier so gar nicht aufkommen. Dauernd bleibe ich stehen und steige aus, weil irgendetwas meine Aufmerksamkeit erregt hat. Einmal ist es der Blick auf einen weitflächigen Fischweiher, dann eine Frau, die unter einem Sonnenschirm am Straßenrand Obst anbietet oder eine Ziegenherde die im Schatten von Wiesenbäumen ausruht. Laubwälder lösen Weingärten und Felder ab. Ich genieße den lichtgrünen Schatten.
Da liegt auf einmal was auf der Straße. Ich weiche aus, stutze: War das nicht eine Schildkröte? Kann das sein? Die wäre ja verloren. Das erstbeste Auto, das nach mir kommt, wird sie überfahren. Ich schaue in den Rückspiegel. Niemand folgt mir. Ich muss zurück! Ich wende, fahre langsam zurück. Es ist tatsächlich eine Schildkröte, so groß wie ein Wecken Brot. Sie liegt immer noch mitten auf der Fahrbahn. Ich parke das Auto halb im Straßengraben.
Als ich das Tier aufhebe, faucht es mich an und zieht den Kopf ein, zieht ihn zurück zwischen die beiden Vorderbeine, ganz tief unter den grün und schwarz gemusterten Panzer. Die traut mir nicht. Kein Wunder, als ich mir ihren Schutzpanzer genauer anschaue, entdecke ich einen Sprung, eine verwachsene Narbe. Sie muss schon einmal überfahren worden sein. Meine Rettungsaktion kam gerade noch rechtzeitig. Ein paar Minuten später donnert ein schwerer Lastzug an mir vorbei. Das wäre ihr Ende gewesen. Jetzt ist sie erst einmal in Sicherheit. Reglos liegt sie im Gras. Ich betrachte sie noch eine Weile. Würde gern ihren Kopf sehen, nehme aber unter dem Vordach ihres Panzers zwischen den Vorderbeinen nur die zwei Nasenlöcher wahr, wie die Löcher eines Hemdenknopfs, und viel kleiner noch die Augen.

Bald danach durchquere ich eine größere Ortschaft. Mitten auf der Straße veranstalten zwei junge Burschen ein Pferderennen. Ohne Sattel reiten sie etwa hundert Meter wie die Verrückten vor mir her, bis sich einer der beiden geschlagen gibt. Und gleich drauf ein weiteres Schauspiel …

Erster Akt: In einer S-Kurve ein unbebauter Platz, besetzt von Roma-Leuten vor einem offenen Zelt. Mit seinen aufgeschlagenen Planen gleicht es der Kulisse einer kleinen Bühne. Davor, um ein Feuer und einen Amboss gruppiert, Frauen in bunten orientalisch anmutenden Gewändern. Zwei Männer dreschen mit Hämmern auf Kupferkessel ein. Drum herum spielende Kinder, drei angepflockte Pferde. Eine Szene aus der vorindustriellen Zeit. Ich fahre langsamer, lasse das Fenster herunter, betrachte fasziniert das Geschehen. Zwei der Frauen empfinden mein Schauen als Anmaßung. Lauthals beschweren sie sich, brüllen mich an, bedeuten mir, dass ich verschwinden soll. Mir ist meine Schaulust peinlich, ich gebe Gas.

Zweiter Akt: Am Ortsausgang stoppe ich und wende. Ich kann meine Neugierde nicht unterdrücken, kehre verschämt auf einer Nebenstraße zurück zur Ortseinfahrt. Dort wende ich erneut, nähere mich noch einmal der Bühne des Roma-Lagers.

Dritter Akt: Vor mir ein Pferdefuhrwerk. In der Kurve kann ich es nicht überholen, das ist gut so, da fällt es nicht auf, dass ich das Tempo drossle. Das sind reisende Kalderasch, Kupferschmiede, die kenne ich bislang nur aus Erzählungen. Eine malerische Szene. Das Umfeld des Geschehens wirkt zwar verwahrlost, Plastikflaschen, Papierfetzen, doch nicht annähernd so trostlos wie das Geschehen in den Slums. Hab so etwas noch nie gesehen und nicht gedacht, dass es solche fahrenden Kesselschmiede überhaupt noch gibt. Bei allen Gesprächen unterwegs hatte es doch geheißen, das Elend der Roma rühre daher, dass diese Handwerker-Clans keine Daseinsberechtigung mehr haben und dadurch in die Verelendung abstürzen. Die hier sind bestimmt nicht reich, aber Arbeit haben sie, und ich bewundere die Würde und den Stolz dieser Frauen und Männer, wie sie sich bewegen, ihre aufrechte Haltung, ihr Selbstbewusstsein, sogar ihren Zorn auf mich, den Gaffer.

Ich will die Hafenstadt Constanța[116] erreichen, bevor es dunkel wird. Es geht nach Osten. Nachts sollte man eigentlich nur Richtung Westen reisen, dem Licht hinterher. Wenn du abends die Richtung nach Osten einschlägst, fährst du in eine trostlose, bedrohlich wirkende dunkle Welt. Für Reisen nach Osten sollte man sich die Zeit vor Sonnenaufgang reservieren.

[116] Constanța, deutsch: Konstantsa, türkisch: Kustendji, im Altertum Tomis, in der Spätantike Constantiniana, nach der Schwester des Kaisers Constantin I., Hafenstadt, ca. 285.000 Einw.

Endlich das Meer, schnell die Füße ins Wasser und tief durchatmen

Ich habe eine Unterkunft mit Blick auf die Kräne und Silos des Hafens gefunden, nah der südlichen Mündung des Donau-Kanals, dort, wo die Ozeanschiffe anlegen. Vielleicht fährt ja eines nach Odessa. Gleich nach dem Frühstück mache ich mich auf in die Stadt, zunächst durch vermüllte Brachflächen, auf einem ausgetretenen Trampelpfad vorbei an Autowracks, an Plattenbauten und weiter entlang der Umzäunung des Hafengeländes bis ins Zentrum.

Von hier aus suche ich einen Weg zum Strand und finde nur die Tomis Mall, dahinter ein Standesamt, ein türkisches Kulturzentrum und mondäne Wohnblocks mit noblen Gartenanlagen. Im Hintergrund weiß ich das Schwarze Meer. Nur führt kein Weg dorthin – die Gärten sind eingezäunt, da ist kein Durchkommen. Ich versuche es bei einer Baustelle, dort verjagen mich die Bauarbeiter. Schließlich folge ich einem Mann, der seinen Hund ausführt. Über einen schmalen Betonplattenweg gelange ich oberhalb der Küstenkante zu einem Verhau aus umgestürzten Bäumen und dichtem Gestrüpp, das die Stadt vom Strand trennt, dreihundert Meter unterhalb erkenne ich das Meer. Jetzt brauche ich keinen Weg mehr, hangle mich an den Ästen nach unten, vorbei an Obstkisten, Plastikfetzen, Bierdosen, und schon bald stehe ich auf einem riesigen, menschenleeren Sandstrand. Der Mann mit dem Hund ist auch schon da. Er schleudert ein Steckerl ins Wasser, und der Hund holt es wieder raus.

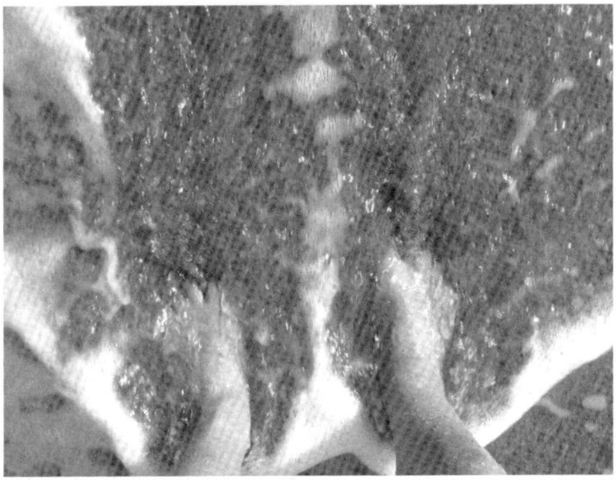

Ich ziehe meine Schuhe aus, kremple die Hosenbeine hoch und stapfe barfuß durch den Sand zum Wasser. Die Wellen kommen auf mich zu und ziehen sich mit gleichmäßig auf- und abebbendem Rauschen zurück. Sie spülen Sand über meine Zehen und nehmen ihn wieder mit. Ich fordere sie heraus, gehe auf sie zu und weiche zurück, wenn sie mir zu nah kommen, wieder und wieder. Darauf habe ich mich seit Tagen gefreut. Überwältigendes Nichtstun ohne die geringste innere Unruhe. Merkwürdig, dass so viele Rumänen nach Bulgarien in den Urlaub fahren und hier ist der Strand leer. In Bukarest erzählte mir Nicol Grama, die lange im Tourismusbereich tätig war, dass in den attraktiven rumänischen Badeorten das Preis-Leistungs-Verhältnis nicht stimme.

Keine Ahnung, wie viel Zeit ich am Wasser verbracht habe, bis ich mich endlich aufmache, das Ovid-Denkmal zu suchen. Ich finde die Piața Ovidiu schneller als erwartet. Sie bildet den Mittelpunkt einer Fußgängerzone oberhalb des Touristenhafens. Ovid, den Kaiser Augustus im Jahre 7 n. Chr. bis zu seinem Tod 17 n. Chr. hierher verbannt hatte, steht als Denkmal in der Mitte des geräumigen Platzes auf seinem Sockel wie bestellt und nicht abgeholt. Aus den Augenwinkeln heraus

schielt der alte Ovid durch eine Lücke der maroden Häuserreihen zum Meer hinüber. Im Rücken ein Straßencafé und das historische Museum. Der Moschee zeigt Ovid die kalte Schulter.
Neben dem wuchtigen Minarett wirkt der römische Klassiker wie der David vor dem Goliath. Ovid und der Islam. Der eine hat längst verspielt. Er durfte nie wieder zurück in sein Heimatland, da hat ihm auch die Poesie nicht helfen können. Und der andere setzt mit seiner aggressiven, mittelalterlichen Politik alles daran, das Spiel auf seine Weise zu verlieren – und das im Namen Gottes.
Publius Ovidius Naso verfasste den Text seiner Grabinschrift selbst. Hab ihn mir daheim ins Notizbuch geschrieben: *Ich, der ich hier liege, Naso, der Dichter, Spieler zärtlicher Liebesgeschichten, bin an meinem eigenen Talent zugrunde gegangen. / Aber dir, der du vorbeigehst, soll es, wenn du je geliebt hast, nicht schwerfallen zu sagen: Mögen Nasos Gebeine weich ruhen!* [117]
Sein Grab soll noch im 18. Jahrhundert erhalten gewesen sein. Heute stehe ich vor seiner Statue und frage mich: Warum müssen die Römer auf ihren Standbildern immer wie amerikanische Filmschauspieler ausschauen? Oder: Warum müssen amerikanische Filmschauspieler immer ausschauen, wie wir uns die Römer vorstellen? Sei's drum, mögen seine Gebeine weich ruhen.

Ab und zu Männer, die sich aufs Geländer der Kaimauer stützen und einfach nur aufs Meer hinaus schauen! Ich stell mich dazu. Schon schleichen sich ovidsche Halbsätze an, streichen mir um die Füße: ... dir, der du vorbeigehst, soll es, wenn du je geliebt hast ... Was ist es nur, was das Meer überall mit dem Gefühl der Sehnsucht verbindet? So

[117] Ovid, *Tristia* 3, 3, 73-76

viele wollen sich von allem, was fremd ist, abgrenzen, und gleichzeitig ist da diese Sehnsucht nach der Ferne und dem Fremden, das in ihr steckt. Oder ist es Heimweh, das Heimweh eines Ovid oder allumfassend die Sehnsucht nach einer Heimat, nach *etwas, das allen in die Kindheit scheint und worin noch niemand war* [118].

Auf der Uferpromenade gelange ich zum Cazinoul, dem Casino Constanţas. Ein prachtvoller Jugendstilbau, der um 1900 errichtet worden ist, weithin sichtbar auf einer Ausbuchtung der Promenade an drei Seiten vom Meer umgeben, steht er strahlend weiß im Sonnenlicht.

Am Eingang zum Passagierhafen erkundige ich mich, ob es eine Fähre nach Odessa gibt.

„Nein, das ist vorbei, in der Ukraine ist Krieg, da will niemand hin."

„Ich schon", sage ich trotzig.

Die Antwort, garniert mit einem fetten Grinsen: „Da sind Sie der Einzige!"

Es gibt keine Fähre nach Odessa. Was jetzt?

Da ich kein Fremdenverkehrsbüro finde, halte ich unterwegs ein Paar auf, das mit der erwachsenen Tochter unterwegs ist. Ich deute wie üblich in verschiedene Richtungen und frage mit einem Ein-Wort-Satz: „Tourist-Info?"

Man merkt ihnen an, dass sie es eilig haben. Der Mann schaut auf die Uhr, also schnell!

Er meint, ich suche einen Fremdenführer. Fünf Minuten will er sich Zeit nehmen, mir die Altertümer im Park zu zeigen. Mehr gebe es nicht zu sehen. „Und dort noch das Historische Museum!" Er deutet zur Halbinsel mit der Moschee und der Ovid-Statue.

„Da komme ich ja gerade her. Was mich interessiert: Gibt es von Constanţa aus eine Fähre nach Odessa?"

[118] Ernst Bloch, *Das Prinzip Hoffnung*. Bd. 3, S. 1628

„Moment!"
Er telefoniert mit einem Freund in der Fremdenverkehrszentrale.
„Hat keinen Sinn! Er sagt, es gibt keine Möglichkeit! Was willst du überhaupt in Odessa? Dort ist Krieg! Verdammt! Die bringen dich um! Bleib hier! Kannst bei uns im Haus ein Zimmer haben! Kannst bleiben, solange du willst! Nur fahre um Himmelswillen nicht nach Odessa!"
„Hilft nichts. Die warten dort auf mich", antworte ich seelenruhig.
„Also gut, du suchst also was, das dich nach Odessa bringt. Ich weiß nicht, ob es bei uns eine Möglichkeit gibt. Wir müssen jemanden vom Tourismusbüro fragen. Ich kann dir nichts sagen. Das ist schwierig für mich im Augenblick, warte …" Er telefoniert noch einmal, diesmal sehr lange. Seine Frau redet ihm ab und zu dazwischen.
„Frag nach einem Zug!"
„Frag nach einem Bus!"
„Die wissen keinen Zug, nein, auch keinen Bus. Es gibt nichts!", sagt er genervt. Er denkt kurz nach, dann wendet er sich wieder an mich, nimmt von neuem Anlauf.
„Also gut, noch einmal, du suchst etwas, das dich nach Odessa bringt? Wie soll das funktionieren?"
Ich überlege kurz und sage: „Vielleicht schaue ich im Internet, ob es Mitfahrgelegenheiten gibt. Vielleicht nimmt mich ja jemand im Auto mit."
Da rauft er sich die Haare.
„Was? Du suchst jemanden, der mit dem Auto fährt – wohin?"
„Nach Odessa!"

„O mein Gott! Sei vorsichtig, das ist sehr gefährlich!", ruft seine Frau.
Er gibt ihr sofort recht, fuchtelt mit dem Zeigefinger vor meinem Gesicht herum und redet hastig auf mich ein: „Es ist unmöglich, jemanden zu finden, der dich dorthin bringt. Ich weiß nicht, wie das gehen soll – es ist unmöglich, mit jemandem einfach mitzufahren. Es ist viel zu gefährlich. Du musst wahrscheinlich einen Haufen Geld zahlen.

Oder die rauben dich aus! Die schlagen dir den Schädel ein. Die schneiden dir die Kehle durch! Es kann so viel passieren." Und jetzt bettelt er fast: „Du kannst in unserem Haus wohnen, als Gast, du bist willkommen, ich kann dir die ganze Stadt zeigen! Weißt du, es kann ja sein, ich brauche einmal ein neues Auto, dann kannst du mir helfen in Deutschland! Aber Moment mal ...!"
Auf einmal scheint ihm was eingefallen zu sein.
„Es gibt vielleicht irgendwo eine Unterbringungsmöglichkeit für dein Auto, irgendwo beim Bahnhof, was weiß ich ..."
Zwei Düsenjäger überqueren im Tiefflug die Stadt. Er lässt sich kurz ablenken.
„Wir haben hier einen großen Flughafen, ein Nato-Flughafen!"
Dann fährt er fort: „Oder wenn du nach Tulcea fährst, findest du möglicherweise ein Schiff nach Odessa. Es kann sein, aber ich bin nicht sicher."
‚Das bringt mich jetzt nicht weiter, ich muss zu meinem Zimmer', denke ich und sage: „Gut, ich werde es versuchen", und schüttle ihm und seiner Frau die Hand.
„Danke, vielen Dank für die Mühe!"

Auf dem Rückweg kauf ich mir in einer Pizzeria was zu trinken. Ein Mann setzt sich zu mir, so um die vierzig wird er sein. Wir wechseln ein paar Worte, einigen uns auf Englisch. Nebenan ist eine Autowaschanlage. Da waschen sie gerade seinen Wagen. Er wohnt in einem Dorf nah Constanța, arbeitet auf einem Frachtschiff.
„Drei Wochen auf Heimaturlaub, dann geht's wieder auf See!", sagt er und besteht drauf, mir ein Bier und eine Pizza zu spendieren. Also gut, bevor ich mich schlagen lasse. Und dann frag ich auch ihn, ob von Constanța aus wirklich keine Schiffe in die Ukraine fahren. Im Internet habe ich einen Hinweis gefunden, dass die schwedische Stena Line sich im Schwarzen Meer engagieren will.
„Nein, die Linien sind alle stillgelegt. Es gibt hier nur noch eine Fährlinie nach Georgien und eine nach Istanbul."
„Schöne Aussichten!"
„Ich kann es leider nicht ändern", antwortet er.
Themawechsel: Ich frage ihn, wie es mit dem Zusammenleben der Minderheiten in der Dobrudscha bestellt sei. „Das Gebiet hat ja früher einmal bis zum Delta hinauf zu Bulgarien gehört. Es leben doch hier viele Türken und Tataren, alles Moslems. Gibt es Konflikte mit den Christen?"

„Also Konflikte gibt es bei uns immer nur, wenn einer dem anderen die Frau wegnimmt, ja, dann gibt es heftige Eifersuchtsdramen. Aber sonst? Nicht dass ich wüsste."

Auf dem Weg zu meiner Pension versuche ich von der Straße wegzukommen, schlendere an Plattenbauten vorbei, durch verkommene Hinterhöfe. Hier stehen Autos, die niemand mehr abholen wird: ein dunkelroter BMW mit englischem Kennzeichen, aber ohne Räder und – die Motorhaube ist offen – ohne Motor, daneben ein gelber Fiat, ohne Scheiben, ohne Sitze, immerhin hat er noch Räder. Vielleicht sind sie mit dem noch nicht fertig. Niemand zu sehen. Geheuer ist mir die Gegend nicht. Bald muss ich feststellen, dass ich mich verlaufen habe. Ich suche den Weg zurück zur Hauptstraße.

Am nächsten Morgen mache ich mich auf Richtung Donaudelta. Eine Hochebene, Hügelwellen, mit Getreidefeldern, darauf Wälder von fächelnden Windrädern. Eine kühle Antwort auf das heiße Atomkraftwerk in Cernavodă drüben an der Donau. Sie winken mir zu, nein, sie winken mich weiter, als wollten sie mir mitteilen: Schön, dass du da bist, aber lass nur, wir machen das schon, zieh weiter wie der Wind, zieh weiter und erzähl allen von uns!

Für mich bleibt ihr Anblick verbunden mit Widerstand gegen die Staatsgewalt und mit positivem Denken. Jahrelang haben wir uns daheim in Oberpfalz dafür eingesetzt, dass unsere Heimat von der atomaren Wideraufbereitungsanlage verschont bleibt. Menschenverachtende Technik mit radioaktiven Abfällen, deren Halbwertszeit zehntausende von Jahren beträgt.

Dabei haben wir uns in erster Linie immer *für* etwas eingesetzt: *für* unsere Familien, *für* unsere Region, *für* die Verfassung unseres Landes. Das war nicht einfach, aber wir haben uns damals durchgesetzt. Unsere Freunde und Mitstreiter Gisela und Ulli haben mit der Gründung ihrer Firma Ostwind eine entsprechende positive technische Alternative im Bereich der erneuerbaren Energie verwirklicht. Die Windräder sind für mich seitdem Denkmäler eines kreativen Widerstands.

Was Rumänien für eine ethnische Spannbreite hat! Verschiedenste Regionen und Volksgruppen, wie sie unterschiedlicher kaum sein könnten, breiten sich aus zwischen dem Dorf Billed in der Banater Heide am Dreiländereck Ungarn, Serbien, Rumänien und der Stadt Babadag [119] in der Dobrudscha am Schwarzen Meer, nicht weit von der Republik Moldau und der Ukraine. Zwei Orte, 800 Kilometer Luftlinie voneinander entfernt, und doch vereint sie eines: Ihre Bewohner sind rumänische Staatsbürger.

Der polnische Schriftsteller Andrzej Stasiuk sah, als er während einer Reise von Ungarn her kommend durch Rumänien fuhr, in Babadag das erste Minarett seines Lebens. Das beeindruckte ihn so, dass er sein ganzes Buch *Unterwegs nach Babadag* nannte, obwohl der Ort darin sonst nicht weiter erwähnt wird.

Auch ich halte ich an in Babadag und mache einen Spaziergang. Einfach weil mir der Name Babadag gefällt. Die türkischen Ortsnamen in der Dobrudscha stammen aus der Zeit der 500-jährigen osmanischen Besetzung. Mitten im Ort die Moschee. Minarette sind so typisch für diese Gegend wie die Zwiebeltürme in bayerischen Dörfern. Viele Türken sind ja nach der Niederlage der Osmanen dageblieben.

In der Nähe von Babadag gibt es einen Luftwaffenstützpunkt. Die Flugzeuge sind nicht zu überhören. Die Amerikaner haben sich 2005 ganz in der Nähe mit ihren Fliegern eingenistet. Auch sie werden bleiben.

Nach dem Ortsende von Babadag fahre ich durch eine majestätische Allee aus hohen, alten Pappeln. Mir ist, als bewege ich mich durch ein grünes, gotisches

[119] Babadag, wörtlich übersetzt: Berg des Baba, ca. 10.000 Einw., bis 1878 osmanisch, nach dem Russisch-Osmanischen Krieg 1878 rumänisch

Gewölbe. Danach wird die Straße kurviger. Bäume und Buschgruppen versperren die Ausblicke. Die Hügel werden höher und die Gegend damit kleinräumiger.

Das Donaudelta – ein Labyrinth aus Wasserwegen

Tulcea [120]. Die Stadt liegt einen Katzensprung entfernt von der ukrainischen Grenze. Wie komme ich jetzt von hier aus dort hinüber? Nirgendwo auf meiner Karte ist an den Donauufern ein Grenzübergang eingezeichnet. Auch im Internet finde ich nichts. Ich platziere mich auf einer Alleebank, folge der Donau mit den Augen ostwärts bis zu einer Anhöhe mitten in der Stadt. Dort steht unterhalb der Hügelkuppe in großen Reklamelettern: T-U-L-C-E-A – grad so wie ich es aus dem Fernsehen von HOLLYWOOD kenne. Freilich ein bisschen bescheidener. Tulcea hat schließlich nur sechs Buchstaben. Mehr hätten ja keinen Platz zwischen den Kuppeln der orthodoxen Kirchen und dem Minarett der Moschee.

Auf einem sonnenbeschienenen Mauervorsprung sitzt ein älterer Herr mit einem weißen Vollbart und einer runden weißen Kappe. Der schaut aus, als warte er auf mich. Also spreche ich ihn einfach an: „*Bună!*" In Vorfreude auf ein Gespräch scheinen die Sätze aus seinem Mund heraus Purzelbäume zu schlagen. Und sofort sind wir beide überfordert. Ich zucke die Achseln, er zuckt die Achseln. Er lacht, ich lache. Wir sind uns gut. Ist das nichts?

Weiter! Näher zur Donau! Das Grün gewinnt die Oberhand, zwischen kleinen Häusern, Erlen und Weiden das

[120] Tulcea, letzte Donaustadt vor dem Delta, ca. 74.000 Einw.

Geschlinge von wildem Hopfen und Efeu, unentwirrbar. An manchen Stellen öffnet sich über den scheckigen, mit Mönch- und Nonnenziegeln gedeckten Dächern die Aussicht auf den Fluss, in dem sich inmitten der grünen Hölle auf beiden Ufern blau der Himmel spiegelt.

Östlich von Tulcea breitet sich eine unübersehbare Wasserlandschaft aus. Das Delta-Gebiet ist eine Welt für sich, die sich unentwegt verändert, sodass man selten Landkarten bekommt, die exakt stimmen. Und Straßen gibt es sowieso nicht. Die Orte im Delta sind schwer erreichbar. Sie befinden sich in einem Geflecht von Kanälen zwischen den drei Hauptmündungsarmen und sind nur mit Schiffen und Booten zu erreichen. Sulina [121] ist die einzige Stadt innerhalb des Deltas, sie liegt direkt am Schwarzen Meer. Die Entfernung von Tulcea bis Sulina beträgt rund achtzig Kilometer. Die Donau hat nach der Wolga das zweitgrößte Mündungsdelta Europas. Für die ärztliche Versorgung in den Delta-Dörfern steht im Sommer ein Erste-Hilfe-Schnellboot zur Verfügung. Im Winter werden Hubschrauber eingesetzt.

Abends unterhalte ich mich mit Alina Codreanu, einer Mitarbeiterin des Delta-Informations-Zentrums, das sich der Lebensgrundlagen der einheimischen Bevölkerungsgruppen, der Rumänen, Lipowaner, Ukrainer, Georgier, Griechen, Tataren, Türken und Bulgaren annimmt. Etwa zehn Kilometer von Tulcea entfernt soll es sogar ein deutsches Dorf geben. Aber sie kümmert sich auch um die Artenvielfalt der Pflanzen und Tiere des Welterbe-Gebietes, in dem über 300 Vogelarten und mehr als fünfzig Arten von Süßwasserfischen daheim sind. Die geschützten Gebiete bedürfen eines gezielten Besucher-Managements. Alina führt regelmäßig Reisegruppen zu ökologisch interessanten Plätzen zwischen Tulcea und Sulina.

Der Tourismus ist die wichtigste Einnahmequelle für die Einheimischen. Allerdings dauert die Saison nur wenige Monate im Jahr, deshalb üben viele einen Beruf außerhalb des Deltas aus. In der Hauptsaison nehmen sie sich Urlaub, um hier Exkursionen zu leiten oder als Bootsführer zu arbeiten.

Im Delta geht's um einiges unübersichtlicher zu als im Quellgebiet der Donau im Schwarzwald, wo ein System feinverästelter Rinnsale die beiden Haupt-Quellbäche Brigach und Breg mit Wasser versorgt. „Brigach und Breg bringen

---

[121] Sulina, ca. 3.500 Einw.

die Donau zu Weg“, habe ich in der Schule gelernt. Erst bei Donaueschingen bekommt sie ihren Namen.
So wie es den Namen Donau im Quellgebiet noch nicht gibt, geht er ihr vor der Mündung wieder verloren. Vor dem Delta fächert sie sich auf in drei Mündungsarme: den Chilia-Arm entlang der ukrainischen Grenze, den Sfântu-Gheorghe-Arm im Süden, und dazwischen fließt der Sulina-Arm. Ein Denkbild, das den Lebenslauf meiner Mutter symbolisiert: Kindheit und Jugend untergegangen im Sumpfgebiet des Kriegstraumas und die Altersjahre im undurchdringlichen Nebel der Demenz.
Das Delta gilt als „jüngster Boden Europas“. Es wächst durch Anschwemmungen und Ablagerungen besonders im Gebiet des Chilia-Arms, des wasserreichsten der drei Arme, der von größeren Schiffen befahren werden kann. Zwischen diesen Hauptarmen verschwimmen die Grenzen, sie werden täglich verworfen, neue entstehen. Meer, Fluss und Land bleiben untrennbar miteinander verwoben. Es scheint, der Strom klammere sich noch ein letztes Mal mit aller Kraft ans Land, bevor er loslässt und im Schwarzen Meer absäuft.

Ich buche eine Bootsfahrt zum Lipowanerdorf Mila. Mit mir von der Partie sind noch vier Ehepaare, eines aus Australien, eines aus den italienischen Dolomiten und zwei ausgewanderte rumänische Paare, die jetzt in den USA leben. Unser Bootskapitän verlangt pro Person 200 Lei, also rund 45 Euro für den insgesamt sechs Stunden dauernden Ausflug, inklusive Essen und Trinken.
Wir verlassen den Sulina-Arm und verlieren uns im Labyrinth schmaler Kanäle. An den schlammigen Uferabbrüchen umgestürzte Bäume, überwuchert von grünem Geschlinge der herabhängenden Lianen. Manchmal öffnet sich die Szenerie und gewährt Ausblicke über Molen, kleine Seen, schilfumsäumte Lagunen, die von verschiedensten Vögeln bevölkert sind. Der Kapitän schaltet den Motor ab, damit wir in Ruhe die Vögel beobachten können. Das Boot schaukelt still auf den Wellen.
Silberreiher, Graureiher, Kormorane, Moorenten und sogar einen Löffler. Die

angekündigten Pelikane finden wir nicht. Schade, die Riesenvögel sind ausgeflogen. Dafür sind auf einmal die Mücken da. Unser Kapitän reicht ein Fläschchen mit Zedernöl herum. Danach gibt er Plastikbecher aus. „Wodka für alle! Da haben die Mücken keine Chance!", ruft er, „Zedernöl für außen, Wodka für innen."

Auf einer Wiese neben einem breiten, sonnigen Seitenkanal weiden Kühe. Manche stehen mit den Beinen im Wasser. Am gegenüberliegenden Ufer eine Anlegestelle und mehrere blau gestrichene Fischerkähne. Dahinter das Dorf Mila. Dort erwartet uns in einem kleinen, frisch geweißten Gasthaus, direkt am Wasser, ein mehrgängiges Fischmenü: zuerst Fischsuppe, danach Weißbrot und eine Creme aus Fischrogen. Weiter geht's mit mehreren Sorten gekochter Fische, dazu Pellkartoffeln. Es folgt frittierter Fisch mit Pommes frites, danach Fisch in Aspik. Dazwischen jeweils Schnaps und Wasser. Als Nachspeise werden frische Waffeln, Gewürzkuchen und Kaffee serviert …

Die Zeit sei im Delta stehengeblieben, heißt es. Auf den Fotos im Gastzimmer sieht man alte Männer mit langen Bärten und zwei junge Fischer, die einen Zwei-Meter-Fisch stemmen. Die Lipowaner, die in diesen unzugänglichen Dörfern im Delta leben, gehören einer russischen Minderheit an, die sich bereits im 17. Jahrhundert hier angesiedelt hat, Altgläubige, denen die Reformen in der russisch-orthodoxen Kirche zu weit gegangen waren.

Bei meinem Rundgang durchs Dorf sehe ich keine Männer mit langen Bärten, nur ein paar hellblau gestrichene, verwitterte Holzhäuser mit Schilfdächern. Ein Schulbub kommt mir entgegen. Er trägt ein rotes T-Shirt mit der Aufschrift NIKE-AIR. Was immer das bedeuten soll, er spricht sogar ein bisschen Englisch. „Es gibt eine Grundschule bei uns", erzählt er, und dass er zehn ist und nächstes Jahr in Tulcea in die Sekundarschule gehen wird. Dann werde er in Mila jeden Tag von einem Boot abgeholt – also nicht von einem Schulbus, sondern von einem Schulboot.

Auf den knallgelben Plastikstühlen vor einem zum Wirtshaus ausgebauten Kiosk, sitzen ein paar Biertrinker, alle so um die vierzig. Sie haben Bier in braunen Zwei-Liter-Plastikflaschen vor sich auf dem Tisch stehen, einen stattlichen Vorrat davon auch unter dem Tisch. Die wirken ziemlich aufgekratzt, in Bayern würde man sagen: „De san ogstocha." Sie reden Russisch miteinander. Ich spreche sie an: *„Dobre den!"* Guten Tag! Da sie glauben, ich spreche auch Russisch, bleiben sie dabei und reden Russisch mit mir. „Moment, Moment!", unterbreche ich sie. Ich hebe die fünf Finger meiner rechten Hand und versuche ihnen begreiflich zu machen, dass mir aus meiner Schulzeit nur fünf Wörter in Erinnerung sind, und klopfe auf den Tisch: *stol*, Tisch – *stul*, Stuhl – *pivo*, Bier – *utschitelniza*, Lehrerin – *pisatel*, Schriftsteller. Sie lachen, halten dem Besucher, der sich nicht unbedingt als sprachgewaltig erwiesen hat, eine Bierflasche hin. Immerhin, den Kontakt hab ich herstellen können, denke ich. Gleichzeitig fallen mir noch andere russische Wörter ein: Butter, Fleisch, Radio … Für ein weiterführendes Gespräch reicht es freilich nicht, doch wir sind uns nicht zuwider und können uns das gegenseitig quasi im Stand-by-Modus zwischen einzelnen Wörtern mitteilen. *Gaborit po ruski*, ich spreche Russisch, sag ich und deute hierhin, dahin, mache mich klein mit meinen Schulkinder-Sprachkenntnissen. *Eto stol*! Das ist der Tisch. *Eto pivo!* Das ist das Bier! *Tam dom!* Dort ist das Haus!
Sie fühlen sich ernst genommen, denn sie wissen ja, dass ich weiß, dass sie nicht besser deutsch sprechen können, als ich russisch. Und sie wissen, dass es

schwierig ist, von hier wegzugehen, wenn man nichts anderes gelernt hat als das Fischen. Dabei ist es nicht einfach vom Fischfang zu leben. Man braucht eine Lizenz, ein Boot, Netze und einiges mehr an Ausrüstung, eine kostspielige Angelegenheit. Der sicherste Erwerbszweig ist die Schifffahrt und alles, was sonst mit dem Waren- und Personentransport zu tun hat. Die Arbeitslosenquote im Delta liegt bei 35 Prozent. Immerhin, der Tourismus der Naturbeobachter und Angler hat Zukunft in der Region.

Es herrscht reger Verkehr. Kleine Passagierschiffe, Fischerboote, schnittige Motorboote, langsam dahintuckernde Hausboote und zwischendurch ein schwimmendes Hotel. Für mein Gefühl rauscht unser Bootskapitän auf dem Rückweg sauber zu schnell durch die Wasseradern des Deltas. Nur einmal halten wir noch kurz an. Fototermin: Silberreiher staksen über eine flache Mole …

Heute hat das unsichtbare Gepäck, das ich mit mir führe, Konturen bekommen. Die Donau hat in meinem Leben immer eine wichtige Rolle gespielt. Seit jeher habe ich sie mit den vorbeiziehenden Lastschiffen als Verbindung zur Welt gesehen. Ich bin geboren im niederbayerischen Hengersberg, nah an diesem Fluss hab ich das Gehen gelernt. Und im Dorf Wald auf einem Buckel hoch über dem Regen-Fluss, der in Regensburg in die Donau mündet, lebe ich heute. Als Kind bin ich am Altwasser als Schwarzfischer unterwegs gewesen und habe mit meinem Cousin in der Eisenhandlung Weidenbeck am Hengersberger Marktplatz Angelhaken gekauft, um zusammen mit ihm in der rostigen Schale der halben Tragfläche eines kleinen Flugzeugs angelnd die ersten Bootsreisen zu absolvieren.

An der Donau in Regensburg bin ich in die Schule gegangen. Damals hat Georg Brittings[122] Geschichte „Brudermord im Altwasser“[123] mein Innerstes aufgewühlt, so wie eine Schiffschraube den Schlamm im flachen Wasser. Es kam mir damals vor, als sei ich der kleine Bruder, den die beiden Großen haben absaufen lassen … *grünschwarze Tümpel, von Weiden überhangen, von Wasserjungfern*

[122] Georg Britting (1891-1964), Dichter, der in Regensburg zur Welt kam

[123] Georg Britting, Sämtliche Werke, Prosa (1930-1940), *Brudermord im Altwasser*, S. 20

übersurrt, das heißt: wie Tümpel und kleine Weiher, und auch große Weiher ist es anzusehen, und es ist doch nur Donauwasser, durch Steindämme abgesondert vom großen, grünen Strom …
Ich sehe nicht nur das, was ich sehe. Alles, was ich heute wahrgenommen habe, gibt den vergilbten Bildern meiner Vergangenheit neue Farbe.

im donaudelta

wie aufregend du bist
dort wo sich süßes
und salziges wasser begegnen
denk ich mir einen teppich
der feuer und wasser verknüpft
nein keine brücke
einen teppich gewebt aus
staubfäden blütenzungen blattlanzen
heiß und kalt in einem
ein fenster ohne glas
schau herein zu mir
rutsch rüber
komm

Tulcea im Nebel. Warten, schauen und nichts überstürzen!

In der Früh werfe ich einen Blick aus dem Fenster. Tulcea schwimmt in einer Nebelmilchsuppe, nur die Kirchtürme und das Minarett spitzen heraus. Auf dem Hotelparkplatz tauchen zwei Straßenkehrerinnen auf. Sie haben orangefarbene Sicherheitsjacken an. Mit welcher Ruhe sie ihre Arbeit verrichten. Ich mag ihre Langsamkeit. Wie in vielen anderen Städten des Balkans wird die Straßenreinigung auch in Tulcea von Roma-Frauen übernommen. War-

um nicht von Männern? Vielleicht ist es unter ihrer Würde? Ich traf in der Stadt allerdings auch hier sehr elegant gekleidete Roma-Frauen mit farbenprächtigen Kleidern aus edlen Stoffen. Manche trugen große goldene Ohrringe.

Ich muss raus, will mich unter die Leute mischen. Aus einem Bäckerladen kommen in schneller Folge Frauen, Männer, Kinder. Sie haben eingekauft. Und alle das Gleiche: lichtbraune mit Mohn bestreute Brotringerl. Manche haben nur zwei, die meisten aber mehr, drei, vier, fünf dieser Ringe, zusammengehalten von einem blauen Bändchen. Ich stelle mich in die Warteschlange, komme schnell dran, zeige zwei Finger, deute auf das Gebäck. Schon trage ich sie am Bändchen hinaus auf die Straße. Sie sind heiß, und ich bin heiß drauf, sie zu probieren. Schmecken wie bayerische Hörndln, nur schmalziger, und fettiger langen sie sich an.

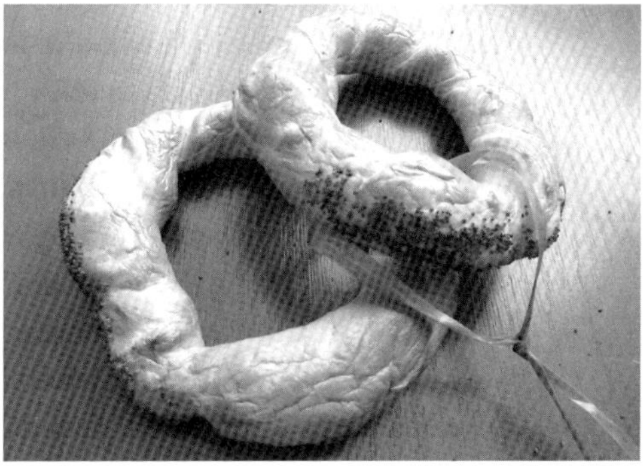

Neben den Bootsanlegestellen am Hafen gibt es an den Imbissbuden Kaffee. Schwarzer Kaffee macht das Licht an in meinem Kopf. Dazu bahnt sich die Sonne auf einmal ihren Weg in den Tag. Auf der Uferpromenade, auf dem Markt und vor den Restaurants nehmen immer mehr Passanten Platz. Roma-Kinder tauchen auf und betteln, keines älter als acht bis zehn Jahre. Ein Mädchen geht zwischen den Tischen eines Lokals hindurch, wendet sich an die Gäste, deutet auf seinen Bauch, will damit sagen: „Ich habe Hunger!“ Die meisten scheuchen sie weg. Eine Frau zieht eine Tüte Kekse und ein Brot aus der Einkaufstasche, reicht sie dem Kind. Das hält weiter seine Hand auf. Es hat vor allem Hunger nach Geld. Und im Handumdrehen sieht das Mädchen, dass ich es beobachtet habe, kommt heran, wendet sich an mich. Ich bin unsicher, gebe ihm einen Leu-Schein.

Mich beschäftigt unterdessen vor allem immer drängender die Frage: Wie komme ich mit einem Schiff nach Odessa? Welche Möglichkeiten gibt es, über die Grenze in die Ukraine zu gelangen, ohne den Hauptgrenzübergang bei Galați zu benutzen? Ich habe im Augenblick nicht die geringste Vorstellung, wie das funktionieren könnte. Alle Anläufe, die ich bisher unternommen habe, waren vergeblich.

Neben dem Busbahnhof befinden sich die Fahrkartenschalter für die verschiedensten Schifffahrts-Routen. Ich studiere die Fahrpläne, werde nicht schlau draus. Gibt es denn wirklich keine offizielle Schiffspassage zur ukrainischen Grenze? Kleine Linienschiffe vielleicht? Ich wende mich an einen jungen Kerl, um die 25 mag er sein, blauer Trainingsanzug und Turnschuhe, als komme er gerade vom Joggen.
„Isn't there any ship to Ismajil?"
Er scheint verstanden zu haben, dass ich mit dem Schiff an die ukrainische Grenze fahren will, bedeutet mir mitzukommen, führt mich zur Zollstation, deutet an, ich solle läuten und warten. Dann hebt er beide Hände und spreizt die Finger. Was will er denn? Da hält er die rechte Hand auf. Ah, 10 Lei will er für den Tipp! Gut, soll er haben. Er kassiert und macht sich aus dem Staub. Ich läute. Niemand macht auf. Ich steige eine Außentreppe hinauf, steige aufs Fenstersims, schaue durchs Oberlicht, glaube jemanden zu erkennen, klopfe. Eine uniformierte Frau öffnet das Fenster einen Spalt breit, deutet auf die Uhr und ruft: *„Closed! Tomorrow!"* Schon gut. Morgen. Aber wann? Sie ist schon wieder weg. Ich gehe hinunter, suche eine Tafel oder einen Zettel mit Öffnungszeiten. Nichts. Da kommt schon wieder so ein flotter Trainingsanzugs-Typ auf mich zu. Der gibt mir zwar keinen Rat, hält seine Hand nur einfach so auf. Ich werde grantig, scheuche ihn fort. Schöne Pleite! Andererseits habe ich immer noch nicht den geringsten Zweifel, dass ich einen Weg finden werde. Begründen kann ich meinen Optimismus nicht.

Ein Uniformierter verlässt das Zollamt. Ich stelle mich ihm in den Weg und versuche ihm mein Problem zu erklären. Er verweist mich an die Rezeption des Hotels Esplanada. Dort erhalte ich tatsächlich eine Bukarester Telefonnummer. Ich rufe an. Ja, ein leeres Flusskreuzfahrtschiff sei unterwegs nach Ismajil. Es solle den Winter über dort im Hafen überholt werden. Der Mann am anderen Ende der Leitung erkundigt sich, wann und wo ich zusteigen könnte. Ich soll mich später noch einmal rühren. Abends rufe ich ihn wieder an, und er gibt mir die Telefonnummer des Schiffes, das in zwei Tagen nach Ismajil fahren wird. Also rufe ich gleich das Schiff an. Der Kapitän spricht ein gebrochenes „Denglisch“: *„Sorry, wir haben no List for Passengers, cannot take anybody in Schiff, Problem mit Border-Polizei! Sorry!“*

Er kann keinen mitnehmen. Hat Angst vor der Grenzpolizei. So ein Mist. Dabei hat sich im Hotel alles so gut angehört!

Die aufregende Reise über die ukrainische Grenze

Am nächsten Tag wieder zur Zollstation. Ich müsse mir einen Bootschauffeur besorgen, der von den Grenzern die Berechtigung für solche Fahrten bekommen hat. In Tulcea und Ismajil gebe es im Hafen Border-Crossing-Points, Grenzübertritts-Stellen. Er nennt mir zwei Namen von Bootsführern und schreibt mir die Telefonnummern auf. Einen kenne ich, das ist der Bootsbesitzer, mit dem ich die Fahrt nach Mila unternommen habe. Am frühen Abend treffe ich ihn an seinem Anlegeplatz. Ja, er sei einverstanden, 120 Euro. Da muss ich erst einmal schlucken. Hilft ja nichts. Wie soll ich sonst nach Odessa kommen? Der Umweg mit dem Auto über Galaţi scheidet aus. Hab zwar die ganzen Formulare für meine Aufnahmegeräte daheim vom Zollamt absegnen lassen, trotzdem erscheint mir die Situation in der Ukraine zu unübersichtlich. Wer weiß, wie lange es das Auto noch macht. Noch dazu fürchte ich die elend lange Wartezeit. Und das Benzin kostet schließlich auch Geld.

Ich habe vor, mein Auto in Tulcea auf einem bewachten Parkplatz abzustellen, dann hab ich es eine Weile los. Den Stellplatz schaue ich mir vorsichtshalber noch am Abend an, um mein Kommen anzukündigen. Kann jederzeit mein Auto abstellen heißt es. Der Parkplatz wird rund um die Uhr bewacht. Zahlen kann ich, wenn ich es wieder abhole.

Am frühen Morgen fahre ich mein Auto auf den Parkplatz. Keine Spur von irgendeinem Wachpersonal. Das kann ja heiter werden. Andererseits, ich bin ja gestern schon hier gewesen, und wir haben vorab besprochen, dass ich zwei

Wochen ausbleiben werde. Ich packe nur die wichtigsten Sachen in meinen Rucksack. Alles andere bleibt im Kofferraum. Wird schon nichts wegkommen. Und wenn – es ist eh nichts Wertvolles dabei. Der Boots-Chauffeur steht schon am Kai bei seinem Boot und brummt gequält: „*Bună dimineața!* Guten Morgen!"
Zuerst fahren wir zur Anlegestelle des rumänischen Grenzpostens. An diesem Border Crossing Point bringen wir die notwendigen Formalitäten schnell und reibungslos hinter uns. Ich denke noch: ‚Sicher ist sicher', und bitte um einen Stempel in meinen Reisepass. Die Grenzpolizistin schüttelt den Kopf und gibt mir den Pass zurück. Ich versuche es noch einmal. Aber sie gibt einfach nicht nach.
„*No! Not necessary for members of the European Union!* Nicht notwendig!"
Also gut. Nix zu machen. Von mir aus. Wir steigen zurück ins Boot und fahren los, ein Stück stromaufwärts bis zur Abzweigung des Chilia-Armes. Der Motor ist laut. Das Wasser, das die Schiffsschraube aufwirbelt, platscht und spritzt. Ich versuche, mit meinem Fahrer ins Gespräch zu kommen, und deute ans nördliche Donauufer.
„Ukraine?"
„*Yes!*"
Ich habe den Eindruck, er beschleunigt noch einmal, nur damit er nichts reden muss, das Boot fährt schneller und schneller. Auf beiden Seiten des nördlichen Mündungsarmes der Donau Bäume, dazwischen kleine Abschnitte mit Wiesen. Weidende Kühe. Das glänzende Fell eines braunen Pferdes. Ich schaue zurück. Alles friedlich. Nichts, was bedrohlich wirken würde. Ein paar Mobilfunkmasten auf der rumänischen Seite, wenig später auch auf der ukrainischen. Ich habe es geschafft. Die Grenzlinie müsste in der Mitte des Donauarmes verlaufen, genau da, wo wir jetzt fahren. Hinter dem Bootsmotor, wie eine Staubwolke, zerstäubendes Wasser, dazwischen das Prisma der Regenbogenfarben, darin vermischen sich Wasser und Luft der beiden Staaten: auf der einen Seite Rumänien und die Europäische Union, auf der anderen die Ukraine und irgendwo unsichtbar dahinter die Moldau-Republik. Ich habe das Hindernis, das mich so lange beschäftigt hat, bald überwunden. Was für eine Genugtuung! Ich bin auf dem Weg nach Odessa.
Mein Begleiter ist weiterhin schweigsam. Nach fast zwanzig Kilometern und drei Stunden Fahrt deutet er auf ein paar Kräne zur Linken.

„*Harbour! Ismajil!*"
Nachdem ich ausgestiegen bin, will er gleich wieder umkehren und heimfahren. Nur langsam! Die ukrainischen Grenzer nötigen ihn zu warten. Könnte ja sein, dass sie mich mit ihm zurückschicken werden.

Im Zollgebäude umringen sie mich und schauen mich mit großen Augen an.
„*Passport!* Bitte!", sagt ein Uniformierter.
Ein anderer trägt Zivil, beige Windjacke, Jeans und schmutziggraue weiße Turnschuhe.
Ich soll den Rucksack auf eine Waage stellen. Ob ich Alkohol dabei habe, will er wissen. Er spricht Deutsch, lupenreines Deutsch. Es kommt mir so vor, als sei er ein Öberer vom ukrainischen Geheimdienst. „Wir wundern uns ein bisschen", sagt er, baut sich breitbeinig vor mir auf, fährt sich mit beiden Händen durch seine unfrisierten Haare.
„Wir wundern uns, dass jemand auf so ungewöhnliche und für die Ukraine relativ teure Art und Weise einreisen will."
„Ich wollte mit einem Frachtschiff fahren, aber das hat nicht geklappt."
„Frachtschiff, warum nicht? Das wäre billiger", meint er.
„Sie wollten mich nicht mitnehmen. Sie hatten Angst, dass sie Schwierigkeiten bekommen, weil ich nicht auf der Mannschaftsliste stehe", sage ich.
„Wieso? Das ist ganz einfach, der Kapitän kann eine Passagierliste anlegen!"
„Keine Ahnung", sage ich, „vielleicht hätte ich ihm Geld anbieten sollen."
Dann erzähle ich von meiner Reise, würze den Bericht mit zwei, drei Anekdoten, erzähle und erzähle. Mein Interviewer wird zum Zuhörer. Mittendrin schickt er die anderen weg. Die wollen nicht einmal mehr meinen Rucksack sehen. Ich erzähle weiter und weiter und weiter …
„Das genügt, das genügt!" sagt er mittendrin.
Wir gehen in einen Kontrollraum. Mehrere verlassene Schalter.
„Alles erledigt", murmelt er.
In der entspannten Situation, die sich nun entwickelt hat, versuche ich ihn auf ein Thema anzusprechen, das mich schon länger beschäftigt.

„Wie steht es eigentlich mit Gedichten in der Ukraine? Früher waren im Ostblock Gedichte sehr wichtig, auch wegen der Bedeutung, die sie zwischen den Zeilen transportieren. Werden noch viele Gedichte gelesen hier?"
„Ost-Block!", wiederholt er gedehnt, fast spöttisch. Er schüttelt den Kopf, als hätte ich etwas Ungehöriges gefragt. Dann fügt er so knapp hinzu, dass ich verstehe, dass das Thema für ihn erledigt ist: „Nein, Gedichte liest hier niemand."
Ich will dem Abschied eine versöhnliche Wendung geben und frage ihn, wo er so gut Deutsch gelernt habe.
„Ach, meine Mutti wohnt in Berlin", meint er nur und bedeutet mir, ihm zu folgen.
‚Ganz schön clever der Typ", denke ich, ‚obwohl er mir das Gefühl gegeben hat, sich nur so nebenbei mit mir zu unterhalten, hat er mich zum Reden gebracht. Und er hat genau zugehört, meine Erzählungen auf Widersprüche hin abgeklopft. Anders ausgedrückt: Er hat mich geschickt ausgehorcht. Im Grunde wird er froh sein, wenn sie mich loshaben.'
Tatsächlich sorgt mein Geheimdienstler dafür, dass ich schnellstens ohne große Umstände verschwinde. Er ruft einen Zivilisten herein. „Das ist mein Chauffeur!", sagt er. „Er wird Sie mit dem Dienstwagen in die Stadt zur Bushaltestelle bringen. Sie können bei ihm Geld wechseln."
Ich bedanke mich, und schon im Gehen, rufe ihm noch zu, er solle seine Mutti in Berlin grüßen.

Der Chauffeur behandelt mich wie einen Sohn, der ins Schullandheim aufbricht. Er verstaut meinen Rucksack im Bus, tauscht mir zehn Euro in die Landeswährung um, bezahlt das Ticket, zeigt auf das Schild hinter der Frontscheibe und sagt überdeutlich: *„O-djessa!"*

Wer kennt schon Transnistrien und Gagausien?

Mit mir machen sich weitere fünfzehn weitere Frauen und Männer auf den Weg nach Odessa. Wir haben knappe 300 Kilometer vor uns, schätze ich. Der Kleinbus fährt Slalom. Die Schlaglöcher haben enorme Ausmaße, manche kommen mir so tief und breit vor wie Kinderplanschbecken. Ständig droht ein Achsenbruch. Der Fahrer fährt Abschnitte von dreihundert, vierhundert Metern auf der falschen Straßenseite. Ich halte mich zwischendurch am Vordersitz fest. Und meinen sonst so abgebrüht wirkenden Mitreisenden entfährt dann doch das eine oder andere „Oh!“ oder „Uh!“, so knapp geht es manchmal her. Es gibt auch gemütliche Abschnitte, da fährt er im Schritttempo. Es dauert viele Kilometer bis zur nächsten Seitenstraße. An den Einmündungen gibt es stets Haltestellen. Aber erst nach knapp zwei Stunden steigt ein junger Kerl mit kurz geschorenen Haaren und olivgrüner Soldatenuniform ein. Er hat einen prallvollen Seesack geschultert, den er im Bus auf den Schoß nimmt. Ob er zum Kriegseinsatz in die Ostukraine unterwegs ist? Seine Freundin, Braut oder Frau winkt ihm noch. Er dreht sich kurz um, winkt auch, da ist sie aber schon hinter einer Staubwolke verschwunden.

Nach einer weiteren Stunde gelangen wir an eine Raststätte. Hier mündet von links aus dem Irgendwo eine Schotterpiste in einen staubigen Parkplatz. Ringsum weites ödes Niemandsland, es könnte Afrika sein, Amerika, Sibirien, China. Überall auf der Welt gibt es solche Umgebungen, die derartig nichtssagend sind, weder gastlich noch ungastlich, Umgebungen, die nicht einmal Umgebungen sind, einfach nichts.

Bin froh, dass ich mir kurz die Beine vertreten kann. Der neben mir hat sich doch zu sehr breitgemacht, breit und immer breiter. Vier weitere Kleinbusse sind hier geparkt. Leute stehen herum. Geschäfte. Imbissstände. Zeitungskioske, Cola, Kekse, Eis, belegte Brote, ein Schild mit einem Pfeil zur Toilette. Weiß nicht, was ich machen soll. Muss nicht aufs Klo. Zum Essen brauch ich auch nichts. Nach mehr als einer halben Stunde endlich die Aufforderung einzusteigen.

Der Bus fährt weiter. Die Straße ist auf einmal von Wasser umgeben. Das muss der Mündungstrichter des Flusses Dnister[124] sein. Und schon wieder ein Halte-

[124] Der Dnister, ukr. Дністер, russ. Dnestr / Днестр, rum. Nistru, poln. Dniestr, über 1.300 km lang, entspringt in den Waldkarpaten nah der ukrainisch-polnischen Grenze

punkt. Ein Soldat im Tarnanzug und mit Maschinenpistole kommt herein, nuschelt und brummt, deutet auf jeden von uns, zählt uns, schreibt was auf einen Zettel, den gibt er dem Fahrer, und weiter geht's. Nach einigen Kilometern noch eine Kontrolle. Wieder ein Maschinenpistolen-Soldat. Der Fahrer gibt ihm den Zettel. Der Soldat zählt nur kurz die Passagiere und verschwindet. Was für ein Zirkus! Gott sei Dank geht's auch jetzt gleich weiter. Die verschiedenen Ländernamen bringen mich jedes Mal wieder durcheinander: Moldawien, Bessarabien, Transnistrien. Keine Ahnung, wer hier wen kontrollieren will. Der neben mir verbessert mich, weil ich „Moldawien" gesagt habe. Exakt heiße es Republik Moldau.

„Die frühere Sowjetrepublik ist seit 1991 ein eigenständiger, international anerkannter Staat. Der Begriff Moldawien ist nur die Übersetzung der russischen Bezeichnung. Manche sagen ‚Moldova', das ist aber der Name des rumänischen Landesteils, der in Nord-Süd-Richtung entlang des Flusses Pruth[125] an der Westgrenze der neuen Republik liegt. Die Ostgrenze zur Ukraine hin orientiert sich grob am Fluss Dnister."

„Also gut, ich will mir angewöhnen „Republik Moldau" zu sagen, wie amtlich empfohlen. Aber wozu die Kontrollen?"

„Das ist so", beginnt mein Sitznachbar mich über die Zusammenhänge aufzuklären, und es klingt, als sei er dankbar, dass sich überhaupt einer dafür interessiert, „gleich nach Gründung der neuen Republik Moldau, wo vorwiegend Rumänisch gesprochen wird, wurden die Beziehungen zu dem Gebiet östlich des Flusses Dnister sehr schwierig. Dort leben vor allem russisch- und ukrainischsprachige Menschen. Nach der Auflösung der Sowjetunion führten sie einen Unabhängigkeitskrieg gegen die Republik Moldau. 300 Leute sind umgekommen. Man rief die Transnistrische Moldauische Republik aus. Nur wenige Staaten erkennen sie an. Die Russen kümmert das nicht weiter. Sie haben diese Abspaltung finanziert und danach tausend russische Soldaten in Transnistrien stationiert, ‚Friedenssoldaten', sagen sie. Das ist ein Pulverfass Europas. Es sind noch so viele Waffen von diesem Krieg dort übrig. Na ja – und nah an der Küste vom Schwarzen Meer, da wo die Straße von Ismajil nach Odessa die Mündung des Dnister überquert, führt sie ein paar Kilometer durch das russisch besetzte Gebiet."

[125] Pruth, linker Nebenfluss der Donau, Länge 950 km, bildet die moldawisch-rumänische Grenze. Quelle: 100 km westlich von Czernowitz, Mündung in die Donau bei Galați.

„Ziemlich umständlich – das mit dieser transnistrischen Grenze!“, sage ich zu meinem Sitznachbarn. Und der gibt mir recht. „*Da*“, sagt er, „*da!*“, „Ja, so ist es!“

Dann senkt er seine Stimme: „Problematisch wird es, wenn du allein mit dem Auto durchfährst. Normal bist du ja sogar an der breitesten Stelle in einer halben Stunde durch, aber mir haben sie einmal den Pass abgenommen. Sie wollten Geld. Ich musste mich freikaufen. Die ärgern sich, weil sie mit Autos, die in Transnistrien registriert sind, nicht ins Ausland reisen dürfen. Offiziell wird der Staat ja nur von Russland anerkannt.“

„Kannst du mir erklären, wovon die leben und wie so ein Land verwaltungstechnisch funktionieren kann?“

„Da geht's um eine halbe Million Menschen. Neben der Hauptstadt Tiraspol [126] gibt es noch drei kleinere Städte. Die haben eine eigene Regierung, eine eigene Armee, eine eigene Währung, ein bisschen Schwerindustrie und die Mafia. Der oberste Mafioso in Tiraspol liebt Fußball. Er hat ein Stadion nach den neuesten EU-Normen bauen lassen, ein Superfußballstadion, wie sie es in München oder in Berlin haben – einfach absurd. Wir in der Republik Moldau haben unsere Autonomie-Probleme anders gelöst, ohne Aufsehen und ganz friedlich.“

„Wer ist ‚wir‘?“, frage ich.

„Ich bin Gagausier – noch nie was gehört von Gaga-usien [127]?“

„Nein, also wirklich nicht, hört sich an wie Gaga, wo soll denn dieses Land sein?“

„Wir haben eine autonome Region im Süden der Moldau-Republik durchgesetzt, ohne Blutvergießen!“

Immer das Gleiche – große staatliche Verbände wie die Sowjetunion oder das Römische, das Osmanische, das Habsburger Reich, zerfallen nach einiger Zeit. Die einzelnen Völker fordern Selbstbestimmung und eigene Grenzen. Auch die Europäische Union ist nicht immun gegen diese Probleme. Der Ausdruck „ein Mangel an Identität“ mag es umschreiben, liegt aber in seiner Abstraktheit

---

[126] Tiraspol / Тирасполь, ca. 150.000 Einw.

[127] Gagausien, auch ca. 150.00 Einwohner. Amtliche Bezeichnung: Autonome Territoriale Einheit Gagausien, Gagausisch: Avtonom Territorial Bölümlüü Gagauz Yeri, russ.: Автономное территориальное образование Гагаузия, rum. Unitate teritorială autonomă Găgăuzia, abgekürzt: UTA Găgăuzia. Amtssprachen: Gagausisch, Russisch, Rumänisch, Die Gagausen gehören zu den Turk-Völkern. Die gagausische Sprache ist verwandt mit der türkischen.

doch daneben. Also was steckt dahinter? Ist es die Unübersichtlichkeit, die fehlende Geborgenheit, die Sehnsucht nach den eigenen vier Wänden, nach einem Rückzugsort, wo man sich sicher fühlt, wo einen keiner angreifen kann. Ich erinnere mich an unsere Kinderspiele in Regensburg. Die Kinder eines Wohnblocks schlossen sich zusammen und grenzten sich ab von denen des Nachbarhofs. Da ging es oft um Höhlen, um das Bauen von Lagern und Häusern. Sich sicher fühlen? Wann und wo kann man sich sicher fühlen?

Odessa – „die schönste Stadt der Welt"

Seit Ismajil flaches Land. Keine Wälder, nur Felder mit ein paar Busch- und Baumgruppen. Lange bevor wir die eigentliche Stadt Odessa erreichen, beginnt der Wildwuchs des Stadtrandes. Hütten, Lagerschuppen, Abstellplätze für LKWs und Baumaschinen, dazwischen Unkrautäcker und wilde Müllhalden mit riesigen Plakaten, eines zeigt den Kopf eines heroisch dreinblickenden Soldaten. Ich vermute, die kyrillische Schrift ruft alle Männer dazu auf, in die Armee einzutreten. Das Vaterland ruft! Oder ist die Ukraine ein Mutterland? Ist nicht auch vom Mütterchen Heimat die Rede?

Die Schlaglöcher hören auf, die Straße wird breiter, große Brückenbauten, Kreisel für Ein- und Ausfahrten, neue Firmenansiedlungen, dazwischen erste moderne Wohnhäuser. Während der ganzen Zeit ist das Radio an im Bus, irgendein Musiksender, *don't worry 'bout a thing*[128], westlich angehauchte, amerikanische Popmusik, *the moon is the light, sky is the ceiling,* keine Anflüge mehr von türkischen Rhythmen, wir haben den Herrschaftsbereich der Manele-Musik hinter uns gelassen. *The low is the base and the high is the feeling, the world is the club.* Wir haben Odessa erreicht. Jüngere Stadtränder gehen über in ältere Stadtränder, Vorstadt mit Straßenbäumen, kleineren Läden und Verkaufsständen, Werbeschilder, *oh, we can own the night,* die Stadt hat Altersringe wie ein Baum, *I'll take you to the future, forget about the past,* die Musik frisst sich ins Hirn, die Zukunft erwartet uns! Vergessen wir die Vergangenheit! Je näher wir dem Zentrum kommen, desto mehr Menschen bevölkern die Bürgersteige. Was für ein Durcheinander! *Get up get down, like there's no tomorrow.* Alle schei-

[128] „Don't Worry" (Songtext Madcon). Eine Empfangshymne als Beweis dafür, dass Phantasie weltweit ihre Grenzen hat.

nen sie sich rhythmisch zur Musik zu bewegen. Frauen in Sommerkleidern, alte Männer mit Strohhüten, zwischen dem Blau der Jeans die fleckigen Tarnuniformen von Soldaten, die sich den Rindenbildern der Akazien und Platanen auf den Bürgersteigen unterzuordnen scheinen. Ein immer dichter werdender Verkehr. Imbissstände. Eisreklamen, *Magasin* entziffere ich die kyrillische Schrift eines Ladenschildes, daneben auch viele westliche Schriftzeichen. Häuser aus der Zeit um 1900, verschnörkelte eiserne Balkons, kleine überdachte Vorbauten, die Eingangstüren umrahmt von verstaubten knorrigen Weinstöcken, die bis zu den einst grün gestrichenen, rostigen Balkongeländern reichen, Wäscheleinen beflaggt mit Hemden und Unterhosen. Eingestreut blumenbepflanzte Betontröge. Ein Wegweiser: *Aquapark Hawaii*. Erste Ampelanlagen. Eine Apotheke. Klapprige Rostlauben und elegante Luxuskarossen tauchen gemeinsam unter im Qualm der Auspuffgase museumsreifer Lastwagen. Bald fahren wir im Schritttempo, Stoßstange an Stoßstange in einem endlosen Konvoi auf eine imaginäre Stadtmitte zu. Oder sind wir schon mittendrin? Ist dieses Knäuel aus Menschen, Blech, Alleebäumen, heruntergekommenen Häusern schon das Zentrum? Das kann nicht sein, denn wir fahren und fahren. *Stop and go.* Auf einmal hält der Busfahrer am Straßenrand in einer langen Reihe von anderen Kleinbussen an. Endhaltestelle.

Zuerst suche ich einen Bankautomaten, denn mit den 10 Euro, die ich in Ismajil beim Chauffeur des Zollamtes eingewechselt habe, werde ich nicht weit kommen. Ich nenne die Griwni schlicht Grimmige, weil auf den meisten Scheinen grimmige Männergesichter abgebildet sind. Fünfzig Euro schiebe ich in den Geldautomaten und es folgt eine wunderbare Geldvermehrung: Er spuckt Scheine im Wert von ungefähr 1.500 Grimmigen aus. Damit wende ich mich an einen der Taxifahrer, die sich mit ihren weißen Gefährten entlang der Straßenränder in der Nähe des Busbahnhofs postiert haben. „Hotel GAGARINN!" Er kennt es. Bedeutet mir einzusteigen. Ich frage nach dem Preis, habe gehört, den soll man hier immer vorher aushandeln.

„Eighty!", sagt er und zeigt mir acht Finger.

„Griwna?", frag ich.

„*Da – yes!*", antwortet er.

Ich überschlage den Betrag im Kopf. Das müssten ungefähr 2 Euro 50 sein. Weiß nicht, was es hier sonst so kostet. Hört sich jedenfalls nicht überteuert an.

„Okay!", sag ich, und er fährt los.

Ich frage ihn, ob der Hotelname GAGARINN ein Wortspiel mit dem Namen des russischen Kosmonauten Juri Gagarin[129] ist ?
„Glaub ich nicht“, antwortet er, „soll wohl an die steinreiche Familie Gagarin erinnern, die im 19. Jahrhundert in jenem Palais im Zentrum Odessas lebte, in dem heute das Literaturmuseum untergebracht ist.“
Der Fahrer ist keine dreißig. Jeans, schwarzes T-Shirt, Sonnenbrille, öliges Haar, ein Gesicht, so braun gebrannt, als sei er gerade aus dem Urlaub gekommen. Er spricht sehr gut Englisch. Ich versuche mit ihm ins Gespräch zu kommen.
„Die Kriegsschauplätze im Osten der Ukraine sind mehr als 500 Kilometer entfernt. Spürt man denn was vom Krieg in Odessa?“
„Nein, vom Krieg nicht, nur die politischen Probleme bekommt man mit. Und natürlich die vielen Flüchtlinge!“
„Wie ist es mit den Odessiten? Gehen viele fort von hier?“
„Ich mag Odessa, bin hier aufgewachsen. Ich werde nie weggehen!“
Ich will ihn provozieren, frage: „Warum, was hält dich? Ist es nicht sehr schwer, hier Geld zu verdienen?“
„Geld ist nicht alles. Odessa ist für mich die schönste Stadt der Welt!“
Gern hätte ich mich noch ein bisschen mit ihm unterhalten. Aber ob rot, ob grün, er fährt so verdammt schnell. „GAGARINN!“, ruft er auf einmal. Wir stehen vor dem Eingang eines Hotelhochhauses.

Odessa ist – nach Sofia und Bukarest – die dritte Millionenstadt meiner Reise. Sie befindet sich ungefähr dreißig Kilometer nördlich der Mündung des Flusses Dnister und 450 Kilometer südlich von Kiew, der Hauptstadt der Ukraine, Die Stadt liegt auf einem Plateau über der Küste. Vom Hotelfenster im dreizehnten Stockwerk habe ich einen großartigen Blick aufs Schwarze Meer. Es ist höchstens 500 Meter entfernt. Neben dem Hotel stehen weitere Hochhäuser. Keines hat weniger als zwanzig Stockwerke. Eines ist von der obersten Etage nach unten bis auf halbe Höhe verkohlt, die Fassadenplatten sind verschmort, die Fenster schwarze hohle Löcher. Kann noch nicht lange her sein, dass es da drüben gebrannt hat.
Die Häuser sind allesamt neu, noch in keinem von ihnen scheint jemand zu wohnen.

[129] Juri Alexejewitsch Gagarin (1934-1968), erster Menschen im Weltraum, umrundete 1961 mit dem Raumschiff Wostok 1 die Erde.

„Eigentumswohnungen“, sagt der Hotelportier, „die ersten waren sehr begehrt, jetzt stehen ganze Hochhäuser leer.“
„Zu teuer?“, frage ich.
Er nickt und meint: „Für die meisten Leute schon.“

Auf der „Straße der Gesundheit“ unterwegs ins Zentrum

An der Straße vor dem Hotel beginnt das Vergnügungsviertel Arkadia, das in jüngster Zeit mehr und mehr aufgeblüht ist: Restaurants, Karussells, Fitnessstudios, Springbrunnen, Alleebänke und laute Musik. Eines der Jahrmarkts-Fahrgeschäfte nennt sich *Bomber*. Davor ein roter mannshoher Automat mit der Aufschrift *Boxer*. In Arkadia darf jeder Krieg spielen. Ist zwar auch nicht billig, kostet aber doch noch nicht das Leben.

Rundum treten die kyrillischen Buchstaben in den Hintergrund. Westeuropa macht sich breit. Zum Strand hin immer mehr Geschäfte und Restaurants. Eines der Strandlokale hat sich besonders herausgeputzt. In ein Labyrinth aus niedrigen, weiß gekalkten

Mauern, zwischen denen ein schmales Rinnsal zum Meer plätschert, haben sie Palmen gesetzt, drei Meter hoch: Hochstapelei, die Südgriechenland oder Sizilien vorspiegeln soll.

In einem Laden jede Menge Dosenbier, darunter tschechisches „das goldene Prag" in goldenen Dosen aus „alter Quelle": Zlatá Praha und Staropramen. Daneben an einer Imbissbude ukrainische Spezialitäten: *Deruny*, Reiberdatschi mit Zwiebeln, Knoblauch, oben drauf mit einem Klecks Sauerrahm.

Derart gestärkt steige ich eine Treppe zu den Neubauten oberhalb der Küsten hinauf. Ich suche eine Route zum Zentrum, die am Meer entlangführt, brauche einen Überblick, muss aber dreimal umkehren. Zwischen den Neubauten überall verrostete Baumaschinen und Kräne. Manchmal reißen Straßen mittendrin ab, weil Planierraupen den Platz für ein neues Hochhaus freigeschoben haben. Endlich finde ich einen steilen, schmalen Pfad. Er führt durchs Buschwerk die Küstenschwelle hinunter. Ich lande auf einem Fahrradweg. Ein Mann sieht, wie ich aus dem Gebüsch heraus fast einen Purzelbaum schlage. Er spricht mich an, vielleicht auf Russisch, vielleicht Ukrainisch, ich versteh beides nicht und kann nicht einmal das eine vom anderen unterscheiden. *„Sorry, don't understand."*

Er ist ein smarter Typ, noch keine dreißig, Milchbart, blonder Bürstenschnitt, grauer, legerer Anzug. Am Hals baumelt eine schmale dunkelblaue Krawatte auf Halbmast, daneben mit einer Sicherheitsnadel festgepinnt ein folienkaschiertes Namensschild mit kyrillischen Buchstaben. Blass ist er. Wir sprechen auf Englisch miteinander. Er erzählt mir, er arbeite als Wachmann.

„Und – gern?", frag ich ihn.

„Was heißt schon gern", sagt er und zögert, „es ist ein interessanter Job, manchmal ein bisschen langweilig. Keiner will in das Haus einbrechen, das ich bewache. Leider ist die Bezahlung miserabel. 4.000 Griwni, das sind knapp 150 Euro im Monat."

„Und, kann man davon leben?"

„Irgendwie geht's weiter. Manchmal tut sich auch nebenbei was auf. Als Bodyguard würd ich mehr bekommen, aber da fehlt mir die Power."

‚Ja, für einen Wachmann ist er wirklich nicht besonders muskulös', denke ich, aber ich sag's nicht. Doch als hätte er meine Gedanken gelesen, sagt er: „Unser Bürgermeister ist Inhaber von Karate- und Selbstverteidigungs-Schulen! Ich glaube, das wäre ein besseres Geschäft!"

„Kann ich mir vorstellen", sage ich, „der bulgarische Ministerpräsident Boiko

Borissov[130] war Türsteher und Rausschmeißer in einer Bar. Jetzt ist er Milliardär."

Er zuckt die Achseln.

„Weiß auch nicht, was ich da falsch mache."

Wir wechseln die Rollen, und er fragt mich aus, was ich beruflich treibe und was ich in Odessa mache. Ich erzähle und erzähle und habe schließlich den Eindruck, dass ich ihn langweile.

„Nein, nein, ich schaue mich nur um, weil ich hier verabredet bin", sagt er gedankenverloren und fährt dann fort: „Übrigens: In Odessa nennt man diesen Weg Gesundheitsweg, acht Kilometer ist er lang. Hier kann man joggen, radeln oder spazieren gehen."

„Und ‚*Deruny* mit Sauerrahm' mampfen!", unterbreche ich ihn und ziehe an meinem Gürtel.

„Kein Problem", meint er, „von Arkadia bis ins Zentrum sind es ungefähr acht Kilometer, da geht man die Kalorien schnell wieder runter, ist eben ein Gesundheitsweg. Und am Meer entlang, nah an den Stränden, das ist noch dazu sehr erholsam. Weiter vorne gibt's übrigens eine Seilbahn zur Stadt hinauf, dort muss ich warten, da hab ich mein Rendezvous", sagt er und zwinkert mir geheimnisvoll zu.

Seilbahn? Tatsächlich gibt es eine Seilbahn von der Küstenschwelle herunter zum Strand. Über eine Strecke von rund 300 Metern bewegen sich über das sommermüde Buschwerk hinweg, an Drahtseilen hängend, große, mit blau gestrichenem Blech verkleidete Behälter, in denen jeweils zwei Personen Platz haben, den Hang rauf und runter. Und da ist auch schon seine Verabredung. Eine hübsche Freundin hat er. Barfuß kommt sie daher, in jeder Hand einen Schuh, Jeans, wie man sie heute trägt, mit Löchern an den Knien, knallroter Pullover, die pechschwarzen Haare zu einem Schopf zusammengesteckt, ja, die macht schon was her.

[130] Boiko Metodiev Borissov, * 1959, siehe S. 67 f

„Also dann, ciao!“, sagt er, bückt sich und zieht seine Schuhe auch aus. Dann gehen beide Hand in Hand hinunter zum Sandstrand.
„Ciao!“, rufe ich ihnen nach und setze meinen Weg allein fort, genieße über den breiten Strand hinweg die Aussicht aufs Meer, schaue Anglern zu, die geduldig warten, dass was beißt. Ich kann nicht mehr weit vom Zentrum entfernt sein, denn der Fußweg steigt an, führt in einen Park, vorbei an einem Saxofonspieler, der inbrünstig *My Funny Valentine* spielt. Ich bleibe stehen, höre zu, picke Textfragmente aus meinem Gedächtnis: *Sweet comic Valentine / You make me smile with my heart / Your looks are laughable / Unphotographable / Yet you're my favorite work of art* ... Ich kenn das Lied von Chet Baker. Auch Mike und Norbert, meine beiden Musikerfreunde vom *Duo de Clarinettes-Basses*, spielen es bei unseren gemeinsamen Auftritten.
Am Ausgang des Parks wird der Gesundheitsweg von einer Straße abgelöst, die nach links in die Altstadt führt und nach rechts zum Hafen. Ich werde mich der Stadt vom Meer her nähern, das war meine Vorstellung schon vor der Abreise. Leider hat's ja mit der Schiffsreise nach Odessa nicht geklappt. Auf dem Stadtplan erkenne ich, dass es nicht mehr weit zur Potemkinschen Treppe ist.

Sie wurde weltberühmt durch Sergei Eisensteins Film *Panzerkreuzer Potemkin*[131]. Die Szene mit dem Kinderwagen ist eine der bekanntesten der Filmgeschichte: Menschen fliehen vor den mordenden Kosaken aus der Stadt, die Treppe hinunter. Da wird auf eine Frau geschossen, sie lässt ihren Kinderwagen los, der holpert inmitten des Getümmels langsam, ganz langsam, über die Stufen nach unten. Über diese Treppe will ich hinaufgehen zum Plateau des Stadtzentrums. Ich stelle mir vor: Dann erst bin ich in Odessa angekommen.

[131] Der Stummfilm des Regisseurs Sergei Eisenstein aus dem Jahr 1925 thematisiert die Meuterei der Besatzung des russischen Kriegsschiffs Knjas Potjomkin Tawritscheski gegen deren zaristische Offiziere von 1905.

Die Potemkinsche Treppe, das Hauptportal von Odessa

Jetzt steh ich am Fuß der Treppe und schaue hinauf. Einladend wirkt sie. Mit der steilen Küste zu beiden Seiten des Aufgangs macht die Stadt den Eindruck, als würde sie alle Besucher mit ausgebreiteten Armen empfangen. Was für eine raffinierte Perspektive: Unten sind die Stufen etwa zwanzig Meter breit, dann werden sie schmäler, am Ende hat die Treppe nur noch knapp die Hälfte ihrer anfänglichen Breite. Droben auf der Plattform steht einer und lädt mich mit einer lässigen Handbewegung ein, in die Stadt zu kommen. Es ist der Duc de Richelieu [132], er war Bürgermeister von Odessa, nicht zu verwechseln mit dem französischen Kardinal des 17. Jahrhunderts. In eine Toga gehüllt, steht er auf dem Sockel wie der Ovid in Constanța, nur viel zierlicher, filigraner, mit weniger Pathos beladen, obwohl die Stufen des Denkmalsockels die Treppe zu ihm hinauf zu verlängern scheinen und damit seine Person zusätzlich erhöhen. Und dieser Herr Richelieu, der die Geschicke der Stadt zu Beginn des 19. Jahrhunderts erfolgreich lenkte, schaut über mich und die Treppe hinweg hinaus aufs Meer, als wolle er zeigen: Ja, um so eine Stadt zu führen, brauchst du Weitblick. Jetzt mach ich's wie er, wende mich dem Meer zu und erschrecke. Der Ausblick über die Treppe, die gerade so einladend gewirkt hat, hinaus zum Meer, wird abgeblockt vom hässlichen Betonklotz des Hotels Odessa, das man auf einem breiten Landungssteg im Meer platziert hat. Ein klobiger Pflock, ein überdimensionierter Hackstock, der dem Eindruck der Weltoffenheit, die Odessa von jeher ausgezeichnet hat, im Wege steht. Wie lange muss der arme Richelieu diesen Anblick schon ertragen? Der 1994 erbaute Kempinski-Hotelturm am Fuß der Potjomkin-Treppe, dieser Faustschlag zwischen die Augen eines jeden, der von hier hinaus in die Welt schauen will, wurde längst wegen Baumängeln geschlossen. Da hieß er zwar schon Hotel Odessa. Das hat aber auch nichts geholfen. Man ist sich einig: Der Klotz muss abgerissen werden. Niemand ist bereit, das bezahlen?

[132] Armand du Plessis, Duc de Richelieu (1766-1822)

Die „Potemkin-Treppe“ trug bis 1955 den Namen „Richelieu-Treppe“. Sie wurde erst zur 50-Jahres-Feier der Meuterei auf dem Panzerkreuzer Potemkin umbenannt. Neben dem heruntergekommenen Hotel befindet sich eine verwaiste Schiffsanlegestelle. Für wen? Dort kommt niemand mehr an, dort übernachtet niemand mehr – alles für die Katz!

Zu Füßen des Denkmals versammeln sich gerade ein paar Menschen, bei näherem Hinsehen ein Häuflein ukrainischer Patrioten. Aufgeregte Rufe der Demonstranten. Manche schwingen blau-gelbe Fahnen. Einige tragen rote Luftballons. Eine Rednerin tritt ans Mikrofon. Sie schreit, ihre Stimme überschlägt sich, wird durch das Megafon so verzerrt, dass ich schon akustisch kein einziges Wort verstehe. Ich habe den Eindruck, sie verteufelt Gott und die Welt. Besonders mitreißend hört sich das nicht an. Bei den Rednern, die folgen, klingt alles genauso wütend und unstrukturiert.

Als sich bei den Anwesenden Langeweile einzuschleichen droht, stimmt jemand ein Lied an, nach dessen Ende alle in einen lauten Kampfruf einstimmen, den sie mehrmals wiederholen. Ich verstehe *Swoboda* und *Ukraine*. Sie fordern unüberhörbar „Freiheit für die Ukraine!“

„Die Ukraine ist doch ein freies Land“, sage ich zu einem der Sänger.

„Nicht im Osten und nicht auf der Krim! Sehen Sie keine Nachrichten?“

Dann dreht er mir einfach den Rücken zu. Er hat keine Lust, mit einem Ausländer über sein Land zu diskutieren. Natürlich hat er recht. Putins Russland hat die Krim einfach kassiert und die Separatisten an der Ostgrenze der Ukraine werden ganz offensichtlich auch vom russischen Staat unterstützt.

Ich wende mich an einen von denen, die gerade dabei sind, rote Luftballons steigen zu lassen. „Worum geht es denn bei der Demonstration konkret? Wollt ihr die Krim wiederhaben?"

„Es geht um unsere Unabhängigkeit! Die Russen sollen abhauen aus unserem Land! Überall!"

„Auch aus Odessa?"

„Genau – auch aus Odessa!"

„Die Leute, die hier Russisch sprechen sind doch auch Ukrainer und ukrainische Staatsbürger!"

„Dann sollen sie Ukrainisch sprechen!", ruft er zornig und dreht sich weg.

Mich irritiert das. Wie oft habe ich Lobgesänge auf das multikulturelle, liberale Odessa gehört. Armenier, Bulgaren, Deutsche, Engländer, Franzosen, Griechen, Holländer, Italiener, Moldawier, Spanier und Türken folgten dem Aufruf der Zarin Katharina, sich in der neuen Stadt im Süden Russlands anzusiedeln. Vor allem auf Juden, die hier Niederlassungsfreiheit und gleiche Rechte genossen, übte Odessa eine große Anziehungskraft aus. Sogar entflohene Leibeigene des Zarenreiches konnten hier legal sesshaft werden.

Da schreckt mich eine weitere Ansprache auf. Laut und aggressiv. Danach legen alle, Frauen und Männer, Junge und Alte, die rechte Hand aufs Herz, einer ruft mehrmals kämpferisch die Losung, und alle anderen antworten ihm noch viel lauter als vorher: „Freiheit für die Ukraine!"[133]

Ich kehre Richelieu und den „Freiheitskämpfern" den Rücken, überquere den mit alten Bäumen bestandenen Primorsky Boulevard, der parallel zur Küste verläuft, und wende mich der Stadt zu. An der ersten Kreuzung treffe ich auf das Denkmal von Katharina der Großen. Diese Zarin deutscher Abstammung ordnete im Jahr 1794 die Gründung der Stadt an. Ihr Ziel war ein russischer Militärhafen am Schwarzen Meer. Ausgerechnet eine Deutsche! Was soll's, ein Neapolitaner namens Joseph de Ribas war auch mit im Spiel. Er hatte kurz vorher unter ihrem Befehl im rus-

[133] Zu Nationalismus und Patriotismus in der Ukraine vgl. Anhang, Anm. 16

sisch-türkischen Krieg eine türkische Festung unweit des heutigen Standortes von Odessa erobert und wurde der erste Statthalter der neu gegründeten Stadt. Eine Deutsche, ein Neapolitaner, ein Franzose – sie stehen sinnbildlich für das odessitische Völkergemisch, über das Richelieu damals schrieb: „Noch nie versammelten sich in einem Land auf einer derart kleinen Fläche Angehörige so vieler Völker, deren Sitten, Sprachen, Kleidung, Konfession und Bräuche sich so deutlich voneinander unterschieden."
Der Schriftsteller Mark Twain hatte im hektischen Odessa Heimatgefühle. *Wir blickten die Straße hinauf, wir blickten die Straße hinunter, in diesen Weg oder jenen, wir sahen immer nur Amerika*, notierte er 1867 während einer „Reise nach Europa und in den Nahen Osten".
Ja, der Stadtplan offenbart es: Das alte Zentrum der Stadt wurde wie in New York im Schachbrettmuster entworfen, so wunderbar übersichtlich, dass ich bald vergesse, dass ich mich in einer unübersichtlichen Millionenmetropole befinde. Da ergibt sich der Rückweg zum Hotel fast von selbst. Muss nur von Katharinas Denkmal geradeaus auf der Katerynynska weitergehen, bis mir die Hallen des Privoz in die Quere kommen, des größten Marktes im Zentrum.

Vor dem Hauptbahnhof ein geräumiger gepflasterter Platz. Ich geh durch die Bahnhofshalle zu den Gleisen, dreh um und tu so, als wäre ich mit dem Zug angekommen. Ein mächtiger Schriftzug auf dem Bahnhofsgebäude begrüßt mich: ласкаво просимо місто-герои одесу! Es dauert eine Weile, bis ich so ungefähr entschlüsseln kann, was das bedeutet: „Herzlich willkommen in der Stadt der Helden in Odessa!" Merkwürdig, dieser Willkommensgruß, weil ich erst einmal abpralle wegen meiner Unfähigkeit, die Sprache zu lesen oder gar zu sprechen. Dabei wird mir mehr als deutlich, dass ich ein Fremder bin.
Vor dem Bahnhof steige ich in die Straßenbahn der Linie 5. Ihre Gleise führen zur Haltestelle Arkadia, vorbei an Hochhausbauten, die allesamt in luftiger Höhe so exotische Glaskuppeln tragen. Der Wachmann hat mir während unseres Spaziergangs auf dem Gesundheitsweg erzählt, dass sich ein syrischer

Architekt in diesem unverkennbaren Baustil in Odessa austobt. Dazwischen die Gebäude der Metschnikov-Universität, wo ich in einigen Tagen aus meinem Reisetagebuch vorlesen werde. Es folgen ältere Villen mit überwucherten Gartenanlagen, viele davon verfallen. Als ich mich meinem Hotel nähere, säumen Kurkliniken den Weg. Von meinem Spaziergang auf dem Gesundheitsweg weiß ich: Alle haben auf der Südseite Treppenzugänge zum Meer. Die Sanatorien haben dieses Viertel einst geprägt. Manche sind noch in Betrieb, etliche hat man umfunktioniert, andere abgerissen, um noble Wohnanlagen in Meeresnähe zu schaffen. Die Endhaltestelle liegt einen Katzensprung entfernt vom Eingang meines Hotels.

Und wieder das Schachbrett des Stadtplans – Spaziergang mit Tatjana

Am nächsten Tag holt mich Tatjana Martynova ab. Sie arbeitet als Lehrerin und Fotografin. Ich habe in Regensburg, der Patenstadt von Odessa, ihre Fotoausstellung über Odessa gesehen und sie hat angeboten, mir „ihre" Heimatstadt zu zeigen.

Wir nehmen die Straßenbahnlinie 5 und steigen am Hauptbahnhof aus. Von dort aus spazieren wir durch die pfeilkerzengerade Puschkinska, die Puschkinstraße. Das ist die Parallelstraße der Katerynynska, auf der ich gestern in Gegenrichtung von der Potemkinschen Treppe aus zum Privoz-Markt gegangen bin.

Tatjana deutet auf ein Haus und übersetzt die Inschrift: *Wann immer deine Hand es vermag, tu Gutes!* Auf der Spitze der Fassade steht ein goldener Engel, so schräg nach vorn gebeugt, dass man meint, er könnte jeden Moment vornüber kippen. Er hat Wundmale an den Händen. „In Odessa nennt man dieses Gebäude ‚Haus des Engels', weil es Engel braucht, Kindern zu helfen, die keine Hoffnung mehr haben", erklärt Tatjana, „also das ist eine Wohltätigkeits-Einrichtung für kranke Kinder, nicht nur aus Odessa, sondern auch aus anderen Regionen. Sie wurde von einem Odessiten gegründet."

Flüchtige Eindrücke: die Balkons und Alkoven, die über den Bürgersteigen hängen und die Wohnfläche der Häuser vergrößern, die Innenhöfe Refugien für Werkstätten, für Kinderspiele und so manche krumme Geschäfte. Unübersehbar die prachtvollen, lichtdurchlässigen Gewölbe der Akazien zu beiden Seiten der Boulevards und die Platanen, deren Stämme die Muster von Tarnuniformen tragen, sodass die vielen Soldaten in den Straßen gar nicht mehr so auffallen. Starke Äste, Arme und Hände, die schützende Baldachine über den Passanten ausbreiten. Ein fast zärtliches, ein schmeichelndes, warmes Licht, sickert durchs Laub auf die Trottoirs. Wir bleiben vor Odessas Philharmonie stehen, die ursprünglich als Börse entworfen wurde. Tatjana deutet in den Innenhof. „Er erinnert an italienische Bauten. Kein Wunder – ein russischer Architekt italienischer Abstammung hat das Gebäude entworfen. Es finden Konzerte aller Art hier statt, auch Jazzkonzerte. Odessa ist eine Stadt des Jazz, es gibt regelmäßig ein Jazz-Festival."

Tatjana, die im Zentrum aufgewachsen ist, erzählt, sie habe seit ihrer Kindheit meistens russisch gesprochen und die Kinder in ihrem Hof ebenfalls.

„Hörte man das Russische und das Ukrainische auch in der sowjetischen Zeit so selbstverständlich überall in der Stadt?", frage ich sie.

„Ja, das war immer so. Auch zu Zeiten der Sowjetunion haben wir in der Schule zwei Sprachen gelernt: Russisch und Ukrainisch. Die dritthäufigste Sprache ist im Moment Englisch, aber auch Deutsch und Französisch sind sehr populär. Es existieren auch zwei Theater: ein ukrainisches und ein russisches. Es gab ja immer viele Nationen hier, jeder durfte hier in seiner Sprache sprechen. Auch wenn wir sagen, Odessa ist eine ukrainische Stadt, bleibt Odessa doch Odessa, einfach etwas ganz Eigenes. Es gibt eben auch russischsprachige Ukrainer."

Tatjana weist auf ein repräsentatives Gebäude in einer Querstraße hin. „Das ist das Hotel Bristol. Als die Delegation der Stadt Regensburg hier war zu den Geburtstagsfeierlichkeiten der Stadt Odessa, hat sie dort gewohnt. Früher hieß es Hotel *Krasne*, das rote Hotel, wobei ‚rot' im Altrussischen nicht die Farbe meint, sondern die Schönheit, also *das schöne Hotel*. Das Gleiche gilt für den Roten Platz in Moskau. Das Bristol ist eines der bekanntesten Hotels in Odessa, denn es wurden auch sehr viele Filme hier gedreht. Ja, da ist man richtig stolz, wenn man in einem erfolgreichen Film seine Heimatstadt erkennt. Überhaupt – wenn ich erzähle, dass ich aus Odessa komme, ist es für mich ein erstaunliches Phänomen, dass alle Menschen in der Welt Odessa kennen, zumindest den Namen Odessa. Für mich ist Odessa die schönste Stadt in der Ukraine. Auch, weil man sich so frei fühlt hier. Eine beliebte Redewendung der Einheimischen lautet: In Odessa fühlt sich jeder Ausländer sofort zu Hause und jeder Russe wie ein Ausländer."

„Woher kommt das? Von der Offenheit und der Weite des Meeres?"

Tatjana wiegt den Kopf. „Ich weiß nicht. In jüngster Zeit wurde die Stadt tatsächlich zu einem touristischen Mekka. Menschen aus vielen Ländern, auch aus anderen ehemaligen sowjetischen Republiken, viele Weißrussen, viele Deutsche, Amerikaner, Engländer. Jeder sucht hier was Eigenes …"

Nachdem wir den berühmten Rundbau des Opernhauses passiert haben, eines der Wahrzeichen von Odessa, erreichen wir das Rathaus. Vornehm wirkt es, mit seinen leuchtend weißen korinthischen Säulen. Ein Tempel der Stadtpolitik. Davor, am westlichen Ende des Primorsky Boulevards, ein Puschkin-Denkmal.

„Der Dichter Puschkin ist beleidigt", sagt Tatjana, „er wendet dem Rathaus und damit den Stadtoberen den Rücken zu, weil sie sich geweigert haben,

den Bürgern bei der Errichtung des Denkmals finanziell unter die Arme zu greifen."
Im Zentrum des Boulevards befinden sich das Richelieu-Denkmal und die Potemkinsche Treppe, von wo aus ich zum ersten Mal die Innenstadt betreten habe. Wir aber machen jetzt kehrt, gehen noch einmal an der Oper vorbei ins Zentrum.
Tatjana erzählt, dass ihre Mutter in Moskau lebt. „Sie ruft in letzter Zeit öfters besorgt an und fragt: ‚Wie geht es dir? Bei euch ist doch Krieg!' Es ist schwer, ihr begreiflich zu machen, dass der Krieg mehr als 500 Kilometer östlich von Odessa stattfindet und dass die Bürger hier ein relativ beschauliches, entspanntes Leben führen. Manche sogar ein luxuriöses."
Ja, auch das bekommen wir mit, als wir wenig später neben gut gekleideten Passanten durch die Fußgängerzone der Derybasovskaja [134] flanieren. In dieser noblen Einkaufsstraße, benannt nach José de Ribas, dem ersten Bürgermeister Odessas, begegnen sich die Mitglieder der „besseren" Welt. Tatjana schlägt vor, dass wir ins *Kompot* gehen sollten.
„Ins Kompott? Was soll denn das bedeuten?"
„Das ist eines der beliebtesten Restaurants in der Deribasovskaya und der Name einer Restaurant-Kette. *Kompot* mit einem ‚t' stammt vom ukrainischen *Kompot* / компот. Das ist bei uns kein Nachtisch wie in Deutschland, sondern ein Getränk, das oft sehr süß ist, weil man es als Wintervorrat einweckt. Zucker ist ja ein Konservierungsmittel. Wem es zu süß ist, der kann es ja mit Wasser verdünnen. Im Sommer, wenn das *Kompot* frisch getrunken wird, muss nicht viel Zucker rein, höchstens etwas Eis und ein Strohhalm."
„Dann ist das ukrainische *Kompot* so etwas wie Limonade?"
„Ist vielleicht verwandt, aber doch anders: Man kann zum Beispiel Rhabarber und Erdbeere zusammentun, dann mit Holunderblüten aromatisieren, auch mit anderen Früchten und Beeren kann man experimentieren. Besonders gut sind getrocknete Birnen, Äpfel, Zwetschgen, Kirschen, Rosinen, dazu ungefähr zehn Esslöffel Honig, abschmecken mit Zitrone, Zimtstange oder Nelken, alles Geschmackssache."
„Wie viel Wasser?"
„Sagen wir zwei Liter, dazu nicht weniger als zweihundert Gramm Zucker, mit

[134] Ukrainisch: Derybasivska. Russisch: Deribasovskaya

je hundert Gramm Erdbeeren und Rhabarber, kurz köcheln lassen. Der Rest ist Erfahrung – je nach Vorliebe Holunderblüten oder sonst was Aromatisches dazu, nicht zu viel, nur zur Abrundung."

Vorne auf der Speisekarte des Kompot-Restaurants sind noch einige weitere Kompot-Lokale in Odessa verzeichnet. Es werden dort auch Kaffee und verschiedenste Kuchen serviert und Speisen, ähnlich wie es sie in jedem besseren Bistro gibt. Sie führen pfiffige Publicity-Aktionen durch wie Rezeptwettbewerbe. Die besten Ideen werden in einem Kochbuch veröffentlicht. Als ich in der Speisekarte lese, dass es sogar Kompot mit Räuchergeschmack gibt, beutelt es mich. Die Geschmäcker sind eben verschieden.

„Odessa war schon immer eines Stadt des Handels, und die Odessiten sind bekannt für ihre Geschäftstüchtigkeit", sagt Tatjana und grinst. „Sie verkaufen sogar Luft aus Odessa, die sich die Leute dann in kleinen Blechdosen mit nach Hause nehmen können."

Tatjanas Sohn Max ist um die dreizehn Jahre alt. Seit der Trennung von ihrem Mann erzieht sie ihn allein. Als ich ihr erzähle, dass ich am liebsten mit dem Schiff in Odessa angekommen wäre, meint sie, das sei mit Sicherheit die schönste Annäherung an die Stadt. Sie bietet mir an, am Sonntag mit ihr und Max an einer Ausflugsfahrt auf einem der Küstenschiffe teilzunehmen. Das würde mir schon gefallen. Ich kann es leider nicht versprechen, bräuchte einen Tag für mich, um mein Material zu ordnen und die kommenden Gespräche und Lesungen vorzubereiten. Wenn ich unterwegs nicht arbeite, kann ich mir solche Reisen nicht leisten.

Die mollige Trambahn-Schaffnerin und der bildhübsche Geldschein

Heute wechsle ich das Hotel: Hab ein billiges Zimmer im Zentrum entdeckt, wo ich meine Sachen schon am Vormittag abstellen kann. Dort gibt es eine Waschmaschine. Und ich habe nur hundert Meter bis zum „Bayerischen Haus", wo ich fürs kommende Wochenende zum Vorlesen eingeladen bin.

Es ist ein einfacher Umzug. Ich muss nur meinen Rucksack packen und in die Straßenbahn Nummer 5 einsteigen. Während der Fahrt über den Französischen Boulevard, den Franzuski Boulevard, parallel zur Küste in Richtung Innenstadt, erlebe ich eine merkwürdig schöne Geschichte: Die Straßenbahnfahrt kostet zwei lachhafte Griwni. Die Scheine sollte man immer schon in

der Hand haben, wenn die Schaffnerin kommt. In Odessa sind die Kassiererinnen lang nicht so grantig wie im bulgarischen Tarnovo. Im Gegenteil: Ich empfinde sie hier als fast übertrieben freundlich. Da kommt sie auch schon. Ich halte der lächelnden, korpulenten Frau meine beiden Grimmigen entgegen. Sie nimmt sie, schüttelt aber sofort heftig den Kopf und reicht mir einen der Scheine zurück. Ich schau ihn an und sehe, dass ich aus Versehen einen rumänischen Leu hergerichtet hatte. Kein Problem, geb ich ihr halt eine ukrainische Griwna. Sie nickt, alles in Ordnung, will mir den Leu-Schein zurückgeben, hält auf einmal inne, zeigt auf den Schein, zeigt auf sich, gibt mir zu verstehen, dass ihr der Geldschein gut gefällt. Sie würde ihn gerne behalten. Dabei himmelt sie den Geldschein an wie das Foto eines Geliebten, befühlt ihn mit zwei Fingern und streichelt ihn liebevoll. Gut, es ist ein ziemlich neuer, wenig abgegriffener Schein, vielleicht liegt's auch an dem besseren Papier der rumänischen Währung. Im Vergleich sind die Grimmigen ja wirklich billigstes Zeitungspapier. Mit einer Handbewegung bedeute ich ihr, sie solle ihn behalten, ich schenk ihn ihr. Strahlend drückt sie ihn an die Brust, er gehört ihr, einer, dem ihre ganze Sehnsucht galt, bedankt sich glückselig und geht weiter kassieren.

Während der Fahrt kommt sie mehrmals zu mir, will wissen, was der Schein wert ist, sie bittet einen jungen Mann, zu übersetzen. Der kann kein Englisch. Ich glaube, es ist ihr auf einmal peinlich, dass ich ihr so einen, wie sie ihn sieht, wunderschönen, wertvollen Schein geschenkt habe, mit so einem eindrucksvollen bärtigen Männerkopf drauf. Sie will das irgendwie wiedergutmachen, bietet mir vier „Grimmige“ dafür an. Ich schüttle den Kopf. Sie zieht zwei Zehner aus der Geldtasche, hält sie mir hin. Ich schüttle den Kopf, und weil ich eh keine Chance sehe, mich mit ihr zu verständigen, setze ich auf die Wärme der Mundart, sage in meinem bairischen Dialektsingsang: „Ach geh, bhaltn S 'n doch einfach!“ Dabei ist ihr aber nicht wohl. Sie bietet mir jetzt einen „Grimmigen Hunderter“ und deutet mit einer kurzen Handbewegung an, dass es ihr den Hals abdrücke. Was hat sie denn? Meint sie vielleicht, ich will nur den Preis in die Höhe treiben? Die Straßenbahn biegt um die Kurve. Ich erkenne den Hauptbahnhof, gebe ihr, als die Straßenbahn die Haltestelle erreicht hat, schnell zum Abschied die Hand, sage: „Behalt ihn als Souvenir!“, steige aus, dreh mich noch einmal um. Sie steht in der Tür, schüttelt ungläubig den Kopf. Ich winke ihr zu. Sie winkt zurück, überglücklich und doch ein bisschen beschämt, weil sie für den geschenkten rumänischen Leu keine Gegengabe gehabt hat.

Mit Rösselsprüngen durch odessitische Märkte

Am späten Vormittag erwartet mich Victoria Alekseewa beim Hauptbahnhof. Ich habe sie gebeten, mich ins Alltagsleben von Odessa einzuführen. Zuerst bewegen wir uns durchs Gewühl des weiträumigen Privoz-Marktes gleich neben dem Hauptbahnhof.

Dort werden im Labyrinth kleiner und großer Hallen sowie in einer Vielzahl von Verkaufsbuden und Ladennischen Waren aller Art angeboten, von der Handtasche zum Gürtel, übers Parfüm zur Seife, von der Zahnpasta und der Zahnbürste bis zum Putzmittel und zum Schrubber. Und dann die Imbiss-Stände, da gibt's *Wareniki*, Maultaschen gefüllt mit Schmand. Und die Halle mit den Milchprodukten: Butter, Joghurt, des Weiteren weißen und gelben Käse, Schafskäse, Ziegenkäse … Dann das Gemüse, die getrockneten Bohnen, die Nüsse, die Mandeln … Ein Rausch der Stimmen, Farben und Gerüche. Ich bin überwältigt vom Gewirr der fremden Sprache, vom Schauen und Schnuppern. Essiggurken, Kraut und Rüben – faszinierend, die hoch aufgetürmten Berge aus fein geschnittenem Weißkrautsalat! Und schon wieder neue Gerüche: eine eigene Halle für Frischfleisch und Geräuchertes, für Würste und Innereien. Von der Fischhalle bin ich enttäuscht. Allein die bronzene Fischverkäuferin lockt mich zu den Fischständen. Viel Tiefgekühltes, wenig frischer Fisch. Und

das in einer Hafenstadt! Ein dürftiges Angebot im Vergleich zu italienischen Fischmärkten. Vielleicht liegt es daran, dass der Vormittag schon fortgeschritten ist. Fisch sollte man eben am frühen Morgen einkaufen.

„Zum einen ist das Meer überfischt", klärt mich Victoria auf, „zum anderen gehen viele Fischarten zugrunde, weil über die großen Flüsse viel Dünge- und Unkrautvertilgungsmittel ins Schwarze Meer geleitet wird und sich auf dem Meeresgrund eine undurchlässige tote Schlammschicht gebildet hat."

„Kann ich mir schon vorstellen: Donau, Save, Theiß, Pruth, Dnister, Dnjepr, alles Flüsse, denen wir Europäer zu viel Dreck aufladen."

Vor den Markthallen umfangen uns der Lärm und das Gewühl des Großstadtverkehrs. Auch hier weiß ich nicht, wo ich zuerst hinschauen soll.

„Wir haben zu viele Autos, sie blockieren die Straßen und sogar die Straßenränder, man kann nirgends parken. Und man muss als Fußgänger sehr aufpassen!", ruft mir Victoria zu, als wir im Zickzack zwischen den Fahrzeugen hindurch die Fahrbahn überqueren.

„Schau, diese kleinen Busse! Sie sind ganz praktisch. Wir nennen sie Marschrutka[135]. Das Wort Marschrut bedeutet eigentlich Fahrplan."

Ich will ein paar Sprachbrocken dazulernen.

„Wenn ich hinaus nach Arkadia will, reicht es dann, wenn ich frage: ‚*Marschrutka Arkadia*'?"

„Ganz genau. Dann wissen die, was los ist – bei uns sind alle Fahrer der Marschrutka eigentlich ziemlich freundlich."

[135] Marschrutka:russ. Маршрутка. Kurzform von Marschrutnoje Taxi / Маршрутное такси, eine Art Sammeltaxi. Mehrz. Marschrutki, deutsch auch: Marschrutkas

Wir flüchten in eine schmale Grünanlage. Und schon tut sich wieder ein Markt auf. Bude reiht sich an Bude. „Schau, man kann hier alles Mögliche kaufen. Alles ist billiger! Alles! Ich denke, die zahlen alle keinen Zoll. Und du bekommst Sachen, die du woanders nicht kriegst."

„Schwarzhändler, Schmuggler oder so was?"

„Ja, genau, Schwarzer Markt, Schmuggler. Als ich Studentin war, gab es keine Buchläden. Damals konnte ich nur hier einkaufen. Wenn ich zum Beispiel ein bestimmtes Buch gebraucht habe, für einen Englisch-Lehrgang, meine Hauptfachrichtung, dann konnte ich hier die Kopien kaufen. Jetzt kann man hier auch noch alles Mögliche kaufen. Getränke aus Deutschland, aus Amerika, Cola, CDs, auch Computerspiele. Alles."

Ich schüttle ungläubig den Kopf.

„Alles?"

„Ja, einfach alles! Allerdings im Süden von Odessa, sieben Kilometer vor der Stadt, gibt es noch einen größeren Markt. Der heißt bei uns Sieben-Kilometer-Markt und ist größer als hundertfünfzig Fußballplätze. Da stehen an die dreitausend ausrangierte Schiffscontainer. Dort gibt es noch mehr!"

„Wahrscheinlich lauter illegales Zeug, Schmuggelware und falsche Markenware?", vermute ich.

„Ja – und die Polizei mischt sich dort selten ein. Aber das ist kein wilder Markt, es gibt verschiedene Gassen, eine afrikanische, eine chinesische, eine vietnamesische, auch eine Marktverwaltung, die die Miete für die Verkaufsplätze eintreibt und sich kümmert, dass Ordnung gehalten wird."

In Odessa existieren mehrere Welten nebeneinander und übereinander, die sich, wenn überhaupt, nur an wenigen Stellen berühren. Da gibt es nicht nur den Kontrast zwischen Mülltauchern und Nobelkarossen. Die Hälfte der Bevölkerung spricht Russisch, die andere Hälfte Ukrainisch. Außerdem gibt es immer noch die vielen kleineren Minderheiten: Juden, Bulgaren, Moldawier und Weißrussen, auch Tataren, Griechen, Albaner, Deutsche, Gagausen, Georgier, Araber und Türken. Bemerkenswert ist, dass das Jiddische bis zum Holocaust von mehr als einem Drittel der Odessiten gesprochen wurde. Es war in Odessa zeitweise weiter verbreitet als das Ukrainische. Durch die Emigration zu Beginn der 1990er Jahre ist das Jiddische hier weitgehend verschwunden, aber viele ukrainische Dialekte sind stark geprägt vom Jiddischen.

Ich versuche ein Straßenschild zu lesen – aber das Lesen der kyrillischen Buch-

staben funktioniert bei mir nur in Zeitlupe. Victoria springt ein und liest mir den russischen Namen des zweisprachigen Schildes vor. Ein Mann bleibt stehen, schüttelt den Kopf und meint grinsend: „Nanu, habe gedacht, wir müssen ukrainisch sprechen in der Stadt?"
Victoria schmunzelt. „Ja, die haben Humor!", sagt sie.
„Wer hat Humor?"
„Die odessitischen Juden – man erkennt sie sofort an ihrer Sprachmelodie."

Eine Welt hinter der Welt

In einer Teestube begegnen wir der ukrainischen Performance-Künstlerin Lesya Verba. Sie scheint durch den Raum zu schweben, könnte mit ihrem langen Kleid und ihrer verschnörkelten Lockenfrisur einem barocken Gemälde entstiegen sein, ebenso ihre kleine Tochter, die gerade am Teetisch Hausaufgaben gemacht hat und mit ihrer Mutter Schach spielen will. Was für eine stille Insel inmitten der Hektik dieser Stadt! Wir trinken Tee und unterhalten uns.

Victoria übersetzt: „Sie hat sogar Auftritte in Moskau und Kiew, Performances, arbeitet nur live, produziert keine CDs!"
Es gibt Leute in Odessa, die Lesya einladen, was zu bemalen oder einfach nur irgendetwas auf der Bühne zu machen. „Das entwickle ich frei im Raum. Ich improvisiere, reagiere nur auf innere Impulse. Sprache spielt dabei keine Rolle, auch nicht eine bestimmte Zielgruppe. Meine Bühne ist überall." Manchmal geht sie in Kindergärten oder Schulen.

Meinem Eindruck nach ist die Künstlerin stark esoterisch angehaucht. Sie verbindet ihre Auftritte mit den Mondphasen. Ihre nächste Performance will sie bei Neumond auf die Bühne bringen, Thema: von Glaube, Liebe und Hoffnung. Viele Auftritte, ob Tanz, Gesang oder Malerei, entwickle sie interaktiv mit dem Publikum. Ihre Musik und ihren Gesang nennt sie Autoren-Musik, im weitesten Sinn sei das eine Art Weltmusik. Dabei greift sie auf archaisches Liedmaterial zurück, das Ethnologen bei alten Volksstämmen entdeckt vor dem Vergessen bewahrt haben.

„Wenn ich diese Lieder singe, bekommen die Leute eine Gänsehaut!", sagt sie.

Lesya Verba begann Bandura zu spielen, als sie zehn war. Diese ukrainische Lautenzither ist ein Zupfinstrument für die Begleitung von Tänzen und Liedern. Sie kann zwischen 34 und 65 Saiten haben, dabei gibt es neben dem Zither-Griffbrett auch Saiten, die nicht verkürzt werden können. Ihr Vater ging mit seiner Yacht zweimal auf Weltreise. Unterwegs besuchte er die ukrainische Diaspora und wollte, dass sie dabei ist, um Bandura zu spielen.

„Wenn ich in einem Raum vor Menschen male, nehmen sie immer auch einen Eindruck dieses Bildes mit, und es wirkt weiter in ihnen. Wenn man ganz offen arbeitet und nicht für Geld, dann kann man an jeden Menschen herankommen, das wird immer wirken."

„Wie ist es denn möglich von so einer Art zu arbeiten seinen Lebensunterhalt zu bestreiten?"

„Nein, leben kann ich nicht von dieser Arbeit. Eher von Bildern, die ich verkaufe."

Eine Zeit lang hat sie in Moskau in Richtung Jazz und Elektro-Punk gearbeitet.

„Das war komisch, die Glitter- und Glitzerleute in Moskau haben fast alle geweint, als ich Bandura spielte. Man muss sich das vorstellen: in Moskau! Das sind ja ganz andere Leute als in der Ukraine! Diese oberflächlichen Leute waren zutiefst berührt und haben geweint. Alle Musik kommt von Gott! Jeder Mensch ist erreichbar mit Musik. Man muss nur den richtigen Schlüssel haben. Bei denen in Moskau war es eben die Bandura."

Die Bandura war besonders beliebt in der Zeit des erwachenden ukrainischen Nationalbewusstseins. Sie wurde häufig von den Kosaken verwendet. Aus ihren Reihen kamen berühmte Berufsmusiker, die *banduristi*. Die sowjetischen Machthaber sahen in den *banduristi* Separatisten. Unter dem Vorwand, ihre

Lieder aufzeichnen zu wollen, lud man sie 1935 zu einer Tagung nach Charkiv[136], russisch Charkov, ein, Alle Teilnehmer wurden hingerichtet.

Victorias Welt

Victoria erzählt, sie habe ihre frühe Kindheit in Tairova verbracht. „Früher war das ein Dorf, aber als ich geboren wurde, war es schon ein Teil der Stadt Odessa. Dort waren nur kleine Häuser, und ich bin im Haus von meinem Opa aufgewachsen, das er Mitte der 50er Jahre des letzten Jahrhunderts mit seinen eigenen Händen gebaut hat. Dort hab ich leider nicht sehr lange gelebt. Meine andere Oma hat dann eine Wohnung in einem neuen Bezirk bekommen. Das war eine Vierzimmerwohnung, eine riesige Wohnung. Ihr Mann, mein anderer Opa, war gestorben. Er war früher beim Militär, und meine Oma als Witwe hat diese große Wohnung bekommen. Und da haben wir gewohnt, also ich und mein Bruder, meine Mama, mein Papa und meine Oma. Von unserer Wohnung bis zur Schule hat es ungefähr fünf Minuten gedauert. Heute stehen da viele Hochhäuser. es ist ein wichtiger Stadtteil geworden. Das ist im Nordosten der Stadt. Mein Vater war Ingenieur von Beruf. Er ging in eine Fabrik auswärts arbeiten. Es gab in der Sowjetzeit so riesige gelbe Expressbusse, damit fuhr mein Papa dorthin, später war's ein Trolleybus. Odessa ist eine Millionenstadt. Auch damals gab es schon sehr viele Menschen hier, aber nicht so viele Autos. Das war Mitte der achtziger Jahre. Später bin ich zur Uni gegangen, die lag im Zentrum. Da musste ich mit Marschrutkas fahren."
„Wie ist überhaupt die deutsche Sprache in dein Leben gekommen?"
„Ich habe Deutsch nicht in der Schule gelernt. Meine Mama ist Dolmetscherin für Deutsch. Sie hat mich manchmal mit in die Arbeit genommen. Dort habe ich regelmäßig Deutsch gehört. Gelernt habe ich es erst richtig an der Uni – ich bin Lehrerin für Englisch und Deutsch – und ich habe im zweiten Studienjahr angefangen, Deutsch zu lernen. Ich habe einen ukrainischen Hochschulabschluss. Nach der Uni habe ich überlegt, was ich machen soll, und habe im Jahr 2001 die Möglichkeit genutzt, als Au-pair nach Deutschland zu kommen.
„Und wo in Deutschland?"

[136] Charkiv, russisch: Charkov, zweitgrößte Stadt der Ukraine 1,4 Millionen Einwohner, 66 % haben Russisch als Muttersprache

„In Bamberg. Dann bin ich noch zwei Jahre in Bamberg geblieben, das war eine schöne Zeit. Ich liebe diese Stadt, das ist meine zweite Heimat nach Odessa. Wenn ich manchmal in der Nähe bin und Zeit habe, dann fahre ich hin. Ich hatte dort viele Freundinnen, nicht nur aus der Ukraine, sondern auch aus Georgien, aus Polen. Einige von ihnen wohnen noch dort, viele sind in ihre Heimatländer zurückgekehrt."
„Und ist irgendwann einmal die Lust gekommen, wegzugehen aus Odessa?"
„Ich sage immer meinen Schülern, ich bereue nie, dass ich nach Deutschland gegangen bin und drei Jahre dort verbracht habe, das hat mir sehr weitergeholfen. Man wird beweglicher und man schätzt auch das Heimatland mehr. Im Ausland bist du sowieso ein Ausländer. Du kannst nichts dafür. Du kannst superschön und interessant sein und zuverlässig, aber du bist ein Ausländer. Aber Zuhause ist Zuhause."
Wir landen schließlich in einem kleinen Restaurant. Sie übersetzt mir die Speisekarte: „Spaghetti Bolognese!"
„Gibt es auch was typisch Ukrainisches?"
Sie überlegt kurz, deutet in die Speisekarte.
„салат Олів'є, Salat Olivier! Das ist bei uns ein Festtagsessen!"

Salat Olivier
(Gedicht für sechs Personen)

400 g Kartoffeln, 150 g Gelbe Rüben, 300 g Rindfleisch
kochen, aus dem Wasser nehmen, abkühlen lassen
und in kleine Würfel schneiden

drei hartgekochte Eier, 150 g Zwiebeln und 100 g Saure Gurken
in kleine Würfel schneiden

dazu 400 g Erbsen aus der Dose und 150 g Mayonnaise,
alles gut in einer Schüssel vermischen
mit Salz und Pfeffer abschmecken

den Salat ein paar Stunden ziehen lassen

Ich erinnere mich auf einmal an meine schlesische Großmutter. Sie hat an Festtagen ähnliche Salatkreationen zusammengestellt. Sie nahm allerdings kein Fleisch, sie schnitt kleine Leberkäswürfel hinein– vielleicht ein Zugeständnis an die Bayern, die sie nach der Vertreibung aufgenommen haben.
Als wir uns verabschieden, sagt mir Victoria, dass sie auf meinen Wunsch hin einen Termin in einem odessitischen Altenheim organisieren konnte. Ihre Mutter werde mich morgen als Dolmetscherin dorthin begleiten.

Besuch im Altenheim des orthodoxen Frauenklosters St. Michael

Seit Anfang August bin ich unterwegs. Immer häufiger macht sich meine Mutter bemerkbar. Sie reist mit mir. Obwohl ich sie fünf Jahre lang fast jeden Tag mehrere Stunden lang besucht habe, komme ich immer noch nicht los vom Gefühl, ihr nicht gerecht geworden zu sein. Jetzt dreht sie den Spieß um, behauptet, sie komme nicht los von mir, sie wolle mich nicht allein lassen. Weiß schon, sie war immer besorgt um mich. Nein, aufdrängen wollte sie sich nie. Nur da sein, für den Fall, dass sie gebraucht wird.
Vorgestern in der Nacht bin ich aufgewacht, da ist sie an meiner Bettkante gesessen.
„Schau, das Schwarze Meer!“, hab ich zu ihr gesagt, „nicht einmal nachts ist es schwarz.“ Und sie hat fast zärtlich geantwortet: „Was du immer für Quatsch redest.“ Mir wird langsam bewusst, dass sie gar nicht die Kindlich-Naive war, als die ich sie oft eingeschätzt und behandelt habe. In so einem Augenblick hat sie früher vielleicht gedacht: ‚Rede doch über das, was uns wirklich angeht, über dich, mich, uns beide. Du sperrst mich immer aus deinen Gesprächen aus durch dein kompliziertes Gerede …‘
Als meine Mutter starb, war sie 88. Alle meinten, der Tod sei für sie eine Erlösung gewesen. In den Monaten davor war mir das Gesicht meiner Mutter wie ein Schatten vorgekommen. Ihr Blick war nach innen gekehrt. Und dann war auf einmal der Tag da, an dem sich Nebel und bald darauf Nacht in ihr breitmachte. Sie hat mich einfach nicht mehr erkannt.
Als die Russen Anfang Mai 1945 in Breslau einmarschierten, war der Siebzehnjährigen der Krieg längst über den Kopf gewachsen, hatte das Gefüge ihres Gedächtnisses gesprengt – so viele Trümmer, die sie nicht mehr zusammensetzen konnte. Sie zwangen junge Frauen zum Dableiben und zum Aufräumen in der

Stadt. Während dieser Tage hat sie die Erinnerung an alles verloren, was vorher gewesen war, und musste ihr Leben ohne die Bilder, die Geräusche, die Gerüche und Geschichten ihrer Kindheit und Jugend bestreiten. Alles, woran sie sich erinnerte, begann bruchstückhaft im Juli '45, Das war, nachdem die Russen die Verwaltung Breslaus an die Polen übertragen hatten. Da jagte man die Deutschen aus der Stadt. Zu Fuß ging sie die 250 Kilometer von Breslau nach Dresden. Am 18. Juli kam sie dort an. Das war ihr 18. Geburtstag. Solche Gedanken holen mich ein, wenn mir Menschen von ihrem Schicksal während des Krieges erzählten. Ich habe versucht, alle, denen ich begegnet bin, ernst zu nehmen, hab ihnen geduldig zugehört, habe mich in sie hineinversetzt, habe ihnen gezeigt, dass ich Anteil nehme. Hab ich auch ihr so lange zugehört? Hab ich sie auch so ernst genommen? Aber sie hat so wenig erzählt von sich. Und im Alter, als sie nicht mehr allein in ihrer Wohnung leben konnte und in ein Seniorenheim zog, ziehen musste, fühlte sie sich verraten, floh in den frühen Morgenstunden im Nachthemd und legte mit dem Rollator mehrere Kilometer zurück – bei vier Grad Kälte. Nach dieser, ihrer allerletzten Flucht gab sie auf, zog sich in sich selbst zurück. Als sie gestorben war, lag es an mir zu fliehen. Ich rannte davon, damit ich nicht den Boden unter meinen Füßen verliere. Und bei jedem Innehalten fühle ich, dass sie mir näher ist als je zuvor.

Nach dem Frühstück treffe ich Jana, Victorias Mutter. Sie begleitet mich heute als Übersetzerin bei einem Besuch im Altenheim des orthodoxen Frauenklosters St. Michael.

„Es gibt auch ein staatliches Altenheim", sagt sie, „es ist jedoch sehr schwierig für alte Menschen, dort aufgenommen zu werden. Sie nehmen nur jene, die ganz allein sind und niemanden haben. Dort ist es nicht so erwünscht, dass Besucher hinkommen, es gibt oft Quarantäne, ich glaube sie schämen sich, die Türen zu öffnen."

Am Tor von St. Michael muss Jana der Pförtnerin zuerst unseren Besuch erklären, dann dürfen wir den Klostergarten betreten. Die Gebäude, die das Klosterareal umgeben, sind ansprechend renoviert. Ich bin überrascht über die Stille und den geräumigen, parkähnli-

chen Garten mitten in der Stadt. Als wir eintreten, umfängt uns ein Halbdunkel. Eiserne Bettgestelle stehen im Gang. „Aus Deutschland gespendet", sagt eine Schwester, noch bevor sie uns begrüßt.
Auf einer noch nicht bezogenen Matratze schläft eine schwarze Katze. Wir dürfen einen Blick in die Räume im Erdgeschoß werfen. Alte, abgemagerte Frauen und Männer liegen zu dritt oder zu viert in einem Zimmer, Haut und Knochen. Manche können sich aufsetzen, einige wenige sogar aufstehen und sich in die Gänge hinaus bewegen. Die Verbindungstüren zwischen den Zimmern hat man herausgenommen, damit das wenige Personal einen besseren Überblick hat. Was für ein Widerspruch: der historische Außenglanz der renovierten Gebäude und im Inneren der sichtbare Verfall der alten Menschen, die niemand mehr renovieren kann, die ärmliche Ausstattung der Räume, die Enge der Traurigkeit. Während mir draußen im Garten das Herz aufging, schnürt es mir hier drinnen alle Empfindungen zusammen zu einem unentwirrbaren Bündel. Wohin soll's gehen?
Eine müde Ärztin zieht ihren weißen Kittel an und geht neben mir her. Sie zeigt in eines der Zimmer auf einen Mann. „Der liegt im Koma. Eigentlich gehört er ins Krankenhaus. Wir behalten ihn bei uns." Sie erzählt, dass sie eine Weile in Berlin gearbeitet hat, es sei sehr gut gewesen dort, dann sei sie zurückgekehrt, irgendjemand müsse sich doch den Herausforderungen hierzulande stellen.

Die Äbtissin Matuschka Serafima, Mutter Serafima[137], hat einen vollen Terminkalender und kann uns leider nicht empfangen. In einem kleinen fensterlosen Raum sprechen wir mit der stellvertretenden Leiterin des Altenheims über die Arbeit mit den alten, kranken Menschen. Sie ist eine Frau von kleinem Wuchs, kauert sich

[137] Матушка Серафима (Matuschka Serafima), deutsch: Mutter Serafima

im Sitzen zusammen und macht sich mit ihrer Art, leise zu sprechen, noch kleiner. Dabei beantwortet sie souverän alle meine Fragen.
Sie ist in Lemberg geboren, die Schule hat sie in Moldawien absolviert und die medizinische Fachschule in Tschetschenien, in Grosny, 1500 Kilometer östlich von Odessa.
„Früher war das Reisen einfacher", meint sie. Als die Sowjetunion noch existierte, konnte man überall hin ganz einfach reisen."
„Heute nicht mehr?"
„Nein – es gibt ja überall Grenzen."
Im früheren Leben hat sie als Operationsschwester gearbeitet, sogar in der Intensivstation. Seit zwanzig Jahren lebt sie nun im Kloster. Sie ist geschieden und hat zwei Söhne, die sie manchmal besuchen, aber das sagt sie nur so nebenbei.
„Es geht ja jetzt ums Kloster. Das ist nach der Oktoberrevolution geschlossen worden. Erst nach dem Ende der Sowjetunion kam Matuschka Serafima aus Kiew, und dank der Bemühungen unserer Äbtissin konnten wir es wieder aufbauen. Die meisten, die hier arbeiten, kommen vom Lande, das sind starke Frauen, die diese schwere Arbeit auch machen können. Nicht jeder aus der Stadt kann das und nicht jeder will das. Wir haben hier im Heim 133 Bewohner, und ich bitte um Verständnis: Mehr können wir nicht unterbringen! Das ist eine komplizierte Situation. Wir sind ein Nonnenkloster. Wir wirtschaften mit Spenden. Bei uns leben Menschen, die nichts bezahlen können. Freilich, einige wenige bezahlen für ihre Eltern und ihre Verwandten. Sonst wäre es für uns unmöglich zu existieren. Die Leute, die hier sind, brauchen Pflege. Die Leute, die sie pflegen, brauchen selbstverständlich ihren Lohn, außerdem bekommen sie das Essen umsonst und das Fahrgeld zum Arbeitsplatz. Irgendwoher muss aber auch das Geld kommen. Es gibt keine staatliche Hilfe, deswegen müssen einige der Bewohner bezahlen. Gott sei Dank gab es immer Leute, die uns geholfen haben. Sie haben uns Spenden gegeben für dieses Altenheim. Leider hat sich die wirtschaftliche Situation im Land verschlechtert. Vielen geht es finanziell nicht besonders gut. Sie können nichts dafür, dass sie uns nicht helfen können. Trotz der schwierigen Situation muss ich feststellen: Es gibt immer noch viele gute Menschen, die gerne helfen."
Nach dem Gespräch gebe ich Jana vierzig Euro fürs Dolmetschen und erschrecke, als sie sagt: „Tausendmal danke! Jetzt komme ich durch den Winter! Da ist es am schwierigsten mit der Elektrizität und mit dem Heizen …"

früher morgen in odessa

in arkadia nehm ich die erste straßenbahn
ins morgenrot zur sonne zur freiheit

vor dem kloster sankt michael folge ich
dem lichtkreuz am kopf der warteschlange
werf einen blick in die dunkelkammer der alten
wo die zielfotos entwickelt werden

sie leben und sind doch schon tot
sie sehen dich nicht aber du siehst sie
sie müssen bleiben und du
kannst noch einmal entkommen

nimm einfach die linie fünf
zurück zur endhaltestelle arkadia
dort wird dir die schaffnerin
den weg weisen zum schwarzen meer

in seinem dunklen spiegel
erblickst du das licht der welt
als wär es das erste mal

Gennadi Truchanov – Besuch beim Oberbürgermeister einer Millionenstadt

Es gibt in Odessa recht unterschiedliche Meinungen über den Oberbürgermeister. Die meisten meiner Gesprächspartner fanden, er sei zwar „pro-russisch“, mache aber seine Sache im Großen und Ganzen gut. Ich wollte ihn kennenlernen und habe um ein Interview angefragt. Mehrere Leute, denen ich in der Stadt begegnet bin, haben mir gesagt, das Interview bekommst du nie im Leben. Trotzdem hat mir heute seine Referentin Svitlana Boieva überraschend zugesagt. Ich bekomme Zutritt zum Machtzentrum der Stadt. Vielleicht liegt

seine Aufgeschlossenheit darin begründet, dass Regensburg eine Patenstadt Odessas ist.
Ich hatte Frau Boieva allerdings mitgeteilt, dass ich mir während meiner beiden Odessa-Wochen immer Zeit nehmen kann – außer am Donnerstag der zweiten Woche, da sei zwischen 11 und 13 Uhr eine Veranstaltung in der Deutschen Schule geplant, in der Schule 90. Dann ruft sie mich wenig später wieder an und gibt mir als Termin genau diesen Donnerstag um 11 Uhr.
„Tut mir sehr leid, da kann ich nicht kommen!“, sag ich ihr, „da warten die Schüler auf mich, die haben sich extra vorbereitet.“
„Entschuldigung, hören Sie, das ist der Oberbürgermeister!“, erwidert sie entsetzt.
„Trotzdem, tut mir leid, das kann ich nicht machen, schade.“
Eine Stunde später ruft sie mich noch einmal an. Es sei jetzt alles geklärt, sie habe beim Schulleiter der Schule 90 angerufen. Er werde die Lesung verschieben.
„Also gut, dann komm ich gern.“
Bedauerlicherweise stellte sich später heraus, dass der Schulleiter gar nicht die Kompetenz hatte, Stundenplanänderungen vorzunehmen. Dafür wäre seine Stellvertreterin zuständig. Die sei aber auf Dienstreise, hat man mir gesagt. So wäre die Schulveranstaltung um ein Haar ausgefallen, wenn die zuständigen Lehrerinnen nicht so flexibel gewesen wären, den Termin, wenigstens verkürzt, einen Tag später anzusetzen.
Gut – ich stehe also am Donnerstag, pünktlich 11.00 Uhr, vor den Säulen des vornehmen klassizistischen Rathauses an der Kante der Küstenschwelle. Ich beginne zu verstehen, warum ihm das Puschkin-Denkmal den Rücken zukehrt. Es weht ein heftiger Wind vom Meer herauf. Zu allem Überfluss beginnt es zu regnen. Ich friere. Wie soll man Einlass begehren, wenn man sich nicht richtig verständigen kann? Ich scheitere an den beiden Wachmännern am Hauptportal. Da kommt endlich die Übersetzerin, die mir die Referentin des Bürgermeisters vermittelt hat. Sie hat, ebenso wie ich, Schwierigkeiten die Wachleute zu überzeugen, dass es draußen zu kalt und zu stürmisch ist und wir gern drinnen warten würden. Ihrer Hartnäckigkeit und mehreren Telefonaten der Wachleute ist es zu verdanken, dass wir endlich auf einer der Bänke in der Empfangshalle Platz nehmen dürfen. Nach zwanzig Minuten holt uns Frau Boieva zu einem kurzen Vorgespräch. Als sie mit uns spricht, flüstert sie ganz leise, das klingt zunächst sehr verschwörerisch, aber klärt sich schnell auf: Sie hat

eine schlimme Stimmbandentzündung. Nach zehn Minuten führt sie uns ins Dienstzimmer des Oberbürgermeisters. Er empfängt mich überaus freundlich, bittet darum, dass wir gleich beginnen, er habe ja noch viele Termine heute.
„Also gut, ich weiß, dass Odessa zu vielen Städten der Welt partnerschaftliche Beziehungen unterhält, worin unterscheiden sich diese Städte?"
Gennadi Truchanov unterscheidet Bruderstädte und Partnerstädte.
„Das Wichtigste ist, dass wir zusammenarbeiten", meint er, „mit den Bruderstädten haben wir eher einen politischen, freundschaftlichen Austausch. Mit denen führen wir gemeinsam verschiedenste Veranstaltungen durch. Mit unseren Partnerstädten haben wir auch Geschäftskontakte. Natürlich gibt es in einer großen Stadt mehr Probleme als in einer kleinen. Die wirtschaftlichen Probleme erfordern viele Anstrengungen. Doch das Wichtigste sind die Menschen, auch die persönliche Verständigung unter uns Bürgermeistern, die Art, wie wir miteinander kommunizieren und gemeinsame Visionen entwickeln. Als wir vor einigen Wochen Regensburg besuchten, haben wir uns wirklich hervorragend verstanden. Die Regensburger sind zwar pedantisch pünktlich, ja, sie sind wirklich sehr, sehr pünktlich. Trotzdem haben wir uns gut verstanden."
„Ich würde gerne etwas über den Menschen erfahren, der im Oberbürgermeister steckt. Sind Sie ein Kind dieser Stadt?"
„Nach drei Jahrzehnten haben die Bürger einen Bürgermeister gewählt, der auch hier geboren, hier aufgewachsen und in die Schule gegangen ist. Das ist aus meiner Sicht schon sehr erfreulich!"

„Sind Sie im Zentrum der Stadt aufgewachsen?"
„Ja, aber was mehr wiegt: Mein Lebensweg war nicht immer einfach. Als ich acht Jahre alt war, ist mein Vater gestorben, und meine Mutter hat mich allein erzogen. Sie war um die dreißig, das waren schwierige Zeiten. Das Wichtigste, das sie mir beigebracht hat, ist der Optimismus, die Freude an der Welt und der Glaube an die Menschen, dafür bin ihr sehr, sehr dankbar. Nach der Jugendzeit habe ich in der Militärfachschule studiert, dann schickte man mich längere Zeit als Offizier in den Kaukasus, und dort bekam ich den Titel Kapitän, das war noch zur Zeit der Sowjetunion. Danach bin ich wieder in die Ukraine zurückgekehrt und habe ein bürgerliches Leben begonnen."
„Es gibt einen Fußballverein in Odessa: FK Tschornomorets[138] Odessa, FC Schwarzmeer Odessa – sind Sie ein Fußballfan?"
„Ich war in meiner Kindheit sogar Fußballer bei Tschornomorets. Alle haben mir gesagt, dass mir eine gute Karriere bevorstünde. Leider gibt es eine schicksalshafte Wendung in meinem Leben. Nur wenige Menschen wissen das. Sie sind wahrscheinlich der erste Journalist, dem ich das erzähle. Ende der 1977er Jahre hatte ich eine ernsthafte Verletzung und eine schwierige Operation. Die Ärzte haben mir verboten, weiterhin Sport zu treiben, sie sagten auch, dass ich nicht in die Armee eintreten könne und einen Behindertenstatus bekäme, weil die Rippen gebrochen waren. Aber es war mir wichtig, mir selbst zu beweisen, dass ich das überwinde, und so habe ich begonnen, an der Militärfachschule zu studieren. Und natürlich treibe ich auch Sport – nur mit dem Vereinssport habe ich aufgehört."
„Und wer hat für sie die Weichen gestellt in die Politik?"
„Das war eine Protesthaltung. Ich war sehr unzufrieden mit der Arbeit der lokalen Behörden! Das war im Jahr 2004, ich ging ins Büro des damaligen Bürgermeisters und zählte auf, was alles nicht gemacht wird in der Stadt. Und er hat gesagt: ‚Bitte, werden Sie Abgeordneter, lassen Sie sich wählen und ändern Sie das alles!' Gut, ich habe nie gedacht, dass ich Bürgermeister dieser Stadt werde, aber ich habe mich zur Wahl gestellt als Abgeordneter fürs Rathaus, danach wurde ich Abgeordneter im ukrainischen Parlament, und dann hat man mir angeboten, mich als Bürgermeister zu bewerben. Ich drängte mich nicht nach vorn, warum, die Politik ist ein schmutziges Geschäft, entweder man spielt oh-

[138] ukrain.: Tschornomorets, russ.: Tschernomorets

ne Regel oder nach bestimmten komplizierten Regeln hier im pro-russischen Raum, das ist eine Politik der Kompromisse, das kann ich hier mit meiner Familie auch täglich miterleben, also ich verstand, wohin das führen kann. Aber ich hatte Erfahrung und auch Vorstellungen, wie man Ordnung in die dicht bevölkerte Metropole Odessa bringen kann."

Naiv frage ich nach: „Reden Sie jetzt russisch oder ukrainisch? Ich kann die beiden Sprachen ja kaum auseinanderhalten."

„Man hat hier seit der Gründung der Stadt Russisch gesprochen Das ist eine Frage der besseren Kommunikation!", stellt er fest. „Odessa war immer ein internationaler Seehafen. Es leben hier immer noch an die 130 Nationalitäten."

„Wie ist es möglich, ein friedliches Zusammenleben dieser verschiedenen Identitäten und Volksgruppen zu organisieren – in anderen Ländern schlagen sie sich tot."

„Das ist ja die Besonderheit in Odessa. Wir zeigen das der ganzen Welt, dass wir hier in Frieden miteinander leben können. So bewahren wir unsere Würde. gleichzeitig zeigen wir den anderen: Es ist möglich, es funktioniert! Allerdings geschah am 2. Mai 2014 etwas, das eine Tragödie für die ganze Stadt war: Da gab es hier eine Reihe von Zusammenstößen zwischen pro-ukrainischen und pro-russischen Demonstranten, bei denen 48 Menschen ums Leben kamen und mehr als 200 verletzt wurden. Aber das ging nicht von Odessiten aus – das waren Auswärtige, die in die Stadt gekommen sind und das alles organisiert haben. Das ist eine tiefe Wunde. Wir versuchen sie zu heilen." [139]

„Abgesehen vom hektischen Straßenverkehr, wundere ich mich über die Ruhe, die hier in der Stadt herrscht. Wenn ich durch Odessa gehe, sehe ich ab und zu ein paar kleine Demonstrationen, aber alles läuft sehr friedlich ab."

„Ich persönlich", betont Oberbürgermeister Truchanov, „bemühe mich, diese Ruhe auch in meinem eigenen Verhalten zu zeigen, ich nehme nicht den Schutz von Bodyguards in Anspruch, ich bin der erste Bürgermeister, der so etwas macht. So kann jeder nachvollziehen: Odessa ist eine friedliche Stadt."

„Wie ist das eigentlich mit den weniger angepassten Minderheiten in der Stadt. Es leben ja auch Roma in Odessa. Sie gelten im Allgemeinen als eine eher schwierige Gruppe."

„Sie leben nicht in bestimmten Vierteln sondern wie fast überall in Europa am

[139] Zusammenstöße zwischen pro-ukrainischen und pro-russischen Demonstranten im Mai 2014, vgl. Anhang, Anm. 18

Rande der Stadt. Bei uns treten sie nicht besonders in Erscheinung. Sie verletzten selten Regeln und bereiten der Stadtverwaltung und den Mitbürgern kaum Sorgen."

„Wie schaut es mit der Integration dieser Leute aus?"

„Wenn sie integriert sein wollen, werden sie integriert."

Wie ich auch frage, Oberbürgermeister sieht keine Probleme mit den Roma. Diese Bevölkerungsgruppe ist für ihn kein politisches Problem.

„Ich habe gehört, es stehen die Bürgermeisterwahlen vor der Tür. Da brauchen Sie als Bürgermeister konkrete Vorstellungen und Zielvorgaben. Die Stadt hat immerhin über eine Million Einwohner. Es ist bestimmt nicht leicht, allen gerecht zu werden und sie in demokratische Entscheidungsprozesse mit einzubeziehen."

„Natürlich müssen wir schwierige Aufgaben bewältigen. Zusammen werden wir es schaffen. Ich besuche ein- bis zweimal pro Tag Menschen in den Wohnbezirken unserer Stadt. Ich denke, man muss zuerst die Lebensverhältnisse der Menschen verbessern. Die vorhergehenden Bürgermeister haben das nicht gemacht. Sie haben die Löcher in den Rohren geflickt, aber die ganze Kanalisation und die Heizsysteme sind marode. Man muss sie komplett erneuern. Es geht auch darum, erneuerbare Energien einzusetzen. Ich hatte auch Termine mit der europäischen Bank für Entwicklung und Rekonstruktion. Und es sind uns auch Kredite in Aussicht gestellt worden."

„Bleibt denn da noch Geld übrig für die kulturelle und die soziale Entwicklung der Stadt?", frage ich.

„Odessa ist eine Kulturstadt. Natürlich möchten wir auch die kulturellen Kontakte aufrechterhalten, denn die hängen ja eng mit der sozialen Entwicklung der Stadt zusammen. Sie sind bestimmt in der Stadt spazieren gegangen und haben gesehen, wie viele Häuser renoviert werden müssten. Das ist sehr wichtig, denn das ist unser kulturelles Erbe. Außerdem ist es enorm wichtig, dass wir neue touristische Routen durch die Stadt entwickeln. Wir möchten Odessa mit der ganzen Schönheit zeigen, so wie es früher war. Es geht darum, den Reichtum an Geschichte, den die Stadt besitzt, ins rechte Licht zu rücken, die Namen und Werte wieder in den Vordergrund zu rücken, die Odessa berühmt gemacht haben – aber eines möchte ich zum Schluss noch feststellen: Es kann dauern, bis wir unsere Straßen, unsere Häuser und Fassaden renovieren. Aber wir haben kein Recht, die Zeit zu verpassen, die wir für die Erziehung der Kinder brauchen."

Oxana stammt aus Russland und ist mit einem Deutschen verheiratet, der in Odessa arbeitet. Sie holt mich nach den Gespräch mit Gennadi Truchanov am Rathaus ab, um mich zu ihrer Freundin zu begleiten, die sich im Stadtnorden um Kinder kümmert, für die tagsüber niemand da ist. Wir fahren eine Zeit lang mit der Straßenbahn durch eine endlos lange, gerade Straße, die gesäumt ist von kleinen heruntergekommenen Häusern, Autowerkstätten, Läden und Wirtshäusern.

Oxana erzählt, dass seit Mai 2015 der ehemalige Präsident Georgiens, Michail Saakaschwili[140], Gouverneur des Landkreises Odessa ist. Er hat angekündigt, systematisch Schmuggel, Korruption und Drogenhandel in der Region bekämpfen zu wollen. Auch dem Oberbürgermeister Truchanov wirft er Korruption vor. Damit er unabhängig arbeiten kann, will er viele Polizisten und Angestellte der Zoll- und Steuerbehörden, ja, sogar deren Chefs entlassen. Die seien alle zusammen verantwortlich für die Missstände. Selbst einen Teil der Strafverfolgungsbehörden will er austauschen. Dabei erhält er Unterstützung aus den USA. Amerikanische Sicherheitsexperten sollen Polizisten ausbilden. Die persönlichen Referenten, die direkt für Saakaschwili arbeiten, werden ebenfalls von den USA finanziert. Aber wer weiß, geredet werde viel, vor allem viel Widersprüchliches.

Wir steigen um in einen Marschrutka-Bus. Die Gebäude entlang der Straße werden moderner. Nach zehn Minuten ringsum mehrstöckige Plattenbauten. Wir haben den Stadtteil Poselok Kotovskogo erreicht, steigen aus, überqueren ein paar Parkplätze, die sich zwischen die Grünanlagen gedrängt haben und gelangen zu einem Kinderspielplatz. Dahinter ein Flachbau mit dem Tageszentrum *Lebendige Hoffnung e.V.*, das die deutsche Sozialpädagogin Nicole Borisuk mit ihrem Mann Slavik

[140] Vgl. Anhang, Anm. 17

2001 einrichtete. Eltern und Freunde gründeten einen Förderverein und unterstützen sie dabei regelmäßig mit Spenden.

„In unsere Zentren kommen jeden Tag rund hundert Fünf- bis Achtzehnjährige der Stadt und der Umgebung zu uns. Sie stammen aus armen und zerrütteten Familien, bei denen zum Beispiel ein Elternteil an Drogen, Aids oder Alkoholismus gestorben ist", sagt Nicole, „es sind aber keine Straßenkinder. Sie verbringen den Nachmittag hier, kochen, essen, putzen hier gemeinsam, bekommen Hilfe bei den Hausaufgaben und Anregungen für sinnvolle Freizeitbeschäftigung wie in einer Familie. Sie sollen fürs Leben lernen, weil ihnen das sonst keiner zeigt."

„Die Kriegsregion ist weit weg. Spürt ihr denn trotzdem bei eurer Arbeit die Auswirkungen des Krieges?"

„In jüngster Zeit treffen viele neue Schüler aus dem Osten der Ukraine bei uns ein. Tag für Tag erreichen uns neue Nachrichten aus den Kriegsgebieten. In den vergangenen Monaten haben wir jeden Tag auf einen Anruf von zwei unserer ehemaligen Tageszentrumsbesucher gewartet, die ihren Wehrdienst an der Front ableisten. Drei Wochen lang hatten wir eine vierköpfige ausgebombte Familie in einem unserer Zentren einquartiert. Unsere Kinder malen Bilder für Verletzte, die in den Krankenhäusern von Odessa behandelt werden, Freunde aus unserer Kirchengemeinde besuchen die Kranken und versorgen Flüchtlinge mit Kleidung. Wir beten und hoffen, dass dieser Krieg bald ein Ende hat und nicht noch weiter in die Ukraine vordringt."

„Ist es indiskret, wenn ich dich frage, wie du in die Ukraine gekommen bist?"

„Mein Mann ist Ukrainer. Mit ihm bin ich 1999 nach Odessa gezogen. Wir hatten das Anliegen, Kindern aus sozial schwachen Familien zu helfen. Vorher haben wir drei Jahre mit Straßenkindern in Kiew gearbeitet und dabei erkannt, wie schwer es für Kinder ist, die längere Zeit auf der Straße leben, wieder ins normale Leben hineinzufinden. Sie brauchen sehr, sehr lange. Bei vielen misslingt es. Deshalb haben wir gesagt, wir wollen etwas tun, bevor die Kinder auf der Straße landen. Wir waren das erste Tageszentrum dieser Art in Odessa. Und demzufolge auch jenes, das bis jetzt schon am längsten funktioniert hat. Wir haben dann 2009 ein zweites eröffnet, weil zu viel Andrang war. Und 2013 fanden wir Möglichkeiten, uns noch einmal zu erweitern, und eröffneten ein drittes Zentrum in einem kleinen Ort sechzig Kilometer nordöstlich von Odessa."

Ich frage sie nach den patriotischen Gefühlen der Ukrainer, die in der Stadt demonstrieren. „Sind es Patrioten? Sind es Nationalisten, die andere ausgrenzen wollen?"

Sie ist der Meinung, die Zahl derer, die sich als Ukrainer fühlen, habe sehr zugenommen in den letzten zwei Jahren. „Junge Leute sprechen Ukrainisch. Sie wollen die Sprache sprechen, die in ihrem Pass steht. Ich habe aber den Eindruck, sie stehen trotzdem anderen Nationalitäten offen gegenüber. Sie betonen, dass sie keine Russen sind, und dass die Ukraine nicht Russland ist, und drücken das aus, wenn sie Bändchen mit den Nationalfarben tragen. Das heißt aber nicht, dass sie intolerante Nationalisten sind. Dass die neue ukrainische Regierung eine nationalistische ist, hab ich nie so wahrgenommen, weil das ganze Parlament voll verschiedener Nationalitäten ist, ganz viele Juden sitzen im Parlament, das wäre in einer faschistoiden Regierung unmöglich. Die russische Propaganda ist sehr stark, auch in Deutschland! Mich erscheckt das. Ich hab mir angewöhnt, nicht groß auf die Medien zu vertrauen und mir Nachrichten aus der Ostukraine von denen geben zu lassen, die dort wohnen. In der Ukraine und auch in Deutschland sind viele Medien viel zu sehr beeinflusst von bestimmten politischen Ideen."

„Es hat ja gar nicht viel gefehlt und die Ukraine wäre in die Europäische Union aufgenommen worden. Woran ist das dann eigentlich gescheitert?"

„Viele waren schockiert und enttäuscht", sagt Nicole, „das war auch der Grund, warum die Studenten auf die Straße gegangen sind, auch dass das anfing mit der Revolution und mit dem *Maidan*. Es war wirklich eine Volksbewegung. Es wurde starker Druck auf den ukrainischen Präsidenten ausgeübt, damit er dieses Assoziationspapier nicht unterschreiben sollte. Die meisten Leute hatten fest mit der Annäherung an Europa gerechnet – so wie in Georgien und Moldawien. Moldawien hat ja seit einem Jahr Visafreiheit. Das ist es, was sich viele Leute hier wünschen."

„Stichwort Regionalpolitik. Das gibt es zwei Widersacher, der eine ist der Oberbürgermeister Gennadi Truchanov und der andere Michail Saakaschwili, der neue Gouverneuer von Odessa."

Nicole zieht die Stirn in Falten.

„Vor der Wahl müssen die Kandidaten ihre Vermögensverhältnisse offenlegen. Der Truchanov sagt, er kriegt 1.500 Griwna im Monat, das sind 300 Dollar, das andere ist alles Familieneinkommen. Es ist ja nichts Schlimmes dran, wenn einer sagt, er verdient relativ viel, weil er Dividenden kriegt. Wenn er was Gutes für die Stadt macht, soll er von mir aus 2.000 Euro verdienen. Wenn der neue Gouverneur sagt, er kriegt sein Geld aus Amerika, dann ist das für mich ehrlicher, offener, transparenter. Der Gennadi Truchanov macht schon viel: Gestern hat er fünf Kindergarten-Gruppen eröffnet. Andererseits wird gesagt, er hat Anteile an einer Straßenbaufirma. Es werden viele Straßen gebaut – er müsste das schon offenlegen, aber das läuft halt alles schwarz. Ich denke, er hat Leute da hingesetzt, die ihm irgendwas schuldig waren, da sitzt nicht er selber, aber das Geld fließt – auf die Mutter und auf die fünfjährige Tochter läuft alles. Ich finde diese Denkweise schlimm. Das ist ja nicht was, wofür man sich schämen muss, wenn man das Geld ehrlich erarbeitet hat und Steuern gezahlt hat. Ich kenn hier auch viele Leute, die wirklich finanziell gut gestellt sind und sogar was an andere weitergeben, Die Oma von meinem Mann hat ihr Leben lang als Chefärztin in Kinderkrankenhaus gearbeitet und bekommt jetzt weniger als 100 Euro Rente. Die hat immer gearbeitet. Sie will sparen, an allem sparen, sitzt immer im Dunkeln. Die ukrainischen Menschen, grad die Alten, sind so geduldig. Es ist nur die Jugend, die aufsteht. Daneben gibt es Leute, die sind so unheimlich reich. Mein Mann kauft in Deutschland Autos und verkauft sie hier. So hat er oft Kontakt zu reichen Leuten – es ist verrückt, wie die ihr Geld ausgeben."

Allmählich füllt sich der Raum. Mir fällt ein Mädchen auf, das schon vorher dagesessen hat und mit ungeheurer Ausdauer etwas in ein Heft schreibt. Es sind Schleifen, eine zieht sie aus der anderen, Seite für Seite immer die gleiche Form. Das Kind ist klein und schmächtig, schwer zu schätzen, wie alt. Vielleicht neun oder zehn? Vielleicht zwölf? Es hat so ein müdes altes Gesicht. Ich schaue ihm zu und sage: „Schön machst du das! Wunderschön!"

Obwohl es mich nicht versteht, leuchten die Augen des Mädchens auf. Es spürt den Zuspruch. Wie viel mehr Schwung es auf einmal in seine Schleifen legt!

„Wie alt ist sie denn?", frage ich Nicole. „Weit über dreißig – sie ist geistig zu-

rückgeblieben, aber wo soll sie hin? Dann darf sie eben hier sitzen und Tag für Tag ihre Hefte vollschreiben."
Weitere Kinder betreten den Raum, beginnen den Tisch zu decken.
„Nach dem Mittagessen werden sie ihre Hausaufgaben machen", sagt Nicole. „Es gibt auch welche, die über Nacht hierbleiben, etwa wenn daheim Krach ist, das kommt bei Alkoholikerfamilien öfters vor. Dann sind sie vorübergehend hier einfach besser aufgehoben."

Der Krieg zeigt die Zähne – Freiheit für die Ukraine – Geld für Lazarette

Heute mach ich mich allein auf den Weg, will nichts gezeigt bekommen, einfach nur schauen, was auf mich zukommt. Die Architektur Odessas erinnert an eine bessere Zeit. Gemeint sind die repräsentativen Gebäude des Adels und der Großbürger, das Opernhaus, die Philharmonie. Eher wie eine symbolische Rückbesinnung als ein Neuanfang wirkt das Denkmal von Katharina der Großen, das nach dem Auseinanderbrechen der Sowjetunion aus der eingeschmolzenen Lenin-Statue wiederhergestellt worden ist. Heute ergreifen syrische, griechische und ukrainische Firmen Besitz von den besten Wohnlagen der Stadt. Sie „modernisieren" die Stadt mit Hochhäusern. Der Küstenschwelle wachsen Haifischzähne ungeheueren Ausmaßes. „Denkmäler der Korruption" nennt man diese Neubauten hierzulande.
War früher alles besser? Wann? Anfang des 19. Jahrhunderts?
1825, dreißig Jahre nach der Stadtgründung, hat Alexander Puschkin in seinem Versepos *Eugen Onegin* die Atmosphäre hier so charakterisiert: *Ich lebte damals im Getümmel Odessas, dieser staub'gen Stadt, / Die viel Verkehr, viel heitern Himmel und einen lauten Hafen hat …*

Bedrückender empfinde ich die Grundstimmung in der Stadt. Man spürt, dass Krieg herrscht in diesem Land. Gruppen von Soldaten flanieren durch die Allee. Vielleicht haben sie Urlaub. Zwei junge Frauen mit Sammelbüchsen kommen auf mich zu.
„Wofür sammeln Sie?"
„Es ist wegen dem Krieg!"
„Für mehr Waffen, für mehr Munition?"
„Nein", sagen sie, es gehe um die Ausstattung der Lazarette …

Der Krieg findet 500 Kilometer weiter östlich an der Grenze zu Russland statt, aber er ist auch in Odessa nicht zu übersehen. Eine große Belastung für die Stadt sind vor allem die Flüchtlinge. Niemand weiß genau, wie viele es sind. Es melden sich ja nicht alle. Sie wohnen oft bei Verwandten oder bei Freunden. Vor dem Hintereingang eines Hotels wartet eine Gruppe von Demonstranten mit Fahnen und Transparenten. Sie warten vermutlich auf jemanden, der durch den Hinterausgang aus dem Hotel kommen soll. An die fünfzig Polizisten stehen bereit, um diesen Jemand zu beschützen.

Auf dem Primorsky Boulevard Stellwände mit Fotos. Soldaten im Kriegseinsatz, müde Verwundete, daneben stolze, die mit dem Gewehr in der Hand zu grüßen scheinen, manche reißen beide Arme hoch, als hätten sie einen Krieg gewonnen, der nicht zu gewinnen ist. Auf einem Tisch liegen Granatsplitter, ein Helm mit Einschusslöchern, ein Rosenkranz. Kann sein, vielleicht werden die Sachen für einen guten Zweck verkauft, für Medikamente, Sanitätszelte oder die Versorgung von Kriegswaisen. Die meisten Passanten gehen schnell vorbei, weiter zur Einkaufsmeile. Einige bleiben stehen, betrachten hilflos all die Fotos und Devotionalien. Vom Rathaus herüber wehen die Glockenspielklänge mit Isaak Dunaevskijs Odessalied „Weiße Akazien“: *Stadt vor der ich träume, wo schöne Akazienbäume wachsen … Odessa, meine Heimatstadt!*

Von Kindheit an bestraft wegen seines deutschen Namens

Im Garten des Restaurants hinter der Oper treffe ich Tamara Ruff und ihren Mann, den 84-jährigen Maler Gary, eigentlich: Hary Ruff[141], dessen deutscher Name von Geburt an wie ein Mühlstein an seinem Leben hing. Als Kind wurde er bei Beginn des Zweiten Weltkrieges mit seinen Eltern nach Sibirien verbannt. Und jedes Mal, wenn es schien, dass er ein normales Leben beginnen könnte, kam es wieder zu einer Verbannung oder einer Zurücksetzung. Immer nur wegen seines deutschen Namens. Dabei hat er seit seiner Kindheit nicht mehr Deutsch gesprochen. Auch jetzt spricht er Russisch und Tatjana Martynova übersetzt mir ins Deutsche, was er erzählt.

Hary lebte mit seiner Frau Tamara in Makejewka, einer Nachbarstadt von Donezk. Wegen des Krieges sind sie aus der Ost-Ukraine nach Odessa geflohen. Zurzeit wohnen die beiden hier im Gästehaus der Evangelischen Kirche. Die Wohnung in Makejewka ist nach einem Bombenangriff unbewohnbar geworden. Alle seine Bilder sind noch dort. Seine Lebensgeschichte hat er mitgenommen. Es ist eine Leidensgeschichte. Hary Ruff erzählt sie mit einer erstaunlich frischen, jugendlichen Stimme. Und dieses Leuchten in seinen Augen! Und schau, die Lachfältchen! Und der breitkrempige schwarze Hut, wie der eines vornehmen Cowboys …

„Mein Vater hat als Chemiker die Hochschule absolviert. Meine Mutter war Lehrerin, hat fünf Fremdsprachen beherrscht und hat noch im Alter von über siebzig Jahren komplizierte technische Texte übersetzt. Als Kind war ich immer wieder in Odessa, ich hatte eine Tante hier. Das war schön, denn in Odessa wurden die Kinder immer verwöhnt. Leute schenkten uns Bonbons auf der

[141] Viele Rumänien-, Schwarzmeer- und Russlanddeutsche oder deren Eltern sind nach Deutschland ausgewandert. Bekannte Beispiele sind der Rumäniendeutsche Sänger Peter Maffay oder die deutsche Popsängerin Helene Fischer, die das Licht der Welt in Sibirien erblickte. Ihre Großeltern waren Schwarzmeerdeutsche aus der Ukraine, die 1941 nach Sibirien deportiert worden waren.

Straße. Stalin gab zu Beginn des Zweiten Weltkriegs den Befehl, dass alle Deutschen nach Sibirien geschickt werden müssen. Für meine Mutter war das damals schon die zweite Deportation, das erste Mal musste sie 1914 bei Ausbruch des Ersten Weltkrieges nach Sibirien, das war noch im Zarenreich. Auch später waren die Geburtsurkunden immer in russischer und deutscher Sprache verfasst. Und in unserem Pass war vermerkt: DEUTSCH. Als der Befehl kam, hatten alle nur 24 Stunden Zeit, die Sachen zu packen, also nur persönliche Sachen und ein paar Lebensmittel, die wir für die erste Zeit brauchen würden. Es hieß, um die und die Uhrzeit müsst ihr auf dem Bahnsteig sein. Mein Vater hatte die Begabung, in schwierigen Situationen den Überblick zu behalten, ob in geschäftlichen Dingen oder privat. So kaufte er einen großen Korb für so eine Art Lebkuchen, die lange haltbar waren. Wir nahmen den ganzen Korb voll mit. Das hat unsere Familie in der ersten Zeit gerettet, weil wir über einen Monat in diesen Waggons unterwegs waren. Keinem wurde gesagt, wohin die Fahrt gehen sollte. Im September sind wir aufgebrochen. Wir haben im Waggon geschlafen, dort war auch die Toilette. Nur an Bahnhöfen hatten wir die Möglichkeit, heißes Wasser zu nehmen und Tee zu machen. Nur an den Schildern auf den Bahnhofsstationen erkannten wir allmählich, dass es nach Sibirien ging. Irgendwann im Oktober mussten alle aussteigen. Es war der Bahnhof Jurga. Dort waren Schlitten vorbereitet. Es lag ja schon Schnee. Ja, es war Frost! Die Familien wurden dann in verschiedene Dörfer in der Taiga geschickt. Die Kinder wurden den Eltern weggenommen und in Kinderheime gesteckt, damit die Eltern zur Waldarbeit eingesetzt werden konnten. Ich war damals neun. Nur weil meine Schwester erst ein Jahr alt war, sind wir in eine Kolchose gekommen und haben dort gearbeitet. Das war die Rettung der Familie, denn Bäume in einem sibirischen Wald zu fällen, das war damals für die meisten der sichere Tod. Es waren harte Zeiten. Im Winter gab es fast nichts zu beißen. Erst im Frühling, als das neue Gras kam und die Bäume zu treiben begannen, konnten wir uns aus dem Grünzeug was zu essen kochen. Auch die Eier aus den Nestern der wilden Vögel sammelten wir ein. Nur so konnten wir überleben. Nach dem Krieg bekam unsere Familie eine Wohnung in der Ostukraine. Aber als ich 1947 volljährig wurde, schickte man mich wieder für 25 Jahre nach Sibirien, und wieder nur, weil ich einen deutschen Namen trug."

Nachdem er mit dem Erzählen seiner Geschichte fertig ist, frage ich ihn, ob er es nicht tausend Mal verflucht habe, deutscher Abstammung zu sein.

Er schüttelt heftig den Kopf.

„Für die einfachen Leute in Sibirien hat es nie eine Rolle gespielt, dass ich ein Deutscher war. Ich habe in dieser Verbannung so viel erlebt, so viele interessante Menschen kennengelernt. Und ich habe so viel von ihnen gelernt. Da gab es wirklich welche, die das Letzte mit mir geteilt haben… Später einmal, als mein Sohn schon erwachsen war, und wir schon zehn Jahre in Makejewka in der Ukraine gelebt haben, sind wir einmal nach Sibirien gefahren und haben alte Bekannte und Freunde besucht. Dort habe ich dann immer gesagt: ‚Ja, bei uns in Makejewka…', da haben mich die Leute immer verbessert und gesagt: Du bist nicht von Makejewka, du bist einer von uns, du bist einer von hier aus Sibirien! Auch meine deutsche Mutter hat mir so viel Liebe gegeben, dass ich im Leben nie drauf gekommen wäre, das Deutsche oder die Deutschen zu hassen."

Als wir uns bereits verabschiedet haben, singt er unvermittelt das Odessa-Lied, einfach so, aber mit Inbrunst, mit kräftiger Stimme und doch fast zärtlich… *Stadt von der ich träume/da wachsen schöne Akazienbäume… Odessa, meine Heimatstadt!* Am Ende des Liedes ein Augenblick Stille. Ein verschmitztes Zwinkern noch, dann wendet er sich seiner Frau zu. Beide bedanken sich bei mir, dass ich zugehört habe. Ich will sagen: „Nein, ich muss mich bedanken für das Vertrauen…", aber ich komme nicht mehr dazu, so schnell wenden sich Hary und Tamara ab. Sie hakt sich bei ihm unter, und sie gehen dahin wie ein verliebtes altes Ehepaar. Beide über 80! Meine Güte, wie sie einander lieben! Weiß nicht, wie ich ihn als Maler einschätzen soll. Aber das Malen und seine Frau sind seine Leidenschaften – nichts sonst. Die Bilder hat er in Donezk zurückgelassen. In der Wohnung dort sind alle Fensterscheiben kaputt. Als kleines Kind die Fahrt in eine ungewisse Zukunft, weiter und weiter hinein ins leere Dunkel des Hungers. 25 Jahre Zwangsarbeit in Sibirien, nur weil er einen deutschen Familiennamen hat. Mit diesen Ungeheuerlichkeiten im Kopf bleibe ich zurück.

Stille und Lärm – Macht und Ohnmacht

Abends mit Heiko, dem Chef des Containerhafens im Park über der Küste. Wir essen schwarze Oliven aus der Dose, trinken Bier aus Dosen, ratschen und schauen dabei übers Meer. Als ich ihm erzähle, dass ich ein Gespräch mit Gennadi Truchanov hatte, richtet er sich auf und schaut mich entgeistert an.

„Is nich wahr! Wie haste denn das angestellt, du Dussel.“
„Hab angefragt, ob er Zeit hat, und seine Mitarbeiterin hat mir einen Termin gegeben.“
„Letzte Woche haben drei Nato-Generäle um ein Gespräch gebeten. Einmal, zweimal. Die haben gar keine Antwort bekommen.“

Anfang Oktober, und es ist so warm, dass viele Leute abends auf Alleebänken oder in den Wiesen entlang der Küstenschwelle sitzen. Zuerst tauchen draußen die Lichtpunkte der Schiffe auf, wenig später die Sterne. Langsam werden Himmel und Meer zu einer einzigen dunklen Projektionswand, auf der sich die Lichter von Erde und Himmel vereinigen. Über dem Meer steigt langsam der Vollmond auf.
Heiko ist ein waschechter Hamburger. Er lebt seit neun Jahren in Odessa, anfangs zusammen mit seiner Familie, die inzwischen nach Brasilien umgesiedelt ist. Dort besitzt er seit ein paar Jahren eine Farm – spätestens nächstes Jahr wolle er zu Frau und Kindern ziehen, sagt er. Ich würde ihn gern mit dem Amberger Andreas Moser zusammenbringen, mit diesem modernen Nomaden, bei dem ich ein paar Tage gewohnt habe und der von Neumarkt am Mieresch aus schon auf dem Sprung nach Brasilien ist. Die beiden hätten sich bestimmt viel zu erzählen. Wir sprechen über Hafenstädte, über Hamburg, Odessa, Triest, stellen die Frage, welche Bedeutung Freundschaften für uns haben und wie es weitergehen wird mit dem Krieg in der Ukraine. Erst als das Gras feucht wird vom Tau, treten wir den Heimweg an.
Gegen fünf Uhr morgens reißt mich ein lauter Knall aus dem Schlaf. Was war das? Ein Autounfall? Ich stehe auf, schiebe den Vorhang einen Spalt weit zur Seite. Es ist dunkel. Die Straße ist leer. Das muss irgendwo weiter weg gewesen

sein. Ich lege mich wieder hin, dreh mich um und schlaf weiter. Am Tag drauf treffe ich Victoria. Sie ist ziemlich aufgeregt.
„Hast du schon gehört? Eine Bombe! Eine große Bombe ist in der ukrainischen Geheimdienstzentrale explodiert!“, sagt sie aufgeregt.
„Gehört schon, aber woher sollte ich wissen, dass das eine Bombe war.“
„Ist nicht weit von da, wo du wohnst!“
„War das gefährlich für Menschen?“
„Schon, es war zwar um fünf Uhr morgens, aber eine Gruppe Jugendlicher ist ganz nah auf der Straße vorbeigegangen. Die Nachrichten sagen: Es war eine sehr große Sprengladung, sieben Kilo!“
„Und? Was meinst du, muss man Angst haben? Hast du Angst?“
„Ja, ich habe schon Angst … Viele haben Angst.“

Von einer Sprache zur anderen und vom Tag in die Nacht

Vorgestern war meine Lesung im Bayerischen Haus. Es ist nur ein paar Hausnummern entfernt von meinem Unterkunft. In einem unauffälligen Wohnhaus befinden sich eine Bibliothek mit über 5000 Bänden sowie Vortrags- und Unterrichtsräume für das breite Angebot an Sprachkursen. Nach der Unabhängigkeit der Ukraine 1991 hat sich das bayerische Sozialministerium stark in Odessa engagiert. Der Saal war gut gefüllt, alle Altersgruppen. Viele Fragen. „Wo hat es Ihnen am besten gefallen in Südosteuropa?“ „Was haben Sie für einen Eindruck von der Ukraine?“ „Werden Sie wiederkommen?“ Und ich fragte zurück: „Werden Sie wiederkommen, wenn ich aus meinem Reisebuch vorlesen werde?“ Antwort eines gewitzten Jugenlichen: „Natürlich, hier gibt's immer so gute Kekse!“
Ein merkwürdiges Gespräch am Rande: Ich spreche mit einem Studenten über die jüdische Tradition in Odessa, behaupte, die Juden hätten der Stadt gut getan. Er gibt mir recht, meint aber einschränkend: „Man sollte nur wissen, sie sind nicht alle aus dem gleichen Lehm geformt. Einige der größten Oligarchen sind Juden. Manche sitzen sogar im Parlament.“
Ist mein Gesprächspartner ein Antisemit? Als Deutscher tu ich mich hart mit solchen Aussagen. Müsste, auch was die Juden betrifft, das Differenzieren lernen? Ich weiche aus und denke lieber an Isaak Babel und seine Geschichten über die jüdischen Gauner von Odessa.

Auf dem Heimweg staune ich nicht schlecht. Zwanzig Meter von meiner Haustür entfernt wirbt ein Restaurant: *Oktoberfest 9.00-16.00 Uhr, 30 % Rabatt.* Heute Lesung in der Meschnikjov Universität. Renault Lieferautos als fahrende Coffee-Shops, auf dem Primorska Boulevard, vor der Uni, in den Parks. Heckklappe auf, Kaffeemaschine anwerfen, „Was wünschen Sie bitte?" Und schon frühstücke ich gemütlich im Gehen.

Auf dem Weg zur Universität komme ich am Gewerkschaftshaus vorbei. Davor liegen Blumen zur Erinnerung an die gewalttätigen Auseinandersetzungen und an die 48 Menschen, die hier vor gut einem Jahr ums Leben kamen[142]. Der Oberbürgermeister Gennadi Truchanov war im Gespräch drauf eingegangen und hatte gemeint, dahinter hätten auswärtige Drahtzieher gesteckt. Damals war es zu Zusammenstößen zwischen pro-ukrainischen und pro-russischen Demonstranten gekommen. Es heißt, weder die Polizei noch die Feuerwehr sei eingeschritten. Und der damalige Gouverneur hat angeblich die Aktionen der Brandstifter gerechtfertigt. „Sie haben bewaffnete Terroristen neutralisiert", soll er gesagt haben.

Ich frage mich: Warum schreibe ich „pro-ukrainisch" und „pro-russisch" und nicht einfach „Ukrainer" und „Russen". Dumme Frage – sie sind ja alle Ukrainer, die einen sind vielleicht eher national ausgerichtet, sprechen Ukrainisch, die anderen sind aber auch Ukrainer, sprechen aber vorwiegend Russisch, so

[142] Straßenschlacht mit mehreren Todesopfern. Vgl. Anhang, Anm. 18

wie Tatjana Martynova oder der Genardij Truchanov, der sagte, er sei ‚Bürgermeister für alle und Russisch verstünden eben alle. Bei vielen Ukrainern ist Russisch sogar die Muttersprache. Das ist nicht anders als bei den Rumäniendeutschen oder den Türken in Bulgarien, die sind auch rumänische bzw. bulgarische Staatsbürger. In diesem Zusammenhang offenbart sich, wie ein Staat mit seinen Minderheiten umgeht. Bei den vielen Minderheiten im Land gibt es stets zwei einander entgegenwirkende Kräfte, die im Gleichgewicht gehalten werden müssen: das Auseinanderdriften und das Aufeinanderprallen. Das Problem ist auch, welchen Einfluss ein mächtiger Nachbarstaat nimmt – wie hierzulande Russland. So war das auch bei den Sudetendeutschen in der Tschechoslowakei und dem mächtigen Nachbarn Deutschland vor dem Zweiten Weltkrieg.
Bei meinem Vortrag bei den Studentinnen in der Universität stellt sich das Sprachenproblem nicht. Sie sprechen ziemlich gut Deutsch. Ich lese Gedichte und ein paar Abschnitte aus meinen Reisenotizen, etwa die Episode der Einweihung des Kriegerdenkmals im rumänishen Măceşu de Jos, dazwischen kommen wir ins Gespräch und ich bin erstaunt, wie wenig sie über ihre Nachbarländer wissen und wie viel über Deutschland.
Anderntags Besuch der einer fünften Klasse in der Schule 90, der Deutschen Schule in Odessa; in Tatjanas 5. Klasse im Zentrum. Die meisten Kinder kommen mit dem Bus zur Schule. In einer Klasse sind in der Regel 22 bis 24 Schüler. Der Fremdsprachenunterricht findet nur in Gruppen statt, in denen nicht mehr als zwölf Schülerinnen und Schüler sind. Alle tragen eine Schuluniform und kommen daher wie in Feiertagskleidung: blaue Blazer mit dem Schulwappen, blaue Pollunder, blaue Hosen oder Röcke, weiße Blusen und Hemden.
Tatjana hat ihren Schülerinnen und Schülern aufgegeben, Kurzreferate in deutscher Sprache vorzubereiten. Thema: deutsche Landeskunde. Sie stellen Städte vor – Stuttgart, München, Hamburg, Nürnberg, Regensburg… Ich erzähle, dass ich in Regensburg aufgewachsen bin, lese einen kurzen Ausschnitt aus dem Buch über meine Kindheit, beantworte Fragen. Übrigens pflegt die Schule 90 einen Schüleraustausch mit einer Partnerschule im oberpfälzischen

Schwandorf. Das liegt nur dreißig Kilometer von meinem Heimatdorf entfernt. Am Nachmittag kommt der Jugendbuchautor Nils Mohl an die Schule 90. Was Besonderes! Deutscher Jugendliteraturpreis! Interessiert mich, darum begleite ich die Schüler der höheren Jahrgänge in den Theaterraum.
Eine Lehrerin stellt den Autor vor und fragt, wie ich es bisher bei allen Veranstaltungen in Odessa miterlebt habe: „Soll ich Russisch sprechen oder Ukrainisch?" Und wie bei allen Vorträgen entscheidet sich das Publikum einstimmig für Ukrainisch. Vielleicht trauen sich die russischen Odessiten nicht, weil die anderen in der Mehrzahl sind.
Der Schriftsteller liest ein paar kurze Ausschnitte aus einem seiner Bücher vor. Irgendwie scheint er sein Publikum bei der Auswahl seiner Textstellen nicht richtig eingeschätzt zu haben. Ab und zu wirkt er irritiert. Vermisst er die Lacher? Ich denke, die anzüglichen Stellen hier bei den Schülern nicht so an. Kein Wunder, dass sie am Ende kaum Fragen stellen. Wie werden sie ihn wahrgenommen haben? Haben sie ihn insgeheim bewundert, weil er den freizügigen Westen verkörpert? Und er – kann er sich nicht vorstellen, dass die Jugendlichen in Osteuropa insgesamt prüder sind als die im Westen? Ich würde mich gern mit ihm unterhalten, frage ihn, wie lange er sich schon in Odessa aufhalte und wie lange er bleiben werde.
„Gerade erst aus Hamburg zu den Literaturtagen eingeflogen", sagt er. Und dass er bei der Eröffnungsfeier nicht mehr dabei sein könne, er müsse gleich wieder zum Flughafen, die Arbeit warte.
‚Schade', denke ich und da hat er sich schon verabschiedet.
Für den Abend habe ich eine Einladung zur Eröffnung des Internationalen Literaturfestivals ins traditionsreiche Hotel Londonskaya. Hier stiegen schon Anton Tschechow und Mark Twain ab. Was für ein nobler Saal! Was für ein Festmahl! Was für ein köstlicher Wein! Alles frei! Nur die langweiligen Einführungsreden muss man in Kauf nehmen. Danach noch Stehempfang im Innenhof des Hotels. Ein paar nette Gespräche, auch viel Smalltalk und viel englisch-deutscher Sprachmüll. Heiko ist angewidert und geht. Auch ich bin mir während meiner ganzen Reise noch in keiner Umgebung so fremd vorgekommen. Aber ja, das hat sein müssen, bevor ich morgen Vormittag abreise: ein Blick durchs Schlüsselloch in die große vornehme Welt der Literatur. Mit diesen Bildern im Kopf fall ich ins Bett und schlafe zuerst viel tiefer als tief und gegen Morgen allmählich unruhig, immer unruhiger …

Nach einem Albtraum der Abschied von Odessa

Großes Bankett. Schlemmermenü für Kulturschaffende. Hab das ungute Gefühl angesichts der Armut rundum weggetrunken. Dann in den frühen Morgenstunden von der Eröffnung der Literaturtage heimgekehrt. Bin den Wein nicht mehr gewohnt. In der Früh ganz deppert aufgewacht. Was für ein grusliger Albtraum: Meine Frau ruft an, teilt mir mit, dass Norbert, einer meiner besten Freunde, in Irland an einem Herzschlag gestorben sei. Norbert Vollath, mein Musikerfreund, lebt abwechselnd mit seiner irischen Frau Pat in der Oberpfalz und in Irland. Es ist immer sehr aufregend, mit ihm Performances zu erarbeiten. Er sei nur kurz zum Meer gefahren und einfach gestorben …
Ich versuche die Traumbilder abzuschütteln, bin wie gerädert, packe meinen Rucksack, tappe Richtung Bahnhof zum Reisebüro, wo der Bus abfahren soll. Freudige Überraschung: Regina Uhlen vom Deutschen Akademischen Austauschdienst ist da. Sie hat meine Veranstaltungen in Odessa umsichtig vorbereitet und betreut. Und jetzt kommt sie, um sich zu verabschieden. Damit hatte ich nicht gerechnet. Bin überrascht, hilflos, weiß nicht so recht, was ich sagen soll. Tut gut, sich in einer fremden Umgebung so umsorgt zu fühlen.

Diesmal werde ich nicht mit einem Marschrutka-Bus reisen, sondern mit einem bequemen Fernbus: von Odessa aus quer durch Moldawien bis zur Donau ins rumänische Galaţi[143]. Das sind rund 370 Kilometer. Abfahrt 13.30 Uhr. Die Fahrt wird dreizehn Stunden dauern. Allein die vier Grenzkontrollen werden zusammen mit einer Brotzeitpause fast vier Stunden in Anspruch nehmen.

---

143 Galaţi, gesprochen Galats, rumänische Stadt an der Donau, ca. 250.000 Einw., Kriegshafen und wichtigster Binnenhafen Rumäniens, letzter Umschlagplatz vor dem Delta

Rückfahrt zur Donau, weiter entlang der Küste des Schwarzen Meeres, an der türkischen, griechischen, serbischen Grenze und durchs Struma-Tal zurück zur Donau und zum Eisernen Tor

Odessa – Galați – Tulcea – Medgidia – Silistra – Tutrakan – Russe – Razgrad – Targovischte – Baltschik – Rezovo – Momtschilgrad – Kardschali – Plovdiv – Roshen – Rila – Dupnitsa – Sofia – Belogradtschik – Vidin – Cetate – Orschawa – Temeschwar

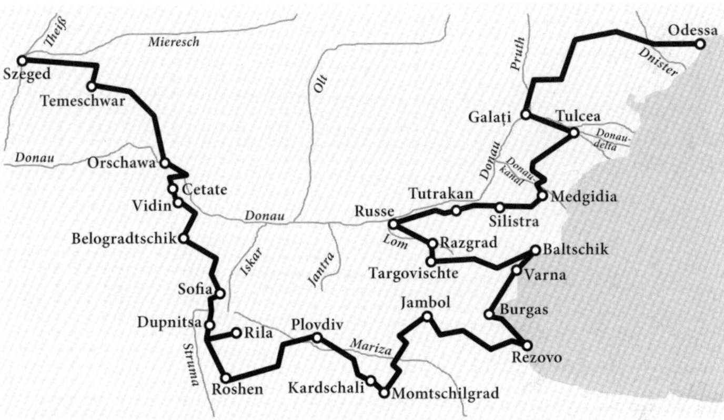

Am Busfenster: Gedanken-Böen wehen mich vor sich her

Von Odessa nach Galați. Die Dörfer, die ich vom Bus aus wahrnehme, kommen mir allesamt weltverloren vor, abgehängt vom Protzgehabe der Wohlstandsländer. Aus allen Fenstern starren mich Hilflosigkeit und Armut an. Was für ein leeres Land. Windböen treiben trockene Grasbüschel vor sich her, lassen sie fallen und wirbeln sie wieder in die Höhe. Dann ein Haltepunkt, ein Grenzübergang. Wir verlassen die Ukraine. Es wird dunkel. Nirgendwo Straßenlaternen. In einem Garten eine Gruppe von Frauen und Männern, die mit Bierdosen in der Hand an einem hoch auflodernden Feuer stehen. Einer kommt angerannt und wirft einen Autoreifen hinein. Und schon hat Dunkelheit das Land und den Bus wieder geschluckt.

Das Gespräch mit Hary Ruff wirkt nach, hält die Gedanken in Bewegung. Auf einmal sitzt meine Mutter auf dem leeren Sitz neben mir und macht das, was sie ihr ganzes Leben lang nicht gemacht hat. Sie erzählt von der Besetzung Breslaus. Und dass sie dableiben musste mit anderen jungen Frauen. Und ich komme mir auf einmal vor wie ein Klugscheißer, der sie schon als Jugendlicher und dann weiter bis ins Alter belehrt hat mit all dem angelesenen Wissen darüber, was sie hätte machen müssen im Dritten Reich und warum die Russen Rache üben wollten und wie schlimm die Gräuel der deutschen Wehrmacht waren und, und, und. Auf einmal wird mir klar, warum sie so wenig erzählt hat. Ihr Vergessen war ein Schutz vor Albträumen, und führte dazu, dass sich auch alles, was sie vor dieser traumatischen Zeit erlebt hatte, ihrem Zugriff entzog: ihre ganze Kindheit und Jugend waren verschwunden. Später versuchte sie die Erinnerungen an ihre Kindheitsstadt Festenberg mit dem Inhalt der Erzählungen ihrer Schwester wiederherzustellen. Es gelang ihr nicht.
Was nützt mir mein fundiertes theoretisches geschichtliches Wissen, wenn ich das nicht nachvollziehen und mitempfinden kann. Mein Vater wurde mit 17 im slowenischen Karst schwer verwundet und konnte den Bauernhof seiner Eltern an der niederbayerischen Donau nicht übernehmen. Zwanzig Jahre nach dem Krieg ist er gestorben. Da war er 39. Der Amtsarzt hatte ihm 140 Prozent, in Worten: hundertvierzig Prozent, Kriegsbeschädigung bescheinigt, trotzdem wollten die Behörden meiner Mutter die Kriegsrente verweigern. Das Leben meiner Eltern wurde durch den Weltkrieg aus den Angeln gehoben. Mir wird erst jetzt bewusst, was sie geleistet haben, um wieder ins Gleichgewicht zu kommen. Sie haben einander Halt gegeben, so gut es möglich war. Ich habe einen Teil ihrer Beschädigungen als inneres Echo mitbekommen und bin ihnen dankbar, dass sie mich vor Schlimmerem bewahrt haben.

Über das Reisen, über Sehenswürdigkeiten und Denkwürdigkeiten

Schon wieder eine Grenze. Eine Stunde Aufenthalt.
Grübeleien fürs Notizbuch: Wie viel ist noch übrig von meinem Reisegeld? Wie lange wird es noch reichen? Ich brauche so wenig, aber ich will so viel. Frei sein, unabhängig, was heißt das? Will nicht mehr mitschleppen, als ich tragen kann. Will mich nicht meinem Gepäck ausliefern oder den Menschen, die es befördern. Ich will nicht wissen, wo ich nächste Woche schlafe, will jetzt rei-

sen, einfach weiterreisen, ohne Aufsehen zu erregen, will mich möglichst nicht unterscheiden von den einfachen Leuten in den Gegenden, die ich bereise, ich muss niemandem imponieren. Ich will mich lösen aus dem Würgegriff der Geschwindigkeit, will mir keine Richtung diktieren lassen, will mich frei bewegen, mich drehen und wenden, oder einfach stehen bleiben und schauen, aber nur dann, wann es mir passt. Ich will nicht abhängig sein von Fahrplänen – erwische ich einen Bus oder Zug nicht, nehm ich einfach den nächsten.
Will bei mir sein, wenn ich reise, und nah bei den Menschen, denen ich begegne. Sie sind mir wichtiger als Sehenswürdigkeiten. Was ist schon würdig genug, damit man es sich anschaut? „Würdig", was für ein hoher Anspruch. Was ist wert, gesehen zu werden? Was ist sehenswert? Will selbst bestimmen, was ich mir anschaue, brauche keinen Reiseführer, keine Liste, auf der ich Sightseeing-Points abhaken muss. Ich lasse mich von Zufällen leiten und provoziere das Verirren. Ich will mich hingeben, mich klein machen vor den großen Augenblicken wie vor den kleinen Anblicken und Wahrnehmungen. Mikro- und Makrokosmos sind mir gleichermaßen wichtig. Ich will mich kleiner machen, kleiner als das winzigste Detail, das ausgebleichte Schneckenhaus, der abgebrochene Rosendorn, an dem sich noch eine Flocke Schafwolle kräuselt, will staunen lernen und neugierig bleiben. Auf dieser Ebene will ich unersättlich sein und doch zufrieden mit dem, was ich bekomme. Ich will die Welt mit allen Sinnen begreifen, will sehen, wie sie sich in den Flüssen und Weihern spiegelt, will im Licht baden, in die Dämmerung eintauchen, im Nebel schwimmen, will frühmorgens Kaffee schnuppern und an die warmen, mit Schafskäse gefüllten Blätterteigtaschen hinschmecken, hören, wie die fremden Wörter klingen und wie aus Geräuschen Musik wird, will Salzwasser schmecken, will Sand und Meerwasser fühlen zwischen den Zehen oder spüren, wie meine Finger kleben vom süßen Saft der Trauben. Und schau: knallrote Paprikaschoten und rehbraune Walnüsse …
Ich möchte nach einer Reise sagen können: Es hat mir getaugt. Ich bin bei mir, bin im Gleichgewicht. Es gelingt mir immer nur kurze Zeit, es zu halten. So fange ich wieder und wieder von vorn an. Und ich hör mich im Halbschlaf sprechen und Wörter kauen: In der Sehnsucht nach dem Reisen steckt die Sucht nach dem Reisen und in der Sucht steckt etwas, das einer sucht …

weitergehen

ich war schon einmal weiter
habe lange heimwege angetreten
statt fortzugehen wollte ich zu mir kommen

aber manchmal muss einer wieder zurück vor den anfang
und von neuem aufbrechen
hinaus in die wortfelder fremder sprachen
gegenstände begreifen wie ein blinder
nur um nach und nach das fremde in sich zu verstehen

so habe ich mich nach meiner mutter tod
in die fremde begeben auf der suche
nach meiner mutter sprache

alle ersten worte waren ihr
für immer abhanden gekommen
im breslauer juli 45

überall habe ich unterwegs menschen gefunden
die umherirren wie sie wie ich
wie viele noch

Nach dem moldawischen Dunkel die Sterne rumänischer Lichtpunkte

Eine Weile fährt der Bus am Pruth entlang. Ich richte mich in meinem Sitz auf, starre durchs Fenster in die Dunkelheit. Auf einmal spiegeln sich Lichter auf der Wasseroberfläche. Dann die Straßenbeleuchtung. Es wird hell im Bus. Die Straße ufert aus, wird vierspurig, weiße Linien weisen den Weg, einen Weg ganz ohne Schlaglöcher.
In Galați habe ich ein Hotelzimmer vorbestellt. Als der Bus gegen drei Uhr früh an einer vierspurigen Straße anhält, bin ich der Einzige, der aussteigt. Ich torkle schlaftrunken durch eine menschenleere Stadt auf der Suche nach meinem Ho-

tel. Eine lange Reihe Peitschenlampen verliert sich mit ihrem kalten Licht im Endlosen. Trostlosigkeit einer schlafenden Stadt. Alle Bewohner verräumt in ihren Schließfächern. Da kommt einer im Bademantel aus einem der Plattenbauten. Er führt seinen Hund Gassi. Ich halte ihn an, versuch es auf Englisch, ja, er versteht. Das Hotel Royale befinde sich am Ende der Straße – immer geradeaus!

Ich gehe in die angezeigte Richtung und gehe und gehe – von wegen Hotel, am Ende der Straße stehen nur weitere Plattenbauen. Alle Fenster dunkel. Es hatte doch geheißen, die Rezeption sei die ganze Nacht besetzt. Kehrt gemacht, zurück zur Kreuzung. Pfui Teufel, mich fröstelt's, und der Rucksack drückt mich. Die Fußgängerampel schaltet auf Grün. Ein Taxifahrer muss bremsen. Ich bitte ihn das Fenster herunterzulassen und frage: „Hotel Royale?"

Der zieht die Mundwinkel nach unten, hebt die Hände vom Lenkrad und zeigt mir seine leeren Handteller. Soll heißen: Er kann mir nicht weiterhelfen. Die Ampel schaltet auf Grün, er legt den Gang ein, will weiterfahren.

„Stopp, stopp!"

Der Fahrgast auf dem Beifahrersitz sagt etwas zum Fahrer, dann bedeutet er mir einzusteigen. Das Hotel liege eh fast am Weg. Ich erzähle kurz von meiner langen Reise. Er würde gerne mehr darüber erfahren, gibt mir seine Visitenkarte und meint, es wäre schön, wenn wir uns gegen Mittag zum Essen treffen könnten.

„Lawyer", lese ich – da hält der Fahrer auch schon an und deutet zum Fenster hinaus. Über einem hell erleuchteten Portal steht: Hotel Royale.

Die Frau an der Rezeption hat mich schon erwartet.

„Tut mir leid, ich habe das Hotel nicht gleich gefunden, aber Glück gehabt, dass mich ein Taxi aufgepickt hat. Sogar eine Einladung zum Mittagessen hat mir die Begegnung im Taxi eingebracht."

Ich zeige ihr die Visitenkarte. Sie wirft kurz einen Blick drauf, zieht die Augenbrauen hoch und meint: *„Oh, be careful!"*

Ich frage nach: „Vorsichtig sein, warum? Stimmt da was nicht?"

Sie wiegt nur den Kopf und macht so eine Handbewegung wie, langsam, langsam, Abstand halten. Mehr nicht. Bevor ich mich ins Bett haue, beginne ich den Namen des Anwalts zu googeln. Sein Name wird oft genannt, immer im Zusammenhang mit Gerichtsprozessen. Nichts Besonderes bei einem Anwalt.

Am Morgen ist die Frau an der Rezeption bereits abgelöst worden. Ich kann nicht mehr nachfragen und entscheide beim Frühstück, dass ich den Herrn Anwalt nicht mehr treffen will, lieber gleich weiter zurück nach Tulcea.

Die Donau, der unverschämt blaue Spiegel des Himmels

Was für ein strahlender, gewaltiger Tag. Die Donau hat den Himmel geschluckt. Unmöglich, sie zu überbrücken. Eine Fläche, fast wie ein See und doch mit mehr Spannkraft. Eine blaue endlose Ebene zwischen Nord und Süd. Das Wort *Mundhimmel* für den Gaumen, das Herta Müller aus dem Rumänischen entlehnt hat, fällt mir wieder ein, und ich muss unwillkürlich schlucken. Dann stelle ich meinen Rucksack auf eine Alleebank am Hochufer und beobachte eine Zeit lang das Treiben auf dem Fluss.

Es gibt zwei Fähren, die mit Fußgängern und Autos ständig hinüber und herüber wechseln. Endlich gebe ich mir einen Ruck, steige auf Treppen zwischen den Büschen um die fünfzig Höhenmeter hinunter zur Anlegestelle, zum Donauhimmel. Sogar der braune abgearbeitete Klepper, der seinen Wagen auf die Fähre zieht, macht heute nicht so einen traurigen Eindruck wie diese müden, klapprigen Tiere ihn sonst machen. Liegt es an der Sonne, am Licht, an den Farben, an meiner Stimmung?

Viele Fußgänger, junge Frauen mit vollen Plastiktüten, ein etwa fünfzigjähriger stoppelbärtiger Mann schleppt einen großen Glasballon zur Reling. Ein Riesending, hat bestimmt einen Durchmesser von mehr als einem halben Meter. Da wird er wahrscheinlich Wein drin ansetzen, Beerenwein vielleicht. So selig, wie er vor sich hin grinst, stellt er sich gerade vor, wie die Beeren zu gären beginnen, wie der Wein zu blubbern anfängt und wie er den ersten Schluck probiert. Manche Autofahrer bleiben im Auto sitzen, andere steigen aus und zünden sich eine Zigarette an. Es ist mir, als würde die Fähre auf dem Wasser stehen und die Stadt Galaţi triebe träge stromabwärts. Da kommt uns die andere Fähre entgegen, die in die Gegenrichtung fährt und versucht, die fliehende Stadt einzuholen.

Das rechte Donauufer ist nicht so hoch wie das linke, die flache Schräge der Auf- und Abfahrt hab ich schnell überwunden. Kaum bin ich vom Wasser weg, spüre ich die Hitze. Sie liegt breit und schwer auf dem Pflaster und heizt es auf. Die Flicken auf dem Asphalt kommen mir vor wie heiße, schwarze Pfannenkuchen. An einer Stelle ein Hufeisenabdruck. Teufel aber auch! Oben eine blecherne Hütte. Wer es heute da drinnen aushalten muss, wird langsam gegart. Doch der Ticketverkäufer steht draußen im Schatten. Ich glaub, der geht da nur rein, wenn es regnet oder hundskalt ist. Als die Fußgänger alle droben auf der Uferplattform stehen, klappert zuerst ein Pferd mit einem Wagen herauf, dann folgen die PKWs und zum Schluss drei Lieferwagen. Hinter der Hütte stehen zwei halb volle Busse. Auweh – und jetzt soll ich in einen dieser aufgeheizten Kleinbusse steigen.

Ich lese das Pappschild hinter der Frontscheibe. Da stehen mehrere Orte drauf, die ich nicht kenne, aber am Ende tatsächlich Tulcea. Passt! Ich wende mich an den Fahrer, frage vorsichtshalber, indem ich mit dem Zeigefinger in den Bus deute: „Tulcea?"

„*Da!*", sagt er, steigt aus, packt meinen Rucksack, schlichtet ihn in den Kofferraum. Recht wohl ist mir dabei nicht, weil ja mein Laptop drin ist. Was bleibt mir anderes übrig. Der Bus ist ziemlich voll. Und wenn jemand den Rucksack klaut? Blödsinn. Ich unterscheide mich äußerlich kaum von den anderen Leuten. Gleich und gleich bestiehlt sich nicht. Im Gegenteil, wo ich mit den einfachen Leuten in Berührung gekommen bin, haben wir uns gegenseitig immer geholfen.

Der Bus hält in jedem Dorf, dörfliche Bevölkerung, Handwerker, Bäuerinnen. An jeder Haltestelle muss der Fahrer die Körbe, Säcke und Taschen ein- und

ausladen, das Geld kassieren, und weiter geht's. Einmal steigt ein dicker Mann mit verschmutzter Kleidung ein. Er ist betrunken, zuerst erkennt man das am Getorkel, dann daran, dass sich die Leute, bei denen ein Platz frei ist, extra breitmachen, und schon wachelt die Alkoholfahne bis zu mir in die hinterste Sitzreihe. Er schafft es Gott sei Dank nicht bis nach hinten, sondern quetscht sich ganz vorn neben ein schmächtiges, altes Mütterchen.
Jedes Mal wenn die Tür aufgeht, neue Gerüche, neue Geräusche, es riecht nach Misthaufen, nach Benzin oder nach Holzfeuer. Hunde bellen, Hühner gackern, ein Gockel kräht. Draußen ziehen die Dörfer vorbei, Weintrauben hängen an den Gestellen über den Terrassen, alle möglichen Blüten quellen über die Gartenzäune, als wollten sie im Bus mitfahren. Ziergirlanden, warme, farbige Kleckse, Striche, Punkte – vertraute Buchstaben und Satzzeichen auf der Linie der Straßenränder, dazwischen die Fußnoten, Einblicke in die Gemüsegärten: Bohnen, Tomaten, Paprika zwischen rostigen Schrottautos und angegrauten Bretterstapeln. Die Straße führt auf einer Anhöhe donauabwärts Richtung Tulcea. Regelmäßig taucht ein Stück des breiten blau-silbrigen Bandes der Donau auf, und flugs verschwindet es wieder hinter ein paar Hütten oder Wäldern, als wär's ein Satz aus einem Märchen.

Busfahren macht müde. Ich nicke ein und werde erst wach, als der Bus auf dem Parkplatz des Busbahnhofs steht und sich schon halb geleert hat. Ich häng mir den Rucksack um und kaufe mir am Imbissstand eine heiße Teigtasche, gefüllt mit Schafskäse. Von hier sind es nur ein paar Schritte zum Hafen, wo an der Ufermauer die Ausflugsschiffe vertäut sind und auf Urlauber warten. Große Tafeln verkünden über den Bootsstegen die Zielorte. Nach Sulina könnte ich fahren. Schiffe für Deltarundfahrten bieten sich an. Mich zieht's zum Parkplatz. Ob das Auto noch da ist? Ob es anspringt? Wie hoch wird die Parkgebühr sein? Wohin nur mit den fettigen Fingern? Meine Frau muss ich noch anrufen, die will wissen, ob ich gut über alle Grenzen gekommen bin. Daheim haben sie sich geängstigt wegen meines Ausflugs in die Ukraine.

Als ich das Auto vom Parkplatz holen will, spricht mich ein rumänischer Urlauber an. Er will im Delta fischen, spricht deutsch, hat sein Auto gerade hier abgestellt und meine Autonummer gesehen, möchte mit mir über Bundeskanzlerin Merkel und das Flüchtlingsproblem reden. Ist ja schön, wenn sich Menschen so für Politik interessieren. Egal, was er für eine Meinung hat, so einer ist mir tausend Mal lieber als die vielen Gleichgültigen, egal ob er rechtsrum oder linksrum denkt. Er versteht nicht, warum die deutsche Bundeskanzlerin alle Flüchtlinge einlädt, nach Deutschland zu kommen. Jetzt reicht Deutschland sie in der EU weiter. Rumänien hat mehrere Aufnahmezentren festgelegt: in Bukarest, Temeschwar, Giurgiu, Galați ...
Ich setze an, ihm meine Meinung darzulegen – er unterbricht mich. Ob ich die Partei *Vereinigtes Rumänien / PRU* kenne. Bogdan Diaconu sei ein Abgeordneter dieser Partei.
„Tut mir leid, nie gehört!"
„Er hat den Staatspräsidenten Klaus Johannis aufgefordert, die Diktate Deutschlands zu vergessen und sich daran zu erinnern, dass bei uns das rumänische Volk und nicht Angela Merkel das Sagen hat."
„Aha – und was soll ich dazu sagen?"
„Er fordert von Johannis, eine Volksbefragung zum Flüchtlingsthema zu initiieren. Was halten Sie davon?"
Ich will meinen Gesprächspartner nicht beleidigen, versuche behutsam dagegenzuhalten: „Die Rumänen sollten nicht vergessen, dass in einem vereinigten Europa nicht jeder sein eigenes Süppchen kochen kann."
„Rumänien kann ein Beispiel werden, dem andere Staaten folgen könnten."
„Eine europäische Revolution?"
„Genau!"
„Wäre das nicht eine Rückwärts-Revolution ins 19. Jahrhundert?"
„Wieso rückwärts?"
„Zurück ins nationalstaatliche Denken."
„Wir brauchen Selbstbewusstsein", knurrt er, „nur dann geht's voran mit Rumänien."
‚Voran – wohin voran?', denke ich, spreche es nicht aus, sage nur: „Ich finde, Rumänien ist bis jetzt nicht schlecht gefahren im vereinigten Europa!"
Bevor er was entgegnen kann, verabschiede ich mich.
„Tut mir leid, ich muss weiter!"

Schnell ins Auto. Ich dreh den Zündschlüssel um – nein, bitte nicht jetzt! Der Motor schweigt. Ich auch. Was soll ich sagen? Ich muss es noch einmal probieren. Vielleicht braucht das Auto Bedenkzeit. Ich warte einen Moment. Dann der nächste Versuch. Wieder nichts. Ist die Batterie leer? Ist der Anlasser hin? Ich warte noch einmal. Denke nach, was ich als Nächstes machen könnte… Mein Gesprächspartner ist mir gefolgt, steht schon neben dem Auto, bietet Hilfe an. Dritter Versuch. Das gibt es nicht! Der Motor läuft. Was hab ich richtig gemacht? Egal. Ich winke ihm zum Abschied zu. Meine Heimreise beginnt. Bis zum Abend will ich Bulgarien erreichen.

Von Nord nach Süd donauaufwärts durch die Dobrudscha bis Bulgarien

Kleine Pause in Medgidia[144], wo der Donaukanal vorbeiführt, der die Donau ab Cernavodă mit dem Schwarzmeerhafen Constanța verbindet. Die Stadt gehört neben Constanța und Babadag zu den Zentren der türkischen und tatarischen Minderheit und damit des Islam in Rumänien. Auf dem Stadtplatz stoße ich auf eine Hochzeitsgesellschaft. Virtuos spielt ein Roma mit dem Akkordeon auf, während das Brautpaar sich für die Foto-Session bereit macht. Ich unterhalte mich mit einem jungen Mann, der dem Treiben gelangweilt zuschaut, erkläre ihm, dass ich nicht als Tourist in Rumänien bin, sondern dass mich die Menschen interessieren und wie sie leben.
„Bei uns leben Türken, Tataren, Makedonier, Armenier und Rumänen friedlich zusammen. Wir haben sogar ein türkisches Gymnasium, für das die Türkei offiziell Geld beisteuert. Die Unterrichtssprache ist Türkisch. Nach Rumänisch ist Englisch die dritte Fremdsprache."
„Und was tut sich gegenwärtig in der rumänischen Politik?"
„Große Diskussionen! Nächstes Jahr soll ein neues Steuergesetz in Kraft treten. Danach müssen alle, auch Menschen ohne Einkommen, Beiträge für die Kran-

[144] Medgidia, türkisch Karasu oder Mecidiye, ca. 40.000 Einw.

kenversicherung zahlen, so ungefähr 5 Prozent vom Mindestlohn. Das sind zurzeit 65 Lei im Monat."

„Alle?"
„Kinder natürlich nicht, Studenten unter 26 Jahre auch nicht, Behinderte, Helden der Revolution von 1989 und politisch Verfolgte auch nicht."
„Und was passiert, wenn sich Leute weigern zu zahlen?"
„Für alle, die länger als ein halbes Jahr lang nicht zahlen, wird ein siebenmal höherer Monatslohn zur Beitragsberechnung herangezogen!"
„Die können ja schon vorher ihren Beitrag kaum bezahlen. Wie soll das funktionieren, wenn die Einkommen im Durchschnitt weniger als 1.300 Lei, also knapp 300 Euro, betragen?"
Er verzieht das Gesicht zu einer traurigen Grimasse, zuckt die Achseln und sagt: „Immerhin, der Patriarch Daniel wird sein Einkommen verdoppeln: Er bekommt fast 8.000 Lei vom Staat und 6.000 von der Kirche, umgerechnet gut 3.000 Euro. Netto! Mehr als das zehnfache Durchschnittseinkommen in Rumänien."
„So ist das eben, Gott sorgt für seine Vertreter", sage ich und verabschiede mich, „will noch Proviant einkaufen!"
Auf dem Markt provoziere ich einen Menschenauflauf, weil ich wieder einmal versuche, Bairisch mit den Marktfrauen zu reden. Sie bemitleiden mich alle furchtbar, weil ich mich nicht verständlich machen kann. Alle wollen mithelfen, meine Gesten zu deuten. Anstrengend, aber irgendwie lustig.
Unterwegs ein Anruf von meiner Frau. Ob ich es schaffe, bis Ende Oktober daheim zu sein.
„Wieso, hast du Zeitlang?"
„Ende Oktober soll in Regensburg die Trauerfeier für den Norbert stattfinden."
„Für den Norbert? Was, wieso?"
Mir verschlägt es die Stimme. Hatte den Odessa-Traum verdrängt. Jetzt stellt sich heraus, es war kein Traum. Sie hatte mich nachts angerufen, als ich hundemüde von der Eröffnungsfeier der Literaturtage zurückgekommen war.

„Kann jetzt nicht sprechen. Weiß wirklich nicht, was ich sagen soll. Ich ruf abends an."
Von einem Augenblick zum anderen verändert sich meine Welt. Es verändert sich das Sehen, das Hören, die Geschwindigkeit, die ich überwunden zu haben glaubte, reißt mich mit, die Gedanken blockieren, sie verknoten sich, verwickeln sich und mich in ein unentwirrbares Knäuel. Nichts wie weg, weit weg, hab ich gedacht, nachdem meine Mutter gestorben war. Und jetzt der Norbert. Tot im Auto. Am Strand. An der irischen Westküste. Auf einmal die Erinnerung an die Männer, die in Constanța am Kai standen und einfach nur aufs Meer hinausschauten. Dann das Bild vom Unteren Katholischen Friedhof in Regensburg, wo er am Grab meiner Mutter Klarinette gespielt hat. Da habe ich ihn zum letzten Mal gesehen. Zur Trauerfeier Ende Oktober will ich daheim sein. Es fröstelt mich. Will was anderes denken, ganz schnell was anderes denken, sehe das Gewurschtel der Kabel an den Masten in den Dörfern, unentwirrbare Knäuel …
Dann erkenne ich Orte wieder, durch die ich bei der Hinfahrt nach Constanța gekommen bin. Der Schildkrötenwald! Ob sie's geschafft hat? Und das nächste Dorf: Ich erkenne es wieder: In der Ortsmitte ein verwaister Fleck, der einer Müllhalde gleicht. Plastikfetzen, Flaschen. Ja, hier habe ich die Kalderasch gesehen, die Kesselschmied-Roma. Sie haben inzwischen das Weite gesucht. Vieles ändert sich in kürzester Zeit. Nicht nur mit den Jahreszeiten oder dem Wetter. Viele Gesellschaften, viele kleinere oder größere Gemeinschaften sind flüchtige Verbindungen. Nur wenig hat Bestand. Erst recht auf dem Balkan. Aufbruchsstimmung und Unsicherheit halten sich die Waage.

In Ostrov bietet eine Bäuerin am Straßenrand Weintrauben an, wunderschöne große Weintrauben! Rote und weiße. Anhalten: Mein Mittagessen für heute. Ich lasse das Auto am Straßenrand unter einer schattigen Linde stehen. Am Fuß eines langgestreckten flachen Abhangs, der mit Weinstöcken bepflanzt ist, habe ich Wasser gesehen. Das muss ein flacher Nebenarm der Donau sein, solche gibt es hier jede Menge. Von hier oben ist es schwer einzuschätzen, wo sich der Hauptstrom sein Bett gemacht hat. Ich gehe durch die Weingärten hinunter zum Wasser. Nach wenigen Minuten erreiche ich eine Kiesbank. Vor mir liegt ein Kahn auf dem Trockenen. Nur seichtes Wasser rundum. Weiter vorne stehen ein paar Kühe fast bis zum Bauch im Wasser, als wollten sie die Milch in ihren Eutern kühl halten. Schwarze Punkte ins Geäst einer mächtigen Weide getupft, eine Schar Krähen. Aufdringliches, lautes Krächzen. Es passt ihnen nicht, dass ich in ihr Reich eingedrungen bin. Auf kleinen von Kies durchsetzten Sandflächen daumennagelgroße, schwarze, gerillte Muschelhälften. Ich klaube ein paar der schönsten auf und stecke sie ein. Und hier noch einen Donaukiesel und da noch einen anderen. Ich entdecke einen zweiten Kahn. Er liegt im Schatten einer Gruppe von Büschen. Da hock ich mich hinein und packe meine Trauben aus und etwas Käse, den ich in Medgidia gekauft habe.

Es kann nicht mehr weit zur Grenze sein. Zwischen Silistra und dem Schwarzen Meer kann ich Bulgarien auf dem Landweg erreichen und muss nicht über die Donau. Dabei erspare ich mir die Brückenmaut und die lange Wartezeit an der „Freundschaftsbrücke“ bei Russe.

Übernachtung in einer bulgarischen Kleinstadt mit dem türkisch anmutenden Namen Tutrakan. Ein Zimmer mit Blick auf die Donau. Tief durchatmen und in die Nacht hinaus lauschen. Witterung aufnehmen: der Schlamm, mollig, modrig, schwammig aufquellend, legt sich sein Geruch am Gaumen an, eine Patina für mein Gedächtnis. Da ist

es wieder, das Letteln! Wer in Regensburg aufwächst, kennt die Donau und ihre Hochwasser, kennt den Doanaletten, den Donauschlamm – und seine Aufdringlichkeit, seine Anschmiegsamkeit, seine Anhänglichkeit …
Nach dem Frühstück will ich ins Museum für Donaufischerei. Geschlossen. Nach mir kommt ein Ehepaar mit einem Schulbuben. Die können's nicht glauben, rütteln an der Türklinke. In einem Schaukasten vor dem Museum ein Hinweis auf eine „Straße der Fischerhäuser". Das sind die Reste des alten Tutrakan. Und ums nächste Hauseck: die Wirklichkeit, das Leben, das Wasser, das Motorgeräusch eines kleinen Fischerbootes. Immer wieder erstaunlich, wie viel Ruhe und Gleichgültigkeit so ein Strom ausstrahlen kann, trotz der Gefahren, die er mit sich bringt.
Was soll ich hier noch? Weiß nicht, warum ich zögere aufzubrechen. Ich gehe zur Donau und betrachte den Wildnissaum des Ufers. Obwohl ich ständig am Ordnen bin und Überschaubarkeit herstellen will, träume ich vom Zauber der Unordnung, von den unpassierbaren Auwäldern des Deltas, und fröne der Sehnsucht, mich wieder einmal so richtig zu verlaufen. Als ich an die Uferstraße zurückkomme, bleibe ich unschlüssig vor einem Laden stehen, dessen Auslage so altbacken ausschaut wie die Schaufenster in Deutschland

Mitte der 50er Jahre. An der Imbissstube gegenüber unterhalte ich mich mit vier unrasierten Männern. Verwegen und abenteuerlich schauen sie aus. Wir haben kaum gemeinsame Wörter, dafür Hände und Grimassen. Wir lachen – nicht übereinander, sondern miteinander. wir lachen, weil uns das Lachen einfach auskommt.

Auf dem Weg zum Auto begegnet mir ein junger Kerl, den ich gestern als Kellner und Barkeeper kennengelernt habe, als ich den Abend im Restaurant der Pension bei Live-Musik verbracht habe. Ventsi ist zwanzig, den Kommunismus kennt er nur noch vom Hörensagen.

Er kam in einem kleinen Dorf namens Bogdantsi auf die Welt, fünfzehn Kilometer südlich von Tutrakan. Aber er will weg hier. Warum? Man kann noch so viel arbeiten, man verdient einfach zu wenig. Deutschland wäre vom Verdienen her ganz gut. Er war schon sieben Monate dort, aber dann ist er zurückgekommen und hat am Schwarzen Meer in einem Ferienort gearbeitet.

„Schön dort", sagt er, „ich mag die Gegend sehr!"

„Schöner als in Deutschland?"

„Ganz bestimmt", sagt er.

„Verdient man dort mehr?"

„Nein, nein, viel weniger, aber alles ist dort so international: Russen sind da, Deutsche, Polen, alle! Ich mag es, wenn was los ist, jeden Tag Show, Disco, Beachvolleyball, all so was."

„Aber gestern Abend im Lokal, da gab es doch gute Live-Musik."

„Nein. Nein, wirklich nicht. Ich bin selber Sänger und ich kenne bulgarische Musik, die gestern, die war ein bisschen, na ja, kaputt", sagt er und lacht.

„Was ist dann gute bulgarische Musik?"
„Hiphop, IMB...", und er zählt noch eine ganze Reihe von Namen auf, die ich nicht verstehe, und ich denke, wenigstens in seinem Leben und seiner Zeit schlägt er Wurzeln.
Da fällt ihm noch was ein, „Ja, und Chalga, natürlich!"
„Chalga kenn ich, in Rumänien heißt diese Art Musik Manele."
„Genau – da ist aber auch viel Mist dabei, da kommt nicht viel Gutes nach."

„Und wie stellst du dir die Zukunft in Bulgarien vor?"
„Zukunft? Das Schwarze Meer hat Zukunft! Obzor hat Zukunft! Der Strand! Da musst du unbedingt hinfahren! Ja, fahr nach Obzor! Das liegt genau zwischen Varna und Burgas, dann siehst du, was ich meine! Das Hotel, in dem ich arbeite, heißt *Helios Beach*."
„Da ist doch zurzeit nichts mehr los!"
„Deswegen bin ich ja jetzt hier!"
„Diese Sommerarbeit Jahr für Jahr – ist das eine Perspektive fürs ganze Leben?"
„Ja, natürlich!"
„Und im Winter lieber nach Deutschland?"
„Warum nicht, da ist ja am Schwarzen Meer keine Saison."
Während unserer Unterhaltung stellt sich heraus, dass er erst fünf Tage in Tutrakan ist und am liebsten schon morgen wieder abhauen würde.
„Fünf Tage sind genug hier!", meint er.
Ich kann mir vorstellen, was er meint, aber für mich hat Tutrakan ein nicht greifbares, ein nicht begreifbares Geheimnis. Eine Stadt; aus der Welt gehebelt, ein Musterbeispiel für Provinzialität, das mich fasziniert. So zögere ich noch weiterzufahren und spaziere ein Stück donauaufwärts, bis die Dämmerung hereinbricht.

Mein zweiter Besuch in Russe – auf den Spuren von Elias Canetti

Es wird schon dunkel, als ich in Russe ankomme. Die Geschichte der Stadt ist die einer Hafenstadt, in der sich im Laufe der Jahrhunderte Menschen vieler Nationen begegnet sind. Nach Herta Müllers Nitzkydorf im Banat, am Beginn meiner Reise, will ich mich jetzt ein bisschen näher mit dem Kindheitsort des deutschsprachigen Literaturnobelpreisträgers Elias Canetti befassen. Er wurde 1905 in dieser Stadt geboren. In seinen Erinnerungen beschrieb er das damalige Sprachengewirr: *An einem Tag konnte man sieben oder acht Sprachen hören. Außer den Bulgaren, die oft vom Lande kamen, gab es noch viele Türken, die ein eigenes Viertel bewohnten, und an dieses angrenzend lag das Viertel der Spaniolen, das unsere. Es gab Griechen, Albanesen, Armenier, Zigeuner. Vom gegenüberliegenden Ufer kamen Rumänen*[145].

Elias Canettis Eltern stammten von spanischen Juden ab, die über die Türkei nach Bulgarien gekommen waren. Seine Muttersprache war das mittelalterliche Judenspanisch, das sich die sephardischen Juden nach ihrer Vertreibung aus Spanien um 1500 über Jahrhunderte bewahrt hatten. Russe war zwar seit den Befreiungskriegen gegen die Türken eine bulgarische Stadt, aber Canettis Großvater, der im Zentrum ein Kaufhaus besaß, meinte, die türkische Staatsbürgerschaft sei besser fürs Geschäft.

[145] Elias Canetti: *Die gerettete Zunge,* S. 10

Nebenbei: Elias Canetti war zunächst auch türkischer Staatsbürger. Er hat zwar nie ernsthaft Türkisch gelernt, stellte aber trotzdem fest: *Mir war immer zumute, als käme ich aus der Türkei, der Großvater war dort aufgewachsen, der Vater noch dort geboren. In meiner Heimatstadt gab es viele Türken, alle zu Hause redeten ihre Sprache*[146].

Kein anderer Autor hat das Leben in Rustschuk kurz nach Beginn des 19. Jahrhunderts lebendiger beschrieben als Elias Canetti. Doch es scheint mir, als wisse Russe nichts anzufangen mit dem Autor, der dieser Stadt einen Platz in der Weltliteratur erschrieben hat.

Streifzug durch Rustschuk, das ist der türkische und der deutsche Name für Canettis Geburtsstadt. Später hat sich die bulgarische Bezeichnung Russe durchgesetzt. Den Hinweisen eines Faltblatts folgend, suche ich das Haus, in dem der Schriftsteller auf die Welt gekommen ist. Wie schon in Sofia und Tarnovo begegnet mir im Straßennamen der russische General Gurko. Nach einigen unansehnlichen Wohnblöcken eine Reihe von kleineren und größeren Villen aus der Zeit der bulgarischen Renaissance, der Zeit der Wiedergeburt Bulgariens als Staat. Der damalige Wohlstand lässt sich nur noch anhand der Stuckverzierungen an den Gebäuden erahnen. Endlich Ulica Gurko 13. Nur ein paar hundert Meter entfernt vom quirligen Hauptplatz stehe ich vor einem eingeschoßigen Haus. Es duckt sich hinter drei Laubbäume, die sich auf dem schmalen Streifen eines zum Teil betonierten Vorgartens breitmachen, der von der Straße durch einen verrosteten schmiedeeisernen Zaun getrennt ist. Kein

Hinweisschild, nichts. Unkraut wuchert im Vorgarten. An vielen Stellen der Fassade platzt der Putz ab, sodass die roten Ziegelsteine sichtbar werden. Das Habsburgergelb und die weißen Fensterlaibungen sind nur noch andeutungsweise vorhanden. Zu beiden Seiten des Gebäudes eiserne Tore. Beide versehen mit einem Schild der Hausnummer 13. Beide mit rostigen Ketten versperrt. Teile der Fenster sind mit

[146] Elias Canetti: *Die gerettete Zunge*, S. 322

schwarzer Folie verklebt, die Dachrinnen durchgerostet. Das soll das Geburtshaus eines Literaturnobelpreisträgers sein?

Der Stadtplan verzeichnet am Ende einer neu angelegten Fußgängerzone einen Canetti-Platz. Dort irgendwo hatte sein Großvater ein Geschäftshaus. Vorbei an einigen Plattenbauten, an einer verkehrsreichen Kreuzung, vorbei am türkischen Gymnasium, dann an einer Moschee mit einem Minarett, das dasteht wie eine abschussbereite Rakete, und weiter an einigen größeren Bauten aus der Gründerzeit. Kleine Grünanlagen und schmale Geschäftsstraßen. Überall wird gearbeitet. Das Zentrum mausert sich zur Einkaufsmeile. Schließlich das Schild: Canetti-Platz. Eine Raiffeisenbank, ein Modegeschäft, davor eine Baustelle. Aufgerissenes Pflaster. Baugitter. Firmenschilder. Verbotsschilder. An der Wand des Gebäudes hinter der Absperrung hängt eine Bronzetafel mit dem Konterfei Canettis vor einem aufgeblätterten Buch. Das kann ich durchs Zoom meines Fotoapparats erkennen. Das könnte das Kaufhaus von Canettis Großvater gewesen sein. Ich frage einen, der gerade vorbeigeht.

„*Sorry*" – Achselzucken. Kopfschütteln.

Wegen der Bauarbeiten komm ich nicht näher ran. Ich versuche es trotzdem. Zwei Bauarbeiter schicken mich zurück, mein Platz sei außerhalb des Bauzauns.

Elias Canetti verließ Rustschuk 1911 mit seinen Eltern in Richtung England. Ein Jahr später starb überraschend sein Vater. Die Mutter zog mit dem kleinen Elias wieder zurück an die Donau – diesmal nach Wien. Elias Canetti ist nur noch ein einziges Mal nach Russe zurückgekehrt. Später aber schrieb er: *Alles, was ich später erlebt habe, war in Rustschuk schon einmal geschehen. Die übrige Welt hieß dort Europa. Europa begann dort – wo das türkische Reich einst geendet hatte.* [147]

[147] Elias Canetti: *Die gerettete Zunge*, S. 11

Regina Hellwig-Schmid aus Regensburg, die Organisatorin der *donumenta*[148], hat mir neben der Anschrift von Nikolai Gentschev auch die der *Elias-Canetti-Gesellschaft* gegeben. Sie befindet sich in einem Eckhaus am Ploščad Swoboda, am Platz der Freiheit. Das Veranstaltungsspektrum der Gesellschaft reicht vom jährlichen Skaterfestival über Literaturveranstaltungen bis hin zu Kunst- und Musikperformances und Ausstellungen. Ein besonderer Schwerpunkt liegt in der Zusammenarbeit mit den Ländern des Donaukulturraumes.

„Wir verfügen über zwei Veranstaltungsorte", sagt Prof. Penka Angelova, die ehrenamtliche Präsidentin der Gesellschaft. „Im Elias Canetti Center, in dem wir uns gerade aufhalten, befinden sich die Österreich-Bibliothek ‚Elias Canetti', das Büro der Gesellschaft und ein Seminarraum. Das bislang unsanierte Canetti-Haus wird zunehmend von lokalen Initiativen, Jugendgruppen und Studenten als Plattform für zeitgenössische Kunst, Filmangebote, Performances, Musik und internationale Begegnungen in Anspruch genommen. Das Canetti-Haus wurde von der Familie Canetti als Großhandlung für Lebensmittel genutzt. Nachdem die Canettis Russe verlassen hatten, bezog ein Möbelgeschäft die Räumlichkeiten. Seit 1999 steht das Gebäude der Canetti-Gesellschaft zur Verfügung".

Ich mache sie darauf aufmerksam, dass ich mir das Geburtshaus Canettis angeschaut habe – „Warum kümmert sich denn niemand drum? Der Name Canetti gibt doch der Stadt eine kulturelle Identität."

„Es gibt Konflikte mit den Erben des Hauses. Die blockieren alles. Inzwischen tragen immerhin ein Gymnasium, eine Straße und ein Platz in Russe den Namen Canettis."

Prof. Penka Angelova lehrt an zwei Universitäten: Sie pendelt seit Jahren zwischen Veliko Tarnovo und Russe. Sie kennt also Tarnovo und vor allem auch das Viertel, in dem ich ein paar Tage gewohnt habe, denn die Uni liegt am

[148] Die Programme der *donumenta* setzen sich zusammen aus einer großen Anzahl von Veranstaltungen. Ausstellungen, Konzerte, Lesungen, Vorträge und zeitgenössischen Tanz- und Theateraufführungen. Sie bieten die Möglichkeit, anderen Kulturen in Mittel- und Südosteuropa zu begegnen und über Fragen von kollektiven Identitäten nachzudenken.

gleichen Hang, allerdings oben, wie sich's für eine Hochschule gehört. Und da lerne ich gleich ein neues bulgarisches Wort. Die Bevölkerung von Tarnovo und die Mitarbeiter der Universität nennen diesen Stadtteil ein bisschen geringschätzig und knapp *Machala*, deutsch „das Viertel". Sie bestätigt, was auch ich in Tarnovo erfahren habe: Die Roma dort wollen nicht Roma genannt werden. Sie sind der Meinung: „Wir sind Bulgaren und keine Inder!" Im Übrigen sagen sie, wenn sie danach gefragt werden, wo sie wohnen: „Wir wohnen im Universitätsviertel!"

Penka Angelova legt Wert auf die Feststellung, dass nicht nur die Erforschung des Werkes von Elias Canetti im Mittelpunkt der Arbeit der Canetti-Gesellschaft stehe. Die Gesellschaft wurde 1992 gegründet und engagiert sich im Sinne des Weltbürgers Canetti in den vier Bereichen: Kulturvermittlung, kultureller Dialog, politische Bildung und Wissenschaft. Während unseres Gesprächs gewinne ich den Eindruck, dass die Gesellschaft so etwas ist wie eine Denkfabrik ist, von der unglaublich viele Impulse ins gesellschaftliche Leben Bulgariens ausgehen. Penka Angelova formuliert die Arbeitsziele zunächst etwas abstrakt: „Wir setzen uns intensiv mit der Gegenwart auseinander, mit der Förderung der europäischen Integrationsprozesse und den zivilgesellschaftlichen Strukturen im heutigen Bulgarien.

Mich interessieren aber vor allem konkrete Beispiele.

„Gut, ein Beispiel: Die bulgarische Gesellschaft muss dafür sorgen, dass alle Kinder die Schule besuchen. Von allen EU-Staaten ist Bulgarien das Land, in dem die Kinder am frühesten die Schule verlassen. In den letzten fünf Jahren haben mindestens 7.000 Kinder entweder die Schule gar nicht besucht oder sind frühzeitig abgegangen. Diese erschreckende Entwicklung betrifft vor allem Kinder der ethnischen Minderheiten. Von denen bleiben über 20 Prozent ohne Bildungsabschluss. Das schwerwiegendste Problem ist dabei, dass viele Kinder im Einschulungsalter kaum das Bulgarische beherrschen, weil in den Familien Romani oder Türkisch gesprochen wird. Für diese Kinder ist die Sprachförderung des Bulgarischen im Vor- und Grundschulalter von entscheidender Bedeutung. Dies ist die Grundlage nicht nur für den Schulerfolg, sondern auch für die zukünftigen Chancen auf dem Arbeitsmarkt und die Integration in die Gesellschaft. Die meisten Roma sind integriert und sehen sich als Bulgaren. Sie tauchen in der Statistik überhaupt nicht mehr auf. Nur jene Roma, die außerhalb der Gesellschaft stehen, werden in der Statistik erfasst."

In diesem Augenblick kommt Dr. Anastasia Novikova herein. Sie ist Leiterin des Bereichs Wissenschaft. Sie hat in Deutschland studiert, hat in Heidelberg promoviert und dort noch regelmäßig Lehraufträge im Bereich Deutsch als Zweitsprache.

Ich stelle fest, dass ich es erfreulich finde, dass Leute, die Bulgarien verlassen haben, wieder zurückkommen. Sie gibt mir recht, sieht auch die Tendenz, dass immer mehr Bulgaren, die im Ausland studiert haben, zurückkehren und etwas bewegen wollen. Gleichzeitig betont sie, dass dies auf sie nicht zutreffe. Sie ist nicht wiedergekommen, sie stammt von der Krim. Ihr Mann ist Bulgare und arbeitet hier für ein deutsches Unternehmen. Ihn habe sie nach Bulgarien begleitet um dann hier zu bleiben. Ich sehe in ihr ein Beispiel für eine Europäerin, die vielleicht die Zukunft vorweg nimmt, denn sie kann sich inzwischen ohne Probleme von einem europäischen Land ins andere bewegen. Wie schnell wird Europa mit Menschen wie sie zusammenwachsen? Sie weiß es nicht, aber an ihr solle Europa nicht scheitern, sagt sie und lacht. Sie widmet sich zurzeit vor allem der Methodik der Sprachförderung im Vor- und Grundschulalter für Kinder mit einer anderen Muttersprache, zum Beispiel für Roma-Kinder, die Bulgarisch als Zweitsprache erlernen müssen. Ziel ist ein ganzheitliches Konzept, wie man den Kindern mit früher Sprachförderung einen optimalen Schulstart ermöglichen kann. Großen Wert legt sie dabei auf die Zusammenarbeit mit den Eltern und die entsprechende Schulung der Lehrer. Es kommt Anastasia Novikova dabei zugute, dass sie die Erfahrungen, die sie an der Universität Heidelberg mit ihrer Arbeit zu Deutsch als Zweitsprache gemacht hat, mit einbringen kann. „Es geht uns darum, die Quote der Schulabbrecher, der sogenannten *drop-outs*, auf absehbare Zeit unter zehn Prozent zu senken“, sagt sie.

Der bulgarisch-deutsche Freundschaftsverein und der Kampf gegen die Überalterung

Freizeitstimmung draußen auf dem Platz der Freiheit. Da bietet einer kleine Elektrofahrzeuge für Kinder an. Wenn die Eltern bezahlen, können ihre Sprösslinge kreuz und quer auf dem Platz der Freiheit herumkurven, bis der Besitzer des Fahrgeschäftes auf die Uhr schaut und die Fahrt beendet. Dann kommen die Nächsten dran. Zuerst kommt mir das ziemlich blöd vor, diese Eingewöhnung von Kleinkindern ans Autofahren. Auf einmal aber erkenne ich mich selbst in den Kindern. Ihre ziellose Fahrerei kommt mir bekannt vor. Einfach mit einer kindischen Freude vor sich hinfahren – ohne Ziel. Mach ich es nicht genauso? Schöner wäre es noch, wenn die Kinder weiter in die Fußgängerzone hineinfahren dürften mit der Chance, sich in der Stadt zu verirren. Und wenn sie sich mehr Zeit ließen, sich im verträumten Dahinfahren verlören. Am Ende scheitern Utopien dann doch an der Wirtschaftlichkeit.

Ich nehme wieder Kontakt mit Nikolai Gentschev auf. Er schrieb mir in einer Mail, er sei Vorsitzender des *bulgarisch-deutschen Freundschaftsvereins* in Russe und wolle mich mit einigen Mitgliedern bekannt machen. Dieser Verein existiert seit 1990. Frau Pavlina Lipovanska, eine nette ältere Dame, hat uns zum Kaffee eingeladen. Auch der frühere Vorsitzende, der Diplomingenieur Dr. Dobril Hristov, den Nikolai Gentschev vor kurzem aus Altergründen als Vorsitzenden abgelöst hat, wird hinzukommen.

„Ach ja, der deutsche Leseverein leidet an Überalterung. Immer mehr Mitglieder sterben weg!", klagt Nikolai Gentschev. „Wir sind nur noch siebzehn Leute vorwiegend ältere Damen und Herren und treffen uns jeden zweiten Mittwoch in der Regionalbibliothek und diskutieren über die Themen unserer Vorlesungen."

„Sie bräuchten mehr jüngere Mitglieder, Nachwuchs", sage ich.

„Früher kamen in unsere renommierte deutsche Schule Lehrer aus Deutschland, aber seit einigen Jahren nicht mehr", erwidert Nikolai. „Man hat uns gesagt, dass es jetzt schon genügend bulgarische Deutschlehrer gibt, die ausreichend kompetent sind, um die deutsche Sprache zu lehren. Aus dieser Schule kommen Schüler mit sehr guten Deutschkenntnissen, doch sie interessieren sich nicht für unseren Leseverein. Die Jüngeren haben irgendwie kein Interesse, die fragen immer nur: ‚Was bringt das fürs Business, oder was habe ich davon?' Aber unser Leseverein ist keine Karriereschmiede, wir interessieren uns für Literatur, Musik, Geschichte, Sehenswürdigkeiten, und vieles mehr."

„Ja, wie oft habe ich das jetzt schon gehört: Alle wollen vorwärtskommen im Leben, daneben findet wenig anderes Platz!"

Mir nichts dir nichts kommen wir ins Plaudern über das Leben an sich, über die bulgarische Gesellschaft und ihre Geschichte.

„Es gab bei uns eine berühmte Hellseherin: Vangelia Pandeva Dimitrova, die hat vieles vorausgesehen [149]."

„Nie gehört, was ist mit der?"

„Bei uns kennt sie jeder unter dem Namen Baba Vanga!"

„Nein, nie gehört."

„Sie stammt aus Mazedonien. Als junges Mädchen verlor sie bei einem Unfall ihr Augenlicht. Später ist sie nach Bulgarien umgezogen. Eine blinde Seherin, als sei sie ein Überbleibsel aus den archaischen Zeiten der Sagen aus dem griechisch-bulgarischen Grenzgebiet in den Rhodopen."

„Weiß nicht, ob es an der Gegend liegt", meint Nikolai, „es heißt, unsichtbare Wesen übermittelten der Wahrsagerin Nachrichten. Ihre erste Vision hatte sie, kurz bevor die deutsche Wehrmacht in Jugoslawien einmarschierte. Ein ‚strahlender Reiter' teilte ihr mit, dass bald ‚schreckliche Dinge' geschehen würden. 1943 soll sie dem bulgarischen König Boris III. den Tod vorhergesagt haben – kurz darauf starb er tatsächlich. Er war erst 49. 1980 sah sie die Stadt ‚Kursk', sie war mit Wasser bedeckt, und die Welt weinte. Zwanzig Jahre später sank das russische Atom-U-Boot Kursk in der Barentssee, alle Besatzungsmitglieder

[149] Vangelia Pandewa Dimitrova (1911-1996), berühmte bulgarische Wahrsagerin, genannt Baba Vanga, bekannt als die Wahrsagerin aus Petritsch

waren tot. Auch die Terrorakte vom 11. September 2001 in New York sagte sie voraus: ‚Zwei stählerne Vögel werden Amerika angreifen!'"

Ich schüttle ungläubig den Kopf.

„Das klingt alles sehr vage, eher so wie Horoskope verfasst sind."

„Wenn ich Ihnen sage, dass sogar die Kommunisten Baba Vangas Wahrsager-Kräfte nutzten, dass die Polizei bei der Suche nach Vermissten mit ihr zusammengearbeitet hat, dass man sie im Institut für Suggestologie an der Akademie der Wissenschaften beschäftigte. Die Trefferquote ihrer Aussagen wurde wissenschaftlich untersucht und lag bei 80 Prozent. Angeblich kamen jeden Tag bis zu hundert Menschen, die ihren Rat suchten. Der Staat zog von allen Gebühren ein. Sie mussten oft genug ein Jahr warten, bis sie mit ihr sprechen konnten. Sogar Franz Josef Strauß[150] hat sich von ihr die Zukunft sagen lassen."

„Wie kommt denn ein bayerischer Ministerpräsident nach Bulgarien zum Wahrsagen?"

„Er hat sich mit dem kommunistischen Ministerpräsidenten Schivkov gut vertragen. Die beiden sind oft zusammen auf die Jagd gegangen. Wir schätzen Franz Josef Strauß sehr. Er hat unseren alten Schivkov dazu gebracht, das kommunistische Arbeitslager auf der Donauinsel Belene[151] zu schließen. Das war ein KZ für politische Gefangene. Mein Vater war dort inhaftiert", erzählt Dobril Hristov.

Im Gegenzug ermöglichte Strauß 1987 die Planung des zweiten bulgarischen Atomkraftwerkes. Allerdings zogen sich zwei Jahrzehnte später wegen der anhaltenden Proteste europäischer Umweltgruppen mehrere internationale Banken von der Finanzierung zurück, darunter die Commerzbank, die Deutsche Bank und die HypoVereinsbank. Nachdem der deutsche Investor RWE ausgestiegen war, zog die bulgarische Regierung 2012 aus Kostengründen die Notbremse und stoppte den Bau. Ein Reaktor ist fertig, der zweite nur zur Hälfte.

Während des Gespräches haben wir ganz vergessen, das Gebäck zu würdigen das unsere Gastgeberin auf den Tisch gestellt hat. Sie ermuntert uns zuzugreifen und lenkt dann unsere Blicke auf Bilder und Einrichtungsgegenstände. „Ich wohne hier wie in einem Museum", sagt sie und lacht.

[150] Franz Josef Strauß (1915-1988), vgl. Anhang, Anm. 19

[151] Belene, siehe auch S. 108

Das Haus von Pavlina Lipovanska wurde um 1900 erbaut, gerade in der Zeit, als der deutschsprachige Literaturnobelpreisträger Elias Canetti zur Welt kam. Sie erzählt, sie könne sich sogar erinnern, vor zwanzig Jahren habe ihre Mutter den Namen Canetti gehört und gerufen: „Canetti, Canetti, den kenn ich doch, der ist ja mit mir in den Kindergarten gegangen."

Entlang des Russenski Lom zu den Urbulgaren nach Razgrad

Weiter Richtung Süden entlang des Flusses Russenski Lom. Das ist der letzte der rechten Nebenflüsse der Donau. Nach einigen Kilometern erreiche ich den Naturpark Russenski Lom [152]. Hier hat sich der Fluß eingegraben in den weichen Kalkstein und ist mit seinen Schluchten, Höhlen, Terrassen und schroffen Felsklippen nicht nur ein Naherholungsgebiet für die Einwohner von Russe, sondern mit dem Artenreichtum seiner Umgebung auch eine überregionale Sehenswürdigkeit des Ökotourismus. In den Felsen nisten Steinadler und Falken. Im Dorf Ivanovo folge ich den Hinweistafeln zu den Ivanovo-Felsenkirchen. Dort stelle ich das Auto auf einem Parkplatz ab und ziehe meine Wanderstiefel an. Die Kirchen gehören zum Klosterkomplex Heiliger Erzengel Michael. Steile Steintreppen führen hinauf zu den verschiedenen Kapellen und Kirchen, die seit Anfang des 13. Jahrhunderts an dieser Stelle angelegt worden sind. In einigen der Felsenräume gibt es konservierte Fresken zu sehen. In der Zeit der osmanischen Herrschaft, zerfiel die Klosteranlage allmählich. Ich gehe flussaufwärts und suche die Stelle, wo sich der Weiße und der Schwarze Lom, bulgarisch: Beli und Cerny Lom, zusammentun. Von da an heißt der Fluss Russenski Lom und mündet zwanzig Kilometer nördlich bei Russe in die Donau.
Die Stadt Razgrad liegt knapp siebzig Kilometer südlich von Ivanovo am Beli Lom. Hier scheine ich wieder im modernen Europa angekommen zu sein: laute Musik, Fußball, Fernsehen im Lokal. Und – allerhand – Zunge in Buttersoße, das gibt es nicht überall. Im Hintergrund läuft ein Fußballspiel der Champions League mit Real Madrid. Warum interessieren sich hier alle so für Real Madrid? Ich frage einen am Nebentisch.
„Die spielen gegen den PFC! Gegen den PFC Ludogorets Razgrad!"
„Nie gehört – wo kommen die her?"

[152] Russenski Lom, Hauptquelle nahe Razgrad, Mündung bei Russe, Länge knapp 200 km

„Razgrad, Bulgarien, super Mannschaft!"
Er zieht ein iPad heraus und fragt mich: „Englisch? Deutsch?"
„Egal."
Er reicht mir sein Gerät. Ich überfliege den Wikipedia-Artikel: *Fußballverein aus der nordostbulgarischen Stadt Razgrad, der seit 2011 erstmals in der A Grupa spielt, der obersten Spielklasse des Landes. [...] In der Saison 2010/11 kaufte der bulgarische Pharma-Unternehmer und Oligarch Kyril Domustschiew den Klub. Mit seiner finanziellen Hilfe wurde eine neue Mannschaft zur Winterpause dazugekauft. Am Ende der Saison belegte der Klub in der Ostgruppe [...]der B Grupa, den ersten Platz und stieg in die erste Liga auf, direkt nach dem Aufstieg wurde die Mannschaft bulgarischer Meister. Dieser Erfolg wurde in den fünf folgenden Spielzeiten wiederholt.*
Mir nichts, dir nichts unterhalten wir uns über den Bischof von Varna – ist es wirklich wahr, dass er sich einen Rolls Royce gekauft hat? Fußball und Geld. Mafia und Geld. Das Ende der kommunistischen Diktatur und das Geld. Während der Reise habe ich oft über die Armut in Südosteuropa und die Abwanderungen nachgedacht.
Ich zeige meinem Gesprächspartner ein zweisprachiges deutsch-rumänisches Kinderbuch, das ich unterwegs erworben habe. Massenware mit furchtbaren krachert-kitschigen Illustrationen.
„Die Henne mit den goldenen Eiern", *„Găina cu ouă de aur"*. Ein Bauer hat eine Henne, die ein goldenes Ei legt. Das Ei verkauft er und bekommt einen Batzen Geld. Daheim setzt er sich hin und wartet, dass die Henne ein weiteres goldenes Ei legt. Das dauert verdammt lange. „Da hat er eine Idee: Wenn die Henne goldene Eier legt, ist sie wahrscheinlich im Inneren aus Gold. Also tötet er sie. Doch im Inneren von Gold keine Spur. Er weint und jammert: ‚Nun werde ich nie mehr reich!' *‚Acum nu voi mai fi niciodată bogat!'"*
Im Lokal stellen sie schon die Stühle auf den Tisch. Zeit, sich zu verabschieden. Mein Gesprächspartner erzählt mir, dass er zwölf Jahre in Deutschland gelebt hat und jetzt in Tarnovo arbeitet, dass es nirgendwo so schön ist wie in Razgrad. Er will mich ganz und gar für seine Heimatstadt einnehmen und gibt mir einen Tipp mit auf den Weg. „Razgrad ist die Keimzelle Bulgariens. Du musst unbedingt zum Ethnischen Museum. Dort bekommst du den Beweis."
„Hab ich Keimzelle verstanden?"
„Ja, die Keimzelle – der Kern – der Ursprung!"

„Da musst du unbedingt hin und mit Vertretern der Kapanen sprechen. Das sind die wirklichen Bulgaren. Die haben den besten Joghurt und die beste Volksmusik, und du weißt ja, die beste bulgarische Fußballmannschaft. Geh ins Ethnische Museum, die kennen sich aus!"

Razgrad, die Metropole der Kapanen und Heimat der Urbulgaren

Ich klopfe im Ethnischen Museum an der Tür des Büros von Daniela Todorova Gentscheva. Sie ist nervös, versteht zwar ungefähr, was ich will, kann mir aber keine Auskunft geben, weil sie nur wenig Deutsch und Englisch spricht. Darum ruft sie ihren Kollegen, den wissenschaftlichen Mitarbeiter Dimitar Petkov an.

Er spricht fließend Deutsch und dolmetscht Danielas Führung durchs Museum. Zwischen vielen farbenfrohen Trachten und Gebrauchsgegenständen, gibt es die Darstellung jahreszeitliche Bräuche und Riten rund um die Hochzeit, auch die Bräuche, die das Sterben betreffen. Ich sehe keine großen Unterschiede zu einem oberpfälzischen Heimatmuseum oder zum Museum in Großau bei Hermannstadt. Wenn mir jemand sagen würde, so lebten die Böhmerwaldler im 19. Jahrhundert, ich würde es genauso glauben. An den Details erkennt man dann freilich das Fremde, das Exotische …

Razgrad gilt als Zentrum der Kapanen, die von sich behaupten, die ältesten Bulgaren zu sein, die Folklore mit der größten Authentizität zu besitzen, und dass das Kapaner Kauderwelsch, das sie sprechen, das älteste Bulgarisch sei, und dass es bei ihnen den allerbesten Joghurt, den *Znimka*, gebe und die schmackhafteste *Banitsa*. Die Banitsa wird nach traditionellen bulgarischen Rezepten hergestellt: Ein Teig aus Mehl, Eiern und Wasser wird flach gedrückt und mit den Fingern kontinuierlich gezogen, bis er weniger als einen Millimeter dünn ist. Die Füllung besteht aus zerkleinertem Schafs- oder Ziegenkäse, Joghurt und Eiern. Man kann dem Joghurt Backpulver beimengen, der dann flockig aufgeht. Hinzu kommen Spinatblätter, Sauerampfer, Petersilie, Mangold oder

Brennnesseln, Diese grünen Variationen werden *Zelnik* genannt. Die Füllung mit Lauch heißt *Praznik*, die Zwiebelvariante *Luchnik*. Sag mir keiner, das ethnische Museum würde nur trockenes Wissen vermitteln.
Weiß noch nicht, was ich von diesem kapanischen Lokalstolz halten soll. Fest steht, dass die fünfzehn Dörfer dieser Region bis in die Mitte des 20. Jahrhunderts wegen der dichten Wälder nur schwer zugänglich waren. Nach dem Kahlschlag, der dann einsetzte, entstand ein Gebiet, das heute hauptsächlich aus Wiesen und Feldern besteht.
Am frühen Nachmittag hole ich Dimitar beim Museum ab. Er will mich zu drei Kapanendörfern im Raum Razgrad begleiten. Als wir beide im Auto sitzen, streikt der Anlasser. Meine Güte, doch nicht ausgerechnet jetzt! Wann passt es sonst? Nach mehreren Versuchen gebe ich auf. Gut, Termin absagen, Pannenhilfe, Abschleppwagen, das ganze Programm.
Dimitar sagt: „Macht nix", und ordert den Dienstwagen des Museums samt Chauffeur. Der ist leider erst ab Mittag frei. Wir müssen die ersten zwölf Kilometer zum Dorf Ossenets, westlich von Razgrad, mit dem Taxi fahren. Der Preis ist erschwinglich, zehn Euro. Sicher trägt dazu bei, dass ihn Dimitar vorher mit dem Taxifahrer ausgehandelt hat.
Frau Radoslafka Zhebarova erwartet uns schon vor dem Eingang der Lesehalle. Jaja, das Auto, kein Problem, sie kenne das von ihrem Vehikel. Sie ist Sekretärin und künstlerische Leiterin der Lesehalle, der Bibliothek und des Folk-Ensembles des Dorfes. Es gibt in Bulgarien zwischen drei- und viertausend Regional-, Schul- und Kommunal-Bibliotheken. Sie fungieren als Kommunikationszentren, die außer Büchern und Zeitschriften auch Vorträge, Theateraufführungen, Unterricht und Kurse aller Art für die Gemeinden anbieten. Als Treffpunkt der Dorfgemeinschaft bekamen solche Einrichtungen in Bulgarien nach 1878 große kulturpolitische Bedeutung. Sie haben mit ihren Bibliotheken zur Überwindung des Analphabetentums beigetragen. Gegen Ende des 19. Jahrhunderts waren noch 80 Prozent der Bulgaren Analphabeten, 1914 nur gut fünfzig und heute nur 1,5 Prozent.

Das Gebäude stammt aus den 1920er Jahren, ist aber weder außen noch innen heruntergekommen wie so viele andere öffentliche Bauten im Balkan. Im Foyer große gerahmte Schwarz-Weiß-Fotografien von bedeutenden Bulgaren, die sich in der Volksbildung verdient gemacht haben. Sichtlich stolz zeigt uns Radoslafka Zhebarova am Computer das Video einer Veranstaltung, die sie mit dem Folk-Ensemble des Dorfes einstudiert hat, die Aufführung einer Hochzeit in originaler Tracht, mit all dem Brauchtum, wie es früher in den bulgarischen Dörfern üblich war, so wie ich es im Museum erklärt bekam – eine Art dokumentarisches Volkstheater.

„Die bulgarischen Dörfer waren Inseln in einem Gebiet, das hauptsächlich von Türken bewohnt war. Mit denen wollte man sich nicht vermischen", erklärt mir Dimitar. Das sei bis heute so geblieben. Die ethnischen Bulgaren eines heute noch vorwiegend von ethnischen Türken besiedelten Gebietes ringen um ihre Identität. Mischehen sind hier seit jeher unerwünscht, sogar von einem bulgarischen Dorf zum anderen. Sicher ist sicher!

Als eine bulgarische Witwe einen bulgarischen Mann aus einem Nachbardorf geheiratet hatte, fragte die Nachbarin sie entsetzt: „Wie kannst du dich einem Fremden nackt zeigen?"

Ich erinnere mich an Frau Maria im siebenbürgischen Großau. Sie hat als Siebenbürger Sächsin einen Rumänen geheiratet und musste von da an in der Kirche hinten sitzen.

Die Freiheiten, welche die Minderheiten in einem Staat genießen, geben sie offensichtlich im Inneren ihrer eigenen Gruppe nicht weiter …

Inzwischen ist der Chauffeur des Museums mit dem Kleinbus eingetroffen, und

wir fahren weiter zum Dorf Getsovo, das sind rund fünf Kilometer.

Olga Dimitrova Marinova steht schon an der Haustür, als wir ankommen. Sie ist künstlerische Leiterin des Folk-Ensembles *Kapanska kitka*. Das Wort *kitka* bedeutet auf Deutsch: Sträußchen. Gemeint sind ganz bestimmte Sträußchen, aus bunten Wollbommel-Blümchen, die Bestandteil der bulgarischen Tracht sind. Die Frauen stecken sie sich ins Haar. Olga stellt eine Schale mit Trauben, Äpfeln und Zwetschgen auf den Tisch. Ein Gemälde, ein Stillleben, fast zu schade zum Essen. Dann bringt sie selbstgemachten Joghurt für Dimitar, den Chauffeur und mich. Das ist wirklich kein gewöhnlicher Joghurt, er hat an der Oberfläche eine dünne Kruste, fast wie kandiert. Essen und Loben sind eines! „Das ist der beste Joghurt von der Welt!"

„Warum schmeckt der so viel besser als unserer daheim?", frage ich.

„Das machen unsere Wiesen", antwortet sie, „dort wachsen Kräuter in einer Zusammenstellung wie nirgendwo auf der Erdkugel."

Toptschii ist das dritte Dorf, das wir besuchen, es liegt nördlich von Razgrad. Auch dort gibt es eine Lesehalle. Dimka Antonova Hristova und Milena Dontscheva Stojanova, die Sekretärin und die Leiterin der Lesehalle, wollen mir vor allem das Freilichtmuseum zeigen. Es liegt am Ufer eines kleinen Flüsschens am Rande des Dorfes.

Auf dem Weg dorthin kommen wir an einem Zaun vorbei, an dem auf einer Länge von fünfzig Metern buntscheckige Teppiche aufgehängt sind wie bei einer Ausstellung. Gegenüber führt eine etwa zehn Meter breite gepflasterte schräge Fläche in sanftem Gefälle zu einer Wand mit einer Art Viehtränke. Aus zwei Röhren plätschert Wasser. Daneben ein flaches Becken. Darin waschen zwei alte Frauen gerade Teppiche.

„Gehört das schon zur Ausstellung? Oder haben die Leute hier keine Waschmaschinen?“, frage ich, denn in Bayern habe ich schon des Öfteren Freilichtmuseen besucht, lebendige Museen, in denen gezeigt wird, wie das Leben früher ablief; auch hierzulande werden ja alte Bräuche im alten Stil aufwändig wie Theaterstücke nachgestellt und gefilmt, das habe ich schon am Vormittag in Ossenets erfahren.
Antonova Hristova stellt das sofort richtig: „Natürlich haben sie Waschmaschinen. Aber die großen Teppiche passen da nicht rein!“
Im Bauernhofmuseum gehen wir durch Wohnhäuser aus früherer Zeit. Unter den Einrichtungsgegenständen fallen am meisten die niedrigen Sitzmöbel auf. Es ist nicht zu übersehen, dass in Bulgarien ein halbes Jahrtausend lang die Osmanen regiert haben. Ich erkundige mich bei Dimitar, ob sich denn in dieser Region der hohe Anteil der Türken auch in den Wahlergebnissen spiegelt. Er bestätigt, was mir schon Bozhana in Sofia erzählt hat.
„Heute ist es so, dass es zwar keine ethnischen, politischen Parteien in Bulgarien geben darf, dass aber trotzdem eine Türkenpartei existiert. Sie nennt sich nur nicht türkische Partei, sondern *Bewegung für Rechte und Freiheit*“, erklärt mir der Dimitar.
„Aber das ist doch leicht zu durchschauen!“
„Ja, aber man muss wissen, dass unser Staat eine Art Beißhemmung gegenüber den Türken hat. Es gab mehrere Anläufe, ihnen die türkischen Namen zu verbieten und in bulgarische umzuwandeln. Der letzte Versuch fand 1984 statt. Das verstieß gegen die Menschenrechte, da machte sich der Staat schuldig. Das benützen die Türken als Druckmittel. Sie fordern: Dafür müsst ihr heute Rück-

sicht nehmen. Darüber hinaus treten die Türken als Mediator zwischen dem bulgarischen und dem türkischen Staat auf und sagen: ‚Ihr verdankt es uns, dass es nach der Wende keine ethnischen Konflikte gegeben hat wie zwischen Serben und Bosniern!' Das ist also das Fundament, auf dem sich die Partei der türkischen Minderheit behaupten kann. Sie ist sogar zum Mehrheitsbeschaffer bei Regierungsbildungen geworden und hat auch auf der lokalen Ebene in Dörfern und sogar in Städten wie Kardschali im Süden Bulgariens türkische Bürgermeister und mahnt unter Hinweis auf früheres Fehlverhalten des Staats Minderheitenrechte an, wie sie in Rumänien selbstverständlich sind: türkischen Muttersprachenunterricht in Grundschulen und islamistischen Religionsunterricht."

„Man hört oft, dass die türkische Partei die Stimmen ihrer Wähler mit Geld erkauft?"

„Ja, man hört das immer wieder, ja, aber ich kann nichts dazu sagen", antwortet Dimitar vorsichtig.

Am Abend lassen wir uns vor der Autowerkstatt absetzen. Vorhang auf für die Hebebühne! Ein Mechaniker erklärt uns, dass er sich vorstellen kann, was kaputt ist. Er müsse ein Ersatzteil besorgen, sagt er, dazu brauche er noch einen Tag. Gut, dann zieh ich in eine Pension in der Nähe der Werkstatt und komme morgen Abend wieder…

Am Tag drauf bin ich noch einmal mit Dimitar verabredet. „Wir treffen uns vor dem Eingang des Theaters im Zentrum", hat er gesagt. Ich überquere den Beli Lom, der mitten durch die Stadt fließt, und gelange schnell auf den großen zentralen Platz der Stadt. Hier stehen sich zwei markante, extrem unterschiedliche Gebäude gegenüber: Die Ibrahim-Pascha-Moschee, die Anfang des 17. Jahrhunderts gebaut wurde, und der moderne Betonbau des Anton-Strashimirov-Theaters, in dem das weltberühmte Razgrad Folklore-Ensemble seinen Sitz hat.

Die Moschee mit ihren anmutigen Ornamentverzierungen und dem hohen

Minarett gehört zu den ältesten und größten auf dem Balkan. Bei Ausgrabungen stellte man 1993 fest, dass die jetzige Moschee auf den Grundmauern einer noch wesentlich älteren steht. Gegenwärtig kann man das Gebäude nur von außen besichtigen. Es weist beträchtliche Bauschäden auf. Schaut man genauer hin, sieht man, dass auf den Simsen Gras wächst, sogar ein paar kleine Birken sind bereits aufgegangen.

„Der türkische Staat wünscht, dass diese alte Moschee wieder ein Gebetshaus wird. Die bulgarische Regierung möchte lieber ein Museum daraus machen. Eine Entscheidung ist noch nicht gefallen", sagt Dimitar, der jetzt zur Eile drängt. Rumyan R. Zanev, der Choreograf und künstlerische Leiter des Kapanski Ensembles erwartet uns schon. In den Gängen herrscht reges Treiben, wir fragen uns durch bis zum Büro des Chefs. Der sitzt ruhig hinter einem übervollen Schreibtisch und scheint alle Zeit der Welt zu haben. Seit 1996 leitet er das Ensemble und begleitet es auf Tourneen durch die ganze Welt. Auch in Deutschland sind sie schon oft aufgetreten. Er mag Deutschland, und das sagt er nicht nur, um mir Honig ums Maul zu schmieren. Vor allem die deutsche Pünktlichkeit beeindrucke ihn jedes Mal aufs Neue. „In Bulgarien ist Pünktlichkeit ein Fremdwort!" meint er und lacht.

Als wolle er ihn eines Besseren belehren, kommt einer seiner Mitarbeiter herein.

„Schon fertig!", ruft er.

Er hat für mich eine CD mit musikalischen Beispielen kopiert.

Dann erklärt mir Rumyan R. Zanev die Zusammensetzung des Ensembles: „Wir haben drei Abteilungen: das Orchester, besetzt mit Volksmusik-Instrumenten, einen Chor mit zwölf Frauen und eine weitere Abteilung mit Tänzerinnen und Tänzern, mit zwölf Frauen und zwölf Männern."

Er greift zwischendurch zum Telefon, bestellt für uns bei einem Kollegen Kaffee und fährt fort: „Wir haben es uns zur Aufgabe gemacht, die reichhaltige bulgarische Musik- und Tanztradition zu bewahren. Ich denke, unsere Professionalität, die unkonventionelle Präsentation, aber auch die originellen musikalischen und szenischen Einfälle findet man nicht leicht bei anderen Inszenierungen der bulgarischen Volkskultur. Wir bieten keine Originalmusik und keine Originaltänze, sondern höchst anspruchsvolle künstlerische Verarbeitungen und Weiterentwicklungen dieser alten Musikformen, die inzwischen in der ganzen Welt Aufmerksamkeit erregt haben. Die Tänzer und Tänzerinnen sind Profis, sie sind angestellt. Sie sind so etwas wie eine Visitenkarte für die Stadt und für unser Land."

Ich frage ihn, wie er zu der eher kitschigen, trivialen Volksmusik stehe, die viele Fernsehsender verbreiten und die man in Deutschland eher „volkstümliche Musik" nennt.

Er drückt sich auffallend vorsichtig aus. Vielleicht will er sich keine Feinde machen.

„Schieben wir einmal die schlechten Musikbeispiele beiseite. Jedes gute Ensemble hat eine Vision, auf welche Weise diese Folklore präsentiert werden soll, ein Konzept, das bei uns heißt: Folklore auf einem modernen Fundament. Jede Generation muss ihren Beitrag zur Weiterentwicklung der Folklore liefern. Das Kapanski Ensemble ist eine der ältesten Gruppen, die sich die Modernisierung bulgarischer Folklore zum Ziel gesetzt hat."

Er will mir das am Beispiel des einfachen bulgarischen Tanzes Choro erläutern, den mir auch Nikolai Gentschev im Lokal in Russe beschrieben hat.

„Die Leute versammeln sich, bilden einen Kreis, normalerweise tanzt man das traditionell, aber dann gibt es junge Leute, die etwas Neues einbringen, ganz egal, ob sie der Alkohol dazu ermutigt, oder dass sie einfach nur mehr Energie haben als die Alten, sie improvisieren und fügen dem Tanz neue Elemente bei. Und diese jungen Leute sind gute Sensoren für neue Bewegungen, neue Schrittfolgen, die dann von anderen übernommen werden. So entwickelt sich dieser Tanz ständig weiter. Volksmusik ist ja nichts fürs Museum, die muss gelebt werden."

„In Bulgarien lernt man diese Tänze sogar in der Schule, habe ich gehört."

„Nein, vielleicht früher – heute, soviel ich weiß, nicht mehr. Es gibt verschiedene Kindergruppen in allen Regionen, mit denen man so etwas in den Lesehallen, die bei uns überall existieren, einüben kann."

Auf einmal steht er auf und nimmt ein kunstvoll gearbeitetes Instrument von der Wand, eine Art Laute.

„Das ist ein bulgarisches Streichinstrument, eine Gadulka. Anfangs hatte sie nur drei Saiten aus Katzendärmen. Dann wurde sie immer weiterentwickelt. Sie ist verwandt mit der Geige. Ein wichtiges Instrument bei uns im Orchester!" Dann nimmt er eine lange Flöte vom Fensterbrett und hebt sie hoch.
„Der Kaval ist ein Hirteninstrument, das Nationalinstrument Bulgariens und Mazedoniens. Mit ähnlichen Flöten spielt man auch in Armenien, Rumänien und in der Türkei. Ich kann damit nicht spielen ...", sagt er, und tatsächlich klingt es schrecklich, als er hineinbläst. „Unsere Musiker im Orchester können das natürlich. Die haben alle die Filip-Kutev-Volksmusikschule in Kotel besucht, das ist eine alte kleine Stadt im Osten des Balkan-Gebirges, ungefähr hundert Kilometer südlich von Razgrad. Filip Kutev war ein Komponist. Er hat das erste Staatliche Ensemble für Volksmusik und Tanz gegründet."
Es gibt noch ein weiteres wichtiges Instrument im Volksmusik-Orchester. Davon kann er mir im Augenblick nur ein Foto zeigen.
„Das ist die Gajda, meist gefertigt aus Ziegenhaut mit nach innen gewendetem Fell, auch Sackpfeife oder Dudelsack genannt. Sie ist ebenfalls ein altes Hirteninstrument, das heute in den verschiedensten Formen und Weiterentwicklungen in ganz Europa zu finden ist."
Zum Abschied gibt Rumyan Zanev mir eine DVD mit der Aufnahme eines öffentlichen Auftritts des Ensembles in Holland mit. „Es reicht nicht, die Musik zu hören", meint er, „man muss auch die Choreografie und die Tänze sehen!"
Die bescheidene, aber überaus fachkundige Art und Weise, wie Rumyan die Arbeit des Ensembles vorstellt, kann nicht darüber hinwegtäuschen, dass ich es hier mit Musik, Klang- und Tanzkunst von Weltrang zu tun habe. Als er vorhin die Stimmen der bulgarischen Sängerinnen vorgespielt hat, habe ich eine Gänsehaut bekommen – Stimmen sind das, die Gläser zerspringen lassen können. Sie werden Teil meiner *Songlines* für unterwegs.

Wo geht's denn hier zum Schwarzen Meer?

Der Tag gestern steckte voller neuer Eindrücke, sodass ich mein Autoproblem ganz gut verdrängen konnte. Frühmorgens aber muss ich an den Stadtrand von Razgrad zur Werkstatt. Wenn die Reparatur mehr als 300 Euro kostet, kann ich den Karren gleich stehen lassen. Doch es stellt sich heraus: Die Bulgaren haben nicht nur den besten Joghurt, sondern auch die besten Auto-

mechaniker der Welt. Bei denen kann man tatsächlich von Handwerkskunst sprechen. Die wechseln nicht einfach irgendein Modul aus, wie es bei uns üblich ist, und das kostet dann laut Leistungsverzeichnis 1.200 Euro. Nein, der Mechanikus hier hat irgendein Teil bei einem Schrotthändler gekauft und die Pumpe der Servolenkung wieder gängig gemacht. Für 40 Euro. Aber er hebt warnend den Zeigefinger und sagt: „Nur Provisorium! Daheim nachschauen lassen!“
„Prima, da kann ich heute weiterfahren Richtung Schwarzes Meer!“
Ein Anliegen hat er noch und meint verschämt, dass er gern in einer Autowerkstatt in Deutschland arbeiten würde, ob ich mich nicht vielleicht erkundigen könne, ob es da Möglichkeiten für ihn gäbe. Deutsch würde er bestimmt schnell lernen, wenn er erst einmal eine Arbeit und eine Wohnung hätte. Ja, ich verspreche es ihm, bei uns im Nachbarort zu fragen.

Ist es die Freude, dass die Geschichte mit dem Auto wieder gut ausgegangen ist? Ich komme mir vor, als wären mir von einem Moment auf den anderen Flügel gewachsen. Aber ich bin ja auf eine trotzige Weise unbelehrbar und werde weiterhin die großen Straßen meiden. Will mich auf verschlungenen Pfaden dem Meer nähern. Es beginnt zu dämmern, mir wird auf einmal bewusst: Keine Ahnung, wo ich bin. Das Navigationsgerät befrage ich eh schon lang nicht mehr. Und auf der Karte finde ich die Namen der Orte nicht, die ich durchfahre.
Es ist inzwischen Nacht geworden. Die Straße führt mich nach Westen. Das erkenne ich daran, dass der Horizont vor mir noch lange hell bleibt, zuerst hellblau, dann dunkler mit einem rötlichen Saum, deutlich abgetrennt vom Schwarz der Silhouette des Balkan-Gebirges. Es ist die falsche Richtung, ich weiß es und fahre trotzdem weiter …
Vorsicht, überall tiefe Schlaglöcher, so wie ich es auf Nebenstraßen hierzulande gewohnt bin, keine Seitenstreifen, keine Mittellinie. Auf einmal ein Ortsschild: Търговище – Tar-go-vischte. Kaum Lichter in den Häusern. Und erst die Straßenbeleuchtung, was für Funzeln! An einer Tankstelle erkundige ich mich

nach dem nächsten Supermarkt. Der Tankwart deutet nach vorn ins Dunkel. Da fahre ich hin, und das schon bald im Slalom, damit die Räder nicht in eines der Löcher geraten. Dann eine Ampelanlage. Hier wird's gefährlich, Einordnen hilft nichts, zwei andere Autos fahren wie ich mit der Slalom-Methode. Ich warte ab. Fahre im Schritttempo weiter. Endlich eine Ansammlung von Geschäften. Kleine beleuchtete Auslagen. Die haben alle noch offen, dabei ist es schon halb zehn. Der erste Laden verkauft ausschließlich alkoholische Getränke. Die anderen sind Lebensmittelläden. Sie unterscheiden sich im Angebot kaum voneinander. Vor einer Ladentür dreht sich in einem kleinen, hell beleuchteten Grillgerät ein Hähnchen. Zwei junge Burschen stehen davor und schauen zu, wie das Viech langsam knusprig wird. Sie glotzen in den Kasten, als wär es ein Fernsehgerät, in dem ein spannender Krimi gezeigt wird. Vor den Geschäften verbreitet sich der Geruch des brutzelnden Gockels. Auf einem vollen Müllcontainer turnen einige Katzen herum und suchen nach Fressbarem. Dort, wo die Häuserzeile mit den Läden endet, stehen Marktstände. Da brennt bei manchen noch Licht. Paprika, wunderbare gelbe Birnen, Tomaten, Weintrauben, Peperoni.

„*Dobra vecer!* Guten Abend!" sag ich.

„*Dobra vecer!*", sagt er

Was brauch ich denn – nur nicht zögern, langt ja, wenn ich hinzeige und mein Gegenüber ein paar Schlüsselwörter versteht. So sag ich schnell auf Bairisch, damit der Sprachfluss nicht gestaut wird: „A bissl an Paprika und a Zitrona breichert i!"

Und er kann zeigen, wie gut er mich verstanden hat.

„*Ah, Paprika, da, Citrone, da, da!*"

Der Verkäufer deutet auf die Steigen mit den Zitronen und den gelben, grünen, roten Paprikaschoten. Verstehe, ich soll mir herausklauben, was ich will. „*Da*", sage ich, „*da*", das heißt ja überall auf dem Balkan „ja". Langsam fülle ich meine Tüte und schau mir jede Schote genau an.

Während dieser Reise habe ich schnell gelernt, dass es keinen Sinn hat, sich in Geschäften mit dem Wörterbuch vor den Einheimischen aufzubauen und dann mühsam ein Wort zu buchstabieren. Das sie schüchtert ja nur ein. Ich kenne das, da messen sie dem Wörter-Gestopsel oft viel zu viel Bedeutung zu, zucken mit den Achseln und sagen lieber gar nichts. Das Gespräch soll fließen, ganz egal in welcher Sprache, dann klaubt sich das Gegenüber die Brocken schon heraus, die es versteht. Und jeder hat ein gutes Gefühl. Wir unterhalten uns, so gut es eben geht. Und wir verstehen uns, so gut es geht. Und wir lachen zusammen. „Also, *merci, ciao!*"

Bei der Frau im Laden, in dem ich Oliven und Ziegenkäse kaufen will, tu ich mich härter. Wie deutet man Ziegenkäse an? Ich zeige mit einer kreisenden Handbewegung über die Käsetheke. Sie nickt. Das hat sie verstanden und sagt, was ich hätte sagen sollen: „*Sirene* / Сирене!" Dann nehme ich die Hände über den Kopf und versuche gebogene Hörner anzudeuten. Aber sie zieht die Mundwinkel nach unten und runzelt die Stirn. Was könnt ich tun? Ich meckere. Und noch einmal. Ihr Gesicht entspannt sich …

„*Da, Kose!*", ruft sie und grinst.

Da, da, da, richtig, ich entziffere die Schrift: Козе – *Kose*, das Wort für Ziege habe ich ja beim Ziegenjoghurt in Pleven gelernt. Soll ich einen Luftsprung machen, Menschenskind, ich kann Ziegenkäse sagen: „*Kose Sirene* / Козе сирене!" Was für ein Überschwang bei so einem nützlichen Geblödel entstehen kann. Sie lacht noch mehr als vorher, quietscht fast wie ein Schulmädchen, die rotbackige rundliche Frau mit den Kruschellocken, die bestimmt schon die vierzig überschritten hat.

Beim Abschied ruft sie: „*Bye-bye!*" Weil sie mir eine besondere Freundlichkeit erweisen will, mit einem Abschiedsgruß, bei dem sie davon ausgeht, er sei Teil meiner Sprache. So zeigt man sich halt ganz nebenbei, dass man sich gut ist.

„*Bye-bye!*", antworte ich und füge hinzu: „Das ist international!"

Und sie ruft mir hinterher: „*Da, da*, international!"

Der Steinerne Wald

Zimmer habe ich gestern natürlich keines mehr gefunden. Hab mich auf einen Parkplatz mitten in der Stadt gestellt, da kann einem keiner was anhaben, dann den Rücksitz nach vorn geklappt, die Isomatte ausgerollt, den Schlafsack aufgeschlagen und mich schräg in den Kofferraum gelegt, den Rucksack als Kopfkissen. Am frühen Morgen gibt es ein ausgiebiges *Kose-Sirene-Frühstück*. Während der Weiterfahrt rekapituliere ich ab und zu den neuen Wortschatz: „*Maslina*, das ist die Olive. *Kose* ist die Ziege. *Sirene*, der Käse. *Da! Kose Sirene*, ja, der Ziegenkäse. *Da, da, da!*"

Zwanzig Kilometer vor Varna habe ich die Ausläufer des Balkan-Gebirges hinter mir. Ein Schild weist auf eine landschaftliche Besonderheit hin. Soll ich? Ja, klingt interessant: Pobiti Kamani / Побити камъни. Da brauche ich das Wörterbuch – *Pobiti Kamani*, wörtliche Bedeutung: „in den Boden gerammte Steine". Gleich neben der Schnellstraße ist ein Parkplatz. Verteilt auf einem rund sieben Kilometer langen und zwei Kilometer breiten sandigen Areal stehen in unterschiedlichen Abständen, Säulen mit verschiedensten Formen, hochgestreckte schlanke neben kleinen dicken Stumpen. Wegen der Ähnlichkeit mit zu Stein gewordenen Baumstümpfen sagen die Leute hier zu diesen Erscheinungen auch Steinerner Wald.

Steinsäulen von fünf bis acht Metern Höhe und einem Durchmesser von dreißig Zentimetern bis zwei Metern. Einige sind in zwei oder mehr Teile zerbrochen. Sie stehen aufrecht, einzeln oder in Gruppen aufrecht in der Landschaft, als hätte eine gewaltige Maschine sie in den Sand gestoßen. Vor zwei Jahrhunderten hielt man diese säulenförmigen Steingruppen für die Überreste einer antiken Stadt. Das klingt plausibel, denn ein paar Kilometer entfernt befinden sich die Ruinen von Marcianopolis, der größten antiken Stadt auf dem Gebiet des heutigen Bulgarien. Es gibt inzwischen verschiedene wissenschaftliche Hypothesen, die von einer natürlichen Entstehung unter dem Meeresgrund vor

Millionen von Jahren sprechen: Ablagerungen aus Sand und Kalk oder von Korallen und Algen… Wie auch immer. Genau weiß man es nicht. Bei uns daheim würde man sagen: „Nix Gwieß‘ woaß man net!“
Entdeckt hat man die Säulen beim Abtragen von Bausand. Mir bleiben sie als natürlicher Skulpturenpark in Erinnerung: Irritierende Wesen, erstarrte Tiere, einsame Wanderer, wo zwei nah zusammenstehen, sind es Liebespaare, Gruppen von fünf bis sechs sind Familien – alles Touristen – viele Einzelreisende sind darunter. Etliche sind innen hohl, denen wachsen kümmerliche Stauden aus dem Leib. Andere liegen zerborsten auf dem Boden, daneben die Rettungssanitäter. In den schrägen Strahlen der untergehenden Sonne erweitert sich das Spektrum der Interpretationsmöglichkeiten. Ich muss weiter. Im Gehen sag ich mir: Schau an, wie viel Würde diese abstrakten Figuren auf einmal ausstrahlen.

im steinernen wald

abgebrochene säulen
baumstämme gewachsen den himmel zu tragen
verloren stehen sie nebeneinander

platzhalter für menschen die einander nahestehen
daneben im abseits wie so oft ein einzelner dritter
der dazugehört und doch nicht

liebespaare freunde freundinnen familien
für kurze zeit stehen sie im scheinwerferlicht
der untergehenden sonne

aus lichtgestalten werden schatten
in einem der hohlen stümpfe geht ein sprössling auf
schau von anfang an hat er schlagseite

mach dich nicht wichtig
verneige dich
erfahre die gnade der nacht

Durchs Spalier der Blechpferde zur „Weißen Stadt" am Schwarzen Meer

Am Stadtrand von Varna links und rechts der Straße eine endlose Aneinanderreihung von Gebrauchtwagen-Arealen. So viele alte Autos. Ein Spalier von Blechpferden. Da würde mein Ford Fusion dazupassen. Dazwischen Schrottplätze, die die Funktion von Ersatzteillagern haben. Es soll Autodiebe geben, die ihre Beute in viele Einzelteile zerlegen, damit sie als Beweisstück für immer unauffindbar ist.

Wie steht's eigentlich um mein Auto? An einer Haltebucht bleibe ich stehen und prüfe den Stand der Bremsflüssigkeit und des Servolenkungsöls. Passt! Übrigens, beim Automechaniker in Razgrad hab ich ein bulgarisches Wort aufgeschnappt: Motoröl heißt auf Bulgarisch: *maslo* / масло – genauso wie Butter. Seit der Reparatur läuft der Motor wie geschmiert. Alles in Butter!

Die kleine Hafenstadt Baltschik[153] liegt am Schwarzen Meer im bulgarischen Teil der Dobrudscha rund dreißig Kilometer nördlich von Varna und hat zwischen Erstem und Zweitem Weltkrieg zu Rumänien gehört. Von hier sind es nur noch gut 100 Kilometer nach Constanța.

Der Ort ist vor allem bekannt wegen des von der steilen Küsten zum Meer hin abfallenden Botanischen Gartens und der Sommerresidenz der rumänischen Königin Maria[154]. Ich nähere mich vom Hafen her und erkenne das königliche Sommerhaus schon von Weitem an seinem Minarett. Die Königin hat das Haus nach dem Tod ihres Mannes Ende der 1920er Jahren im byzantinisch-orientalischen Stil bauen lassen. 1938 starb sie. Ihr Herz wurde auf ihren Wunsch hin in diesem Park bestattet. 1940 gab Rumänien mit dem Vertrag von Craiova die südliche Dobrudscha und damit auch die Städte Silistra, Baltschik und Tutrakan an Bulgarien zurück.

Am Ausgang des Botanischen Gartens eine Gasse mit

[153] Baltschik / Балчик, ca. 10.000 Einw.

[154] Königin Maria von Rumänien siehe S. 196 f

Verkaufsständen. Die Saison ist vorbei. Die Inhaber der Stände sind wohl noch unentschieden. Sollen sie die Strohhüte wegräumen und schon die Wollhauben anbieten? Sie bieten beides, Winter- und Sommersachen, ein buntes Durcheinander.

Oben an der Hauptstraße ein kleines Lebensmittelgeschäft. Eine ältere Frau mit grauem Bubikopf, in Trainingshosen und im Nike-T-Shirt, steht neben der Ladentheke zwischen Ansichtskartenständern und schaut mich erwartungsvoll an. So um die sechzig mag sie sein.

Ich verlange „*Voda!*" und füge auf Deutsch hinzu: „Eine Flasche Wasser bitte!"

Als sie das deutsche Wort „Wasser" hört, spricht sie mich sofort auf Deutsch an.

„Wasser, gerne – Liter, halber Liter oder kleiner?"

„Wo haben Sie so gut Deutsch gelernt?", frage ich, um ihr ein wenig zu schmeicheln.

„Von den deutschen Touristen", antwortet sie und fügt gleich hinzu: „Meine Schwester arbeitet in Deutschland, dort ist es besser, man verdient gut Geld. In Deutschland ist es schön."

In der kommunistischen Zeit sei sie ein halbes Jahr in Cottbus gewesen, erzählt sie weiter, dort habe sie das erste Mal ein bisschen Deutsch gelernt. Und ich frage nach. Das sei wohl eine harte Zeit gewesen unter den Kommunisten, oder?

„Nein", sagt sie, „nein, das nicht, das war schön, schöner als jetzt!"

Sie hat andere Sorgen. Ihr Mann ist vor ein paar Wochen gestorben. An der Ladentür hängt noch die Todesanzeige mit seinem Foto.

„66 Jahre. Schlaganfall. Danach war er gelähmt", sagt sie, „vorher hat er in einer Diskothek gearbeitet, unten am Strand. Jetzt bin ich allein und überlege, ob ich nicht zu meiner Schwester nach Stuttgart ziehen soll. Die wird nie mehr zurückkommen, sie verdient sehr gut: 1.050 Euro im Monat. Meine Tochter könnte das Geschäft hier übernehmen."

Ob ihr denn das Fortgehen nicht schwerfalle?

„Ja, ja, ich bin in Baltschik geboren und aufgewachsen, mein Mann auch …"

Sie beginnt zu weinen, und ich habe das Gefühl, mich zu weit auf privates Terrain gewagt zu haben. Das tut mir leid, denn wie sollte ich sie trösten? Jetzt erst, am Ende des Gesprächs, eher aus Verlegenheit, stelle ich mich vor. Auch nach ihrem Namen erkundige ich mich.

Rosa heiße sie, „Rosa, wie Rosa Luxemburg", fügt sie hinzu.

„Ciao! Alles Gute, Rosa!"

Ausflug zum Kap Kaliakra

An der Rezeption unterhalte ich mich mit Irina. Sie ist Touristikmanagerin, spricht fließend Deutsch, hat ihre Kindheit in Russland verbracht, 200 Kilometer nördlich des Schwarzen Meeres. Dort ist sie ins fremdsprachliche Gymnasium gegangen und hat als erste Fremdsprache Deutsch gelernt. Ihre Mutter stammt aus Bulgarien. Ihr Vater ist Russe, er arbeitet in Bulgarien als Elektriker. Irina gibt mir den Tipp: Unbedingt zum Kap Kaliakra fahren!
Auf dem Weg zum Kap verstehe ich, warum Ovid Baltschik als „weiße Stadt" bezeichnet hat. Die Straße wird gesäumt von Felsenriffen, im Sonnenlicht schauen sie aus wie weiß bleckende Reißzähne.
Oberhalb der Küste ein Hochwald aus Windrädern, grad so wie in der rumänischen Dobrudscha zwischen Constanţa und Babadag. Auf den weiten Trockenwiesen geben sie der Landschaft ein eigenes, mondänes, fast elegantes Gepräge. Sie fächeln, sie rudern, bringen behutsam Bewegung an den Horizont. Und sie erzeugen Strom, hoffentlich bald so viel, dass die Rumänen und Bulgaren auf ihre Atomkraftwerke verzichten können. Es ist ein gutes Gefühl zu sehen, wie man aus ein bisschen Wind unglaubliche Mengen Energie erzeugen kann, ohne die Menschen in ihrer Existenz zu gefährden. Es geht aufwärts mit Bulgarien, wenn auch nicht überall, hier scheint ein Anfang gemacht.
Ich lasse den Windpark hinter mir und nähere mich Kaliakra. Zunächst dürre, von der Sonne ausgebleichte Wiesen, nur wenige Büsche und Bäume. An der Spitze des Kaps hat früher eine Burg der Thraker gestanden, die als uneinnehmbar galt. Heute befindet sich auf dem siebzig Meter hohen Felsen eine brummende, summende, fiepsende Radarstation des bulgarischen Militärs.

Ringsum Vogelgeschrei. Scharen von Vögeln segeln auf die Reste der Burg zu und lassen sich vom Wind wieder hinaus übers Meer tragen. Mir wird angst um sie, denn die Windräder stehen doch sehr nah an der Küste.
Die Sonne steht tief über der hohen Steilküste, die ich von hier aus kilometerweit verfolgen kann, bis sie nach Baltschik hin verflacht und nur noch

als Wand erkennbar ist, die hinter der Stadt aufsteigt. Auf dem Rückweg halte ich noch einmal an und gehe von der Straße zu den Klippen, die jetzt bei Sonnenuntergang rot aufleuchten. Eine Sage, die vermutlich zur Hebung des bulgarischen Nationalgefühls erfunden wurde, erzählt von der Jungfrau Kaliakra und ihren vierzig Begleiterinnen, die sich wegen der bevorstehenden Eroberung Bulgariens durch die Osmanen von diesen Felsklippen ins Meer stürzten, um nicht in einem türkischen Harem zu enden.

Zurück in meinem Zimmer. Mir fällt auf, ich hab vor lauter Schauen das Fotografieren vergessen. So übertrage ich die Erinnerungsbilder aus dem Kopf ins Notizbuch: Tiefstehende Sonne, Schneckenhäuser leuchten auf wie Glut, die noch einmal aufglimmt, bevor das Lagerfeuer verlischt. Leichter Wind von der Küste her wirbelt ein paar Flaumfedern auf. Kondensstreifen ziehen das Licht außer Sichtweite. Einzelne Cirruswolken am zerkratzten Himmel. Das Meer unberührt bis auf ein paar flackernde Lichter. Und bis in die Magengrube hinein dumpfes Brummen der Geräte aus der Radarstation. Was fangen sie auf dort? Hilferufe von Flüchtlingen an der türkischen Küste vielleicht?
Dann will ich mir die Fotos anschauen, die ich im Botanischen Garten aufgenommen habe. Sie sind einem unerklärlichen digitalen Fehler zum Opfer gefallen. Die sind weg, einfach weg! Der Verlust der Bilder tut weh: Ich hatte mich auf sie verlassen, mich der Euphorie hingegeben, mit der Fotolinse statt mit den Augen geschaut. Ganz anders als am Kap, dort habe ich den Beobachtungen vertraut. Im Botanischen Garten war ich so überwältigt von der Vielzahl an Eindrücken, die ich festhalten, unbedingt festhalten wollte, dass ich allein auf meine Fotonotizen gesetzt habe. Jetzt versuche ich mich mühsam zu erinnern. Ich schaffe es einfach nicht, die vielen Details wieder zu einem Ganzen zusammenzusetzen, sie sind einfach nicht mehr greifbar.

Vorbei am Goldstrand entlang der Küste zur türkischen Grenze

An der Küstenstraße von Baltschik in Richtung Varna gibt der Wald ab und zu den Blick aufs kräftig blaue Schwarze Meer frei. In der Stadt herrscht Verkehrschaos. Die miserable Beschilderung tut ein Übriges, meinen Grant zu verstärken. Nix wie weg hier, will nichts sehen von der Stadt. Die Ampeln werden, wie schon in Sofia und Russe, ergänzt von Countdown-Anzeigen im Sekundentakt.

Grüne Ziffern, von 40 bis hinunter auf 4 – 3 – 2 – 1: Stopp! Dann Warten, die Ziffern rot: … 5 – 4 – 3 – 2 – 1, und los geht's, wenn die Zahlen wieder grün sind. Wie der Start bei einem Autorennen. Das heizt meinen Grant auf die sowieso schon rasanten Autofahrer weiter an. Gas geben! Immer nur aufs Gaspedal steigen. Weiter, weiter nach Süden … Vielleicht tu ich den Städten Varna und Burgas unrecht. Mir graust es halt vor dem Massentourismus. Er hinterlässt ja überall seine Spuren lange über die Saison hinaus.

Bald nach Burgas wird die Straße schmäler, werden die Dörfer kleiner. Hier sind sogar Naturschutzgebiete ausgewiesen, Wälder, die bis zum Meer reichen. Bin müde, halte an, steige aus, gehe am Meer spazieren. Am Strand liegen Felsblöcke. Ich setze mich auf einen und beobachte die Brandung. Unruhig ist das Meer heute, der Wind treibt die Wellen vor sich her, die an ihren Kämmen Luftbläschen unter den Wasserspiegel drücken, sodass weiße Gischtsträhnen entstehen. Das Meer atmet ein. Wuchtig drängen die Wogen auf die Küste zu, Wellen, die verflachen und beim Zurückebben an ihren herandrängenden Nachfolgern zerbrechen. Dann laufen sie aus zwischen Geröll und Sand. Das Meer atmet aus, die Welle schwappt ins Meer zurück, zieht weiße Schlieren hinter sich her, blockiert die nächste Welle, wenn diese zu schwach ist, oder wird von ihr, wenn sie stärker ist, überrollt und mitgerissen, zurück zwischen Sand und Steine. Ich lausche auf dieses anschwellende, abschwellende Geräusch, das sich unendlich wiederholt. Manche mögen das Meditieren nennen, das ist mir in diesem Augenblick zu hoch, ich hock nur da und schaue und höre der Wassermusik zu, atme die salzige Luft ein, atme sie aus, atme so lange im Rhythmus der Brandung bis ich im Gleichgewicht bin. Dann fahre ich ein Stück weiter. Am Fuße eines Hügels halte ich wieder an und gehe ein Stück hinauf, will einen neuen Ausblick aufs Meer suchen.

Lautes Musikgeschepper. Zweihundert Meter hinter mir eine kleine Hütte, umgeben von einer Pop-Musik-Wolke, ein englisches Lied, sentimentale Melodie. *Let me go / I don't wanna be your hero / I don't wanna be a big man / Just*

wanna fight like everyone else … Das Räderwerk der Weltkultur, die Zahnräder der Konsumgesellschaften, sie greifen weit aus, von Amerika und Europa bis Asien finden sie ein Gegenüber und greifen, greifen ein, drehen den Verlauf des Weltgeschehens weiter, weiter und weiter. *Your masquerade / I don't wanna be a part of your parade / Everyone deserves a chance to / Walk with everyone else / While holding down / A job to keep my girl around / And we can whisper things / Secrets from my American dream …* Also nähere ich mich. Ein Typ mit langem schwarzen Haar und einem wild auswuchernden Bart tritt vor die Tür seiner Behausung, ein moderner Einsiedler. Er muss mich beobachtet haben, als ich den Hügel hinaufging. Kurz bevor ich seine Hütte erreiche, geht er wieder hinein. Erst als ich vor der Tür stehe, taucht er wieder auf. Er hat eine Schnapsflasche in der Hand. Und zwei Gläser. Er deutet auf die Bank neben der Tür. Dann geht er noch einmal zurück ins Haus, dreht die Musik so laut auf, dass es fast wehtut, und grölt dazu: *Let me go / I don't wanna be your hero / I don't wanna be a big man / Just wanna fight like everyone else …* Schon ist er wieder da und setzt sich zu mir, schenkt zwei Gläser bis zum Rand ein. Wie er grinst und mir zuzwinkert, als wären wir alte Freunde, die sich nach langer Zeit wiedersehen. Irgendwie ein sympathischer Kerl. Er hört auf zu singen, schenkt nach und prostet mir zu, schaut versonnen in die Nacht, als erwarte er noch jemanden. Ich muss weiter, im Schneckentempo bewege ich mich ein paar Kilometer weiter nach Süden bis Sinemorets [155], wo ich ein Zimmer bestellt habe.

Was ist los da draußen? Sonntag, sieben Uhr morgens, ein Geschrei und Türenschlagen, überlaute Motorgeräusche, Lastwagen, Motorsägen. Bullige Fahrzeuge, herübergerettet aus der kommunistischen Zeit. Sie stoßen schwarzen Rauch aus und verbreiten grässlichen Gestank. Alle Roma der Gegend scheinen sich auf dem Platz zwischen meiner Pension und dem Waldrand versammelt zu ha-

[155] Sinemorets liegt 60 km südlich von Burgas an der Mündung des Flusses Veleka, ca. 200 Einw.

ben. Sie sitzen oder stehen in kleinen Gruppen zusammen und unterhalten sich. Wenig später beginnen sie mit Kettensägen die Sträucher und Bäume von den Straßenrändern zu entfernen. An die zwanzig Männer werkeln. Nur einer hockt im Lastwagen, raucht und schaut den anderen zu. Die einzige Arbeit, die er bis geleistet hat, war es, zehn Meter vor seinem Lastwagen ein Verkehrshütchen aufzustellen, quasi, „Vorsicht, hier wird gearbeitet". Ich frage mich: Wer ordnet diese Arbeiten an, wer bezahlt sie, wer erlaubt es, das Holz abzutransportieren? Zugegeben, das sind deutsche Fragen. Der Winter steht vor der Tür, die brauchen halt was zu heizen. Und wie wollen sie mit dem feuchten Holz ihre Häuser warm kriegen? Das ist keine deutsche Frage, das ist eine Frage des Sachverstands.

An der türkischen Grenze

Die türkische Grenze wird von dem schmalen Fluss Rezovo [156] markiert, genauso heißt auch das das bulgarische Dorf, bei dem er ins Schwarze Meer mündet.

Am Ufer liegen, in einer langen Reihe vertäut, blau-weiß gestrichene Fischerboote. Auf der türkischen Seite sind weder Häuser noch Boote zu sehen, nur ein überdimensioniertes rotes Schild, darauf ein weißer Halbmond und ein weißer Stern. Drüber flattert eine Fahne mit den gleichen Emblemen. Der Grenzfluss schaut an der Mündung aus wie ein begradigter Bach. An beiden Ufern mehr als zehn Meter hohe Dämme. Und überall Schilder: *Fotografieren verboten.* Natürlich fotografiere ich. Was soll schon passieren. Die alten Zeiten

[156] Rezovo liegt 10 km südlich von Sinemorets am Fluss Rezovo, ca. 80 Einw.

sind vorbei, auch in Bulgarien. Auf dem Hochufer im Dorf Rezovo steht zwar ein Wachturm, schaut aber nicht so aus, als wäre er besetzt. Nirgendwo ein Mensch zu sehen. Draußen, weit draußen, das Schwarze Meer. Es wird Nacht. Vögel huschen vorbei. Flügelschlagende Stille.

vor dem einschlafen

ich steh an der steilküste
am rande meiner welt

oben und unten sind eins
hier kann ich nicht abstürzen

einfach schweben schweben und sanft landen
im spanntuch zwischen himmel und erde

Ein Wegweiser nennt den Namen Istanbul. Von hier aus wären es nur noch 280 Kilometer zur Nahtstelle von Orient und Okzident. Aber mir geht das Geld aus. Auch die Zeit läuft mir auf einmal davon. Trotzdem, das einstige Byzanz, das spätere Konstantinopel des Oströmischen Reiches, bleibt ein Traumziel. Erst die Osmanen haben der Stadt den Namen Istanbul gegeben. Wie gern würde ich dieses Monstrum von Stadt besuchen. Siebzehn Millionen Einwohner! Ganz Bulgarien hat zurzeit nur noch sieben Millionen.
Ich nähere mich dem Grenzübergang Malko Tarnovo [157]. Prompt gerate ich in eine Polizeikontrolle.
„Stopp! Drei Kilometer, Grenze! Wollen Sie in die Türkei?"
„Ich möchte nur den Grenzzaun sehen."
„Nein! Fotografieren verboten! Bitte wenden!"

[157] Malko Tarnovo / Малко Търново, Klein-Tarnovo, ca. 3.000 Einw., alte thrakische Siedlung

Schnell muss ich einsehen, dass Diskutieren keinen Zweck hat. Ich wende und schlage den Weg nach Westen ein.
Die bulgarisch-türkische Grenze ist 300 Kilometer lang. Ich habe den Eindruck, die Geschichte vom Grenzzaun soll nur der Abschreckung dienen. Die bulgarische Strategie ist eher die weiträumige Abschirmung der Grenze – die Fußballfans von Ludogorets Razgrad nennen so was Raumdeckung. An allen Kreuzungen oder Weggabelungen im Abstand von zehn bis dreißig Kilometern zur Grenze stoße ich auf Polizeisperren. Hin und wieder versuche ich Fragen zu stellen.
„Habe gehört, Sie schicken alle Flüchtlinge zurück ins türkische Auffanglager Kirklareli, wenn sie in Bulgarien nicht sofort einen Asylantrag stellen. Die meisten wollen nach Deutschland. Dort werden sie aber nicht aufgenommen, wenn sie aus einem sicheren Drittland kommen."
„Davon weiß ich nichts", sagt mein Gegenüber, „wer Asyl beantragt, kommt in ein bulgarisches Asylzentrum oder in die Abschiebeeinrichtungen in Lyubimets und Sofia. Wird der Asylantrag abgelehnt, schieben wir sie ab in ihre Heimatländer. Die meisten tauchen sowieso bald wieder hier auf."
„Da haben's die Mazedonier und die Moldawier einfacher", sage ich, „die beantragen die rumänische oder die bulgarische Staatsbürgerschaft und schon sind sie EU-Bürger. Ein Superschlupfloch!"
Er zuckt nur mit den Achseln und geht zurück zu seinen Kollegen.
Zur Abschreckung von Flüchtlingen werden übrigens reichlich abstruse Gerüchte verbreitet. Angeblich haben Fischer letzthin einen gefährlichen Roten Piranha aus dem türkisch-griechischen Grenzfluss Evros [158] geangelt. Weiß der Teufel, wie der dahin gekommen ist.

Obwohl die Sonne scheint, fröstelt es mich. Es wird kälter. Immer wieder kommen mir Scharen von Vögeln entgegen. Sie sind unterwegs nach Süden in ihre Winterquartiere. Viele Bäume haben im Laub gelbe oder rote Einsprengsel. Was für ein Licht! Ich zwicke die Augenlider zusammen. So ein Licht gibt es nur am Meer. Ich meine das Meer zu spüren, zu riechen … Welches Meer? Von Swilengrad nach Burgas sind es rund 170 Kilometer, genauso weit wie bis zur griechischen Stadt Alexandropolis und zum Mittelmeer.

[158] Evros: griechische Bezeichnung für den Fluss Mariza

Ein Schild kündigt einen Kiosk an, wo es Kaffee gibt. Dort hängen ein paar Jugendliche herum. Ich frage sie, was sie über den neuen Grenzzaun wissen, der die Flüchtlinge von Bulgarien fernhalten soll.
„*Forget it!* Vergiss es!", sagt einer. „Gib uns zehn Euro und wir verraten dir einen Ort hier in der Strandscha, gar nicht weit, da kannst du heut Abend die Leute auf glühenden Kohlen tanzen sehen."
„Verarschen kann ich mich selber", sag ich, lass die Typen stehen und kauf mir einen Kaffee.
Erst daheim werde ich erfahren. dass einige Dörfer im Strandscha-Gebirge tatsächlich berühmt sind für ihre *Nestinari*, ihre Feueranbeter, die über glühende Kohlen laufen können, ohne sich zu verletzen.

Szenen entlang der Fernstraße

Irgendwo wischen Burgas und Jambol halte ich an einem Motel. Gegenüber am Straßenrand ein Pferdefuhrwerk – im Schlepptau eine Stute. Es bleiben einige Männer mit ihrem Auto stehen.
Ein weiteres Fuhrwerk kommt hinzu. Die Männer gehen um die Stute herum, schauen ihr ins Maul, betrachten die Hufe. Einer schüttelt den Kopf, setzt sich wieder ins Auto, zückt sein Handy. Wen ruft er an? Wie kommt denn jemand auf die Idee, am Straßenrand ein Pferd zu kaufen?

Im Garten des Motels sind die Vorbereitungen für eine Roma-Hochzeit im Gange. Die Tische sind bereits gedeckt. Der *Schopska*-Salat steht bereit. Und auf jedem Tisch eine Flasche Zwetschgenschnaps. Unter einem Vordach fünf Musiker beim Soundcheck. Roma-Musiker passen sich dem an, was die Mehrheit so hören will. Sie verdienen ihren Lebensunterhalt damit, dass sie Unterhaltungsbedürfnisse befriedigen, bearbeiten gängige Musik, getragen von einer ausufernden Lust zum Improvisieren, wobei in der Musikgruppe, die hier wenig später zur Hochzeit aufspielt, einer den anderen bremsen und ablösen muss, damit sich die Musik in ihrem mitreißenden, rhythmischen Klang-Tsunami nicht überschlägt.

Als hätten die akzentuierten Rhythmen sie angelockt, kommt die Hochzeitsgesellschaft aus dem Haus. Die Frauen tragen bodenlange Kleider – schwere Stoffe in knalligen Farben. Obwohl die meisten höchstens 30, 35 Jahre sind, wirken sie wesentlich älter. Das machen die strengen Frisuren und die harten Gesichtszüge. Merkwürdig, die Musiker verbreiten Fröhlichkeit, sie lachen und schäkern, nicht aber das Brautpaar und die Hochzeitsgäste. Nicht einmal ein Lächeln bringen sie zustande. Beim Tanzen bewegen sie sich kaum. Die Braut scheint zu schweben in ihrem süßlich pinkfarbenen, luftigen Kleid. Damit sie nicht abhebt, hält ihr Bräutigam sie fest. Auf dem Rücken seines schwarzen Anzugs steht unübersehbar quer über den Schulterblättern bis unters kahlrasierte Stiergenick in protzigen silbergrauen Lettern: BOSS.

Draußen vor dem Eingang zum Garten des Restaurants linst sehnsuchtsvoll eine Gruppe von Mädchen zwischen sieben und vierzehn hinein. Als die Musiker zu spielen beginnen, fangen sie an zu tanzen. Sie imitieren nicht die Tänzer drinnen, sondern kreieren ihre eigene wilde, verrückte Choreografie, sodass die Buben, die dabeistehen, nicht mehr auf die Geschehnisse der Hochzeit achten und nur noch ihnen zuschauen.

„Während der Fahrt habe ich heute viel Polizei gesehen", erzähle ich einem der Musiker während einer Spielpause.

„Die lauern syrischen Flüchtlingen auf", meint er.
„Seit ich unterwegs bin, hab ich keinen einzigen Flüchtling gesehen", sage ich.
„Die kommen schon noch!", sagt er.
Mir fällt ein bayerischer Witz ein, der diese absurde Situation kennzeichnet: Sitzen vier Männer am Stammtisch. Sagt der erste: „Do stinkts!" Meint der zweite: „Des werdn d Hund sei!" Stellt der dritte fest: „San ja gar koane do!" Meint der vierte gleichgültig: „Werdn scho no kumma!"
Übrigens auch das Wort Witz haben die Bulgaren aus dem Deutschen übernommen. Geschrieben wird es schlicht: виц.

Abend in Momtschilgrad. Der Muezzin ruft zum Gebet

Als ich in Momtschilgrad ankomme und durch den Park in der Ortsmitte spaziere, ruft der Muezzin zum Gebet. Nicht mich – aber ich sehe auch sonst niemanden, der davon Notiz nähme.
Wenige Minuten später erschallt aus der Gegenrichtung die säuselnde Stimme eines weiteren Muezzins. Wie ist die Mehrzahl von Muezzin? Zwei Muezzine? Nein, ich schlage nach im Internet: Zwei Muezzins. Und wahrscheinlich „Mue-Zinseszins", wenn's noch mehr sind. Bin gut aufgelegt heute, das macht Lust zum Kalauern. Und ich bin auf der Suche nach einem gewissen Hassan Tahirow. Der Schriftsteller Ilija Trojanow[159] hat ihn mir empfohlen. „Ein großartiger Raconteur und bestens vernetzt, der in einer verlassenen Sternwarte in den Bergen südlich der Stadt lebt", schrieb er mir in einer Mail.

Weitere Nachforschungen beim deutsch-sprachigen bulgarischen Radiosender haben ergeben, dass er in den 1970er Jahren in Schweden gelebt hat, sich als Weltbürger betrachtet und trotzdem heimgekehrt ist in die Rhodopen, um zu versuchen, Krokusfelder zur Gewinnung von Safran anzulegen – als Alterna-

[159] Ilija Trojanow, * 1965 in Sofia, deutscher Schriftsteller, Übersetzer, Verleger bulgarischer Abstammung, lebt derzeit in Wien

tive zu dem stagnierenden Tabakanbau, der hier im Süden Bulgariens Tradition hat. Es gehört zu den Gründern der Vereinigung der Safranproduzenten in Bulgarien. Diesen außergewöhnlichen Menschen würde ich gern kennenlernen. Ich frage den übernächtigen schlaksigen jungen Kerl, der mir in der Pension den Zimmerschlüssel aushändigt. Er spricht gut Englisch. Daraufhin verspricht er mir, seinen Vater zu fragen, der kenne fast alle Leute in der Gegend. Er sei aber gerade nicht da, ich müsse mich gedulden bis zum Frühstück. Warum schaut er mich eigentlich so verdreht an? Ah, er erkundigt sich vorsichtig, ob ich Detektiv bin.

„Nein, so ein Beruf wäre mir zu anstrengend", sage ich und erzähle ihm von meiner Reise. Aber er wirkt unkonzentriert, kann mir nicht so recht folgen. Er hat eine fahle papierene Haut, die nach frischer Luft giert, eine Hautfarbe, die zwischen grau, grün und gelb changiert. Vermutlich ein Computerfreak.

Es ist neun vorbei. Ich habe Hunger, mache mich auf die Suche nach einem Gasthof. Die haben alle schon zu. Endlich finde ich ein verhautes Beisl. Drin an zwei getrennten Tischen Männerrunden und abseits, an einem eigenen Tisch, still, fast regungslos vor seinem Bier, ein einzelner Mann im Rollstuhl. Die Männer daneben sind laut, bestellen sich eine Flasche Rakia, dazwischen trinken sie Wasser und essen Salate und Vorspeisenteller, einmal eine Schüssel voll mit – schaut aus wie Graupen. Und noch einmal Schnaps.

Nicht, dass sie betrunken wirken, aber sie unterhalten sich so laut und lachen, lachen lauter und noch ein bisschen lauter, sodass sie bald das Fernsehprogramm übertönen, dessen Lärmschatten sie anfangs noch abgeschirmt hat. Und sie reden nicht Bulgarisch, eher Türkisch oder einen türkischen Dialekt. Von den Gesten her und vom Gestell, das sie machen, kein großer Unterschied zu einem bayerischen Stammtisch: große Paschas, die sich gern reden hören. Einige gehen vor die Tür zum Rauchen, nur einer sieht nicht ein, dass er hinausgehen soll, es regnet doch, also raucht er seine Zigarette drinnen. Ich bestelle Salat und dann deute ich auf die Graupen am Nebentisch, und ein Glas Rakia wäre auch nicht schlecht ...

In der Nacht fängt es an zu regnen. Jämmerliche winselnde Geräusche vor dem Fenster. Ich stehe auf, spähe ins Dunkel, lausche in den platschenden Regen. Nichts mehr zu hören als das Rauschen des Regens. Dahinter weiß ich das Ende der Welt mit frierenden, bis auf die Haut durchnässten Tieren, deren Geschrei mir den Schlaf raubt.

morgenlied

des nachts jammert ein kranker vogel
oder ist es ein ausgesetzter hund

am morgen
sitzt auf dem fensterbrett
eine kleine katze
jäger und opfer in einem

ein vogelhund

Beim Frühstück nichts Neues. Der Vater vom Computerfreak kennt den Tahirow nicht, habe den Namen noch nie gehört, sagt er.

Was soll ich tun? Hab keine Lust mehr, mich weiter als Detektiv zu betätigen. Ich gebe die Suche nach Hassan Tahirow auf und mache mich auf den Weg ins nahe Kardschali[160].

Abschied von Momtschilgrad: Vor dem Fenster ein platschender Regenvorhang. Dahinter eine orthodoxe Kirche und eine schlaffe, triefende bulgarische Flagge. Es regnet schon die ganze Nacht und es wird kälter. Das erste Gelb schießt ins Laub der Bäume. Die ersten Blätter segeln in die weitflächigen Pfützen, die sich vor den Kanaldeckeln zu kleinen Seen anstauen. Provinzstadtvormittag. Es schüttet wie aus Kübeln. Ich stehe unter dem Vordach eines Ladens und warte ab, bis der Regen nachlässt, damit ich nicht patschnass ins Auto steigen muss.

Unterwegs wird die Straße zu Bach. Die Scheibenwischer schaffen es nicht, die Windschutzscheibe freizuhalten. Ich bleibe stehen, lausche der Trommelorgie auf dem Dach. Ich warte, verharre geduldig wie die Pferde da drüben auf der Weide. Der Regen lässt nach, ich fahre

[160] vgl. Talât Pascha, Anhang, Anm. 11

weiter, es taucht das Betonskelett einer verfallenen Fabrik vor mir auf. Im Hintergrund muss sich irgendwo ein Dorf verstecken. Der gespitzte Bleistift eines Minaretts verrät es.
Es sind nur noch wenige Kilometer nach Kardschali. An der dortigen Universität arbeitet ein Spezialist für Minderheiten in Bulgarien, Professor Ivan Iliech. Von ihm erhoffe ich mir sachkundige Informationen über die Minderheitensprachen und Dialekte in Bulgarien. Als ich den Stadtrand ereiche, kommt er mir entgegen und lotst mich zu seiner Wohnung.

Ivan Iliech und die Dialekte der Bulgaren, Roma, Türken, Pomaken

Während meiner Reise konnte ich mir nur einen groben Überblick über die Ethnien in Bulgarien verschaffen. Neben den 83 Prozent Bulgaren leben in diesem Land 10 Prozent Türken und 5 Prozent Roma mit bulgarischer Staatsbürgerschaft. Ein geringer Anteil von Armeniern ist voll integriert und fällt kaum auf. Das ist alles, was ich über die verschiedenen Volksgruppen in Bulgarien weiß, Von Ivan Iliech erhoffe ich mir sachkundige Informationen über die Minderheitensprachen und Dialekte.
Er breitet eine Landkarte auf dem Tisch aus und versucht mir einen Überblick über sein Arbeitsgebiet zu geben: „In der bulgarischen Sprache sind noch viele Dialekte lebendig, die auch über die Landesgrenzen hinaus gesprochen werden. Die ältesten Dialektformen haben sich vor allem an der nördlichen Ägäis, im Norden der Dobrudscha, in Mazedonien und im Grenzraum zu Serbien erhalten – überhaupt in allen Regionen, die einst zu Bulgarien gehörten und im Zuge geschichtlicher Wirren vom Mutterland abgespalten wurden. Im Süden Bulgariens entlang der griechischen Grenze finden wir das Rhodopengebirge. Es wird in Ost-West-Richtung durch das Flusstal der Mariza vom Balkan-Gebirge getrennt. In den östlichen Bereichen der Rhodopen, wo wir jetzt sind, lebt eine starke türkische Minderheit, mehr als die Hälfte der Bevölkerung spricht ein Türkisch, das sich in vielem von der Sprache der Türkei unterscheidet. Es gilt

als türkischer Dialekt. Andererseits wurden auch viele bulgarische Wörter von diesem türkischen Dialekt beeinflusst."

„Unterwegs habe ich oft den Begriff Pomaken gehört. Ist das eine eigene Volksgruppe?"

„Nein, das ist kein eigener Volksstamm, es sind Bulgaren, die in der Phase der osmanischen Besetzung, unter dem osmanischen Joch, wie man bei uns sagt, aus irgendwelchen Gründen Moslems geworden sind. Man erkennt sie in bestimmten Dörfern an der Ausprägung ihrer Dialektausdrücke. Auch die Pomaken leben hauptsächlich in Südbulgarien, allerdings eher im westlichen Rhodopengebirge. Es gab mehrfach Versuche der bulgarischen Regierung, die türkischen Familiennamen zu verbieten."

Während unseres Gesprächs erfahre ich, dass es selbst für die Bulgaren nicht leicht ist, sprachliche und ethnische Feinheiten wahrzunehmen. Ich erzähle Ivan vom Machala, dem Türkenviertel in Veliko Tarnovo, und dass dort auch Roma leben.

Er erklärt mir, dass es Zigeuner seit dem 12. Jahrhundert auf dem Balkan gibt. Er nennt sie nicht Roma, auch sie selbst verwenden diesen Begriff nur selten.

„Nicht alle gebrauchen ihre Sprache Romani oder Romanes, wie sie auch genannt wird", sagt er. Manche sprechen bulgarisch oder türkisch, andere rumänisch. Es kamen ja vor einiger Zeit auch Zigeuner aus Rumänien und siedelten sich in Bulgarien an. Sie passen sich oft an die Gruppen an, mit denen sie zusammenleben."

„Gibt es denn neben diesen Hauptsprachen noch weitere Unterteilungen in Dialekte?"

„Ja, klar, man kann an der Verteilung der Dialekte oder der Sprachinseln die Geschichte unseres Landes ablesen. Viele der heutigen Einwohner sprechen die rumänischen Dialekte der Walachei oder Landessprachen, die ums Schwarze Meer angesiedelt sind. In Kichevo bei Varna zum Beispiel sprechen die Kinder auf dem Land Kopanarski, den rumänischen Dialekt, den die Holzschüssel-Schnitzer, die Lingurari, verwenden. Ihre Religion ist meistens die orthodoxe, die sich mit anderen Festen, Riten und Bräuchen vermischt hat. An der bulgarisch-griechischen Grenze gibt es eine Kleinstadt namens Ivaylovgrad/ Ивайловград. Dort leben Leute, die einen albanischen Dialekt sprechen."

Bei bestimmten Einzelheiten bittet er mich, mein Mikrofon beiseite zu legen, darüber bereite er erst noch eine Veröffentlichung vor, und es gebe im Uni-

versitätsbereich nicht wenige wissenschaftliche „Räuber", vor denen er sich absichern müsse.
Ivan hat sich in seinem Wissenschaftsbereich eine ungeheure Kompetenz angeeignet. Er kann mir sogar sagen, in welchen Orten welche Balkan-Romani-Dialekte gesprochen werden. Da geht's um die bulgarischen Formen wie Kalajdži-Romani, Xoraxane-Romani, Erli-Romani, um das bulgarisch-türkische Kalburdžu-Romani, oder um das thrakisch-bulgarische Kalajdži-Romani, um das rumänische Ursari- und Kalderash-Romani der Bärenzähmer und Kesselflicker.

Was der Ivan alles weiß! Die rumänischen Bezeichnungen der Berufsgruppen erkenne ich wieder. All die anderen Begriffe kann ich einfach nicht einordnen. Er ist in all den Orten gewesen, von denen er erzählt, hat Feldforschung betrieben, Tonaufnahmen gemacht und darüber wissenschaftlich gearbeitet.
Mir kommt dieses Wissen uferlos vor. Es gibt schließlich noch Unterschiede bei den Moslems: Die schiitischen Aleviten, die progressiveren Moslems, die den Alkohol nicht unbedingt verachten, leben mehr im Nordosten Bulgariens, die konservativen Sunniten mehr hier im Süden. Andeutungsweise hatten wir das früher auch in Bayern, dass sich die Dialekte von Dorf zu Dorf unterschieden. Aber nur andeutungsweise, denn hier wird ein Gemisch von Völkern und Volksgruppen kaum überschaubaren Ausmaßes erkennbar. Die Nivellierung wird auch vor Bulgarien nicht Halt machen. Aber ob man das gut findet oder nicht: Die mediale Vereinheitlichung der Nation wird einsetzen, und niemand wird es bedauern, wenn Armut, soziale Benachteiligung und Bildungschancen für alle Einwohner des Landes verbessert werden. Dass dafür einiges getan wird, ist mir schon während des Besuches bei der Canetti-Gesellschaft in Russe aufgegangen.
Ich schalte das Aufnahmegerät aus und mache mir nur noch handschriftliche Notizen. Tiefer kann und will ich im Augenblick nicht in die Materie einstei-

gen. Nach einer Weile bitte ich Ivan, von sich zu erzählen. Als wär's ein Stich in ein Wespennest, schreckt er auf, zögert einen Moment, verbirgt auf einmal mit der Hand sein Gesicht, wendet sich ab, beginnt zu weinen. Das tut mir leid. Ich wollte keine Wunden aufreißen. Er fängt sich aber schnell wieder und erzählt mir dann, dass ihn seine Frau mit der gemeinsamen kleinen Tochter verlassen habe. Sie habe Chansons gesungen, die er geschrieben hat, sagt er. Dann ruft er im Internet einen Film auf, in dem sie eines dieser Lieder singt. Er bittet mich, ihn zu entschuldigen, er könne das nicht ertragen, wendet sich ab und geht ins Nebenzimmer. Jetzt wird mir klar, warum er schon die ganze Zeit über so einen deprimierten Eindruck auf mich macht. Während ich mir seine Frau auf dem Bild im Internet anschaue und das angekündigte Lied höre, schluchzt er im Nebenzimmer.

Von Ivans Wohnung am Stadtrand aus machen wir einen Spaziergang durch Kardschali, lassen die modernen Plattenbauten hinter uns, überqueren die Brücke über die Arda[161], die schon knapp 150 Kilometer mäandrischen Weg durch die Rhodopen hinter sich hat und noch einmal so viele vor sich, bis sie bei der türkischen Grenzstadt Edirne in die Mariza mündet. Kardschali sei mehr als 3.000 Jahre alt, erzählt Ivan. „Das ist die Heimat von Orpheus!", sagt er und hebt bedeutungsvoll den rechten Zeigefinger. „Die Thraker waren hier, die Griechen, Perser, Byzantiner, Bulgaren und Osmanen. Auch die Kreuzritter haben zwischendurch vorbeigeschaut..."

„Da hab ich ja gerade noch gefehlt!", sag ich.

Ivan versteht meinen Wink mit dem Zaunpfahl und hört vorerst auf, mich mit Wissen zu überschütten.

Bevor wir das Zentrum betreten, müssen wir das bunte Treiben in einem Jahrmarkt mit Karussells und Verkaufsbuden durchqueren. Ständig schweifen meine Blicke nach oben, der Hektik der Fahrgeschäfte folgend. Urplötzlich ein stiller Gegenpol zu unseren Füßen: ein altes Roma-Pärchen. Sie drehen sich

[161] Nebenfluss der Mariza, 300 km lang, die Quelle liegt in den griechischen Rhodopen

gerade dicke Zigaretten. Es sind keine Bettler, dazu strahlen sie zu viel Würde aus. Mit ihren dunklen, wettergegerbten, runzligen Gesichtern haben sie was von uralten Indianern, aber sie sind nicht einfach alt, gleichzeitig wirken sie jung, sind bunt angezogen wie Kinder, lehnen aneinander wie ein Liebespaar. Während wir mit den anderen Passanten an ihnen vorbeigehen, sehen sie von uns nur die Knie. Ihre Gelassenheit gegen Staub und Unruhe.

Wir fliehen in die Stadt. Ivan zeigt mir eine armenische Teestube, führt mich vorbei an einem pathetischen Denkmal, das ihn ebenso abstößt wie mich. Da steht ein Freiheitsheld, ein unbezwingbarer, kantiger Fels, unnahbar in seiner steinernen Zwangsjacke.

Ab und zu macht er mich aufmerksam auf das Nebeneinander von kyrillischen Buchstaben der bulgarischen Wörter und den lateinisch geschriebenen türkischen. Ja, man sieht es, dass die Türken die Hälfte der Bevölkerung dieser Stadt ausmachen. Und man hört es. Als wir in einem Straßenlokal sitzen und ein Bier trinken, umhüllen uns türkische Klangwolken.

Plovdiv – ein römisches Theater über dem Tal der Mariza

Ivan war sehr großzügig, hat sich viel Zeit genommen für mich, hatte mir sogar angeboten, bei ihm in der Wohnung zu übernachten. Mir war es aber wichtig, am Abend noch Plovdiv zu erreichen, eine der bekanntesten bulgarischen Städte. Das Tal des Mariza-Flusses zwischen Balkan-Gebirge im Norden und den Rhodopen im Süden war einst das Tal der Thraker, danach siedelten die Römer hier. Was mich in Plovdiv am meisten beeindruckt, ist das antike Theater. Römische Baumeister haben es mit Sachverstand in den Hang eines Hügels gesetzt. Die Landschaft als Bühnenbild: unten die Stadt und das Tal der Mariza, im Hintergrund die Bergrücken der Rhodopen. Ich setze mich eine Weile auf eine der Steintreppen und warte, bis die Sonne untergeht – eine lange Filmeinstellung, die sich mir ins Gedächtnis brennt.

Teile des zugeschütteten Skeletts der römischen Stadt durchstoßen mit den Überresten von Theater, Stadion und den Tempelbauten die rissige Haut des modernen Plovdiv. Viele Brüche – viel Spannung ist dazugekommen seit der Antike. Eine Stadtautobahn unterquert den Hügel durch ein Tunell hundert Meter unterhalb des römischen Theaters. Auch das Meer der Dächer steckt voller Widersprüche: Hochhausbauten, kleine Hütten und Häuschen, zwischen Jugendstilhäusern in baumbestandenen Alleen. Zusammengehalten werden Antike und Moderne durch die rotbraun, gelb oder blau getünchten Felder der Fachwerk-Villen aus der Zeit der nationalen Wiedergeburt im 19. Jahrhundert. Sie gleichen dem Haus, in dem ich vor einigen Wochen in Tarnovo gewohnt habe. Langsam schlendere ich durch die einsetzende Dämmerung zurück zu meiner Unterkunft und stoße ständig auf hell beleuchtete Ausgrabungen mit Fundamenten römischer Bauten. Mir fällt auf, dass eine Reihe von Leuten in einem alten, von Säulen gestützten Gebäude verschwinden, junge und alte, vornehme und ärmlich Gekleidete. Das interessiert mich. Ich schließe mich ihnen an und stehe auf einmal in einem über und über bemalten Raum, alte Fresken. Jede Menge Heilige neben Gottvater, dem Sohn und dem Heilige Geist, englische Heerscharen, der ewige Kampf von Gut und Böse, das ganze Programm. Aber ich pralle nicht ab, es überkommt mich so ein andächtiges Schaudern, wie ich es als Kind beim Anblick von Märtyrerabbildungen hatte.
Am Rande von Plovdiv gibt es einen der größten Roma-Slums von Bulgarien. Das erfahre ich beim Abendessen, auch von den Spannungen höre ich, die

von dort ausgehen, dass die Roma kein Interesse daran haben zu arbeiten, dass sie stehlen, dass sie ihre Kinder nicht in die Schule schicken… Das ganze Repertoire, das ich auch in Rumänien so oft erzählt bekommen habe. Während ich zuhöre, beschleicht mich mehr und mehr das Gefühl, dass ich schon viel mehr weiß als mein Gesprächspartner, vor allem über die Möglichkeiten, die Probleme differenzierter zu betrachten, auch über die vielen Ansätze, die es bereits gibt, um diese Situation zu ändern. Das Gros der Bevölkerung nimmt wenig Anteil an der Analyse und der Lösung dieser Probleme. Im Gegenteil, es ist selbst ein Teil dieser Probleme.

Letzter Spaziergang durch die Innenstadt. Fünf kreuzfidele Roma-Burschen

spielen mir ein Abschiedsständchen. Das sind keine Slumbewohner. Die machen was aus sich und für die Leute, die es ihnen danken. Der Instrumentenkasten, der vor ihnen auf dem Boden liegt, ist voller Münzen und Scheine. Als ich zu meinem Auto komme, hat ein Graffitikünstler die Wand neben meinem Parkplatz mit einem neuen Werk geschmückt. Die meinen's gut hier mit mir.

Ich habe eine längere Bergstrecke vor mir, drum überprüfe ich am frühen Morgen noch einmal den Ölbehälter meiner Servolenkung. Eine verblüffende Entdeckung: Der Pegel ist seit der Reparatur in Razgrad stabil. Ich kann es nicht glauben und überprüfe zweimal, dreimal. Es lebe der Automechaniker von Razgrad!

Das Balkan-Gebirge und die Rosenfelder, für die Bulgarien so gerühmt wird, lasse ich im Nordosten liegen und halte mich lieber an die bergige Welt der Rhodopen, kaufe mir einen Schnitz Wassermelone, einen Apfel, ein paar Trauben und fahre auf die griechische Grenze zu.

nach einem spaziergang mit arcimboldo

heimkommen vom markt des sommers
so ist das wenn die umgebung
eindringt durch alle poren
die leber wird zur wassermelone
die lungenbläschen sind johannisbeeren
die lungenflügel saftige weintrauben
die muskeln pralle äpfel
und in der schale des schädels
ein walnusskern

Zunächst durchquere ich das Tal der Mariza, ein stiller Fluss, zumindest in diesen Tagen. Er bringt Wasser aus dem Rila-Gebirge herunter in die Maisfelder. Kleine Dörfer, deren Minarette hinauf in den Himmel oder wenigstens zu den Berggipfeln deuten. Einmal sehe ich Pferdefuhrwerke und Eselskarren, voll beladen mit Lauchstangen, jede fast einen Meter lang. An den Häusern zur Straße hin sitzen Frauen, schälen sie und binden immer mehrere zusammen, dass sie ausschauen wie Liktorenbündel.

In einem Dorf scheint auf dem Marktplatz gerade ein Düsenjäger zu starten. Das habe ich in Bulgarien schon öfter gesehen: ausgemusterte Jagdflugzeuge als Denkmäler der Heldenhaftigkeit der Luftwaffe. Hier schaut es so aus, als hätte die Besatzung schon vor dem Start das Cockpit mit dem Schleudersitz verlassen, der dann in Form eines riesigen Storchennestes an der Kuppel des Kirchturms hängen geblieben ist, das schief sitzende Barrett eines unternehmungslustigen Piloten.

Die Straße windet sich bergauf. Bewaldete Hügel wechseln mit Wiesen und Feldern. Wieder und wieder das Stehenbleiben genießen, die Ausblicke. Die Hügel werden zu wuchtigen Bergen, einer hinter dem anderen steigt höher auf, so

scheinen sie sich endlos fortzusetzen, werden zu Bergen, die den Horizont verstellen und in der hintersten Linie mit dem Himmel verwachsen. Einer anders als der andere und doch allesamt einander ähnlich, machen sie das aus, was man Rhodopen nennt, ein Gebirge, das sich nach Süden nach Griechenland hinein ausbreitet. Berge, deren höchste dem Himmel mehr als zweitausend Meter entgegenkommen. Wie oft lese ich warnende Schilder: *Border Area! Grenzregion!* Na und, sagt ein Naivling wie ich, das ist die Heimat der Thraker und des Orpheus. Im Kopf hör ich ihn ein Loblied auf die Verlangsamung singen. Ich hör ihm zu. Die Welt um mich herum wird größer und größer.
Der Beschleunigungskult führt dazu, dass manche Zeitgenossen den Eindruck gewinnen, innerhalb ihrer Lebenszeit mehr schaffen zu können als die Vorfahren. Wie viele Kilometer machst du in der Stunde, am Tag, im Jahr, im Leben? Ich vergewissere mich, dass mir kein Auto folgt, und versuche, mich in einen Langsamkeitsrausch hineinsteigern, zieh den Fuß langsam vom Gaspedal zurück, bis ich Schritttempo fahre, weniger noch, bis ich fast stillstehe und eins werde mit meiner Umgebung. Die Rhodopenberge kommen mir auf einmal vor wie Stufen zum Himmel, die unterste hellgrün, dunkelgrün die nächste, schwarzgrün, dann weiter schwarzblau und immer heller ins Grau, bis sich die Stufen verlieren und weit hinten in lichter Höhe im Dunst verschwinden. Die Potemkinsche Treppe ist nichts dagegen. Ich schwebe!

unterwegs

zu schnell gelebt
da wird der tod zum gegenverkehr
mit einer affengeschwindigkeit rast du ihm entgegen

zu langsam unterwegs
da wird einer ungeduldig hinter dir
der tod setzt an zum überholen

Berg- und Talfahrt durch Wälder und kleine Dörfer. Einmal, außerhalb eines Dorfes entdecke ich einen mohammedanischen Friedhof. Die Anlage macht einen verwilderten Eindruck. Kein Blumenschmuck, die Gräber von hohem Gras überwuchert. Schlichte, schmale weiße Grabsteine, nur ein bisschen über einen Meter hoch, kaum, dass sie sich voneinander unterscheiden. Im Mittelpunkt der Dörfer immer eine Moschee mit Minarett, manchmal Frauen mit Pumphosen. So habe ich mir als Kind den Balkan vorgestellt, genauso wie Karl May es *In den Schluchten des Balkan* beschrieben hat.

Auf dem Marktplatz eines Dorfes bleibe ich stehen, krame die Landkarte heraus, lege sie auf den Kühlerdeckel, einfach um mit den Leuten in Kontakt zu kommen. Das gleiche Spiel wie in Rumänien. Sie sitzen an der Straße und schauen mir gelangweilt zu. Als ich mich an den Erstbesten wende, ist die Aufmerksamkeit auch bei allen anderen groß. Erst nach einer halben Stunde breche ich wieder auf. Wir haben uns irgendwie ganz gut miteinander unterhalten. Dabei weiß ich gar nicht mehr, was ich gefragt habe.

Unterwegs, an kleinen verstaubten Ausbuchtungen der Straße, Haufen von Kalksteinen, mittendrin ein Stuhl oder ein alter Autositz. Hier arbeiten die Steineklopfer. Das ist die Arbeit der armen Leute: Sie meißeln die Berge klein und schlichten sie auf Paletten. Wozu? Für Hauswände? Erst einmal, um Geld zu verdienen. Aber dem Gebirge wirst du auch nach Tausenden von Generationen nichts ansehen. Das sind die Baustellen des Himmels und der Erde. Den Toten unter den Grabsteinen kann das egal sein. Höchstens die Hinterbliebenen horchen auf, halten für kurze Zeit inne und überlegen: Wie soll es jetzt weitergehen?

Eine andere Art, an Baumaterial zu kommen, hat man mir vor kurzem in Odessa und schon vor längerer Zeit in Neapel gezeigt. Sie graben sich Gänge in die Erde, aus denen sie nach und nach die Steine für den Hausbau fördern. Je größer die Häuser, desto geräumiger die Keller und Höhlen unter ihnen.

Hat es Zeiten gegeben, da es sich in diesen armen Balkanregionen besser hat leben lassen? Vermutlich waren das Mütterchen Heimat oder das Vaterland auch nur Eltern, die nach einem besseren Leben schielten, sich sobald es ging aus dem Staub machten und ihrem Leben hinterher liefen. Zurück bleiben Kinder ohne Vater und Mutter.

Auf Schleichwegen durchs Pirin-Gebirge zur Mitternachts-Brotzeit

Über einen Gebirgspass verlasse ich die Rhodopen und wechsle ins Pirin-Gebirge. An dessen Westseite will ich zum Weinbauort Melnik, den Karl May in seine Romane eingebaut hat.[162] Danach soll es weitergehen nach Roshen, wo das deutsch-bulgarische Ehepaar Pobell ein Ferienhaus hat.

Es ist Herbst geworden in den vergangenen zwei Wochen. Noch leuchten die Laubwälder mit ihren Farben die Berghänge aus, doch hier oben könnte es jeden Tag zu schneien beginnen. Die Dunkelheit sitzt mir im Genick. Im Westen ist der Himmel noch hell. Auch dieser Rest von Licht wird bald im Dunkeln

---

[162] Karl May und der Balkan: vgl. Anhang, Anm. 20

versickert sein. An einem Dorfbrunnen stehen Leute auf der Straße. Ich halte wieder einmal an, steige aus, geh mit meiner Landkarte auf sie zu.
„*Roshen – kedeto?* Wo?"
Sie wissen es. Leider deuten sie in verschiedene Richtungen. Jetzt zeige ich auf die Karte.
„*Kedeto?* Wo?"
Roshen ist auf meiner Karte nicht eingezeichnet. Ein „Blaumann", der wegen der Schmierflecken an seiner Hose ausschaut wie ein Automechaniker, zeigt auf einen Nicht-Punkt. Und dann die Straße hinunter. Und dann – so die Handbewegung – geht es irgendwann rechts. Gott sei Dank gibt es in Bulgarien zwei Wörter für „danke": „*Blagodaria! Merci! Merci! Blagodaria!*" Lieber einmal mehr danke sagen. Ich bin jedenfalls froh, dass ich noch auf dem richtigen Weg bin. Endlich das nächste Dorf. Hier geht es entweder rechts oder links. Natürlich rechts.
Und dann folgt eine abenteuerliche Fahrt, die mich an die Ankunft in Rumänien vor mehr als zwei Monaten erinnert: Die Straße wird schmäler, geht über in einen holprigen Betonplattenweg. Kriechgang. Schneckentempo. Dann ein paar Häuser. Eine ältere Frau in Küchenschürze taucht auf. Ich steige aus, zeige auf den Weg, der sich hinter den Häusern im Dunkeln verliert, frage: „*Roshen? Kedeto?*"
Die Frau schlägt die Hände über dem Kopf zusammen, dann schüttelt sie den Kopf, hält die Hände vors Gesicht. Als sie wieder auftaucht, fuchtelt sie in der Luft herum, was ich als umkehren interpretiere. Ich zeige in die Richtung, aus der ich gekommen bin. „*Da, da!* Ja, ja!" Aber Wenden funktioniert nicht gleich. Ich muss eine Weile im Rückwärtsgang fahren, bis der Weg wieder breiter wird. Nur keine Autopanne jetzt!

Erst nach einer Stunde gelange ich in das Dorf, in dem ich falsch abgebogen bin. Dort finde ich tatsächlich die richtige Abzweigung. Nach weiteren zwei Stunden erreiche ich Melnik[163] und wenig später Roshen. Alle

[163] Melnik / Мелник, griech. Meléniko / Μελένικο, 200 Einwohner, kleinste Stadt in Bulgarien, Touristenmagnet, berühmt auch für den dunkelroten Melnik-Wein

Fenster sind dunkel. Gleich nach der Ortseinfahrt steht ein Hotel. Ich läute. Ein Mann kommt an die Tür. Als er sie aufmacht, sehe ich im Hintergrund einen Fernseher laufen. Gott sei Dank hat er noch nicht geschlafen. Er spricht gebrochen Deutsch. Ich sei der einzige Gast heute, sagt er.
Es stellt sich heraus, dass er der einzige Mitarbeiter des Hotels ist und gleichzeitig als Empfangschef, Koch und Kellner arbeitet. Christo heißt er, wie Botev, der Freiheitskämpfer, und der bulgarische Verhüllungskünstler, der den Reichstag in Berlin versteckt hat. Er richtet mir einen *Schopska*-Salat her, serviert ihn zusammen mit einem Schnaps.
„Haben Sie auch eine Suppe?", erkundige ich mich.
„Da! Schkembe tschorba!"
„*Tschorba* heißt Suppe, wie *Ciorbă* in Rumänien – aber was ist *Schkembe*?"
„Lass dich überraschen!"
Ist gar nicht so groß, die Überraschung! Eine saure Kuttelsuppe bringt er, saure Fleck, sagt man bei uns. Am Tisch gibt er einen Löffel zerlassene Butter hinein und etwas angerösteten Rosenpaprika. „Danke! Schmeckt sehr gut!"
Christo kredenzt mir dazu einen wunderbaren Rotwein aus Melnik, dem Nachbarort von Roshen.
„Das war der Lieblingswein von Winston Churchill!", sagt er mit gesenkter Stimme um die Bedeutung seiner Aussage hervorzuheben.
Am Morgen packe ich eine Zweiliter-Plastikflasche mit diesem Churchill-Wein ein. Pro Liter ein Euro! Christo kennt sich aus in der Gegend, beschreibt mir den Weg zum Kloster. „Danach will ich zum Ehepaar Pobell", sage ich, „die kommen aus Deutschland, sie haben ein Haus hier." Er zuckt die Achseln – er kennt sie nicht, schade.

Das orthodoxe Kloster liegt auf einer Anhöhe. Von da aus habe ich einen weiten Blick über die schroffen verkarsteten Sandstein-Pyramiden, gelbbraune Zacken, an die hundert Meter hoch. Manche haben zwei, drei Büsche oder Bäume an der Spitze, die schauen aus wie Gamsbärte an Trachtenhüten oder Haarbüschel auf dem langgezogenen Kopf einer Comic-Figur.

Über unebenes Pflaster stolpere ich ins Roshen-Kloster. Wie viele Pilger haben hier im Laufe der Jahrhunderte ihre Gebete heraufgetragen. Die abgetretenen Steine künden davon. Erzählen können sie nichts. Aber Anstöße für Geschichten sind sie, die der Vorstellungskraft auf die Sprünge helfen.

Ein stiller Innenhof, nur das Plätschern eines Brunnens ist zu hören, in der Mitte eine Kapelle, Kletterrosen und darunter eine Bank. Ich setze mich und lausche. Irgendwo in der Ferne Vogelrufe. Da fällt eine Tür zu: Was für ein Ereignis!

Nach einer Weile macht sich die die Außenwelt wieder bemerkbar. Hektisches Stimmengewirr. Ein Reisebus ist angekommen. Zeit zu gehen. Ich entdecke einen Trampelpfad den Berg hinunter nach Roshen. Auf dem Dorfplatz stehen Tische. Die Einheimischen bieten selbstgemachte Marmelade und Souvenirs für Touristen an. Hier frage ich nach Sonja und Frank Pobell.

„*Da, da,* Frank und Sonja!"

Einer deutet nach links einen Hügel hinauf. Das Häuschen des Ehepaares Pobell liegt am Rand des Dorfes. Ein harmloser, in die Jahre gekommener Hund bewacht das versteckte Paradies. Frank und Sonja Pobell befinden sich im Ruhestand und leben eigentlich in Dresden. Sie ist Molekularbiologin und gebürtige Bulgarin, er Physiker, Wissenschaftsmanager, Autor, geboren in Berlin. Wieso verbringen sie so viel Zeit in Bulgarien? Das ist ja nicht gerade der nächste Weg.

„Ja, wo soll ich anfangen zu erzählen", sagt Frank Pobell. „Wir haben 1994 eine Wanderung durchs Pirin-Gebirge unternommen und haben uns verliebt in das Dorf Roshen mit seinen dreißig Einwohnern. Dann haben wir uns ein Grundstück gekauft. Ein Volksschullehrer hat uns das Haus gebaut. 1998 war es fertig. Von da an sind wir regelmäßig hergekommen, manchmal zwei- bis dreimal im Jahr. Es schaut hier aus wie in manchen Gebieten der Alpen. Sogar Edelweiß haben wir hier gefunden. Wir kennen einen Ranger, der sagt, es gebe im alpinen Gebiet, ab ungefähr 1.500 Metern, Bären und Wölfe, nach denen er im Winter Ausschau hält, weil er wissen muss, wo sie überwintern."

Sonja Pobell erinnert sich, dass vor einigen Jahren nachts eine Bärenmutter mit ihrem Kleinen bis hundert Meter ans Haus herangekommen ist. „Weil's da eine große Hecke mit Brombeeren gab. Wir haben am nächsten Tag die Bärenlosung und die Tatzen im Schlamm entdeckt."

„Der zentrale Bereich vom Pirin- und Rila-Gebirge gehört immerhin zum UNESCO-Weltnaturerbe", fügt Frank Pobell hinzu.

„Ich habe das Gefühl, hier ist die Zeit stehen geblieben", sage ich.

Sonja Pobell widerspricht: „Die Natur hat sich schon verändert. Die ersten Jahre gab es unheimlich viele Schildkröten, auch Schlangen, und es gab praktisch keine Touristen. Jetzt sehen wir nur noch selten exotische Tiere. Und im Dorf vermissen wir die schönen alten Frauen und Männer, die bei den Häusern im Hof oder im Garten arbeiten. Die Gärten waren reich an Blumen und Heilkräutern, zum Beispiel viel Basilikum gegen Motten."

Frank sieht auch Veränderungen im Zusammenleben der Menschen in Roshen. „Als wir 1994 hierhergekommen sind, gab es kein Zimmer, das man mieten konnte für eine Übernachtung. Heute gibt es in diesem Ort fünf Hotels und jedes hat zwischen acht und fünfzehn Zimmer. Und noch etwas: Damals, gab's so etwas wie Folklore im positiven Sinn. Die Dorfbewohner haben sich abends schön angezogen und am Dorfplatz getroffen. Sie haben sich alles Mögliche erzählt, was sie am Tag erlebt haben, von ihren Kindern, von Verwandten. Dann kam der erste Fernseher ins Dorf, und alle haben sich am Dorfplatz um diesen Fernseher versammelt. Jetzt hat jeder seinen eigenen Fernseher, und das gemeinsame Dorfleben abends ist verschwunden, weil jeder zu Hause sitzt und irgendwelche amerikanische Filme sieht."

„Wie hat Sie denn die Dorfgemeinschaft als Fremde hier aufgenommen? Ist es denn nicht schwierig, wenn man hier von außen so hereinkommt?"

„Das war ganz einfach. Wir haben uns hier nie fremd gefühlt Die Leute waren begeistert", sagt Sonja und Frank gibt ihr recht: „Ja, sie waren wirklich stolz, dass eine Bulgarin ihren deutschen Mann hierher bringt. Sie waren auch sehr stolz auf ihre Natur. Die Einheimischen haben uns viel gezeigt. Es waren hier sehr wenige Menschen aus dem Ausland. Sie haben jedes Jahr mit einem Geschenk auf uns gewartet."

Sonja steht noch ganz deutlich vor Augen, dass die Menschen sehr arm waren, aber auch überaus neugierig. „Da gab's einen achtzigjährigen Mann. Der sagte: ‚Setz dich Töchterchen, erzähl mal, wo hast du denn diesen hübschen Mann gefunden? Wie lebt ihr denn in Deutschland? Wie funktioniert eure Politik? Wie hoch ist die Rente? Wie leben bei euch die Großväter?'"
„Sagen alle Einheimischen ‚Du' zu Ihnen?"
Sonja überlegt kurz und meint dann: „Im Dorf sprachen sie uns nur anfangs mit Sie an, doch dann kam schnell das Du. Es wohnen jetzt ca. vierzig Leute im Dorf. Alle reden sich mit Vornamen an. Wir kennen alle Vornamen, aber keinen einzigen Nachnamen.
„Man muss immer zwischen heute und früher unterscheiden", sagt Frank, „vor zwanzig Jahren war es eine andere Situation! Es hat sich in Bulgarien irrsinnig viel verändert. Und die Veränderungen laufen hier viel dramatischer ab als in Deutschland. Ich erinnere mich: In den 1950er Jahren gab's Läden, die verkauften Brot, Joghurt, ein bisschen Gemüse und sonst nichts. Es war ein ausgeplündertes Land, ein durch die Kommunisten ausgeplündertes Land, und es ist nach der Wende weiterhin ein ausgeplündertes Land. Ein Beispiel: Es gab ein Jahr, in dem der bulgarische Wirtschaftsminister die gesamte Weizenernte auf dem Schwarzmarkt verkauft hat. Und es gab kein Brot. Heute kriegen Sie alles, wenn Sie Geld haben, da sind Unternehmen wie Kaufland, Lidl, Penny …"
„Die Leute können zwar alles kaufen, aber sie sind immer noch arm", sage ich und erkundige mich nach den Auswirkungen der Korruption im Land.
Frank nennt ein Beispiel. „Es gab zwei Frauen, die hier eine Wiese gekauft haben, und die wollten auch unser Haus mit unserem Grundstück kaufen. Die haben den städtischen Beamten bestochen, dass der Weg zu unserem Haus aus den Plänen verschwindet. Sie haben einfach Zäune gebaut. Wir haben uns beschwert bei der Stadt. Dann sind uns die Pläne gezeigt worden, und sie haben gesagt, da gibt es keinen Weg. Wir haben lange kämpfen müssen. Das ist das Unschöne in diesem schönen Land. Es ist eigentlich ein reiches Land. Die Böden, das Klima, das Wasser. Es könnte mit

großer Effektivität Landwirtschaft betrieben werden, so wie es vor dem Zweiten Weltkrieg war. Es könnte auch bessere Industrieansiedlungen geben. Beispiel: Ein kleines Städtchen im Rila-Gebirge, in den bulgarischen Bergen, dort sind mit einer Milliarde Euro schwarzem Geld, das gewaschen werden musste, Wohnungen gebaut worden, die jetzt ungenutzt herumstehen. Das sind 20.000 Wohnungen, jede im Wert von 50.000 Euro – die sind für Touristen gebaut worden als Ferienwohnungen! Absurd, zum Teil mitten im Naturschutzgebiet. Der Bürgermeister ist ein reicher Mann geworden. Es gab dort Skiwettbewerbe, auch Biathlon. So skurrile Geschichten, traurig für die Natur, beschämend für die Einheimischen. Korruption und Vetternwirtschaft spielen eine viel zu große Rolle hier, Unten im Tal der Struma [164] gibt es eine riesige Kreuzung mit acht Zufahrten – das sind vollkommen unwichtige Straßen. Es ist offensichtlich, dass hier EU-Gelder verbaut wurden und irgendjemand riesig daran verdient hat. Die Wanderwege wurden zwar mit Mitteln der EU renoviert, sie sehen aber immer noch genauso aus wie vorher. Die Hotels in unserem Dorf sind nur entstanden, weil die EU 70 Prozent der Baukosten gegeben hat. Nicht als Darlehen, sondern einfach so vergeben hat.

„Die Hotels stehen die meiste Zeit leer“, fügt Sonja hinzu, „zehn Prozent Auslastung nach Auskunft der Besitzer. Bei einem Mitglied der regierenden Parteien ist bekannt, dass er einer der größten Mafiosi ist. Und der Ministerpräsident macht nichts, weil er ihn als Koalitionspartner braucht.“

Ich frage Sonja und Frank, ob sie sich vorstellen könnten, wie man die Situation in den Griff bekommen könnte. Sie sind sich einig. „Einfach durch Politiker, die nicht korrupt sind. Und vielleicht durch eine EU-Kommission, die die Politik überwacht, so wie in Rumänien.“

Wie so oft bei Gesprächen in diesem Land, kommt nun die Rede darauf, dass die bulgarische Bevölkerung ständig schrumpft. Sonja Pobell erinnert sich, dass die Abwanderung in den 90er Jahren, als sie hier in einem molekularbiologischen Institut gearbeitet hat, enorme Ausmaße angenommen hatte.

„Alle, die etwas konnten, gute, intelligente Menschen, sind in die USA und nach Westeuropa gegangen und haben dort Karriere gemacht, denn in Bulgarien gab es kein Geld für die Forschung. Die zwei Millionen Menschen, die fortgegangen sind, gehören zu den intelligentesten des Landes. Es gibt zwar Leute,

[164] Die Struma / Струма, griechisch Strymonas, Στρυμόνας, Länge rund 400 km, Quelle südwestlich von Sofia im Witoscha-Gebirge in 2180 m Höhe, mündet ins Thrakische Meer

die sagen: ‚Ihr kommt aus Deutschland, ich habe auch einmal fünf Monate in Stuttgart gearbeitet.' Oder: ‚Ich habe mir ein Auto in Deutschland gekauft, die sind dort viel besser.' Es gibt hier auch viele deutsche Begriffe: Bohrmaschine, Dübel… Aber die Arbeiter, die für zwei, drei Monate im Ausland arbeiten und wieder zurückkommen, können das Land nicht verändern."
„Ich habe während meiner Reise festgestellt, sie schätzen die Deutschen und alles, was deutsch ist."
„So ist das", sagt Frank, „sie sagen: ‚Ich kann gut Fliesen legen. Kannst du mir nicht einen Job in Deutschland verschaffen? Wenigstens für ein paar Monate.'"
„Genau das sagte mein Kfz-Mechaniker in Razgrad auch!"
„Und die Automechaniker sind wirklich gut hier. Wenn wir hier sind, fahren wir nur mit unserem alten Wagen. Den lassen wir in Bulgarien in der Garage. Daheim fänden wir niemanden, der ihn noch so günstig und zuverlässig repariert", meint Frank
Sonja, legt Wert drauf, dass man die positiven Dinge in Bulgarien nicht übersehen sollte. „Das Land ist, seit es Mitglied in der EU ist, ungeheuer vorangekommen. Die Einheimischen klagen zwar immer noch, dass es ihnen nicht gut geht, sie könnten natürlich sagen, es geht uns immer noch nicht so gut wie den Deutschen, das wäre gerechtfertigt. Es gibt Leute, die haben früher einmal in der Woche Fleisch gehabt, jetzt mindestens jeden zweiten Tag. Der Lebensstandard hat sich unglaublich verändert in den letzten zehn bis fünfzehn Jahren."
Frank Pobell findet auch, dass das Land im Grunde auf dem richtigen Weg ist, und dass die letzte und vorletzte Regierung mit Ministerpräsident Borissov in Bulgarien viele Positives in die Wege geleitet hat. „Sie hat mehr Polizei auf die Straße gebracht, sie hat die Städte sauberer gemacht. Die Straßen sind besser geworden. Die Regierung hat auch dafür gesorgt, dass viele einfache Leute kleine Jobs bekommen. Die Innenstadt von Sofia wurde renoviert. Die Regierung hat das System der Kleinkredite eingeführt, sodass einfache Leute einen Kredit mit geringem Zinssatz bekommen konnten, um sich eine Existenz aufzubauen. Das hat dazu geführt, dass viele Familien, die früher vielleicht zwanzig Ziegen hatten, plötzlich zehn bis zwanzig Kühe haben und somit eine gute Lebensgrundlage."
„Wenn Sie sagen, die Straßen seien besser geworden. Wie hat denn die Straße nach Roshen ausgeschaut, als Sie hierhergekommen sind?"
Frank lacht und meint: „Sowas können sie sich nicht vorstellen! Das war ei-

ne festgestampfte Lehmstraße, heute ist es ja eine richtige Asphaltstraße. Die Fernstraße, die von Sofia an die griechische Grenze und dann weiter nach Athen führt, war in den 1990er Jahren eine endlose Ansammlung von Löchern. Wir haben die 180 Kilometer von Sofia bis hierher teilweise Schritttempo fahren müssen. Es war wie ein Slalomlauf."

„Haben denn die Leute eine Zukunft hier im Dorf? Vielleicht mit dem Tourismus?"

„Das sind hauptsächlich Rentner", meint Sonja, „die haben den wichtigsten Teil ihres Lebens hinter sich. Hier kann sich keiner eine Existenz aufbauen. Das Roshen-Kloster ist nur knapp zwei Kilometer entfernt. Da haben die Einheimischen einen kleinen Hinzuverdienst mit dem Verkauf von Tees und Souvenirs."

„Eigentlich dann doch ein aussterbendes Dorf, oder?"

„Nein, das nicht", sagt Frank Pobell, „die Familien bleiben ja hier. Die Jungen gehen in die Stadt, weil sie dort einen Job haben, vielleicht als Ingenieur oder Techniker, und sie kommen dann zum Teil an den Wochenenden ins Elternhaus, um Wein zu machen – sie sind sehr stolz darauf. Aus jeder der Familien gibt es einen oder zwei, die als Rentner wieder ins alte Elternhaus ziehen. Sie renovieren die alten Häuser und verleben hier ihren Ruhestand."

Auch wenn sich viel verändert hat. Die beiden kommen trotzdem jedes Jahr wieder. Ist es die Natur, die Ruhe, die Möglichkeit zu wandern, oder sind es sentimentale Erinnerungen, an denen sie festhalten wollen?

„Es ist eine sehr schöne Zeit hier gewesen", sagt Sonja Pobell, „aber wir sind an unsere Grenzen gekommen, insbesondere, weil wir nicht mehr fliegen. Und diese lange Reise mit dem Zug, das sind drei Tage, das ist schwierig für uns, vor allem auch, weil wir unseren Hund immer mitnehmen. Trotzdem bin ich sicher, wenn wir dieses Haus verlassen, werden wir es immer vermissen."

Weiter Richtung Sofia – Zwischenhalt beim Rila-Kloster und in Dupnitsa

Alles rückt so nah, wenn man es kennt. Die Welt wird größer und gleichzeitig kleiner. Der Strand von Odessa taucht vor meinen Augen auf, der Gesundheitsweg, die Tanker weit draußen und näher ein paar Ausflugsschiffe. Gerade eine Zeitungsmeldung gelesen: *Nahe Odessa sind am Samstag mindestens vierzehn Menschen ums Leben gekommen. Das Passagierschiff „Iwolga" sank, nachdem es in ein schweres Unwetter geraten war. Der Crew wird „Schlamperei" ange-*

lastet. Die Polizei nahm den Kapitän fest. Das Schiff habe nur ein aufblasbares Rettungsfloß für zwölf Menschen an Bord gehabt, [...] die „Iwolga“ habe lediglich eine Erlaubnis besessen für zwölf Passagiere und drei Mann Besatzung. Das Schiff stach trotzdem mit 33 Passagieren und drei Mann Besatzung in See. Zusätzliche Rettungswesten seien demnach nicht an Bord gewesen. Als weiteren Grund nannten örtliche Medien etwa sieben Meter hohe Wellen auf dem Schwarzen Meer. [...] Die Verwaltung von Odessa erklärte den Sonntag zum Tag der Trauer.

Auf der Rückfahrt von Roshen nach Melnik sehe ich entlang meines Weges noch mehr von den steilen Sandstein-Pyramiden. Bizarre Felszacken, wie ich sie vom Haus der Pobells und vom Roshen-Kloster aus gesehen habe, die riesigen Stoßzähne des Pirin-Gebirges. Bald erreiche ich das Tal des Flusses Struma. Die Fernstraße begleitet ihn nach Süden, zwanzig Kilometer, dann beginnt Griechenland. Nah der Grenze soll es einen See mit Flamingos geben. Ich lasse mich nicht von diesen federleichten, engelgleichen Wesen verführen, sondern folge dem Verlauf dieser Straße in der Gegenrichtung, flussaufwärts nach Norden, Richtung Sofia. Dabei durchquere ich eine kleine Stadt, in der gibt es unglaublich viele Läden, vor denen Pyramiden aus eimergroßen Blechdosen aufgestapelt stehen. Neugierig wie ich bin, parke ich das Auto und schau nach, was die hier verkaufen. Oliven sind auf den Büchsenblechen abgebildet. Sind da Oliven drin? Oder Olivenöl? Ich mache einen Versuch, will es wissen. Aber diesmal misslingt die Verständigung.

Nach einer Stunde eine Abzweigung ins Rila-Gebirge zum Rila-Kloster. Es liegt westlich zu Füßen Gottes oder zumindest des Musala, des mit über 2.900 Metern höchsten Berges in Bulgarien.

Es geht auf einer engen, kurvigen Straße durch stattliche Mischwälder hinauf dem Hochgebirge entgegen, immer entlang eines Baches, der, wie soll es in dieser Gegend anders sein, den Vornamen Rila trägt. Bald tun sich erste Ausblicke auf die kahlen Rila-Gipfel auf, die im Sonnenlicht leuchten und kein bissl bedrohlich ausschauen.

Das Kloster gilt als eines der wichtigsten orthodoxen Klöster des Landes und ist wesentlich größer und herrschaftlicher als das eher bäuerlich geprägte Roshen-Kloster. Die Geschichte des Rila-Klosters reicht zurück ins 9. Jahrhundert, als der erste bulgarische Einsiedler Iwan Rilski, der Heilige Johann vom Rila-Gebirge, hier in einer Höhle gelebt hat. Die Blütezeit der Klosteranlage lag zwischen dem 12. und 15. Jahrhundert. Danach wurde sie von den Türken zerstört.

Durch das Haupttor betrete ich den Innenhof. Was mir als Erstes ins Auge fällt, sind die säulengestützten Arkadengänge der Klostergebäude, die mit drei Stockwerke übereinander den geräumigen Innenhof umschließen. Der alte, gedrungene Turm aus dem 14. Jahrhundert steht wie ein Fremdkörper neben der Gottesmutterkirche im Zentrum des geräumigen Klosterhofes, die alle erst im 19. Jahrhundert neu errichtet wurden. Im Gedächtnis bleiben die Außenfresken und die markanten roten und weißen Querstreifen, mit denen alle Gebäude versehen sind. Auf einem Wandgemälde kämpfen die Engel gegen die Teufel den ewigen Kampf. Und man kann wenigstens auf diesem Bild die Guten und die Bösen auf Anhieb unterscheiden.

Übernachtung in der Stadt Dupnitsa[165], westlich des Rila-Gebirges, ungefähr siebzig Kilometer südlich der Hauptstadt Sofia. Als ich in Zentrum ankomme, ist es bereits dunkel. Im Augenblick reicht mir, was ich im Licht der Straßenlaternen erkenne. Moderne Bebauung, viele heruntergekommene Plattenbauten. Während eines Spaziergangs am nächsten Morgen lerne ich den Ort differenzierter einzuschätzen. Hier war nach 1878 die Grenzstation zum Osmanischen Reich. Mitten in der Stadt das archaische Gebäude einer Moschee. Ein gestutzter alter Saurier ohne Minarett. Dort finden keine Gebete mehr statt. Heute dient das Gebäude als Ausstellungsraum für moderne Kunst.

Während der kommunistischen Ära, zwischen 1948 und 1992, trug die Stadt den Namen des Antifaschisten Stanke Dimitrov. Heute ist Dupnitsa berühmt, nein, eher berüchtigt wegen zweier seiner Bürger, der Galevi-Brüder. Sie machten ihren Heimatort zur Anlaufstelle für die organisierte Kriminalität. Ein Kuriosum am Rande: Bei den Wahlen 2009 bewarben sie sich für einen Sitz im bulgarischen Parlament, als sie gerade wegen Schutzgelderpressung im Gefängnis saßen. In dieser Zeit sollen sie sogar mit ihrem Geld den Bürgermeister und einige Stadträte ins Rathaus gehievt haben. In der Fußgängerzone fallen mir am späten Vormittag junge Männer in schwarzen Lederjacken auf, die zu zweit oder in Dreiergruppen scheinbar ziellos durch die Stadt schlendern, als hätten sie Urlaub. Später sehe ich sie alle in der Pizzeria Napoli sitzen. Liegt es an mir? In dieser Hochburg der Mafia kommt mir alles verdächtig vor.

Sofia und das friedliche Miteinander unterschiedlicher Religionen

Zweiter Besuch bei Bozhana Tschakalova in Sofia. Zeit für einen Rückblick. Bozhana erzählt wie das war in der Zeit des Kommunismus.
„In den ersten Jahren nach dem Krieg war es sogar unter Strafe verboten, sich vornehm zu kleiden. Für so etwas ist man ins Straflager gekommen. Es war un-

[165] Dupnitsa / Дупница, ca. 40.000 Einw.

tersagt, in die Kirche zu gehen, kirchlich zu heiraten oder die Kinder zu taufen. Es war untersagt, Ostern und Weihnachten zu feiern. An Neujahr durfte man einen Baum aufstellen. Da die griechisch-orthodoxen Christen erst am 6. Januar Weihnachten feiern, besorgten sie zu Neujahr einen Baum und ließen ihn bis Heilig-Drei-König stehen. Ostereier kaufte man verteilt in kleinen Mengen ein, um nicht aufzufallen."

Während Bozhana erzählt, kann ich nur immer wieder den Kopf schütteln. Die Beispiele aus dem kommunistischen Alltag hören sich heute absurd an, damals war das alles selbstverständlich. Und wie ist das heute mit der Religion? Es gibt ja viele unterschiedliche Glaubensgemeinschaften in Sofia. Ich würde gerne wissen, wie sie miteinander auskommen, und bitte Bozhana, mich auf meiner Spurensuche zu begleiten

Wir beginnen mit dem Wahrzeichen Sofias. Bozhana führt mich zur bulgarisch-orthodoxen Patriarchen-Kathedrale. Sie wurde Anfang des 20. Jahrhunderts errichtet und dem russischen Nationalheiligen Alexander Newski geweiht.

„Wieso? Die Russen sind doch nicht so besonders beliebt in Bulgarien", werfe ich ein.

„Das geschah aus Dankbarkeit, weil der russische Zar Alexander II. Bulgarien von der Herrschaft der Osmanen befreit hat. Und zur Erinnerung an die 200.000 russischen Soldaten, die 1877/78 während der Kämpfe ihr Leben lassen mussten. Die Russen von damals waren unsere Befreier. Die Russen, die nach dem Zweiten Weltkrieg kamen, waren kommunistische Besatzer."

Gleich zu Beginn der Besichtigung der Kathedrale krieg ich einen Anschiss, weil ich Bozhana an der Kasse fotografiere. „Fotografieren strengstens verboten!", flüstert meine Begleiterin und deutet auf ein Schild über dem Eingang.

„Wir sind doch noch gar nicht drin", wende ich ein.

„Egal, Fotografieren strengstens verboten!"

Ich gebe auf. Wir betreten den Kirchenraum. Bozhana deutet auf zwei Thronsessel.

„Der höhere war dem König zugedacht, der kleinere daneben ist für den Patriarchen."
Dann nimmt sie zwei der honigfarbenen Kerzen von einem Tischchen. Ich mache es ihr nach.
„Oben eine Kerze für die Lebenden, unten eine für die Toten", flüstert Bozhana.
Wir zünden unsere Kerzen an und stecken je eine auf einen hohen Kerzenständer, wo schon dreißig, vierzig brennen, und die andere in eine mit Sand gefüllte Kiste daneben auf dem Boden. Wenn ich mir die andächtigen Leute in der Kathedrale so anschaue, habe ich den Eindruck, die Bulgaren sind gläubige Menschen. Bozhana hat keine so gute Meinung von ihren Landsleuten und antwortet schroff: „Die Bulgaren sind nicht fromm und sie sind nicht gläubig. Sie gehen nur in die Kirche, um zu sagen: ‚Gott, gib mir dies oder gib mir das', aber nie, wenn sie Danke sagen sollten."

Serdika, U-Bahn-Haltestelle im Zentrum der bulgarischen Hauptstadt. Schon von der Rolltreppe aus erkenne ich im Gegenlicht die Statue der Heiligen Sofia. Zu ihren Füßen, zwischen den Fahrbahnen des Großstadtverkehrs, in der Unterführung der Metro-Station, die alte Kirche Sveta Petka. Die Kirche für die Märtyrerin wurde im 11. Jahrhundert auf den Ruinen der antiken Stadt Serdika errichtet. Damals durfte eine Kirche nicht höher sein als ein Ross mit Reiter.
Über dem bescheidenen alten Gotteshaus erhebt sich zur Rechten der Sofien-Statue die bulgarisch-orthodoxe Kathedrale Sveta Nedelja.
Nebenan, im Innenhof des Sheraton-Hotels, das älteste Gebäude der Stadt: die Rotunde Sveti Georgi, eine antike Kirche der Römerstadt Serdika, in der 342 n. Chr. eine Reichssynode mit Bischöfen aus ganz Europa stattfand.
Zur Linken der Heiligen Sofia sind es keine hundert Meter zur Banja-Baschi-Moschee. Ihr gegenüber, auf der anderen Straßenseite, die jüdische Synagoge. Gleich daneben der Turm der römisch-katholischen Kirche St. Josef. Im Rücken der Statue, verborgen in einem mehrstöckigen Wohnblock, das armenische Gotteshaus. Vier Kirchen und vier Religionen, die sich nicht immer ko-

scher waren. Und mittendrin die alte Markthalle, der Konsum-Tempel. Aus dem einstigen Basar ist ein Sammelsurium von Läden geworden. Es gibt Zeitschriften und Bücher, viele Bäckereien, Salattheken, Metzgereien, im ersten Stock Kleidung, Lederwaren, Schmuck. Genug von den Bauwerken. Mir geht es mehr um die Menschen. Ich habe den Eindruck, dass sich in Sofia die verschiedenen Konfessionen tolerieren und friedlich nebeneinander existieren. Wie ist das möglich, wo sie sich doch in vielen anderen Weltgegenden gegenseitig das Leben schwer machen? Bozhana hat einige Kontakte zu Gläubigen der verschiedenen Religionsgemeinschaften aufgetan.

Zu Besuch bei Wilhelmine Schmer und Stoyan Ivanov. Sie ist 76, er 80. Die beiden wohnen in einem Plattenbau im Westen der Stadt. Wir sitzen zusammen im Wohnzimmer – die Eheleute auf der Couch unter einem großen Jesusbild, sie halten sich bei den Händen, als wären sie frisch verliebt. Dabei haben sie vor kurzem Goldene Hochzeit gefeiert. Wilhelmine liest uns eine Urkunde vor, die sie von der Kirchengemeinde aus diesem Anlass erhalten haben: *Herzlichen Glückwunsch zum Jubiläum. Heute am 28. Juni 2015 feiern Stoyan Ivanov und Wilhelmine Schmer vor Gott und der Kirche ihren 50. Hochzeitstag. Beten wir für ihre Gesundheit, lange sollen sie leben!*

So viel Wohlwollen – dabei gehören die beiden doch verschiedenen Glaubensgemeinschaften an. Wilhelmine gehört der römisch-katholischen Kirche an, Stoyan der bulgarisch-katholischen – aber mit dem gleichen Papst als Oberhaupt kann der Liebe ja wirklich nichts im Wege stehen. „Nein“, meint Wilhelmine, „es war nie ein Problem. Ich hab mich damals auch entschlossen, in seine Kirche einzutreten. Dort war dann die Hochzeit. Wir gehen jeden Sonntag zur

Messe, und weil wir Schwierigkeiten mit dem Gehen haben, kommt unser jüngerer Sohn und fährt uns. Das ist wichtig, weil wir dort unsere Freunde treffen. Wir haben zwei Söhne. Der eine ist in Chicago, der jüngere ist hier. Einen Enkelsohn haben wir auch."

„Von wem haben Sie den deutschen Namen Wilhelmine bekommen?"

„Mütterlicherseits stammen meine Vorfahren aus Ungarn und väterlicherseits aus Deutschland, Österreich und aus Tschechien. So bin ich eine Mischung."

„Und wie ist das bei Ihnen, Stoyan?"

Erstaunlich, Stoyan hat für sein Alter eine so junge, kräftige Stimme, dass man unwillkürlich aufhorcht, wenn er zu sprechen beginnt: „Meine Eltern stammen aus Makedonien, dem griechischen Teil von Mazedonien. Sie wurden verfolgt und sind nach Bulgarien geflohen. Und diese griechischen Makedonier gehörten von der Tradition her zum östlichen Zweig der katholischen Kirche. Meine Frau gehört zum westlichen, das hat uns überhaupt nicht gestört."

Allerdings haben bis 1990 die Kommunisten in Bulgarien regiert, da konnte man keine freundliche Haltung gegenüber einer Religion erwarten, ganz egal welcher.

Stoyan erzählt, dass damals Leute von der Staatssicherheit zu ihm gesagt haben: „Wenn du in die katholische Kirche gehst, dann bist du ein Spion! Da machst du für irgendjemanden Spionage!" Er verschluckt sich beinah vor Lachen. „Da hab ich drauf gesagt: ‚Ja, beweisen Sie mir das – womit, wozu, wieso!' Und das konnten sie natürlich nicht."

Es gehört ganz schön Kraft und Durchhaltevermögen dazu, so einem autoritären Staat zu widerstehen. Ist man da nicht erschöpft?

Wilhelmine überlegt nicht lange – für sie ist es klar. „Wieso erschöpft? Seit der Zeit, als wir uns kennenglernt haben, noch vor der Heirat, haben wir uns geliebt. Und die Liebe gibt ungeheure Kräfte."

Auch Stoyan strahlt eine unglaubliche Zuversicht aus. „Wir haben nie ein schlechtes Wort zueinander gesagt. Das war bei uns wirklich immer nur Liebe. Aber zuerst kommt die Liebe zu Gott, denn wenn Gott uns nicht geschaffen hätte, hätten wir uns nicht kennengelernt und die Liebe zueinander nicht aufrechterhalten."

Schön und gut. Von Liebe und Glauben kann man zunächst einmal nicht abbeißen, von irgendetwas muss man ja leben. Wilhelmine deutet auf das große Jesusbild, das über den beiden an der Wand hängt. Ihr Mann hat es gemalt.

„Das Ikonenmalen ist mein Beruf", sagt er, „damit verdiene ich mein tägliches Brot. Ich bin tief damit verbunden. Ich könnte ins Gefängnis gehen, aber vom Glauben und von der Kirche könnte mich niemand trennen …"

„Wie konnten Sie das unter dem kommunistischen Regime durchhalten?", frage ich, „wenn man davon leben will, braucht man ja auch Käufer für die Bilder?"

„Ich habe die Ikonen an Diplomaten verkauft. Bei den Messen waren sehr viele Ausländer. Immer, wenn wir aus der Kirche gekommen sind, haben sie schon gewartet und wollten bei mir bestellen. Ich hab sie zu mir eingeladen und ihnen meinen Katalog gezeigt. Meine Ikonen gibt es in ganz Europa, sehr viele in Frankreich, in Deutschland, in Österreich, in der Schweiz und sogar in Japan. Und der Hausmeister hat immer gefragt: ‚Was sind das für Leute, die da zu dir kommen?' Da hab ich gesagt: ‚Na, frag sie doch!' Ich kann nicht anders. Das ist mein Brot. Ich kann nicht aufhören zu malen. Die Ausländer haben oft gesagt: ‚Wir beschützen Sie. Wir halten nicht direkt vor der Haustür, wir parken ein bisschen weiter weg, damit man nicht merkt, woher wir kommen.' Zum Glück haben wir den Kommunismus auch noch überlebt."

Zurück ins Zentrum zur Kirche Mariä Himmelfahrt, der Kirchengemeinde von Stoyan und Wilhelmine, in der Ulica Lyulin Planina 5. Dort begegnen wir dem Priester Petko Vulov. Er weist uns darauf hin, dass hier der *griechisch-katholische* Bischof seinen Sitz hat, der Vertreter der katholischen Bischofskonferenz in Bulgarien. Als er Ratlosigkeit in meinem Gesicht liest, erklärt er mir den Zusammenhang.

„Die bulgarisch-katholische Kirche ist eigentlich eine bulgarische *griechisch-*

katholische Kirche. Es gibt auch eine rumänische *griechisch-katholische* und sogar eine griechische *griechisch-katholische* Gemeinschaft. Mit *griechisch-katholisch* wird nur die Glaubensrichtung benannt, die als nächstes weiter nach den jeweiligen Ländern benannt wird: Ukrainische *griechisch-katholische*, italienische *griechisch-katholische*, ja sogar afrikanische *griechisch-katholische* Kirchengemeinschaften gibt es. Alle erkennen den Papst in Rom als ihr Oberhaupt an."

„Und was ist dann der Unterschied zwischen *griechisch-katholisch* und *römisch-katholisch*?", frage ich verwirrt.

„Wir gehören zur katholischen Kirche!", stellt Petko Vulov fest. „Aber wir orientieren uns bei den Feiertagen am gregorianischen Kalender und feiern unsere Messen im byzantinischen Ritus. Es gibt nur diese kleinen Unterschiede, sonst sind wir eine Gemeinschaft. Wir sind auch Mitglied des Rates der nationalen religiösen Gemeinschaften in Bulgarien, in dem Vertreter der sechs wichtigsten religiösen Minderheiten vertreten sind. Heute zum Beispiel haben wir eine gemeinsame Konferenz: die orthodoxe, die katholische, die evangelische und die armenische Kirche, die jüdische Gemeinde und die Muslime. Es gibt viel mehr Gemeinsamkeiten als Unterschiede. Wir haben uns als Ziel gesetzt, das Gemeinsame zu finden und hervorzuheben."

„Das sagt sich so leicht", gebe ich zu bedenken, „aber wie schaut das in der Praxis aus?"

„Bei Konferenzen des Rates der nationalen religiösen Gemeinschaften in Bulgarien diskutieren wir jedes Jahr ein bestimmtes Thema, das für alle Religionen gemeinsam wichtig ist. Heuer geht es um die Beziehung zwischen Gott, Mensch und Umwelt – mit besonderer Betonung der Ökologie und mit Blick auf die Enzyklika von Papst Franziskus. Nach jeder Konferenz gibt es eine gemeinsame Abschlussverlautbarung. Außerdem werden die Vorträge und Diskussionsergebnisse als Buch veröffentlicht. Es tut gut", meint Petko Vulov, „dass unter uns Vertretern der verschiedenen Religionsgemeinschaften so eine freundschaftli-

che Atmosphäre herrscht. Wir lassen uns nicht von der Presse verführen und gegeneinander ausspielen, denn wir kennen uns alle persönlich und nehmen direkt Kontakt miteinander auf, wenn ein Problem auftritt."
Mich interessiert, ob es aktuell eine gemeinsame Haltung der Religionen zum Flüchtlingsproblem oder zur Korruption im Land gibt, und wie man versucht, auf die Politiker Einfluss zu nehmen. Er wiegelt ab. Es sei nicht Aufgabe der Kirche, sich in die Tagespolitik zu mischen.
„Unser Ziel ist, politisch neutral zu bleiben, so, wie es auch die Armee sein soll. Das Einzige, was wir machen, und das ganz ausdrücklich: Wir bestehen darauf, dass man bei Wahlen die Religion aus dem Spiel lassen sollte. Ich habe den Eindruck, man hört auf unsere Stimme."
„Aber die Flüchtlinge stehen ja auf der Straße", unterbreche ich ihn, „da wäre spontanes Handeln gefragt."
„Die katholische Kirche hat eine Organisation namens *Caritas*, wir haben das auch in Bulgarien. Wir kümmern uns um diese Leute, bieten ihnen an, Kurse in bulgarischer Sprache zu machen, sind ihnen behilflich, Kontakt zu anderen Instanzen zu vermitteln, die ihnen weiterhelfen können. Aber es sind nur wenige, die diese Angebote annehmen – also insgesamt bisher nur ungefähr 12.000, die meisten reisen hier nur durch, weiter nach Deutschland."
In Bulgarien bezeichnen sich gut vier Millionen Einwohner als orthodoxe Christen, eine halbe Million als Muslime, knapp 50.000 als Katholiken und immerhin fast 65.000 als Protestanten. Zu denen gehört Pfarrer Reinhold Gestrich. Er wohnt in der Nähe der deutschen Botschaft. Seine deutschsprachige evangelisch-lutherische Gemeinde in Sofia umfasst nur ein kleines Häuflein von Pfarrkindern.
„Es ist so", sagt er, „alle, die es schaffen, Bulgarisch zu lernen, und ein Interesse haben an der Kirchengemeinde, können natürlich bulgarische Gottesdienste besuchen. Da gibt's an die zwanzig Gemeinden, aber alle sind sehr klein. Meine deutschsprachige Gemeinde ist eben angewiesen auf die Gruppe von Deutschen, die nur vorübergehend hier lebt, das sind Mitarbeiter der Botschaft, der Deutschen Schule, Wirtschaftsleute, Industrie und Handel. Diese ganzen Positionen sind immer befristet auf drei, vier Jahre. Dann muss sowohl der Botschafter gehen wie der Leiter vom Goethe-Institut, der Direktor von der Deutschen Schule, alle Lehrer und die unteren Chargen genauso."
„Gibt es eine regelmäßige Zusammenarbeit mit den anderen evangelischen

Kirchengemeinden? Es wäre doch sinnvoll, dass man sich zu Gesprächen trifft und gemeinsam Feste feiert."
„Tja, es gibt drei baptistische und vier pfingstlerische Gemeinden", sagt er.
Er selber pflege Kontakt zu einer methodistischen, zu einer kongregationalistischen und zu einer baptistischen Gemeinde, die sich untereinander alle ein bisschen unterscheiden. Lebt er mit seiner Kirchengemeinde dann nicht auf einer Art Insel, ein evangelischer Robinson. Stört ihn diese Abgeschiedenheit nicht? Er winkt ab.
„Alle Evangelischen und die Katholischen zusammen haben einen Anteil von 1,5 Prozent der Bevölkerung Bulgariens. Und was heißt Insel? Ich fühle mich wirklich nicht wie der Robinson Crusoe, der auf ein Schiff wartet. In Sofia lebt man in einer EU-Großstadt und ist völlig vernetzt mit dem Rest-Europa. Ich kann in zwei Stunden in München sein."

Schon die Reisenden des 15. Jahrhunderts berichteten von einer florierenden Handelsstadt. Besonders wurde stets die ethnische und religiöse Vielfältigkeit in Sofia hervorgehoben. Neben den orthodoxen Bulgaren erwähnten sie vor allem Griechen und Juden. Darüber hinaus siedelten sich Armenier in der Stadt an. Es gab damals schon eine georgische, eine katholische und eine muslimische Gemeinde, die während der 500-jährigen türkischen Fremdherrschaft die größte Gruppe bildete. Nach der Befreiung und der Neugründung des bulgarischen Königreiches 1878 wurde sie durch Pogrome stark dezimiert. Das orientalische Stadtbild änderte sich nach westlichem Vorbild. Nur wenige Bauten, wie die Banja-Baschi-Moschee, blieben in ihrer Funktion erhalten.
Vielleicht liegt die Ursache, dass die Religionsgemeinschaften hier so friedlich zusammenleben, unter anderem darin, dass die Religiosität und das Vertrauen in die Kirchen wesentlich schwächer ausgeprägt sind als in den Nachbarländern. Viele Leute sehen den Grund dafür in der Anpassung der bulgarischen Kirchen an das einstige kommunistische Regime. So bezeichnet sich nur etwa die Hälfte der Einwohner als religiös, und nur 22 Prozent gehen mindestens einmal im Monat in die Kirche.

Zurück zur U-Bahn-Haltestelle Serdika. Im April 1925 haben bulgarische Kommunisten einen Bombenanschlag auf die bulgarisch griechisch-orthodoxe Kathedrale Sveta Nedelja ausgeübt, um die politische und militärische Elite des

Landes zu vernichten. Er kostete über hundert Menschen das Leben. Mehr als 500 wurden verletzt. Politisch war das Attentat ein Fehlschlag. Die Kommunisten kamen damals nicht an die Macht. Noch nicht. Dazu brauchte es den Zweiten Weltkrieg. Bei der Volkszählung 2001 bezeichnete sich die Mehrheit der bulgarischen Bevölkerung als Christen. Die meisten gehören der orthodoxen Kirche an. Sveta Nedelja ist noch heute die Kathedrale des Metropoliten der bulgarisch-orthodoxen Kirche. Daneben befindet sich das Theologische

Institut der St. Kliment-Ohridski-Universität. Bozhana bringt mich zu Prof. Kostadin Nushev von der bulgarisch-griechisch orthodoxen Kirche, und ich erkundige mich, wie er das Zusammenleben der verschiedenen Religionen von Seiten der bulgarischen Orthodoxie einschätzt. Auch Kostadin Nushev wird an der Konferenz der sechs größten Glaubensgemeinschaften in Bulgarien teilnehmen, die Petko Vulov bereits erwähnt hat, ein.

„Ich bin seit fünf Jahren regelmäßig dabei. Im Mittelpunkt unseres Dialogs stehen Kultur, Menschenrechte, Freiheiten, Toleranz – Themen, die uns als Religionsgemeinschaften interessieren und uns mit den Bürgern verbinden. Wir treffen uns, um Gemeinsamkeiten zu betonen und Unterschiede zu schlichten. Genau das war unser Thema voriges Jahr: der Dialog zwischen Religionen."

„War man sich da einig? Hat es nicht auch Konfliktstoff gegeben, etwa wegen des missionarischen Eifers einiger muslimischer Gruppen?"

„Die muslimische Gemeinschaft ist sehr bemüht, mäßigend zu wirken", sagt Kostadin Nushev, „wir haben ja seit einiger Zeit dieses Problem mit dem Islamischen Staat in Syrien. Unsere Muslime distanzieren sich ausdrücklich von jeglichem Extremismus."

„In jüngster Zeit lässt sich aber ein starker Hang zum Extremismus gerade unter jungen Leuten feststellen – für sie wäre ein Dialog zwischen den Konfessionen besonders wichtig."

Das sieht Kostadin Nushev auch so. „Es ging auch um die extremistische Propaganda im Internet. Wir sind der Meinung, dass sich dieses weltweite Problem

nur lösen lässt, wenn sich die religiösen Gemeinschaften den Teenagern zuwenden. Wir müssen zeitgemäße Wege finden, sie in die Kirche zu bringen. Mit der altertümlichen Art, wie wir das über Generationen hinweg getan haben, erreichen wir heute nichts mehr. Das führt dazu, dass sie andere Wege suchen. Und so geraten sie in die Hände der Extremisten."
„Gibt es dazu konkrete Vorschläge?"
„Wir sind gemeinsam zum Schluss gekommen, dass der einzige Weg der ist, die Jugendlichen mit einzubeziehen. Sie sollten nicht nur von oben belehrt, sondern veranlasst werden, den Dialog mit anderen aus ihrer Generation zu suchen, auch mit jenen, die zu anderen Religionsgemeinschaften gehören."

Szenenwechsel: Nur wenige Schritte entfernt ist in einem mehrstöckigen alten Gebäude das *Zentrum der Armenischen Gemeinde* mit der Kirche, einem Café und der Zeitungsredaktion untergebracht. Es fällt von der Straße her kaum auf. Das scheint symptomatisch zu sein, denn die Armenier haben sich so gut integriert, dass sie im öffentlichen Leben Sofias kaum in Erscheinung treten. Armenier hat es in Bulgarien bereits im 5. Jahrhundert gegeben. Die Armenier, die 1920/21 nach dem Genozid gekommen sind, stammen aus dem westlichen Teil Armeniens. Nach dem Sturz der Kommunisten in den 1990er Jahren folgten jene aus dem heutigen Armenien. Wir suchen das Büro von Vartanush Topakbashiyan, der Redakteurin der armenischen Wochenzeitung *Erewan*. Wir steigen mehrere Stockwerke hinauf bis zum Dachboden. Sie bleibt unauffindbar. Als Bozhana im Treppenhaus aus dem Fenster schaut, entdeckt sie auf der gegenüberliegenden Seite die Schule, in die sie als junges Mädchen gegangen ist. Sie hat von ihrem Klassenzimmer aus sogar das Gebäude gesehen, in dem wir uns jetzt befinden. Und sie erzählt von Lehrern und Schulwegen, von kommunistischen Repressalien. So vergeht die Zeit des Abstiegs schneller. Unten auf der Straße läuft uns mir nichts, dir nichts die gesuchte Redakteurin entgegen.

„Ich hatte einen Anruf, dass Sie mich suchen ...!"

Also gehen wir mit ihr die Treppe wieder hinauf bis in den dritten Stock. Auf das Verhältnis der Minderheiten untereinander angesprochen, stellt Vartanush Topakbashiyan zu Beginn unserer Unterhaltung fest: „Wenn es um die Religion geht, haben die Minderheiten nur selten miteinander Probleme."
„Gibt es so etwas wie eine armenische Identität? Warum sagen sie nicht einfach: Wir sind Bulgaren, sondern wir sind Armenier und wollen auch Armenier bleiben. Wieso ist dieses Gefühl so stark?"
Vartanush Topakbashiyan ist der Meinung, dass jede Minderheit ihre Identität erhalten und zu ihrer Kultur, Religion und Sprache stehen sollte.
„Wir fühlen uns dem bulgarischen Volk trotzdem sehr nahe und vielleicht werden wir deshalb so akzeptiert. Wir haben nur Gutes mit den Bulgaren erlebt."
„Welche Rolle spielt denn die Kirche für die Identität der Armenier?"
„In der Geschichte des armenischen Volkes hat die Kirche immer eine wichtige Rolle als Beschützerin gespielt. Armenien gehört zu den ersten Staatsgründungen der Welt, konnte aber als selbstständiger Staat nur eine kurze Zeit existieren. Irgendwann im 4. Jahrhundert verlor Armenien die staatliche Souveränität. Und da es keinen Staat mehr gab, war die Kirche das Einzige, was die Leute vereinte und unterstützte. Sie spielte die Rolle des Staates. Egal wo sie ihre zweite Heimat gefunden haben, die Armenier haben als Erstes immer begonnen, eine Kirche zu bauen."
Und alle haben sie so klangvolle Namen. Wie schon den armenischen Schriftsteller Varujan Vosganian in Bukarest bitte ich auch Vartanush Topakbashiyan, etwas auf Armenisch zu sagen. Ich mag den Klang dieser alten Sprache. Ohne lange zu überlegen, rezitiert auch sie auswendig ein armenisches Gedicht. Für eine Weile lauschen wir in die Stille hinein.

Draußen fällt wieder der Großstadtlärm über uns her, aber es ist mir, als würde uns der Nachhall der Verse noch ein paar Minuten schützen. Ich gehe ich mit Bozhana ein paar Schritte weiter zur Banja-Baschi-Moschee gegenüber der Markthalle. Sie stammt aus dem 16. Jahrhundert. Diese letzte in Funktion verbliebene Moschee Sofias fällt einem mit ihrem Minarett sofort ins Auge. Vor dem Eingang stehen in einem offenen überdachten Vorraum einige Männer. Sie sind freundlich und gesprächsbereit, doch sie schweigen sofort, als ich mein Mikrofon heraushole. Sie schicken uns zur Verwaltung. Nur der Obermufti dürfe im Radio sprechen, heißt es. Leider ist er gerade nicht da. Ich wende mich an das Pressebüro vom Obermufti, sende ihm meine Fragen per E-Mail. Ohne Erfolg. Keine Antwort. Haben sie Angst vor der Öffentlichkeit?

Auch der Besuch in der modernen römisch-katholische Kirche St. Josef hinter der Markthalle gestaltet sich schwierig. Ein modernes Gebäude, das 2006 anstelle eines im Zweiten Weltkrieg zerstörten Gotteshauses errichtet wurde. Die Türen sind offen, sogar die zum Verwaltungstrakt. Niemand zu sehen. Es gibt auch einen Klingelknopf. Einmal, zweimal, dreimal geläutet – nichts rührt sich. Schade.

Also weiter! Die Synagoge ist ja gleich nebenan an der Kreuzung Exarch Josef und George Washington. Sie ist das einzige jüdische Gebetshaus, das es in Sofia noch gibt, aber die größte sephardische, also spanisch-jüdische Synagoge in Europa. Im Hauptsaal haben über 1.000 Menschen Platz. Sie ist Sitz des Großrabbiners von Bulgarien und des Oberrabbiners von Sofia. In der zentralen Synagoge finden regelmäßig Gottesdienste statt. Geschlossen war sie nur in der Zeit von 1943 bis '44, als die meisten Juden aus Sofia in die Provinz deportiert worden waren.

Das Gebäude wird streng von Sicherheitsbeamten bewacht. Nach telefonischer Rücksprache führt man uns ins erste Stockwerk in einen Museumsraum. Dort erwartet uns Alexandra Ivoylova. Die kleine schmächtige Frau mit dem gewinnenden Lächeln und der leisen eindringlichen Stimme ist ausgebildete Musikerin, hat mehrere Gedichtbände veröffentlicht und betätigt sich als bildende Künstlerin. Aber sie betreut auch das Jüdische Historische Museum und kennt sich aus mit der Geschichte der Juden in Bulgarien.

Alexandra Ivoylova erzählt, dass sich die Juden bereits im 2. Jahrhundert hier niedergelassen haben. Dafür gebe es Belege. Und die Bulgaren haben ihren ersten Staat erst im 7. Jahrhundert gegründet. Es gibt ein Artefakt aus uralten Zeiten, das stellt den brennenden Dornbusch aus der Moses-Geschichte dar.

Jüdische Geschichte und jüdische Schicksale in Bulgarien stecken ein weites Feld ab. Ich stelle die, zugegeben, naive Frage, was sie denn für das wichtigste Ausstellungsstück im Museum halte.

„Alles hier ist von großer Bedeutung“, antwortet sie und deutet in einer kreisförmigen Bewegung in den Raum, „suchen Sie sich was aus, und ich erzähle Ihnen etwas dazu.“

Ich deute auf einen der Schaukästen, in dem kleine gelbe Judensterne liegen.

„Das sind Knöpfe". sagt Alexandra Ivoylova, „sie sind einzigartig in Europa. Bulgarische Juden mussten sie ab Anfang der 1940er Jahre kaufen und an ihrer Kleidung tragen. Sie mussten sie annähen, also nicht nur irgendwie anheften. Das war so eine Art Erniedrigung. Aber immerhin, sie sind viel kleiner als die großen Sterne, die Juden in anderen Ländern tragen mussten."
„Haben in Bulgarien Deportationen stattgefunden?"
„Mehr als 11.000 Juden aus Griechisch-Makedonien wurden nach Auschwitz und Treblinka ausgeliefert und sofort ermordet. Sie hatten die griechische und nicht die bulgarische Staatsangehörigkeit. Historiker stellten wiederholt die Frage, ob sie nicht gerettet hätten werden können, wenn man sie zu bulgarischen Staatsbürgern gemacht hätte."
„Und wie ist das Verhältnis zu den Moslems", frage ich weiter, „die Moschee ist so nah, und heute ist die Situation ja sehr gespannt, wenn man den Vorderen Orient anschaut, da herrscht viel Krieg aus Glaubensgründen. Gibt es in Bulgarien Gemeinsamkeiten und Begegnungen?"
Alexandra Ivoylova wiegt den Kopf. „An bestimmten großen, kirchlichen Festtagen feiern alle Religionsminderheiten zusammen. Sonst haben wir nicht viel miteinander zu tun. Wir leben aber friedlich zusammen, und ich bete zu Gott, dass das so bleibt."

Ich hätte noch viele Fragen, da füllt sich auf einmal der Ausstellungsraum. Eine Reisegruppe ist eingetroffen. Wir beenden unser Gespräch. Alexandra Ivoylova erweist sich als Interpretin von Kunstliedern und jüdischer Folklore.
Sie setzt sich ans Klavier und stimmt für alle Anwesenden ein jüdisches Lied an. Ein Mitglied der Besuchergruppe fragt, ob es erlaubt sei mitzusingen. Selbstverständlich. Sie kommen aus Amerika, Kanada, England, Deutschland… Alle kennen das Lied und stimmen mit ein. Und jetzt, da ich das aufschreibe, bekomme ich wieder eine Gänsehaut, so sehr hat mich die Situation bewegt. Es tut gut, zu spüren, dass man sich Gott nicht aneignen kann. Keiner, kein Einzelner und keine Religionsgemeinschaft darf sagen: Gott gehört uns allein. Das ist kein Geheimnis – nur eine einfache Wahrheit.

Ich versuche mich in der Nachdichtung eines bulgarischen Gedichtes von Blaga Dimitrova. Das Schriftdeutsche stellt zu viel Distanz her, ich will es näher heranholen, darum übertrage ich es ins Refugium des Bairischen, dem alle Abstraktion fremd ist, und mache es heimisch in einer Sprachwelt, aus der ich als Kind viel zu lange ausgesperrt war.

maß nehma

weit gspannt
vo oana flüglspitzn zur andern flüglspitzn
des is as maß wo da vogl hot
fürn horizont

ans kreiz gschlong
vo oana hand zur andern hand
des is as maß wo da mensch hot
fürn himml

Noch einmal die Heldendenkmäler

Ins Notizbuch: Angesichts eines Wegweisers nach Vratsa, wo mich am Beginn meiner Reise das überdimensionierte Botev-Denkmal irritiert hat, denke ich mir: Es gibt doch auch eine andere Art von Größe. Sie zu zeigen, verlangte nach einem Künstler, dem es gelänge, Botev als einen darzustellen, der nicht an sich und seinen Zielen verzweifelt, aber doch wenigstens daran zweifelt, ob Gewalt das richtige Mittel ist, sie zu erreichen.

Gerade habe ich zu Fuß die paar Häuser von Kalimanitsa umkreist. Das war also das Heimatdorf des Schriftstellers Jordan Raditschkov[166]. Sein Theaterstück *Ein Versuch zu fliegen* und dessen Verfilmung *Der gefesselte Ballon* wurden 1968 von der kommunistischen Regierung verboten.

[166] Jordan Raditschkov, bulgarischer Journalist und Schriftsteller, * 1929 in Kalimanitsa bei Berkowiza, † 2004 in Sofia

Der „Kafka von Sofia", wie er auch genannt wurde, verstand es, die Groteske als Mittel gegen die Absurdität der Welt einzusetzen. Seine Helden sind die einfachen Leute der Balkandörfer.

2004 ist Jordan gestorben. In einem seiner letzten Interviews zog er folgendes Fazit: „Ich bin davon überzeugt, dass Unordnung der natürliche Zustand der Welt ist. Wir sind diejenigen, die den Fehler machen, die Dinge in Ordnung

bringen zu wollen. Die Menschen wollen das Universum organisieren, obwohl sie kaum damit zurechtkommen, Ordnung in ihr eigenes Leben zu bringen."

In diesem Zusammenhang fällt mir Nora Tar aus dem siebenbürgischen Klausenburg wieder ein. Sie sprach sich für die Abkehr von den großen Lösungen der „Weltverbesserung" aus und plädierte für kleine Ansätze im überschaubaren Raum. Dazu ist es notwendig, diese kleinen Räume zu kennen und ihre Entwicklung zu beobachten. Das mag auch einer der Gründe für meine Reise sein: Kleine Räume kennenlernen. Danach kommt das Einordnen, das Überschaubar-Machen.

Zugvogel-Gedanken. Die innere Unruhe nimmt zu. Ich versuche meine wepsigen, wurligen Gedanken einzufangen, zu sammeln, ordne sie in immer neuen Strukturen an, um sie überschaubar zu machen, um sie ruhigzustellen. Nur so kann ich sie heimbringen. Ich fürchte, die Welt, zu der ich heimkehre, wird eine andere sein als jene, die ich verlassen habe.

Die Naivität, die Unvoreingenommenheit, mit der ich aufgebrochen bin, schwindet ab und zu, verschwindet aber während der Reise nie ganz. Sie steigert die Neugierde. Ich brauche sie, wenn ich auf Menschen zugehen und auf Landschaften eingehen will.

Die Felsformationen von Belogradtschik habe ich zum ersten Mal in den Karl-May-Verfilmungen der DDR gesehen. Eine Landschaft wie geschaffen für Kara Ben Nemsi, Hadschi Halef Omar, Winnetou und Old Shatterhand. Felstürme aus rotem Sandstein. Naturdenkmäler. Denkmäler wofür? Denk dir was aus! Andeutungen von hünenhaften Wesen. Steingestalten, die mich an den „Steinernen Wald" bei Varna erinnern, denn auch dort ergänzte ich die Fragmente der Torsi zu Menschengruppen. Nur wuchtiger sind sie – monströse Krieger oder erstarrte Schlachtenbummler auf einem Fußballplatz. Die Felsgestalten lassen viel Freiheit für Assoziationen. Eine Gruppe kleiner und größerer Felsentürme drängt mir den Eindruck eines Familienausfluges auf. Ich steige hin-

unter auf den Boden des Tales und wandere, umgeben von riesigen albtraumhaften Erscheinungen, eine Weile am Bach entlang. Ab und zu der spitze Schrei eines Raubvogels, daneben hört sich das Krächzen der Krähen behaglich an, fast schon gemütlich.
Von oben aus, an einem kleinen Rastplatz am Ortseingang von Belogradtschik, habe ich den besten Überblick. Jetzt, nachdem es aufgehört hat zu regnen, beginnen Nebelfäden die Szenerie zu umgarnen. Sie geben ihr hier das gespenstische Aussehen von archaischen, verpuppten Wesen, die aus den ewigen Jagdgründen auftauchen. Und inmitten dieser bizarren roten Felstürme eine Burg, die den Namen „Weiße Burg" trägt: *Belo* – weiß, *Grad* – Burg.

traumfotografie

hungrig grasen meine augen
die wiese am waldrand ab
kaum verseh ich mich
frisst mir der nebel
das futter weg

Wiedersehen mit der Donau

Weiter nach Norden. Nun liegen die letzten Ausläufer des Balkan-Gebirges hinter mir. Und da ist sie wieder, die Donau. Am Atomkraftwerk Kosloduj fahre ich trotz der Schlaglöcher ein bisschen schneller. Bei der Hinfahrt auf der rumänischen Donauseite habe ich es nicht gesehen, nur erahnt und auf der

Landkarte gesucht. Jetzt fahre ich auf einer Anhöhe über dem rechten Donauufer und habe einen unverstellten Blick auf die atomare Anlage am Ufer. Wie armselig sie dasteht, verglichen mit den eleganten Windrädern am Schwarzen Meer! Ich werde jedes Mal wieder wütend, wenn ich mir vorstelle, dass da unten ein Gefahrenpotenzial lauert, das über Jahrtausende radioaktiv strahlen wird, verantwortet von Politikern, die nicht einmal bereit sind, für die paar Jahre Verantwortung zu übernehmen, für die man sie gewählt hat.

Am späten Nachmittag steige ich in Vidin[167] in einer kleinen Pension ab – mit Blick zur Donau. Beim ersten Spaziergang ein Déjà-vu-Erlebnis: Auf der Uferpromenade Männer, die reglos hinausschauen auf Wasser – so wie sie in Constanța am Kai aufs Schwarzen Meer hinausgeschaut haben …

Abends treffe ich mich mit den bulgarischen Schriftstellern Vladimir Zarev und Dimitré Dinev. Der gebürtige Bulgare Dimitré Dinev lebt heute in Wien – auch an der Donau.

Vladimir Zarev kam 1947 in Sofia zur Welt. Er veröffentlichte seit Anfang der 1970er Jahre mehrere Erzählbände und siebzehn Romane. Auch wenn viele das Land verlassen, er will in Bulgarien bleiben. Sein Vater stammt aus Vidin an der Donau. Diese Kleinstadt um 1900 ist Schauplatz des Romans *Familienbrand*.

Bozhana hat mich gewarnt vor Zarev. Warum? Sie hatte sich bei Schriftstellerfreunden erkundigt. Die meinten alle: Vorsicht! Der hat früher mit den Kommunisten zusammengearbeitet und damit nicht schlecht verdient. Ich kann mir kein Urteil anmaßen. Kann ja sein, dass das stimmt. Andererseits, was spricht dagegen, sich anzuhören, was der Zarev zu erzählen weiß. Das euphorische Urteil seines Schriftstellerkollegen Dimitré Dinev hat dazu beigetragen, mich neugierig zu machen. Er steht für eine andere Generation. 1968 in Plovdiv, 150 Kilometer östlich von der Landeshauptstadt Sofia geboren, besuchte er das dortige Bertolt-Brecht-Gymnasium und studierte danach Philosophie und russische Philologie. Im Alter von 22 Jahren emigrierte er nach Österreich.

[167] Vidin / Видин, rum. Diiu, knapp 50.000 Einw.

2003 erhielt er die österreichische Staatsbürgerschaft. Seitdem lebt er als freiberuflicher Schriftsteller in Wien und schreibt auf Deutsch. 2003 erschien sein Roman *Engelszungen*, der zwei Familiengeschichten miteinander verwebt, und 2005 Erzählungen mit dem Titel *Ein Licht über dem Kopf*. Er fühlt sich jedoch dem Land seiner Kindheit immer noch verbunden, vor allem der bulgarischen Sprache, die er bei Vladimir Zarev in Vollendung verwirklicht sieht.

Dimitré Dinev dolmetscht das Gespräch mit seinem großen Vorbild Zarev. Eine Professorin in Sofia hatte ihm während des Studiums seine Bücher empfohlen. Und weil man sie damals nirgendwo zu kaufen bekam, lieh er sie sich in der Bibliothek aus.

„Das erste Zarev-Buch habe ich ziemlich schnell gelesen", erzählt er, „ich erinnere mich, dass ich in den Bus gestiegen bin und die ganze Zeit gelesen hab, und als ich aufhörte, sind so zwei Tage vergangen und ich wusste, ich muss das Buch haben, aber man kann's nicht haben, und das Absurde an dieser Planwirtschaft damals war ein Fünfjahresplan. Es wurde nicht nach den Bedürfnissen gedruckt. Irgendwer entschied dann, ob was gedruckt wird. Es war klar, das Buch kommt wahrscheinlich nie wieder auf den Markt, und wenn man's haben will, gibt es nur einen Weg, man stiehlt es in der Bibliothek." Und weil diese Romane einen ziemlichen Umfang haben, zog Dimitré stets die weiten, geräumigen Hosen seines Vaters an, wenn er die öffentliche Bibliothek besuchte. So konnte er die begehrten Bücher unbemerkt mitgehen lassen. „Was blieb mir anderes übrig?", sagt er und zuckt entschuldigend mit den Achseln.

Er gerät ins Schwärmen, wenn er über die Prosa seines Schriftstellerkollegen spricht.

„Für mich hat Vladimir eine ganz besondere Bedeutung. Also, wie soll ich's beschreiben? Für jeden, der Literatur liebt, ist es, als würde ich einem Menschen das Atmen empfehlen. Das ist es, was Literatur ausmacht. Das, was Vladimir als Autor kann, das können heute nur sehr wenige. Diese absolute Erfahrung, dass er die ganze Sozialleiter kennt! Und was Vladimir auf Bulgarisch kann,

das war für mich eine Offenbarung. Also ich hab erst, nachdem ich seine Prosa gelesen habe, erfahren, was die bulgarische Sprache kann."
„Eine Frage zur bulgarischen Sprache: Heißt es nicht, dass die bulgarische Sprache rund 5.000 Wörter aus dem Russischen übernommen hat?", frage ich, „wie ist es denn dann um die sprachliche Eigenständigkeit der bulgarischen Literatur bestellt, wenn die russische Sprache so dominant ist?"
Da müssen sie beide grinsen. Dimitré lässt keinen Zweifel am Ursprung der bulgarischen Schriftsprache.

„Die aus Thessaloniki stammenden Brüder Kyrill und Method – beide waren Priester und Gelehrte – setzten im 9. Jahrhundert neben das lateinische und griechische ein neues, ein slawisches Alphabet, das sie an die Lautung der altbulgarischen Sprache anpassten. Damit legten sie den Grundstein für die slawische Schriftsprache. Bulgarien hat ja kulturell missioniert im frühen Mittelalter. Als die Russen nach einer Schrift gesucht haben, einigten sie sich auf diese kyrillische Schrift. Übrigens, der Tag der Kyrillischen Schrift, der 24. Mai, ist ein Feiertag in Bulgarien."
Ich lasse nicht locker und wende ein: „Es gibt doch noch viele andere Sprachen, die aufs Bulgarische Einfluss ausgeübt haben. Hier ließen sich Thraker, Griechen, Römer, Goten, Bulgaren und schließlich die Osmanen nieder. Noch heute ist das Land umgeben von sehr verschiedenartigen Sprachräumen: Da ist Rumänien mit seiner romanischen Sprache, das Griechische, das Albanische und das Türkische, das wie Finnland und Ungarn ugrische Sprachwurzeln hat. Daneben gibt es im Land noch verschiedene Minderheitensprachen, die Einfluss auf das Bulgarische haben, zum Beispiel: Romanes, Armenisch, Serbisch und in jüngster Zeit noch das Englische mit Wörtern wie *Business.*Kann man da wirklich von sprachlicher Eigenständigkeit sprechen?"
Vladimir Zarev runzelt die Stirn, räuspert sich ausgiebig und wischt meine Einwände einfach beiseite. „Wo so viele Unterschiede aufeinandertreffen, ent-

steht etwas Drittes, Neues, was kompliziert ist, aber sogar schöner. So gesehen ist diese Reibung am Fremden etwas Positives. Zuerst der frühe Einfluss von Byzanz, dann war Bulgarien 500 Jahre unter türkischer Herrschaft, es war ein Teil des Osmanischen Reiches, und immer war es die Sprache, die die bulgarische Identität bewahrt hat. Gleichzeitig hat das bulgarische Volk diese Vielfalt angenommen wie eine Naturgegebenheit und hat keinerlei negative Haltung gegenüber diesen anderen Kulturen."

„Spiegelt sich denn dieses Gemisch der verschiedenen Ethnien, dieser Fleckerlteppich verschiedener Kulturen und Sprachen nicht auch in der Literatur? Man müsste es doch wenigstens in der Literaturgeschichte wahrnehmen können? Gibt es eine armenisch-bulgarische Literatur oder eine türkischsprachige? Es bleibt vermutlich die Aufgabe der Literaturwissenschaft, die Einflüsse der verschiedenen Ethnien in der bulgarischen Nationalliteratur aufzuspüren und nachzuweisen."

„Das ist gar nicht so einfach", meint Dimitré, „es gibt die Roma, die ihrerseits ihr Romanes sprechen. Aber es gibt auch Roma, die bulgarisch sprechen, Roma, die türkisch sprechen, Roma, die Christen sind, und Roma, die Muslime sind. Und dann natürlich gibt's die bulgarischen Juden, die auch Teil des Osmanischen Reiches waren, dann sind da noch die spanischen Juden, die vertrieben worden sind und die spanisch sprechen, also die Familie Canetti stammt von denen zum Beispiel. Interessant ist auch, dass Bulgarien eines der wenigen Länder ist, wo es keinen Antisemitismus gibt. Obwohl sie Verbündete waren mit Deutschland. Im Zweiten Weltkrieg haben sie die Juden nicht ausgeliefert. Sie haben wirklich keine Angst vor Fremden. Für mich, als Bulgaren, der nach Österreich gekommen ist, für mich war es ja umgekehrt. Ich habe mich gefragt, warum es Antisemitismus gibt. Die Bulgaren haben schon Minderheiten, auf die sie ihren ganzen Hass projizieren, das sind die Roma. Die sind die Leidtragenden."

„Und Sie haben sich wirklich gewundert, dass es dort einen Antisemitismus gibt, in Österreich?"

Dimitré haut mit der flachen Hand auf den Tisch und lacht auf.

„Ja, ich habe das von der Geschichte her irgendwie gewusst. Aber es ist etwas anderes, etwas zu wissen und es dann zu erleben. Und ich hab's ja auch an meinem eigenen Leib erlebt. Viele Österreicher haben gedacht, dass ich ein Jude wäre. Und dann habe ich also erlebt, was man da alles hört."

„Zurück nach Bulgarien: Mich interessiert, ob sich das Interesse am Lesen nach der Wende in Bulgarien verändert hat."
Vladimir Zarev gibt sich keinen Illusionen hin.
„Die Auflagen sind um mehr als das Zehnfache kleiner geworden. Vor der Wende hat man ein gutes Buch 50.000 bis 70.000 Mal verkauft, und jetzt ist es ein Wunder, wenn ein Buch zweitausend Mal verkauft wird. Vor der Wende hat die Literatur die Rolle einer Oppositionspartei gespielt, und nicht nur die bulgarische Literatur, auch die übersetzte Literatur. Die Leute haben sich versammelt um ein gutes Buch. Und ein gutes Buch zu lesen war eine Art Widerstand. Auf diese Weise haben sie ausgedrückt, dass sie nicht einverstanden sind mit dem, was sie umgibt."
„Gibt es viele Schriftsteller in Bulgarien, die gegenwärtig von ihrem Beruf auch leben können?"
„Es gibt keinen einzigen", sagt Zarev, „mein Roman *Der Verfall* ist sogar auf Deutsch erschienen. Es gibt davon zehn Auflagen, und trotzdem kann man davon nicht leben."
„Und die Bibliotheken? Die Lesesäle überall in den Dörfern, das sind doch traditionell gute Einrichtungen!"
„Was in den Bibliotheken steht, das ist das, was vor zwanzig Jahren gesammelt worden ist. Die Menschen von heute werden mit den Büchern der Menschen von gestern konfrontiert."
„Fehlt es am Geld?"
Vladimir Zarev ist sich sicher.
„Ja. Die politische Entwicklung der letzten zwanzig Jahre war, dass die Kultur absolut in den Hinterhof gedrängt wurde von der öffentlichen Aufmerksamkeit."
Die Auswirkungen der kapitalistischen Entwicklung in den Staaten des einstigen Ostblocks beschreibt Vladimir Zarev in seinem Roman *Der Verfall*: Bojan Tilev, ein unbedeutender Angestellter des Innenministeriums, wird in kürzester Zeit zu einem der reichsten und skrupellosesten Geschäftsleute Bulgariens. Eine Karriere vom Zigaretten- und Alkoholschmuggel, Drogenhandel bis zu Firmenaufkäufen …
„Man sollte sich vergegenwärtigen, dass die sogenannte Wende im Jahr 1990 in Bulgarien kein Umsturz war, der von der Bevölkerung herbeigeführt worden ist – sie war einfach nur eine parteiinterne Umstrukturierung. Das Volk re-

agierte relativ spät, nämlich als die Lebenshaltungskosten höher kletterten, erst dann formierten sich die Bürger zu ersten zaghaften Demonstrationen. Und wie überall, wo Mangel herrscht, spielt Kunst und Kultur immer weniger eine Rolle." So die Meinung von Vladimir Zarev.

Dabei war für Dimitré Dinev der Hauptgrund, sein Heimatland zu verlassen, nicht die kulturelle Situation in Bulgarien. Es waren die Lebensbedingungen, die er seinen Kindern ersparen wollte.

„Wenn man einmal ein bulgarisches Krankenhaus besucht hat, kann man die traurigste Erzählung der Welt schreiben. Die Menschen sind mittlerweile so gleichgültig geworden, sogar das medizinische Personal. So eine Gleichgültigkeit habe ich selten erlebt, und das erschüttert mich. Also wenn eine Krankenschwester ihr Eis lutscht, während gerade einer blutend mit einer Schießwunde versucht, sich den Weg hinauf zu quälen … Da muss ich umdrehen und sagen, es reicht. In so einer Gesellschaft will ich nicht leben und egal, wo das ist. Wenn es in einer Gesellschaft so weit kommt, versuche ich wegzugehen, solange ich noch die Kraft habe."

„Bei meiner Reise durch Bulgarien bin ich des Öfteren auf die Mafia aufmerksam geworden, auch auf eine ohnmächtige Polizei, die es nicht wagte einzugreifen, wenn sich Bandenmitglieder mitten in der Stadt Autorennen hingaben. Die Mafia scheint auch in den geschäftlichen Bereichen hervorragend organisiert zu sein. In Rumänien gibt es eine Anti-Korruptions-Kommission, die dem einen Riegel vorschiebt. Dort zeigt das allmählich Wirkung, und hier?"

„Die Mafia schlüpfte nur in die Organisationsstruktur der ehemaligen kommunistischen Regierung", meint Vladimir Zarev, „und im Rahmen der entstandenen Anarchie wurde es möglich, dass man alles wegklauen konnte, was die Generationen vorher geschaffen hatten."

Und Dimitré Dinev gibt ihm recht. „Das ist ja der Zynismus, dass die kommunistische Partei die Mafia erschaffen hat. In einem totalitären Staat gibt es keine Mafia, es gibt kein Verbrechen, denn die Verbrechen organisiert die Regierung selbst. Das kann ich den Kommunisten niemals verzeihen: Damit sie ihr Geld retten konnten, brauchten sie Strohleute. Sie haben diese Mafia geschaffen, um an die wirtschaftliche Macht zu kommen. Die mussten das Geld auf irgendeine Weise legitimieren. Der Geheimdienstapparat war doch auf einmal arbeitslos. Das sind ausgebildete Leute, die die Gewalt jederzeit ausüben können. Die Mafialeute in Bulgarien sind nicht irgendwelche Sträflinge, die

aus den Armenvierteln kommen. Das Problem ist, die kommen oft aus den Geheimdiensten."
Vladimir Zarev trommelt nervös mit den Fingern auf den Tisch und meint: „So ist das. Während der Privatisierung verschwanden riesige Summen Geld, Kapital, das nicht mehr in die Produktion investiert worden ist. Dafür gibt es neben einer schrecklichen Armut erstaunlich viele Luxuskarossen und Villen, die sich bestimmte Kreise jetzt leisten können. Es gibt eine Art Geldadel in Sofia, Leute mit großen Köpfen und einem dicken Nacken, die mit schweren Jeeps und Luxuswagen ohne Beanstandung durch die Fußgängerzone fahren. Und alle haben eine Bescheinigung mit Extraerlaubnis, weil sie schwerbehindert sind. So bekommt man den Eindruck, dass die reichsten Leute von Sofia allesamt schwerbehindert sind."
Wer Einblick in die Entwicklung der bulgarischen Gesellschaft im letzten Jahrhundert bekommen möchte, dem sei Vladimir Zarevs dreiteilige Familiensaga empfohlen: Die Geschichte der Familie Weltschev. Am Beginn des 20. Jahrhunderts suchen die fünf Weltschev-Brüder ihr Glück: Panto macht Karriere als Bankier, Ilija als Fabrikant, Christo begeistert sich für den Sozialismus und wird dabei zum Helden wider Willen. Und Jordan will eine Kirche bauen, einen Ort der Buße, doch es wird eine Raststätte, ein Ort der Muße für Sünder jeglicher Couleur …

Ich spaziere donauaufwärts bis zur Festung Baba Vida. Diese gut erhaltene mittelalterliche Burg liegt direkt an der Donau. Um sie herum breitete sich die Stadt aus.
793 lese ich auf einem Schild – die Kilometer der Donau werden flussaufwärts gezählt. Nullpunkt ist die Mündung bei Sulina. Angesichts der Moschee frage ich mich einmal mehr: Warum habe ich während meiner ganzen Reise keine einzige verschleierte Frau gesehen? Nicht einmal in den vorwiegend muslimisch geprägten Gegenden in der Dobrudscha, um Razgrad oder in Kardschali und in den Rhodopen. Vor einer Kioskruine stoße ich auf drei winzig kleine Mischlingshunde. Sie balgen, messen spielerisch ihre Kräfte, kann noch nicht lange her sein, dass sie hier jemand ausgesetzt hat. Wie sollten sie ahnen, was auf sie zukommt?
Die Donau kommt mir träge und behäbig vor. Heute hat sie von der Himmelsfarbe einen Blaustich bekommen. Es ist Abend und immer noch angenehm

warm, aber man kann an der Donau nicht lange spazieren gehen. Die Staunzen fallen über einen her, dass es aus ist. Die Österreicher nennen sie Gelsen, die Norddeutschen Mücken und der Rest der Welt Moskitos. Egal wie wir sie nennen – elendige Mistviecher sind's. Viele Leute brechen sich Zweige von den Sträuchern und versuchen sie zu vertreiben. Zwei Jugendliche machen im Park unter dem steinernen Tischtennistisch Feuer und werfen Laub drauf, um sich die Quälgeister mit dem Qualm vom Leib zu halten.

„Es geht ja schon auf Ende Oktober zu!", sage ich im Hotel zum Fräulein an der Rezeption, will wissen, wann denn diese Plage aufhöre.

„Der Winter kann plötzlich kommen", sagt sie, „da haben wir auf einmal Temperaturen bis zu 40° minus."

Ich kann mir das nicht vorstellen, weiß aber, was sowohl Elias Canetti über Russe als auch Vladimir Zarev über Vidin geschrieben haben: Noch um 1900 seien große Wolfsrudel über die zugefrorene Donau aus Rumänien herüber in die Städte gekommen ...

Deutsche Bulgaren oder bulgarische Deutsche?

Gerade, als ich zurück in die Pension komme, laden Tanja und Nikolai ihr Gepäck aus. Bah, was für ein Auto! Die beiden müssen Kohle haben. Später begegnen wir uns beim Abendessen im Restaurant und kommen miteinander ins Gespräch.

Nikolai verließ Bulgarien 1992 Richtung Deutschland. Da war er 23, jetzt ist er 48. Er hat Asyl beantragt, hat geheiratet. Wie kann man dann Arbeit finden? Er spricht gut Deutsch, aber manchmal schleudert es ihn im Satzbau.

„Hörst du von die Leute, da gibt's Arbeit, gibt Asylbehörde, gehst du Asyl machen. Seit 1990 bin ich schon in Berlin. Bis 2005 war's schwer, immer Asyl und daneben Arbeit, auf der Baustelle, als Kellner ... Überall: bei türkischen Leuten, jugoslawischen Leuten, schwarz, zehn Jahre schwarz, ohne Papiere. Das war schwer. Manchmal haben sie mir nach der Arbeit kein Geld gegeben. Einer, der schwarz arbeitet, kann sich nicht wehren. Auch danach war es noch schwer."

Bei Tanja war es einfacher. Sie war sechs Jahre in Berlin, hat in einem Lebensmittelgeschäft gearbeitet. Es gab keine Probleme. Sie kann sich nicht beklagen. Seit einiger Zeit haben beide den Kopf über Wasser. Sie haben einen eigenen Laden eröffnet: bulgarische Spezialitäten, ein kleines Lokal dabei. Der Haus-

eigentümer hatte die Idee und gab ihnen einen Kredit. Das war auch schwer. Aber sie haben ihren Kredit inzwischen abbezahlt. Dann war das Ziel erreicht.
„Wir brauchen nicht mehr", sagt Nikolai.
Sie fahren mindestens einmal im Monat mit einem Dreitonner nach Bulgarien, um ihr Warensortiment aufzufüllen.
„Es läuft gut, aber brauchst du Leute, die arbeiten für dich, kannst du alles nicht alleine schaffen. Und das ist schon wieder Problem: Alle klauen, alle lügen."
„Wirklich alle?"
„Also gut – 90 Prozent. Tanja war immer dabei. Absolut zuverlässig."
„Muss!", sagt sie, „zusammen leben, zusammen arbeiten, das geht nicht anders."
Jetzt haben sie aber vor, heimzukehren nach Bulgarien.
„Es war eine wichtige Erfahrung", sagt er, „aber viel Scheiße-Leute – nicht die Deutschen, aber die eigenen Landsleute, das sind keine korrekten Menschen dort. Die gehen zum Jobcenter, weil sie nicht arbeiten wollen. Gut, wir haben viel verdient, aber mit diesen Leuten ist nicht gut zusammenarbeiten. Wir brauchen nicht so viel. Ein kleiner Laden so ruhig wie hier, ein, zwei Tische und Leute, die kommen und Brot kaufen und Käse."
„Wir haben aber gehabt gute Zeit", sagt sie.
„Ach, scheiß auf die gute Zeit – besser hier!"
Und wie soll der Laden ausschauen, ein kleines Restaurant dabei für Leute, die zum Essen kommen? Sie wissen es noch nicht genau. Da stellt sich heraus, dass sie von einem Wunschtraum sprechen.
„So schnell geht das nicht", sagt Tanja, „das dauert noch ein paar Jahre. Aber wir überlegen eben: Was sollen wir machen? Leben! Einfach leben."
Sie erzählen von deutschen Rentnern, die in Bulgarien wohnen, auch Engländer und Russen kennen sie. Das ist doch das Zeichen, dass es hier gut ist. „Aber die Welt ist klein", sagt Nikolai zum Abschied, „wir wissen nicht, wann und wo, aber werden uns wiedersehen!"
Ich bin mir nicht sicher, aber gehen wir einfach einmal davon aus.

Ob er jetzt Zeit für mich hat, der widerborstige Dichter Mircea Dinescu?

Wie bequem Brücken sein können, wenn sich eine längere Reise dem Ende zuneigt. Ich wehre mich gegen den Sog, leugne ihn zwischendurch sogar. Trotzdem, er ist da, lockt mich zur „Donaubrücke 2“, zieht mich nach Hause. Ein kurzer Halt noch, fünf Euro Brückenmaut, und schon bin ich wieder in Rumänien. Als ich auf die Straße gelange, auf der ich vor fast drei Monaten meine Reise begonnen habe, wird mir bewusst: Südosteuropa ist kein weißer Fleck mehr auf der Landkarte in meinem Kopf. Mehr noch, der südosteuropäische Raum hat ein Gesicht bekommen, auch die Gesichter der vielen Menschen, die ich kennengelernt habe, gehören dazu.

Letzte Chance, Mircea Dinescu zu treffen: Kultfigur des rumänischen Widerstands gegen Ceauşescu. Während der Diktatur hatte er Schreibverbot. Er war 39 Jahre alt, als er 1989 im rumänischen Fernsehen die Entmachtung Ceauşescus verkündete. Seitdem hat er sich zwar als Dichter rar gemacht, aber von Ruhestand ist bei ihm wenig zu spüren. Im November wird er 65. Zweimal haben wir uns verfehlt. Zuerst bei der Hinfahrt hier in Cetate, danach in Bukarest. Jedes Mal sagte seine Frau kurz vor dem vereinbarten Termin ab.

Ein Kreuzfahrtschiff hat angelegt am Port Cultural, diesem alten, aufgelassenen Getreidehafen, den der Dichter, Schriftsteller, einstige Bürgerrechtler und Dissident in den 1990er Jahren erworben hatte, um ihn allmählich zu einer Begegnungsstätte für Musiker, Schriftsteller und Künstler auszubauen. Mircea Dinescu, schwarzer Hut, weißes Hemd, das locker über dem Hosenbund hängt, geht mit einem seiner Sekretäre an Bord und berichtet den rund 150 Passagieren von seiner Rolle während der Revolution und von der Geschichte des Hafens. Danach bilden sich zwei Gruppen. Die eine schaut beim Brotbacken zu und erfährt etwas über die Grundidee des Port Cultural: biologischer Landbau, viele Produkte werden

selbst erzeugt, Brot Schnaps, Wein, spezielle Soßen und natürlich das Essen. Alle Zutaten kommen aus der nächsten Umgebung. Auch die etwa dreißig Leute, die hier arbeiten, kommen aus der Gemeinde Cetate.
Die zweite Gruppe darf Dinescus Aufführung einer Weinprobe miterleben. Er erzählt vom Weinbau, erläutert das Essen mit politischen Einwürfen, grad so wie er es regelmäßig als inzwischen überaus beliebter Fernsehkoch in Rumänien macht ... Ein virtuos Akkordeon spielender Physikprofessor begleitet ihn. Und der Meister singt mit. Nach einer Stunde wechseln die Gruppen. Alles noch einmal. Auch mich, der ich vom Rand aus alles beobachte, hält er bei Laune, schenkt mir nach, unbedingt, den Rosé müsse ich noch probieren und den Käse da. Schon hab ich einen Teller in der Hand. Und was für ein Essen: frisch gebackenes Brot, würziger Käse, geräucherte Wurst…
Auf einmal ist der Meister verschwunden. Der Sekretär erklärt mir, Mircea müsse jede Woche einen Leitartikel schreiben. Ja, okay, und das Interview? Er wird es machen, vielleicht am Abend. Stellt man sich so einen Dichter vor? Eine schillernde Figur, aufgekratzt freundlich und dann wieder absolut unerreichbar, abgeschirmt von seiner Frau und zwei Sekretären, die ihm jeden Wunsch von den Augen ablesen. Und ständig in irgendeiner Form aktiv.
Abends taucht er wieder auf und zitiert den Sekretär zum Tippen. Der Artikel ist also fertig. Ich hoffe, dass es diesmal klappt mit dem Interview, spreche Dinescu auf Englisch an. Er gibt mir zu verstehen, dass er das nicht versteht. *Je parle Français.* Also gut, sprech ich ihn auf Französisch an, da kann er nicht aus. Von wegen. *Non, non, les actualités!* Er deutet auf den Fernseher. *Demain.* Morgen!
Am nächsten Morgen ist Dinescus Auto verschwunden. Ist er wieder zurückgefahren nach Bukarest? Nein, er müsse dableiben, heißt es. Das Fernsehen kommt, sie drehen hier zwei Folgen seiner Kochserie.
Endlich! Gegen 14 Uhr erscheint er. Ich stehe auf und gehe ihm entgegen.
„Monsieur Dinescu, notre interview!"
„Non, non les actualités!"
Er will Nachrichten anschauen, sich vorbereiten auf seine Polit-Kochsendung. Ich bitte ihn, einen Gedichtband zu signieren, und frage, ob er nicht zu Beginn des Interviews eines seiner Gedichte vorlesen könne, hier, ich habe es eingemerkt. Er wirft einen Blick auf das Gedicht. Es stammt aus den 1990er Jahren. Wie wird er reagieren? Er schreibt ja keine Gedichte mehr.

„*Oui*", er reicht mir den Band zurück. „*Après les actualités, nous faisons l'interview!*"
Gut, gleich, wenn die Nachrichten vorbei sind, wird er mir das Gedicht ins Mikrofon lesen, selbstverständlich, und danach das Interview.
Fische[168] // [...] Mit dem Vieh stehn wir dicht gedrängt auf dem Feld / es ist als schwebten die Luxusdampfer / die das Meer nicht mehr erträgt / durch die grünen Wiesen / nichts hinterlassend als Spuren / von Treibstoff und Transatlantik-Partys [...]

Der Dichter scheint durch mich hindurchzuschauen, als sähe er die Vergangenheit hinter mir an die Wand projiziert, so als vergegenwärtige ihm sein Gedicht etwas, das er längst vergessen hatte. Dann sagt er auf einmal: „Heute fahren die Schiffe nicht mehr vorbei. Die Wirklichkeit ist viel spektakulärer als die Vorstellungskraft. Als ich dieses Gedicht geschrieben habe, konnte ich mir offensichtlich nicht vorstellen, dass ich dreißig Jahre später an der Donau leben würde und dass vor meinem Haus ein Schiff mit Amerikanern und Kanadiern anlegen würde."
„Der rumäniendeutsche Schriftsteller Werner Söllner hat Ihr Gedicht ins Deutsche übersetzt. Wie hat sich Ihre Beziehung im Laufe der Zeit weiterentwickelt?"
„Bedauerlicherweise habe ich Werner ein paar Jahre lang nicht gesehen. Ich weiß, dass sein Leben ziemlich dramatisch verlaufen ist. Er hatte das Pech, zwei Frauen zu verlieren. Und dann musste er auch noch einen Skandal wegen seiner Zusammenarbeit mit dem Geheimdienst durchstehen. Ich denke, diese Vorwürfe waren maßlos übertrieben, weil die Leute nicht verstehen, wie erbarmungslos die Geheimpolizei ins Privatleben eingedrungen ist. Sie machte den Menschen das Leben zur Qual. Der Hauptgrund, warum er Rumänien verlassen hat, war, diesen Monstern zu entkommen."

[168] Mircea Dinescu: *Ein Maulkorb fürs Gras. Pești// [...] Astfel ca niste pesti fricosi pandim / sub paradisul curgator franghia / ce-o sa ne salte si pe noi pe punte. / Dar nu-i nimic: / o alta lume trece / prin dreptul altei lumi si nu se-ating.* S. 34/35, ÜS Werner Söllner

Mir will einfach nicht einleuchten, warum Mircea Dinescu keine Gedichte mehr schreibt, doch er betont, dass es ihm auch weiterhin um Poesie gehe.
„Poesie muss nicht zu Papier gebracht werden, sie kann in verschiedensten Formen und Medien existieren, sogar im Zusammenspiel der Gewürze in einer Speise oder in der Poesie des Weines. Meine Poesie wurde dadurch bereichert, denke ich."
Das klingt für mich ein bisschen zu allgemein. „Was ist mit der Verzweiflung, mit der Wut, mit dem Wunsch, politische Veränderungen herbeizuführen?", frage ich ihn. „Wie will man mit Kochrezepten die Welt verändern? Oder denken Sie an so etwas wie eine Rückbesinnung, eine Rückkehr zu den Anfängen, zu den kindlichen Wurzeln des Schreibens?"
Mircea Dinescu ist sich ganz sicher, dass man nicht einfach lernen kann, Poesie zu schreiben! „Das Kochen", sagt er, „macht da keine Ausnahme. Sie müssen eine Begabung und ein Verlangen haben, es zu tun. Ich habe von meinem Großvater kochen gelernt, als ich fünf Jahre alt war. Er hatte einen Garten, und wenn ich bei ihm war, kochten wir zusammen. Ich habe also als Kind spielerisch kochen gelernt, und so koche ich auch jetzt. Es ist sehr wahrscheinlich, dass da auch die Wurzeln meines Schreibens liegen. Mein Großvater hatte die Angewohnheit, Lieder und ironische Poesie zu erfinden … Ein weiterer sehr wichtiger Grund, warum ich zu kochen begonnen habe, speziell in der späteren Zeit meines Lebens: Ich sehe das Kochen als Therapie. Statt meine Neurosen mit allen möglichen Arten von Pillen zu behandeln, widme ich meine Aufmerksamkeit dem Gemüse und dem Fleisch. Ich koche etwas und fühle, wie meine Anspannung verschwindet. Ein Problem ist allerdings: Ich war immer enttäuscht, wie sich die Dinge nach '89 zu Beginn der 90er entwickelt haben, wie die zweite Riege der Kommunisten zu den neuen Anführern des Landes wurde und die Leute, die vor '89 das kommunistische System unterstützten, nach der Revolution auf einmal zu Antikommunisten wurden. Wie die ehemaligen Feiglinge in verschiedenen Bereichen des Lebens ungeniert mutig wurden! Diese Art der Wendung der Ereignisse nach '89 war, offen gesagt, eine große Enttäuschung. Wenn ich Japaner wäre, hätte ich aufgrund dieser Enttäuschung Harakiri begangen. Weil ich aber kein Japaner bin, benutze ich das Messer, um Fleisch, Gemüse und Brot zu schneiden. So begehe ich dieses Harakiri auf eine erträglichere, angenehmere Weise."

Mircea Dinescu ist in einer ländlichen Gegend der westlichen Walachei aufgewachsen. Im Vorurteilskatalog der Rumänen haben die Walachen eine lebensfrohe Natur, sind Lebenskünstler und spüren wenig Drang zum Arbeiten. Ersteres trifft auf Mircea durchaus zu, Letzteres rein gar nicht. Zwischen aller Lebensfreude wirkt er unablässig wie ein Getriebener. Während des Interviews läutet ein paarmal sein Handy, er schaltet es ab, schielt aber vorher aufs Display, um zu sehen, wer da was von ihm will. Er springt hin und her zwischen dem bodenständigen Leben in Cetate und der stressigen Weltläufigkeit die seine politischen und unternehmerischen Tätigkeiten in Bukarest von ihm fordern. Er ist sich dessen auch bewusst.

„In der rumänischen Geschichte", sagt Mircea, „ existierten bis heute nebeneinander verschiedene politische und wirtschaftliche Perioden. Im Zentrum von Bukarest kann man im 21. Jahrhundert wohnen, doch wenn man in die Dörfer und zu den lokalen Märkten aufs Land geht, wo die Menschen nach wie vor mit Pferdewagen unterwegs sind, hat man auf einmal eine Art mittelalterlichen Lebensstil. Mit total rückständigen Methoden im Wein- und Gemüseanbau, in der Feldarbeit."

Mircea Dinescu beschäftigt Leute aus der Gemeinde Cetate. In seiner Küche verwendet er ausschließlich Produkte aus biologischem Landbau aus der Nähe des Dorfes. Cetate als Versuch im kleinen Rahmen, eine exemplarische Antwort auf die landesweiten rumänischen Probleme. Ist es wirklich möglich, auf diese Weise etwas zu bewegen in diesem Land?

„Ja, es ist möglich", sagt er bestimmt, „ich habe ein Gedicht, das mit der Zeile beginnt: *An einem Fluss leben nettere Menschen.* Also, ich habe die Theorie, dass man freundlicher wird, wenn man an einem Fluss lebt, die eigene Natur wird freundlicher. Das ist vermutlich der Einfluss der Donau. Ich möchte nicht wie ein Pelikan in einer Pelikankolonie wohnen und nicht wie ein Schriftsteller in einer Schriftstellerwelt. Ich möchte wie eine freie Person leben, wie ein menschliches Wesen von der Natur umgeben. Hier ist das möglich. Hier habe ich bewiesen, dass es möglich ist. Als ich vor zwanzig Jahren herkam, standen hier nur Ruinen. Ich habe es geschafft, dem Ort wieder Leben einzuhauchen."

Cetate, ein Kommunikationszentrum auf dem Lande – Mircea Dinescu hat Künstler aus der ganzen Welt und nicht zuletzt regelmäßig das rumänische Fernsehen zu Gast. Dann tritt er als Fernsehkoch auf und erreicht damit eine

große Anzahl von Menschen. In seinen Sendungen *Politică și delicatețuri*, Politik und Delikatessen, lädt er sich jeweils einen prominenten Gast ein, kocht und diskutiert mit ihm über Politik.
Der Dissident, der Bürgerrechtler, der Koch, der Lebenskünstler hat seine politischen Ambitionen noch lange nicht aufgegeben. Er hat neue Wege gefunden, sich an die Bevölkerung zu wenden, und ist in Rumänien bis heute eine Kultfigur geblieben, mehr noch: er ist zu einer Ikone der rumänischen Gesellschaft geworden. Aber schließlich komme ich noch einmal auf die Literatur zurück und frage ihn, warum er denn gar keine Gedichte mehr schreibe. Da schaut er mich erstaunt an, so als wundere er sich, dass ich seine Lebensstrategie nicht begreife.
„Ich habe die Literatur natürlich nicht komplett aufgegeben und schreibe jede Woche politische Pamphlete für das Magazin *Cațavencii*[169]. Und ich muss zugeben, dass ich es mit dem Lästern über die politischen Klassen in Rumänien sogar geschafft habe, finanziell Erfolg zu haben. Der Name *Cațavencii* geht zurück auf eine literarische Figur des rumänischen Satireklassikers Ion Luca Caragiale, die einen korrupten Politiker darstellt. Es ist ja so, Gedichte behutsam zu entschlüsseln erfordert Übung. Diese Art von Poesie enthielt die Illusionen für eine politische Haltung, der ich zugeordnet wurde und für die ich bekannt war. Man konnte ein Held werden, wenn man ein subversives Gedicht schrieb. Damals war die Poesie eine Waffe. In einer kapitalistischen Welt ist Poesie generell keine Waffe. In der rumänischen Konsumgesellschaft, die der in Südamerika ähnelt, wären die Politiker wahrscheinlich froh, wenn ich Poesie schreiben würde. Darum habe ich die Waffen gewechselt und mich dafür entschieden, wegweisende Pamphlete zu schreiben. Ich habe nicht vor, ihnen das Leben leichter zu machen."
Mircea Dinescu steht auf und deutet zum Fenster hinaus. „Cetate heißt wörtlich übersetzt so viel wie Zitadelle oder Festung. Und so habe ich mich entschlossen, mit der üblichen Welt eines Schriftstellers zu brechen und mich in diese Zitadelle zurückzuziehen, in dieses Cetate in Cetate. Ich fühle mich freier und glücklicher hier. Ich sitze am Ufer der Donau, dabei warte ich nicht nur auf Schiffe, die vorbeifahren, ich kann auch einfach hier sitzen und auf den Sonnenuntergang warten. Offensichtlich habe ich hier meinen Frieden gefunden.

[169] *Cațavencii*: politisch-satirisches Magazin in Rumänien

Ich habe so viele Dinge gesehen und so viel durchgemacht, ich habe mehr als mein halbes Leben im Kommunismus gelebt. Ich habe den postkommunistischen Kapitalismus erlebt – wenn ich die Apokalypse auch noch erlebe, darf ich mich als zufriedenen Menschen betrachten."
Erst einmal habe auch ich hier meinen Frieden gefunden. Nach mehreren Anläufen konnte ich tatsächlich ein Gespräch mit Mircea Dinescu führen. Ich habe ihn erlebt in verschiedensten Situationen, mit seiner explosiven Kraft und Kreativität, ein Energiebündel, das sich nur scheinbar vom Dichten und der Politik zurückgezogen hat. Seine Poesie hat nur eine andere Gestalt angenommen.

Das Eiserne Tor, die Bilder von der freien Welt und die Rausschmeißerin

Orschawa. Ich falte meine Landkarten zusammen und verstaue sie in einer Schachtel auf dem Rücksitz. Den Weg, der jetzt vor mir liegt, kenne ich. Spontan beschließe ich, heute noch einmal an der Donau zu übernachten. Im Internet spähe ich die Pensiunea Damiro aus: Sie liegt direkt an der Donau, steht sogar zur Hälfte auf Stelzen im Wasser. Es sei sogar ein Zimmer mit Donaublick zu haben, heißt es. ‚Wunderbar', denk ich und checke an der Rezeption bei einer wachen jungen Frau ein. Wie viel Licht ihre Augen dem dämmrigen Raum geben! Sie will mir den Schlüssel geben, fragt nur noch ihre Chefin, welches Zimmer sie mir geben soll. Die aber stemmt resolut beide Hände in die Hüften, mustert mich von oben bis unten und sagt: „Kein Zimmer frei!"
Wie bitte? Was hat ihr nicht gefallen an mir? Gut, ich stecke barfuß in Sandalen, meine Hose und mein T-Shirt sind mehr ganz neu, und meine Haare verlangen wieder nach einem Friseur. Schmutzig und ungepflegt bin ich aber nicht. Und eine Augenweide ist diese Frau Missmut mit ihren schmuddeligen, fettigen Haaren auch nicht gerade. Die Jüngere will vermitteln, redet rumänisch mit ihrer Chefin. Nach einigem Hin und Her willigt diese tatsächlich ein. Mich würdigt sie dabei keines Blickes mehr. Die andere führt mich hinauf zum Zimmer, und es stellt sich heraus, dass es nicht zur Donau, sondern zur lauten, stark frequentierten Straße hinausschaut …
„Nein, danke, ich verzichte!"
Ich kann es nicht glauben: Ein Vierteljahr bin ich jetzt unterwegs im Balkan. Ich habe nicht immer in den feinsten Hotels oder Pensionen übernachtet. So eine Unhöflichkeit habe ich kein einziges Mal erlebt. Ich stehe schon an der Tür,

da ruft sie mir was hinterher. Ich dreh mich um. „Ja?" Die Jüngere dolmetscht ihre Chefin, ich könne mich ja beim Chef beschweren.
Vielleicht bin ich ja zu sehr verwöhnt von der Gastfreundschaft, die ich während meiner Erkundungen im Balkan erlebt habe. Nach diesem Reinfall finde ich vier Kilometer donauaufwärts doch schnell eine angenehme Unterkunft. Direkt an der Donau mit Blick zum Eisernen Tor. Elias Canetti begriff es wie

viele seiner Zeitgenossen als „Tor zu Europa". Er schrieb: *Wenn jemand die Donau hinauf nach Wien fuhr, sagte man, er fährt nach Europa, Europa begann dort, wo das türkische Reich einmal geendet hatte.* [170] Andere haben es später als Tor zur freien Welt gesehen, obwohl da noch die kommunistischen Staaten Ungarn und Jugoslawien dazwischen lagen.
Von Orschawa aus kommen mir die Bergrücken, die sich abwechselnd hintereinander von rechts und links in den Wasserspiegel der Donau schieben, vor wie ein Kameraverschluss. Öffnet er sich, fällt Licht auf die empfindliche Wahrnehmungsfläche des Gehirns, Vorstellungen von Europa werden abgelichtet, Bilder einer anderen Welt entwickeln sich, wachsen sich aus zu einem Weltbild.
Als er mir gestern der einstige rumänische Dissident Mircea Dinescu sein Buch signiert hat, dieses zerfledderte Taschenbuch, das ich während der ganzen Reise mit mir führte, zitierte er den Schluss des Gedichtes *Fische – pești: So lauern wir wie furchtsame Fische/ unterm vorbeischwebenden Paradies auf den Strick/ der auch uns an Bord hieven wird.// Aber es ist nichts:/ eine Welt zieht an der anderen vorbei/ und sie berühren sich nicht.* [171]
Danach meinte er mehr zu sich selbst: „Als ich dieses Gedicht geschrieben habe, befanden wir uns in einer Welt, in der das Leben tatsächlich auf verschiedenen Ebenen ablief. Obwohl wir Europa nahe waren, bewegten wir uns damals aneinander vorbei, ohne uns zu berühren, ohne in der Lage zu sein aufzuspringen, auf dieses Kreuzfahrtschiff namens Europa. Das war der Grund, warum

[170] Elias Canetti: *Die gerettete Zunge,* S. 11
[171] Mircea Dinescu: *Ein Maulkorb fürs Gras,* S. 35

ich in meiner Fantasie ein Fisch werden musste, den die Fischer aus dem Wasser ziehen."

Beim Frühstück stelle ich fest, dass es noch einen zweiten Gast gibt. Ein Rumäne aus Oradea, der ziemlich gut Deutsch spricht. Ich erzähle, vorsichtig, denn ich will ihn ja nicht vor den Kopf stoßen, von dem unangenehmen Eindruck, den ich von Oradea bei meiner Ankunft in Rumänien hatte. Er kennt das Problem. Auch er findet die Ränder der Stadt abstoßend, ja, aber der Stadtkern! Gediegene Jugendstil-Architektur! Unbedingt anschauen! Einen Augenblick ziehe ich in Erwägung, dass ich auf der Heimfahrt noch einen Abstecher nach Oradea mache – nein, das wäre ein zu großer Umweg. Vielleicht gibt es ja bald wieder eine Balkanreise, eine Ja-aber-Reise. Jetzt freu ich mich aufs Heimkommen, genauso wie ich mich aufs Fortgehen gefreut hab. Ausatmen. Einatmen.

herbsttag am eisernen tor

einen augenblick lang vergessen
wo hinten und vorne ist

sehnsüchtig lauern die angler
über der versunkenen insel ihrer kindheit
wo heute die fische grundeln

die schwalben fliegen tief
bald wird es regen geben

schau wie der ostwind
das glatte fell der donau
gegen den strich streichelt

kleine wellen die sich aufstellen
wie nackenhaare

der fluss scheint kehrtzumachen
heimzu geht es heim

Ende Oktober – der vierte Vollmond meiner Balkanreise

Ins Notizbuch: Später Nachmittag, Beobachtung am Fenster. Wie nervös sie sind, die Kohlmeisen so nah an der serbischen Grenze. Viel nervöser als daheim im Bayerischen Wald, bilde ich mir ein, viel umtriebiger. Flinke Bewegungen mit Kopf und Schnabel, von Ast zu Ast fliegend, vom Bett aus sehe ich zwischendurch nur ihre Schatten vorbeihuschen. Was picken sie da aus der Rinde? Warum klopft jetzt eine an mein Fenster? Was gibt's bei mir zu holen? Sie nimmt mich wahr, erschrickt, fliegt weg. An einen feinen Spreißel des Fensterrahmens hat sich der Kiel einer winzigen Flaumfeder gespießt und kann nicht mehr aus. Wie sie hin und her wachelt! Sensibler Windanzeiger – noch viel feiner: Lufthauchanzeiger! Der nächste heftige Windstoß, wird sie mitreißen.
Übermorgen will ich an der Trauerzeremonie für meinen Freund Norbert teilnehmen. Er hat vor drei Monaten bei der Beerdigung meiner Mutter ein irisches Stück auf seinem Saxophon gespielt. Danach bin ich zu dieser Reise aufgebrochen. Jetzt werde ich daheim ankommen, aber er ist weggegangen. Die Gedenkfeier für ihn wird in der Regensburger Oswald-Kirche stattfinden, einen Steinwurf vom Donauufer entfernt.

Eine Weile begegnen mir noch die aufdringlichen Wegweiser Richtung Belgrad. Sehr verlockend, direkt an der Donau entlang heimzureisen! Aber Serbien gehört nicht zur Europäischen Gemeinschaft. Keine Ahnung, was mich an der Grenze für Schwierigkeiten erwarten. Würden sie mich so einfach mit meinen Aufnahmegeräten einreisen lassen? Ich könnte sagen: Ich will ich ja nur heim, einfach durchreisen. Das kann jeder sagen. Was soll's, ich fahre zur ungarischen Grenze und stelle meine Uhr wieder um eine Stunde vor: von der osteuropäischen auf die mitteleuropäische Zeit. Bald nach der Grenze auf Höhe der Stadt Szeged ein letzter Gruß an den Mieresch, der nach seiner 750 Kilometer langen Reise hier in die Theiß mündet. Allmählich beginnt der Regen Himmel und Erde miteinander zu vernähen.
Der Erzähler Homer führt seinen Odysseus nach den langen Irrfahrten zurück in die Heimat. Die Verwandlung des unruhigen Reisenden in einen braven Familienvater ist vermutlich für Leser nicht aufregend. Trotzdem, es wird viel zu erzählen geben. Räuber, Diebe, Mörder? Von wegen, soweit ich es jetzt über-

schauen kann, habe ich während meiner Reise nicht wirklich eine andere Welt vorgefunden, sondern eine Welt wie jede andere, mit hellen und dunklen Flecken, manchmal trist, manchmal bunt und immer abwechslungsreich. Ich habe vorher nichts, aber auch gar nichts über diese Welt gewusst, habe mich ihr so naiv wie möglich genähert. Ein riesiger weißer Fleck auf der Europakarte hat Farbe geleckt. Vor allem habe ich erkannt, wie sehr die Schicksale meiner Eltern und Vorfahren mit denen der Menschen hierzulande verknüpft sind. Die mitteleuropäische Kultur gründet mit ihren tiefsten Wurzeln in Südosteuropa. Thraker, Römer, Osmanen und viele andere weinen, hüsteln und kichern hinter der Kulisse. Entstand nicht das gotische Alphabet und damit eines der ersten Zeugnisse der deutschen Literatur im heutigen Bulgarien? In jüngerer Zeit verweisen nicht zuletzt deutschsprachige Literaturnobelpreisträger wie Elias Canetti und Herta Müller darauf, dass der Balkan ein hervorragender Wurzelgrund für Poesie ist.

Schlusslichter

Wenn ich eine Reise unternehme, weiß ich, dass ich nach der Rückkehr nicht mehr derselbe sein werde. Was das für einer ist, der da zurückkommt, kann ich noch nicht sagen. Es wird vieler Monate oder gar Jahre bedürfen, bis ich das Erlebte verarbeitet habe. Aber eines ist sicher, wenn ich dann hinauffahre in unsere Waldbuckelgegend oberhalb der Donau, wird mich der Vollmond von seinem Wolken-Kanapee herunter genauso derblecken wie beim Aufbruch.

Südlich von Budapest muss ich auf der Autobahn, angesichts der kämpferischen Fahrzeuglenker vor mir, neben mir, hinter mir, an den Christoph Promberger denken, den Wolfsforscher, der im Bayerischen Wald aufgewachsen ist und sich mit seiner Familie in der bei uns gar so verrufenen Karpatenregion niedergelassen hat. Wenn er heute heimreist, fährt er in die Gegenrichtung. Er soll hier das letzte Wort haben: „Bei einer Reise von Deutschland in die Karpaten ist das Gefährlichste die Autobahn!“

Anhang

Buchstaben und Laute in Rumänien

â, Â	Es gibt keine deutsche Entsprechung, ähnelt entfernt einem „ü“
ă, Ă	ähnlich wie das „e“ in „Dose“
c, C	wie das deutsche „k“. Vor den Vokalen „e“ und „i“ wird es wie „tsch“ (wie im ital. „Ciao“) ausgesprochen
g, G	wie im Deutschen, aber vor den Vokalen „e“ und „i“ wird ein „dsch“
h, H	wie im Deutschen das „ch“ (wie in „Loch“)
i, I	wie im Deutschen, wird aber am Ende eines Wortes nicht hörbar
î, Î	wie â, Â, ähnelt entfernt einem „ü“
j, J	wird wie ein stimmhaftes „sch“ gesprochen (wie in „Garage“ und „Journalist“)“
ş, Ş	wie das deutsche „sch“
ţ, Ţ	wie „ts“
v, V	wie das deutsche „w“
z, Z	wie das deutsche „s“ im Wort „Sohn“

Die rumänische Sprache wurde im 16. Jhdt. im kyrillischen Alphabet geschrieben. Im 18. Jhdt., in der Zeit des Habsburger Reiches, begann man in Siebenbürgen das lateinische Alphabet einzuführen. 1862 wurde in Rumänien offiziell ein rumänisches Alphabet mit lateinischen Schriftzeichen eingeführt. Das heute verwendete rumänische Alphabet besteht aus 26 lateinischen Buchstaben und fünf Sonderzeichen.

Transkription aus dem Bulgarischen im vorliegenden Buch

Das Bulgarische gehört zur Familie der slawischen Sprachen, besitzt jedoch als Balkansprache etliche Besonderheiten, die sie von den anderen slawischen Sprachen unterscheidet.

Beispiele:

z -> (stimmhaftes „s“)	Разград	> transkribiert: „Razgrad“
c -> (gesprochen: „ss“)	Русе	> transkribiert: Russe“
B -> (gesprochen: „w“)	Варна	> transkribiert: Varna (gesprochen: „w“)
B -> (gesprochen: „w“)	Видин	> transkribiert: Vidin

Währungseinheiten *(Stand Sommer 2018)*

Bulgarien: 1 Leva hat 100 Stotinki und entspricht etwa 0,51 €

Rumänien: 1 Leu hat 100 Bani und entspricht 0,22 € / 1 € entspricht 4,64 Lei

Ukraine: 1 Griwna hat 100 Kopijok / 1 € entspricht 31,24 Griwni

(Löwe, Löwen – Rumänisch Leu, Lei – Bulgarisch: Лев/ Lev, Лева/Leva)

Anmerkungen

1. S. 9: Transsilvanien: andere Bezeichnung für Siebenbürgen, rumänisch Transilvania oder Ardeal, ungarisch Erdély. Nach dem Vertrag von Trianon mussten die Ungarn Gebiete abtreten, die das Königreich Ungarn seit dem 11. Jahrhundert nach und nach erobert hatte. In den 1930er Jahren mussten die Schüler morgens folgendes Gebet sprechen: Ich glaube an einen Gott, ich glaube an eine Heimat, ich glaube an die unendliche göttliche Wahrheit, ich glaube an die Auferstehung Ungarns! Die Wiener Schiedssprüche von 1938 und 1940 unter der Regie des nationalsozialistischen Deutschlands korrigierten Trianon im Sinn Ungarns, wurden aber 1945/47 für ungültig erklärt. Somit ist der Vertrag von Trianon nach wie vor gültig. Trotzdem gibt es heute noch rechtsextreme Parteien in Ungarn, die sich damit nicht abfinden wollen.

2. S. 28: Adam Müller-Guttenbrunn, Pseudonym für Adam Müller. Deutsch-österreichischer Schriftsteller, Journalist, Kritiker und Nationalrat, geb. 1852 in Guttenbrunn, Woiwodschaft Serbien, Temeser Banat, Kaisertum Österreich; lebte ab 1879 in Wien, wo er 1923 starb. Kritiker ordnen sein Werk dem antisemitisch-deutschnationalen Umfeld zu. Über sein Scheitern im Gymnasium schreibt er: *Mitte der 1860er Jahre bereitete die plötzliche Einführung der magyarischen Vortragssprache am Temeschwarer Gymnasium meinem Studienfortgang ungeahnte Schwierigkeiten. Der Unterricht verwandelte sich mit einem Schlage in eine mechanische Abrichtung, wir plapperten unverstandene magyarische Sätze, wir beteten sogar magyarisch und sangen in der Kirche in dieser Sprache.* (Der Roman meines Lebens, 1927) Das Adam-Müller-Guttenbrunn-Haus in Temeschwar ist Sitz des Demokratischen Forums der Deutschen im Banat, des Deutschen Kulturzentrums und des deutschen Altenheimes.

3. S. 90: Die Dichterin Blaga Dimitrova ist 1922 in der Nähe von Vratsa geboren und in Veliko Tarnovo aufgewachsen. Sie ist nicht unumstritten, weil sie einst auch Lobeshymnen auf Stalin geschrieben hat. Schon vor der Wende ist sie aber auf Distanz zum Kommunismus gegangen. Nach der Wende wurde sie in verschiedenen Initiativen für ein neues Bulgarien aktiv und wandte sich schließlich enttäuscht von der Politik ab. 2003 ist sie in Sofia gestorben.

4. S. 157 *Was zeichnet das Tandembuch gegenüber Ländermonografien oder Reiseführern aus? Vor allem die Vielfalt der Blicke: Hier erzählt nicht nur jemand monologisch von seinen subjektiven Erfahrungen mit einem fremden Land. Ganz unterschiedliche, in der Auswahl mitunter überraschende Aspekte von Gesellschaft und Kultur in Cluj und Regensburg werden hingegen durchgehend von mehreren Personen und Seiten beleuchtet. Wesentlich dabei ist, dass einmal die Innenperspektive, das andere Mal die Außenperspektive vorherrscht. Jeder Verfasser aus dem Ausland wird von einem Partner aus dem Inland schon bei der Recherche an die Hand genommen. Es kommt zum ersten Dialog, noch vor der Entstehung der Texte. Man lernt also das eine wie das andere Land in einer sich gegenseitig relativierenden Doppelperspektive kennen. Hinter jeder Perspektive ist ein konkreter junger Mensch spürbar. Gemeinsam gehen zwei den Weg des Dialogs. […] Das Tandembuch ist schließlich ein Buch des Vergleichs. Der Vergleich relativiert, er weist auf Ähnlichkeiten und Unterschiede hin und erlaubt von Beginn an eine vertiefte und schnellere Erkenntnis.* (Prof. Dr. Walter Koschmal, Leiter des Europaeum – Ost-West-Zentrum der Universität Regensburg)

5. S. 171 Nikolae Gheorghe, geb. 1946, gest. 2013, Soziologe mit Roma-Abstammung, der unter Ceaușescu zum Roma-Dissidenten wurde und nach der Revolution Generationen von Roma-Bürgerrechtlern prägte. Er beschäftigte sich u. a. mit der „sozialen Integration der Roma-Jugendlichen in die Gesellschaft". Er war befreundet mit „Pitu" (Ion Cioabă), dem „König der Roma". In Rumänien kam es bis Mitte der 1990er Jahre in dutzenden Fällen zu gewalttätigen Ausschreitungen und Lynchjustiz gegen Roma. Auch heute noch werden Roma diskriminiert, so der Sprecher der Bukarester Menschenrechtsorganisation Romani Criss, Costel Bercus. 2005 verurteilte der Europäischen Gerichtshof für Menschenrechte den rumänischen Staat, weil er „Lynchjustiz gegen Roma Vorschub leistete", zur Zahlung von 238.000 Euro Schmerzensgeld an die betroffenen Roma.

6. S. 182 Iași. Das Fürstentum Rumänien entstand 1859 durch die Vereinigung der Donaufürstentümer Moldau und Walachei. Vorübergehend wurde Iași als Hauptstadt bestimmt, heute 20 Kilometer westlich der Grenze zur Republik Moldau. Bei Beginn des Deutsch-Sowjetischen Krieges führten in Iași im Juni 1941 rumänische und deutsche Einheiten zusammen mit der lokalen Polizei unter Mithilfe der Zivilbevölkerung und unter Mitverantwortung rumänischer Behörden ein Judenpogrom durch, bei dem mindestens 13.000 Menschen zu Tode kamen. Man behauptete, die Juden seien schuld an den sowjetischen Bombardierungen. Der italienische Schriftsteller Curzio Malaparte (1898-1957) hielt sich damals als Korrespondent in der Stadt Iași auf. Er hielt seine Erlebnisse in einem Tatsachen-Roman fest, Titel: *Kaputt*, ÜS Hellmut Ludwig, Karlsruhe 1951.

7. S. 183 *Wir rekrutieren osteuropäische Betreuungs- und Pflegekräfte und schulen sie für die Arbeit mit Pflegebedürftigen. Sie werden von der Promedica24-Gruppe legal beschäftigt und unter Berücksichtigung des Mindestlohns bezahlt. Zudem organisieren wir ihren Aufenthalt in Deutschland, Großbritannien und Polen. Mehr als 34.200 männliche und weibliche Betreuungs- und Pflegekräfte haben bisher im In- und Ausland für uns gearbeitet und ihr Vertrauen in unser Unternehmen gesetzt.* (Selbstdarstellung von Promedica24: www.promedicapluse.de/ueber-uns/unternehmen, abgerufen am 7. Juli 2018)

8. S. 200 – Das Bukarester Musikerkollektiv *Shukar Collective* mit Dan Handrabur, Cristian Stanciu und DJ Vasile holt mit Hilfe elektronischer Klänge archaische Melodien der Romamusik in die Neuzeit, um die „Roma- und Musikklubkultur zu versöhnen." Lucian Stan alias DJ Vasile hat für die CD *Rromatek* a-capella-Aufnahmen der Ursari-Sänger Tamango, Classic und Napoleon mit dem Computer bearbeitet. Cristian Stanciu: „Alles was wir auf der Straße hören, kann für uns Teil eines Songs werden. Das ist so eine Art Reflex. Wir haben sofort daran gedacht diese Stimmen in unsere elektronische Welt zu integrieren." Schon auf seinem Debutalbum *Urban Gypsy* brachte das *Shukar Collective* Gesangsfetzen der Roma in die urbane Welt von Drum and Bass, Lounge und Trip Hop. Dabei blieb die rätselhafte Seite der Ursarilieder meist erhalten.

9. S. 206 Von 1882 bis 1912 kamen bei Pogromen mehr als 100.000 Armenier um. Beim Massenmord 1915 und 1916 waren es mehr als eine Million Menschen. Sie lebten verteilt im osmanischen Vielvölkerstaat, schwerpunktmäßig aber im Nordosten des Reiches. Ziel war es, die Armenier in der Türkei zu vernichten. 1915 erließ die Regierung der Jungtürken das Gesetz über die armenischen Deportationen. Vorwand:

die Armenier unterstützten feindliche Kräfte und planten eine landesweite Rebellion. Grundmuster der Deportationen: Entwaffnung, Ausschaltung der wehrfähigen Männer und der lokalen Führung, Enteignung, Todesmärsche, Massaker. Eine Wiederansiedlung andernorts war nicht geplant. Der Schweizer Ingenieur Fritz Sigrist war 1915 mit dem Abstecken der Trasse für die Bagdad-Bahn beschäftigt und lebte mit seiner Frau Clara Sigrist-Hilty an der Hauptstraße, die nach Aleppo führt. Clara schrieb ihre Beobachtungen der Deportationszüge auf: *Ein neues Gesetz verbietet, den Armen irgendwelche Nahrungsmittel abzugeben. Man treibt sie in die Wüste, und um ihre letzte Kraft zu brechen, führt man sie in tagelangen Wanderungen im Kreis herum. [...] Die Kinder welken hin, die Männer werden meist vom Zuge getrennt, in einem Felstal abgeschlachtet oder im Euphrat ertränkt, wie Augenzeugen berichten, zu zweien zusammengebunden. Ganze Züge von Leichen sieht man schwimmend den Fluss bedecken, ganze Züge von Frauen sieht man allein ihren Schmerzensweg wandern, bis die jungen geraubt in den Hütten der Kurden oder Beduinen sich einer weiteren Beobachtung entziehen.* (aus: Man treibt sie in die Wüste: Clara und Fritz Sigrist-Hilty als Augenzeugen des Völkermordes an den Armeniern 1915–1918. Limmat-Verlag. Zürich 2016)

10. S. 208 Armin T. Wegner (1886 1978) sah als Sanitäter im Ersten Weltkrieg den Flüchtlingsstrom der Armenier, die von den Türken in die syrische Wüste getrieben wurden. Wegner protestierte unter anderem in einem offenen Brief an den amerikanischen Präsidenten Wilson gegen dieses Unrecht. Nach Kriegsende fasste Wegner seine Erkenntnisse als Augenzeuge in einem Vortrag zusammen, den er ab 1919 mehrfach hielt. Begleitend zeigte er 100 Dias, die er trotz des Verbots der türkischen Behörden gemacht und – wie es im Vortrag heißt – unter der Leibbinde versteckt über die Grenze geschmuggelt hatte. Vortrag und Bilder veröffentlichte der Wallstein Verlag im Jahr 2011.

11. S. 208 Johannes Lepsius (1858-1926) evangelischer Theologe und Orientalist, Gründer des Deutsch-Armenischen Hilfswerkes und Mitbegründer der Deutsch-Armenischen Gesellschaft. Er verfasste 1916 während des unter hohem Risiko seinen *Bericht über die Lage des armenischen Volkes in der Türkei*. Er rettete damit Tausenden von Deportierten und Flüchtlingen das Leben. Das Buch wurde von der deutschen Zensur sofort nach Erscheinen verboten.

S. 206 ff Talât Pascha, auch Talât Bey, geboren 1874 in Kardschali in der Provinz Edirne, gestorben 1921 als Ali Sai im Berliner Exil. Er war Führer der Jungtürken, Innenminister und Großwesir des Osmanischen Reichs und ordnete 1915 die Verhaftung armenischer Intellektueller in Istanbul an. Das war der Beginn des Völkermords an der armenischen Bevölkerung, der von ihm organisiert wurde. Er stellte die Deportationsbefehle aus, die als „kriegsbedingte Umsiedlung einer unzuverlässigen Minderheit" bezeichnet wurden. Ein deutsches U-Boot brachte Talât in der Nacht vom 2. auf den 3. November 1918 nach Odessa; er reiste von dort weiter nach Berlin, von wo aus er sein politisches Comeback vorbereitete. 1919 verurteilte ihn die neue Regierung in Abwesenheit zum Tode. 1921 wurde er von dem Armenier Soghomon Tehlirian erschossen. Der Attentäter wurde vom zuständigen deutschen Gericht freigesprochen, weil er seine Tat glaubwürdig rechtfertigen konnte: „Ich habe den Mörder meiner Frau und Großeltern gerichtet!" (siehe auch: Armin T. Wegner, Vorwort zu *Der Prozess Talaat Pascha*. Stenographischer Bericht. Berlin 1921) 1943 ließ die Hitlerregierung die sterblichen Überreste des Talât Pascha ehrenvoll nach Istanbul überführen.

12. S. 206 Ioan Niculae, 1954, ist ein rumänischer Geschäftsmann. Ihm gehört die Firmengruppe "InterAgro". Er besitzt Unternehmen mit einem Umsatz von 1,3 Milliarden Euro und ist einer der größten Getreideanbauer Rumäniens. Auf der Forbes-Liste der reichsten Personen der Welt von 2010 belegt er den 880. Platz und ist damit der dritte Rumäne, der auf dieser Liste erscheint.
Vajuran Vosganian war bis Oktober 2013 amtierender Wirtschaftsminister der Regierung Ponta II und unterstützte den Milliardär Ioan Niculae angeblich durch Preisrabatte beim Bezug von Gas. (Allgemeine Deutsche Zeitung für Rumänen, ADZ: 18. 12. 2015) *Der Senat lehnte die Einleitung von Ermittlungen gegen Vosganian ab. Ioan Niculae sitzt seit April 2015 wegen eines anderen Korruptionsfalles im Gefängnis. [...] Ihm wird der Versuch vorgeworfen, in der ersten Jahreshälfte 2009 Regierungsentscheidungen zu Gunsten seiner Unternehmen käuflich beeinflusst zu haben. Nach finanziellen Zuwendungen an den damaligen Vorsitzenden des Kreisrates Brăila, Gheorghe Bunea Stancu, habe sich dieser vom PSD-Politiker Lobbyarbeit in Regierungskreisen erhofft. Gewünschtes Ziel: Steuererleichterungen für die von seinen Unternehmen produzierten Düngemittel.* (ADZ, 4.2.16)
13. S. 216 „Der Tod des Herrn Lazarescu" (*Moartea domnului Lăzărescu*), rum. Spielfilm 2005, schildert mit schwarzem Humor die Zustände im rumänischen Gesundheitswesen. Herr Lăzărescu, 63 Jahre alt, lebt allein, wegen Kopfweh und Magenschmerzen ruft er den Notfalldienst. Er soll wegen Darmkrebs in ein Krankenhaus eingeliefert werden. Es beginnt eine nächtliche Odyssee von Krankenhaus zu Krankenhaus... „Ein Werk von erstaunlicher Kraft und Radikalität" (Filmzeitschrift Positif/ Frankreich), „... überwältigender dokumentarischer Realismus" (PRESSE /Österreich).

14. S. 222 In der Reportage *Wo der Geheimdienst Securitate wütete: Temesvar – ein Ort des Grauens* (DIE ZEIT, 29. Dezember 1989) schrieb Bartholomäus Grill: *Diese Leichen seien nach allem, was man bisher wisse, Folteropfer der Securitate. Da war ein Restzweifel; doch er schien entkräftet, weil der Chef der Neuen Klinik, Professor Peter Radolescu, uns damals persönlich zum Cimitirul Saracilor geschickt und auch noch einen Medizinstudenten mitgegeben hatte. Der angesehene Professor war von der Richtigkeit der Nachricht überzeugt, und dennoch war er einem Gerücht aufgesessen. „Ein großer Fehler, dass Sie damals nicht zu mir gekommen sind", belehrt uns heute Dr. Milan Leonhard Dressler, Chef des gerichtsmedizinischen Institutes in Temesvar. Der Mann hat recht; er hatte nach der „furchtbaren Entdeckung" sofort einen Verdacht geschöpft, der sich als zutreffend herausstellte: In der Nacht vom 18. auf den 19. Dezember 1989 waren 42 von 53 Leichen, Revolutionsopfer allesamt, aus der Leichenkammer des Kreiskrankenhauses gestohlen worden. Die Bevölkerung suchte fieberhaft nach den Leichen und stieß dabei auf Massengräber im Armenfriedhof, auf vermeintliche Folteropfer. Um 13 Uhr am 22. Dezember erschienen die ersten Berichterstatter, Journalisten aus Jugoslawien, am „Ort des Grauens". Sie berichteten umgehend, was ihnen das Volk erzählte. Ihre Schreckensmeldungen gingen um die Welt. Schon am selben Nachmittag trafen zwei Gerichtsmediziner und fünf Vertreter der Staatsanwaltschaft ein. Dr. Adrian Moisa: „Ich erkannte zwei meiner Leichen wieder." Er hatte sie Anfang Dezember selbst autopsiert. Mediziner und Staatsanwälte erklärten übereinstimmend, dass es sich um Menschen handele, die vor dem 16. Dezember gestorben seien – eines natürlichen Todes. Doch das Volk glaubte ihnen kein Wort. Es war besessen von der Folteropfer-Version.* (DIE ZEIT, 22. Juni 1990)

15. S. 230 Im Frühjahr 2018 hat die Bukarester Staatsanwaltschaft Anklage gegen den früheren Staatspräsidenten Ion Iliescu erhoben. Die Anklage lautet auf „Verbrechen gegen die Menschlichkeit". Sie bezieht sich auf die blutigen Ereignisse während der Revolution im Dezember 1989, wo allein in Bukarest 942 Menschen getötet wurden.

16. S. 281 Zu den Stichworten Kommunismus, Nationalismus und Patriotismus in der Ukraine: In der Sowjetunion wurde jedes Jahr am 23. Februar wurde der „Tag der Vaterlandsverteidiger" gefeiert. Der Ursprung dieses Feierages geht auf das Jahr 1922 zurück, als dieses Datum offiziell zum „Tag der Roten Armee und der Flotte" erklärt wurde. Begründet wurde dies mit dem ersten Sieg der Roten Garde gegen die deutschen kaiserlichen Truppen bei Pskow und Narwa am 23.02.1918. Von 1949-1991 hieß der Feiertag dann „Tag der Sowjetischen Armee und der Seestreitkräfte". Im Jahr 1999 beschloss das ukrainische Parlament diesen sowjetischen, nicht arbeitsfreien Feiertag wieder einzuführen. Trotz seines kommunistischen Ursprungs waren viele Ukrainer der Meinung, Menschen, die tagtäglich unter Einsatz ihres Lebens zur Verteidigung ihres Vaterlandes beitragen, gebühre besonderer Dank. Sie dienen ihrem Land und tragen zur Friedenssicherung bei, denn nur in Freiheit ist Frieden überhaupt erst möglich. Dies sei eine höchst christliche Einstellung. Deswegen stehen Soldaten auch unter einem besonderen Segen in der christlich orthodoxen Tradition. Inoffiziell wird der Feiertag auch als „Männertag" begangen. Der „echte Mann" sei stets Verteidiger seiner Familie und seines Volkes... 2014 verlegte der ukrainische Präsident Petro Poroschenko per Dekret den „Tag des Vaterlandsverteidigers" als gesetzlichen, arbeitsfreien Feiertag auf den 14. Oktober, da die Ukraine „die Verteidiger ihrer Heimat ehren will, und nicht die eines fremden Landes." Dies ist auch der traditionelle Tag der ukrainischen Kosaken und der Gründungstag der Ukrainischen Aufständischen Armee (UPA). Darüber hinaus begehen am 14. Oktober die griechisch-orthodoxen Christen das Fest „Mariä Schutz und Fürbitte". Im Text des Dekrets wird erläutert, dass der neue Feiertag eine Antwort auf die Forderung der Gesellschaft ist, an den „Mut und das Heldentum der Verteidiger der Unabhängigkeit und der territorialen Integrität der Ukraine" zu erinnern. Der russische Präsident Putin meinte daraufhin: „Ich habe bemerkt, dass die Ukraine praktisch offiziell einen Feiertag zum Gedenken an die Organisation der Ukrainischen Aufstandsarmee (UPA) eingeführt hat." Dies sei eine pro-faschistische Organisation, die UPA kämpfte im Zweiten Weltkrieg gegen Deutschland und die UdSSR, kollaborierte aber zum Teil mit Nazi-Deutschland. Ab Frühjahr 1943 führte sie Militäraktionen gegen die polnische Bevölkerung von Wolhynien, Polesie und Ostgalizien durch, mit dem Ziel der vollständigen Säuberung dieser Gebiete. Die Ukrainer ermordeten etwa hunderttausend Polen, viele wurden vertrieben. Jährlich wird am 14. Oktober von der nationalistischen Partei Swoboda ein Marsch zu Ehren der Helden der UPA organisiert. Demonstranten forderten dabei wiederholt die Würdigung der Ukrainischen Aufständischen Armee als Kriegspartei im Zweiten Weltkrieg. Viele Teilnehmer des Marsches trugen militärische Kleidung. Rufe wurden laut wie: „Ruhm der Ukraine, Ruhm den Helden, Helden sterben nicht."

17. S. 306 Michail Saakaschwili, * 1967, war von 2004 bis 2013 Staatspräsident von Georgien. Nach Ermittlungen wegen Amtsmissbrauch emigrierte er in die Vereinigten Staaten. 2015 wurde er Berater des ukrainischen Staatspräsidenten Poroschenko und ukrainischer Staaatsbürger. Von 2015 bis 2016 war er Gouverneur des Landkreises Odessa, wo er, wie zuvor in Georgien, für ein funktionierendes Staatswesen und die

Abschaffung der Korruption kämpfen wollte. Er setzte eine neue Straßenpolizei ein, entließ den Chef der Zollbehörde und 800 Polizisten. Auch die Steuerbehörde und ein großer Teil der Strafverfolgungsbehörden wurden ausgetauscht. Saakaschwili bemühte sich, ausländische Investoren für die Region zu gewinnen. Kalifornische Sicherheitsexperten bildeten für ihn Soldaten und Polizeianwärter aus. Auch Mitarbeiter, die ihm direkt zuarbeiteten, wurden von den USA bezahlt. 2016 reichte er seinen Rücktritt ein, weil ihn der Präsidenten der Ukraine zu wenig unterstütze. Der entzog ihm die ukrainische Staatsbürgerschaft und schob ihn nach Polen ab. In Georgien liegt wegen Amtsmissbrauch während seiner Zeit als Präsident ein Haftbefehl vor. Seit 2018 lebt Saakaschwili in Holland. Er erhielt eine Aufenthaltserlaubnis, weil seine Frau Niederländerin ist.

18. S. 304 Nach Straßenschlachten ging im Mai 2014 in Odessa das Gewerkschaftshaus in Flammen auf, 48 Menschen starben. Nun stellt der Europarat der Ukraine ein vernichtendes Urteil aus. [...] Seit dem 2. Mai 2014 aber steht der Name Odessa nicht mehr für Toleranz, sondern auch für enthemmte Gewalt - und für Behörden, die nichts zum Schutz der Opfer taten. Zwei Gruppen standen sich an jenem Tag gegenüber. Knapp 2000 Ukrainer marschierten für die im Februar erfolgreiche Maidan-Revolution und die „Einheit des Landes". Darunter waren viele Hooligans und Nationalisten aus Kiew und Charkiw. Auf der anderen Seite standen jene, die sich „Anti-Maidan" nennen: Ihre Zeichen waren russische Fahnen und das orange-schwarze Georgsband. Der „Anti-Maidan" griff die Hooligans an, die Straßenschlacht begann. Beide Seiten schossen aufeinander, sechs Menschen starben. Am Abend griffen Hooligans und Nationalisten das Hauptquartier des „Anti-Maidan" an, eine Zeltstadt am Haus der Gewerkschaften. Prorussische Aktivisten verbarrikadierten sich im Innern, Molotowcocktails flogen. Das Gebäude fing Feuer. Am Ende dieses Tages waren 48 Menschen tot. [...] Nun stellt der Europarat der Ukraine ein vernichtendes Urteil aus. Es sei „kein substanzieller Fortschritt bei den Untersuchungen gemacht worden", heißt es in einem am Mittwoch in Kiew vorgestellten Bericht. Den Behörden mangele es an der „notwendigen Gründlichkeit und Sorgfalt". Beweise gingen verloren, weil die Straßenreinigung sie am nächsten Tag einfach wegräumte. Die Ruine des Gewerkschaftshauses wurde erst nach Tagen abgesperrt. Bis heute gibt es zwar mehrere Verfahren wegen der Straßenschlachten, aber nicht eine Anklage wegen des Angriffs auf das Gewerkschaftshaus. Der einzige Verdächtige wurde laufen gelassen, aus Mangel an Beweisen. Dabei war die Bestialität gut dokumentiert. Einige proukrainische Demonstranten bemühten sich zwar, Menschen aus dem brennenden Haus zu bergen. Zahlreiche Handyvideos zeigen aber auch Angreifer, die weiter Jagd machten. Auf einer Aufnahme ist ein Mann zu sehen, der über eine Feuerleiter floh. Als er den Boden erreichte, setzten ihm Schläger zu. Er kletterte zurück ins brennende Haus. Ein anderes Video zeigt Menschen, die aus Fenstern sprangen. Viele bleiben verletzt auf dem Asphalt liegen. Dort waren sie einem Mann ausgeliefert, der mit einem Baseballschläger auf sie eindrosch. Die Rüge des Europarats ist mehr als eine Spitzfindigkeit des Westens. Die Geschehnisse von Odessa haben Wirkung über die Stadtgrenzen hinaus entwickelt. Die Separatisten in Donezk und Luhansk rechtfertigen ihren bewaffneten Kampf gegen Kiew als Notwehr gegen mordende Nationalistenbanden. Russische Medien sehen das genauso: Odessa sei der Beweis, dass in der Ukraine gezielt Jagd gemacht werde auf Russland-Freunde. Die Ukraine hat wenig getan, um solche Vorwürfe zu entkräften. Der damalige Gouverneur

von Odessa rechtfertigte die Brandstiftung sogar: Um „bewaffnete Terroristen zu neutralisieren", sei das Vorgehen „legal" gewesen. [...] Der 90-Seiten-Bericht des Europarats ist auch eine Chronik des Behördenversagens. So wusste die Polizei etwa seit Tagen von Plänen, das „Anti-Maidan"-Lager am Gewerkschaftshaus zu zerstören. Sie brachte dort aber nur eine Hundertschaft in Stellung, ebenso im Stadtzentrum. Die Beamten schauten tatenlos zu, als ein prorussischer Kämpfer mit einem Gewehr in die Menge schoss. Hilfe kam auch nicht von der Feuerwehr. Die nächste Wache liegt zwar keine 500 Meter vom Gewerkschaftshaus entfernt. Der damalige Chef der Feuerwehr gab zu Protokoll, er habe seinen Männern das Ausrücken ausdrücklich verboten. Die Lage sei zu gefährlich gewesen [...] (Benjamin Bidder, SPIEGEL ONLINE, 4.11.2015)

19. S. 345 Franz Josef Strauß, (1915-1988), Bundesminister für besondere Aufgaben (1953-1955), für Atomfragen (1955-1956), der Verteidigung (1956-1962). der Finanzen (1966-1969) und von 1978 bis 1988 Bayerischer Ministerpräsident. Er war einer der umstrittensten Politiker der Bundesrepublik und unterhielt enge Verbindungen zur Industrie. Im Oktober 1988 besuchte er den kommunistischen Staatschef Todor Schivkov. Sie hatten eine gemeinsame Leidenschaft, das war die Jagd. Vermutlich hatte FJS die gleiche Erfahrung gemacht wie Ion Țiriac - bei der Jagd macht man die besten Geschäfte. Wenige Stunden nach der Rückkehr aus Bulgarien, nahm er im fürstlichen Thiergarten einen Katzensprung von der Donau entfernt an einer Prominentenjagd des Fürsten Johannes von Thurn und Taxis teil, dabei erlitt er einen Herzanfall und verstarb kurze Zeit später in Regensburg.

20. S. 386 Ab 1892 erschienen Karl Mays gesammelte Reiseerzählungen. Die ersten sechs Bände widmete er dem Orient. Ein Vorabdruck dieses Orientzyklus erschien zwischen 1891 und 1888 in der Zeitschrift *Deutscher Hausschatz in Wort und Bild* im Regensburger Verlag Friedrich Pustet. In den Reiseerzählungen *In den Schluchten des Balkan* sowie *Durch das Land der Skipetaren* und *Von Bagdad nach Stambul*, greifen Bulgaren ins Geschehen ein. Melnik, die kleinste Stadt Bulgariens hat Karl May *In den Schluchten des Balkans* im Kapitel *Im Taubenschlag* verewigt. Bereits 1918 erschienen die ersten bulgarischen Übersetzungen von Karl-May-Romanen.

Literatur und Musik

ABECEDAR, manual pentru clasa 1, Ministerul Educaţie şi Cerceţării, Aramis Print, Bucureşti 2004

БУКВАР за първи клас S. 109f Издателство „Булвест 2000"София 2002 (GRUNDLAGEN für die erste Klasse, Publishing Bulvest 2000. Sofia 2002

Bloch, Ernst: Das Prinzip Hoffnung. Bd. 3. Suhrkamp, Frankfurt/Main 1973

Boal, Augusto: Theater der Unterdrückten. Übungen und Spiele für Schauspieler und Nicht-Schauspieler. Suhrkamp, Frankfurt am Main 1989

Bossert, Rolf: Auf der Milchstraße wieder kein Licht. Gedichte. Rotbuch, Berlin, 1986

Britting, Georg: Sämtliche Werke, Dritter Band, 2. Teil, Prosa (1930-1940), Brudermord im Altwasser, in: Die kleine Welt am Strom. Südddeutscher Verlag, München 1987

Canetti, Elias: Die gerettete Zunge. Geschichte einer Jugend. Hanser, München 1977

Cărtărescu, Mircea: Orbitor-Trilogie, Zsolnay, Wien.
1. Teil: Die Wissenden. ÜS Gerhardt Csejka. 2007
2. Teil: Der Körper. ÜS Gerhardt Csejka und Ferdinand Leopold. 2011
3. Teil: Die Flügel. ÜS Ferdinand Leopold. 2014

Chatwin, Bruce: The Songlines. Roman. ÜS: Anna Kamp, „Traumpfade", Hanser; München 1990

Cioabă, Luminiţa Mihai: Ţara pierdută. Das verlorene Land. ÜS Beatrice Ungar. Social-Cultural Foundation of Roma, Sibiu 2012

Corobca, Liliana: Der erste Horizont meines Lebens, Roman, ÜS: Ernest Wichner. Zsolnay, Wien 2015

Deutsche Gegenwartsliteratur in Rumänien und Ungarn, eine Auswahl literarischer Texte zeitgenössischer Autoren aus Siebenbürgen, dem Banat und den ungarischen Siedlungsgebieten. Funkforum e.V., Temeswar, 2013

DFDR – Demokratisches Forum der Deutschen in Rumänien: Die deutsche Minderheit in Rumänien. Honterus, Hermannstadt 2014

Dimitrova, Blaga: Fenster zur Hoffnung. Gedichte. ÜS Wolfgang Köppe. Verlag Volk und Welt, Berlin 1986

Dinescu, Mircea: Ein Maulkorb fürs Gras. Gedichte, ÜS Werner Söllner, S. Fischer, Frankfurt 1990

Dinev, Dimitré: Engelszungen. Roman. Deuticke. Wien 2003

Dinev, Dimitré: Ein Licht über dem Kopf. Deuticke, Wien 2005

Дойков Васил - Генчев, Николай: дунав. Силвена русе ЕООД. русе 2011/ Dojkov, Basil – Gentschev, Nikolai: Donau. Silvana EOOD Russe Russe 2011

Duo de Clarinettes-Basses: Grillensalat (Mike Reisinger – Norbert Vollath), CD, Regensburg 1997

Duo de Clarinettes-Basses: Hinüber, Gedichte von Harald Grill (Vertonung: Mike Reisinger – Norbert Vollath), (CD) lichtung, Viechtach 2002

Fanfare Ciocărlia: Baro Biao, (CD) Piranha (Indigo) Köln, 1999

Fanfare Ciocărlia: Live, Asphalt Tango, (CD) (Indigo), Köln, 2009

Fermor, Patrick Leigh: Die Zeit der Gaben. Von Hoek van Holland an die mittlere Donau. Der Reise erster Teil. Doerlemann, Zürich 2005

Fermor, Patrick Leigh: Zwischen Wäldern und Wasser. Von der mittleren Donau zum Eisernen Tor. Der Reise zweiter Teil. Doerlemann, Zürich 2006

Fermor, Patrick Leigh: Die unterbrochene Reise". Vom Eisernen Tor bis zum Berg Athos. Der Reise dritter Teil. Doerlemann, Zürich 2013

Fox-Rosen, Benjy: Tick Tock, (CD) Brooklyn NY 2011

Fox-Rosen, Benjy: Two Worlds, (CD) Golden Horn Records, New York 2014

Gardon, Victor: Brunnen der Vergangenheit. ÜS Gerda von Uslar. Unionsverlag, Zürich 2016

Ghinea, Cristian: Ich wähle DNA! Warum lohnt es sich, Anti-Korruptions-Institutionen zu verteidigen. Humanitas, Bukarest, 2012

Geschichte und Traditionen der deutschen Minderheit in Rumänien. Lehrbuch für die 6. und 7. Klasse der Schulen mit deutscher Unterrichtssprache. Verlag Central, Mediaş 2014

Grill, Harald: baustellen des himmels. gedichte. edition toni pongratz, Hauzenberg 2017

Grill, Harald: Vielleicht bin ich der, der im Altwasser versank. In: Gajek/ Schmitz (Hrsg.): Georg Britting (1891-1964). Regensburger Kolloquium 1991. Verlag Peter Lang, Frankfurt/Main und Buchverlag der Mittelbayerischen Zeitung, Regensburg 1993

Lazarescu, Laura: Sound Design in the American Animated Film", Wissenschaftlicher Verlag, Berlin 2013

Lepsius, Johannes: Bericht über die Lage des armenischen Volkes in der Türkei. Tempelverlag, Potsdam 1916

Malaparte, Curzio: „Kaputt. Tatsachenroman, ÜS Hellmut Ludwig, Stahlberg, Karlsruhe 1951

May, Karl: In den Schluchten des Balkan. Reiseerzählung. Karl May Verlag Bamberg Radebeul, Erstausgabe 1912

May, Karl: Durch das Land der Skipetaren. Reiseerzählung. Karl May Verlag Bamberg Radebeul, Erstausgabe 1912

May, Karl: Von Bagdad nach Stambul. Reiseerzählung. Karl May Verlag Bamberg Radebeul, Erstausgabe 1912

Müller, Herta: Niederungen. Prosa, Rotbuch, Berlin 1984

Müller-Guttenbrunn, Adam: Der Roman meines Lebens. Aus dem Nachlass zusammengestellt von Roderich Müller-Guttenbrunn. Staackmann. Leipzig, 1927

Ovid: Briefe aus der Verbannung/ Tristia. Epistulae ex Ponto: Lateinisch – Deutsch. De Gruyter, Berlin 2011

Pfälzisches Wörterbuch – vgl.: woerterbuchnetz.de/PfWB/call_wbgui_py_from_form?sigle=PfWB&lemid=PH02324&hitlist=&patternlist=&mode=Gliederung

Raditschkov, Jordan: Wir Spatzen. ÜS Hartmut Herboth, Verlag Swjat, Sofia 1988.

Raditschkov, Jordan: Dem Herrgott vom Wagen gefallen. Kurzgeschichten. ÜS u.a. Hartmut Herboth Reclam, Leipzig 1987

Schlattner, Eginald, Der geköpfte Hahn, Roman. Zsolnay, Wien 1998/2007 verfilmt von Radu Gabrea.

Schlattner, Eginald, Rote Handschuhe, Roman. Zsolnay, Wien 2000

Schlattner, Eginald: Das Klavier im Nebel, Roman. Zsolnay, Wien 2005

Shukar Collective: Rromatek (CD), Eastblok, Berlin 2007

Shukar Collective: Urban Gypsy (CD), Eastblok, Berlin 2009

Sigrist-Hilty, Clara und Fritz: Man treibt sie in die Wüste. Limmat, Zürich 2016

Stasiuk, Andrzej: Unterwegs nach Babadag, ÜS Renate Schmidgall. Suhrkamp, Berlin 2005

Tandembuch – Studierende in Deutschland schreiben über Rumänien. Regensburg 2011. Herausgeber: Europaeum. Ost-West-Zentrum der Universität Regensburg und das Institut für deutschsprachige Lehre und Forschung der Babeş-Bolyai-Universität Cluj-Napoca.

Taraf De Haidouks: Band of Gypsies, (CD) Crammed (Indigo), Köln, 2004

Taraf De Haidouks: Of Lovers, Gamblers and Parachute Skirts, (CD) Crammed (Indigo), Köln, 2015

Vosganian, Varujan: Buch des Flüsterns. Roman. ÜS Ernest Wichner. Zsolnay, Wien 2013

Waitz, Balthasar: mit schwalben am hut, gedichte. cosmopolitan art verlag, temeswar 2014

Wegner, Armin T.: Vorwort zu „Der Prozess Talaat Pascha“. Stenographischer Bericht. Berlin 1921

Wegner, Armin T.: Der Knabe Hüssein und andere Erzählungen. Wallstein, Göttingen 2012

Wegner, Armin T.: Die Austreibung des armenischen Volkes in die Wüste. Wallstein, Göttingen 2011

Werfel, Franz: Die vierzig Tage des Musa Dagh. Zsolnay, Wien 2013

Willhardt, Rolf (Hrsg.): Reihe LiLa – Literatur und Landschaft: Eginald Schlattner: Versunkene Gesichter – In Worten und Bildern.
Einblicke in ein fächerübergreifendes Literaturprojekt. Artpress, Timişoara 2008

Zarev, Vladimir: Weltschev-Trilogie. Deuticke, Wien
Familienbrand. Roman. ÜS Thomas Frahm, 2009
Feuerköpfe. Roman. ÜS Thomas Frahm, 2011
Seelenasche. Roman. ÜS Thomas Frahm, 2012

Bildnachweis

Karten im Umschlaginneren © Google Maps

Fotos © Harald Grill, außer:

Karl Krieg: Mircea Cartarescu und Ernest Wichner (S. 222 f)

Privat: Balthasar Waitz (S. 26), Winfried Ziegler (S. 120), Eginald Schlattner (S. 132), Laura Lăzărescu (S. 215), Nikolai und Penka Gentschev (S. 234), Deutscher Leseverein Russe (S. 344), Sonja und Frank Pobell (S. 389)

Internet:

Ada Kaleh S. 50 (Mitte): commons.wikimedia.org/wiki/File:Adakaleh1909.jpg

Trajansbrücke S. 52: commons.wikimedia.org/wiki/File:072_Conrad_Cichorius,_Die_Reliefs_der_Trianss%C3%A4ule;_Tafle_LXXII_(Ausschnitt_01).jpg
(Quelle: Conrad Cichorius: „Die Reliefs der Traianssäule", Zweiter Tafelband: „Die Reliefs des Zweiten Dakischen Kieges", Tafeln 58-113, Verlag Georg Reimer, Berlin 1900)

Hafen von Odessa um 1850, Potemkinsche Treppe, S. 278: commons.wikimedia.org/wiki/File:Odessa_Harbour.jpg (Foto: Franz Groß)

Portrait von Duc de Richelieu S. 279: commons.wikimedia.org/wiki/File:Etienne_Frederic_Lignon_Portrait_of_Richelieu.jpg
(1824; National Portrait Gallery NPG N15923)

Porträt von Königin Maria S. 362: https://de.wikipedia.org/wiki/Marie_von_Edinburgh

Sachregister

Namensregister

Inhalt

Anhang

Dieses Buch widme ich meiner Mutter Ruth.
Als sie sich am weitesten von mir entfernt hatte, war ich ihr nah wie nie zuvor.
Ohne dass sie es wusste, hat sie den Anstoß gegeben für meine Balkanreise,
die ich von Juli bis Ende Oktober 2015 unternahm.

Die Arbeit am Manuskript habe ich beendet im Oktober 2018.

Dank an alle, die mein Balkanprojekt ermöglicht haben, vornweg Dieter Heß und dem Bayerischen Rundfunk, Gisela und Ulli Lenz von der OSTWIND GmbH, Franz Löffler, Landrat von Cham, Bärbel Kleindorfer-Marx und dem Kulturverein Bayerischer Wald, der Deutschen Botschaft in Kiew und der Stadt Regensburg für die Zuschüsse zum Aufenthalt in Odessa, der Kebbel-Villa Schwandorf für das Aufenthaltsstipendium in Veliko Tarnovo, Ellen Deußer-Schuler, die mir den Abstecher nach Baltschik und zum Kap Kaliakra ermöglicht hat, Fritz Maier für den Ausflug ins Lipowaner-Dorf Mila im Donaudelta und meiner Frau Erika und meinen beiden Söhnen Andreas und Martin für ihr Mitdenken und für ihre Geduld.

Dank für Unterstützungen, Begleitungen, Hinweise, Erläuterungen und Geschichten gebührt auch: Victoria Alekseewa, Penka Anglova, Wolfgang Bäuml, Laura Balomiri, Michael Bauer, Vlad Bolocan, Nicole Borisuk, Werner Busch, Mircea Cărtărescu, Alina Codreanu, Liliana Corobca, Roswita und Adam Csonti, Erwin Csonti, Julie Dawson, Mircea Dinescu, Mihaela Drăgan und Mihai Lucaciu, Roxana Dürr, Vasile Dub, Petru Duca, Benjy Fox-Rosen, Daniela Todorova Gentscheva, Nicolai Gentschev, Reinhold Gestrich, Peter Giesecke, Klaus Göldner, Herbert Grabe, Nicol Grama, Jürgen Grosz, Herbert Gruenwald, Regina Hellwig, Oxana und Tillmann Heß, Dimka Antonova Hristova, Andreas Huber, Alexandra Ivoylova, Josef Kirchberger, Maria Koreck, Walter Koschmal, Matthias Krauss, Werner Kremm, Karl Krieg, Andrea Lamest, Laura Lazarescu-Thois, Ulrich Läpple, Olga Dimitrova Marinova, Tatjana Martynova, Anna Metz, Gabriella Mezei vom Radio Neumarkt am Mieresch, Andreas Moser, Cristian Muntean, Ursula Naumann, Bogomil Nikolov, Anastasia Noviov, Kostadin Nushev, Anka Ormenisan, Dimitar Petkov, Sonja und Frank Pobell, Christoph Promberger, Heinrich Rosinger, Eginald Schlattner, Wilhelmine Schmer und Stoyan Ivanov, Ursula Schroll und Klaus Wendler vom Oberpfälzer Lehrer- und Lehrerinnenverband, Werner Schrüfer, Werner Schuler, Michael Sima, Petr Skořepa, Sorin Gheorghita, Milena Dontscheva Stojanova, Karolína Svobodová, Nora Tar, Vartanush Topakbashiyan, Genardi Truchanov, Bozhana Tschakalova, Regina Uhlen, Beatrice Ungar, Lisa Unger-Fischer, Varujan Vosganian, Petko Vulov, Bruno Wagner, Baltasar Waitz, Astrid Weisz und Adi Adelean von Radio Temeschwar, Marius P. Weber, Rumyan R. Zanev, Vladimir Zarev, Radoslafka Zhebarova, Winfried Ziegler und dem nimmermüden Buchgestalter Rudolf Kiendl.

ISBN 978-3-941306-81-3

Erste Auflage 2018

Satz und Gestaltung: Rudolf Kiendl, München

Herstellung: MDV Maristen Druck & Verlag GmbH, 84095 Furth